守望者
The Catcher

阅读　你的生活

POLITICAL EMOTIONS

WHY LOVE MATTERS FOR JUSTICE

政治情感

爱对于正义为何重要？

【美】玛莎·C. 努斯鲍姆 著
（Martha C. Nussbaum）
陈 燕 卢俊豪 李 晶 译

中国人民大学出版社
·北京·

《逃避人性》（*Hiding from Humanity*）、《正义的前沿》（*Frontiers of Justice*）、《女性与人类发展》（*Women and Human Development*）、《政治情感：爱对于正义为何重要？》（*Political Emotions: Why Love Matters for Justice*）① 等。此外，她还主编了21部著作，并发表了500余篇文章。这些书籍与文章涵盖文学、伦理学、政治哲学、女性主义等诸多领域，在英美乃至全球的学术界都产生了极大影响，为努斯鲍姆赢得了极高的荣誉。她由此获得了来自美洲、欧洲、亚洲等的诸多学校与机构的64个荣誉学位及无数奖项。

《政治情感》一书的主旨

作为人类的一种重要感受与表达方式，情感一直是思想家们关注的一个焦点，也是努斯鲍姆继《善的脆弱性》一书后，将其研究视角延伸到政治领域的又一力作的主题。在哲学伦理学史上，情感一度占据重要的话语地位。从古到今，许多哲学家都在理性与情感孰先孰后的问题上发表过自己的看法，18世纪一些英国的道德理论家甚至将情感视为人类道德行为的来源与动力。

情感不仅是个人行为的激发点，而且一旦我们将个人情感汇聚在一起，它就能够成为改变人类历史的一种动力。自古希腊始，就有哲学家重视公共情感在城邦或国家安定、发展与面临危机中发挥的重大作用，但很少有哲学家从理论上系统地探讨这个问题。近代

---

① 本书全名为《政治情感：爱对于正义为何重要?》，简化起见，以下简称《政治情感》。

译者序

20世纪以来，越来越多的女性思想家活跃于哲学殿堂，被美国教育网站 The Best Schools 评为“全球在世最有影响的50位哲学家”之一的玛莎·努斯鲍姆无疑是其中的佼佼者。1947年，玛莎·努斯鲍姆生于美国的一个律师家庭。受其父影响，她一直视“努力工作、纪律与快乐”为一体，并在人生中身体力行。努斯鲍姆是一个极其聪慧而又勤奋的女性，这一点可以从她发表的数量颇丰的作品中看出来。1978年以来，努斯鲍姆已出版了20余部专著，其中包括：《善的脆弱性》（*The Fragility of Goodness*）、《爱的知识》（*Love's Knowledge*）、《诗性正义》（*Poetic Justice*）、《培育人性》（*Cultivating Humanity*）、《思想的激荡》（*Upheavals of Thought*）、以来，随着理性主义在哲学领域的盛行，在政治领域或社会运行体制的理论探索中，寻求普遍的正义原则和稳定的社会基本结构成为政治哲学家的主要目标，而这一目标似乎无法容纳具有偶然性与不稳定性的情感。一些理论家在现代社会的运作构想中，尤其是在探讨社会正义和公正分配时，直接将“情感”排除在外。

但无可否认，政治话语与政治生活背后有着深层的规范性诉求，这些规范性诉求不仅仅是法理层面的，更是道德层面的。如何理解一个合宜的社会（decent society），如何理解人类的美好生活，如何理解一个国家在政治层面的正当性、合法性，这些问题的回答都涉及某种“道德的规范性”（moral normativity），而情感在理解与稳定这种规范性上有重要意义。基于这种原因，20 世纪以来，“情感研究”成为人文社会科学的显学之一。这一时期的哲学家们对情感的研究不同于以往，他们主要聚焦于两个方面：一方面，在 20 世纪的哲学理论建构过程中，针对情感的本质及其与道德、政治的关系，分析哲学与欧陆哲学两大阵营中的哲学家们有着许多完全不同且缺乏对话与交流的关切和阐述，这些阐述的影响和发展一直持续至今；另一方面，对情感的研究与大量的实证科学的研究成果相结合。在神经科学、认知科学、社会学、人类学、灵长类学、动物学的实证证据的支持下，情感不再被视为激情和理性二分视域下的单维度心灵状态。① 此外，历史上也有不少哲学家针对理性与

① 参见 Nico H. Frijda. The Emotions. Cambridge：Cambridge University Press，1986；Antonio Damasio. Descartes' Error：Emotion，Reason and the Human Brain. New York：Avon Books，1994。

情感的二分提出了严厉的批判，如尼采、克尔恺郭尔、舍勒、海德格尔、萨特、马塞尔和斯特拉塞尔等，在他们看来“情感”不是“情理二分”视域下的单一单元，而是复合的心灵领域和意识状态。情感不仅具有意向性（intentionality），即总是指向某种真实的或者想象出来的对象，这种意向性不仅包括影响心灵内部信念、思想和动机体系的行动意向（intentions）与行为倾向（behavioral disposition），而且还具有命题性（propositionality），即其产生必定依赖于事物存在或可能存在的方式，并涉及对外部世界的认知评价（cognitive appraisal）。因此，将情感视为一种多维度的心理过程和心灵状态，已成为当前学界的共识。①

随着“情感研究”学术成果的日益增长，越来越多的哲学家和思想家观察到情感对行为动机与道德、政治实践的深远影响，这为政治情感理论的探讨提供了一个具有开放性的发展空间。事实上，培养正向、积极的公民政治情感，避免或者消解人们因羞耻、恐惧或厌恶造成的人际割裂和冲突，这不仅在个体生命价值的层面与人类的美好生活息息相关，而且在现实政治秩序的维度事关人类的繁荣和社会的长治久安，而这正是努斯鲍姆撰写《政治情感》一书的目的。

努斯鲍姆对政治情感的论述是跨学科的，她在这方面做得非常出色。用哲学家迈克尔·沃尔泽的话来说就是，她“超越了所有的

---

① 类似的主张，参见 John M. Cooper. Reason and Emotion：Essays on Ancient Moral Psychology and Ethical Theory. Princeton：Princeton University Press，1999；Julien A. Deonna & Fabrice Teroni. The Emotions：A Philosophical Introduction. London and New York：Routledge Press，2012。

学科界限。这项关于什么是爱国主义以及如何培养爱国主义的研究充满睿智而又引人入胜，它出自哲学家、政治理论家、心理学家、文学评论家和历史学家之手，其中每种作者身份都是极棒的，而令人惊叹的是，这些多重身份竟然出自一人”①。努斯鲍姆以各种方式回顾了孔德、密尔、莫扎特、亚伯拉罕·林肯、卢梭、泰戈尔、惠特曼、马丁·路德·金、富兰克林·德兰诺·罗斯福、甘地、尼赫鲁、弗雷德里克·劳·奥姆斯特德、丹尼尔·巴特森、唐纳德·温尼科特等历史人物，在哲学、伦理、历史、音乐、经验心理学、灵长类学、歌剧、文学、建筑学、古希腊悲剧和喜剧、城市研究和现代大学管理等领域对政治情感这一主题进行了诗性的探索。

鉴于努斯鲍姆已在第一章准确且简明扼要地概述了本书的主要思路与章节安排，译者仅从女性视角、理解情感以及公共情感与爱国主义这三个方面来解读本书的思想特征。

《政治情感》的女性视角

在许多男性眼中，女性是一种自出生就被打上“柔弱”烙印的生物。女性主义的杰出代表西蒙·德·波伏娃曾在其被誉为“女性床头的圣经”——《第二性》中说过，就真正的事实表现而言，两性之间的关系是不能用电的正负极来做比喻的。男人同时代表了阳性和中性，正如我们平日用英文“man”这个字就代表了全人类；女人只能代表阴性，与全人类没有关系。在很长一段时间内，对大

① 资料来源：https://www.amazon.com/Political-Emotions-Love-Matters-Justice/dp/0674503805，“Reviews”。

多数男人而言，“女人只不过是个子宫”。与波伏娃一样，绝大多数女性主义者都致力于改变女性的这种“从属地位”，政治上争取平等的权利，理论上在肯定男女“生物性别”差异的同时，努力从“社会性别”角度重新审视人类以往的思想，并试图重新解读原有的哲学、伦理、历史等各种理论。经过早期女性主义者的努力，与20世纪女性主义者们所处的环境相比，如今的女性无论是在政治权利上还是在自我意识上都有了很大提高。然而，时至今日，女性（尤其是发展中国家的女性）依然无法与男性平等。面对这一现实，我们能够为仍处于困境中的女性做些什么？努斯鲍姆在其许多作品中，如《女性与人类发展》（中国人民大学出版社，2020）、《创造能力》（中国人民大学出版社，2016）等书中，为这个问题提供了独特而又务实的答案。在这些作品中，她以一种女性主义视角设想并不断重申了一个以“人类发展”和“多元能力”为核心的社会图景：为了让每个人都过上一种与其人类尊严相配的生活，所有人（包括女性）都应当获得一种最基本的保障和庇护，以使其有可能去发展各类不同的能力，而这一多元能力的发展要求在差异阶层之间进行资源的再次分配。

在《政治情感》一书中，努斯鲍姆面对的是一个困扰了诸多政治哲学家的现实问题：如何在一个充斥着私欲、贪婪本性、焦虑情绪和自我利益的世界中，为一个合宜社会提供良善的公共文化和稳定的政治原则？她努力把对正义问题的政治学思考与对人类情感的哲学探索结合起来。在她看来，如果要形成各类良善的政治原则并使之保持稳定，就需要培养以扩展性同情（extended sympathy）

和相互之爱（mutual love）为核心的种种公共情感。而这种公共情感的培养应该基于女性的而不是男性的情感逻辑。因为面对冲突时，女性的情感所突显的是一种相互性（reciprocity），而不是嫉妒与好胜。她希望所有有志于正义的社会都能够充分重视和发挥这种具有相互性的同情与爱的作用。本书的论述充分体现了努斯鲍姆作为一名女性学者的细腻与关怀，其叙事方式紧紧围绕对现实世界人类命运的关切。

在《政治情感》一书中，努斯鲍姆以歌剧《费加罗的婚姻》作为其政治情感研究的重要素材。在大多数人眼中，《费加罗的婚姻》是一部家庭式情感喜剧，但在努斯鲍姆看来，这种感觉是莫扎特和达·彭特改编后的版本带给人们的。在这部喜剧的首创者博马舍那里，它是激情与政治的，是一部可以解析政治情感的哲学文本，但仔细体会的话，从莫扎特的音乐中依然可以领悟到这一点。歌剧的剧情是这样的：阿尔马维瓦伯爵的男仆费加罗即将与美丽的女仆苏珊娜结婚，但好色的伯爵早就垂涎苏珊娜的美貌，他想通过恢复自己早已宣布放弃的初夜权来占有苏珊娜，由此展开费加罗千方百计保护苏珊娜的贞操，伯爵夫人罗西娜与苏珊娜合作扭转乾坤的一系列滑稽而又让人深思的情节。

就故事情节而言，许多评论家的看法是，费加罗与伯爵代表了新旧两种体制，伯爵代表的是封建等级制度，而费加罗代表的是法国大革命所追求的自由、平等与博爱的新体制。费加罗与伯爵之间的对立就是新旧体制之间的对立。但有趣的是，努斯鲍姆觉得这部歌剧的音乐比其剧本内涵更为丰富。从某种意义上说，她的分析源自莫扎特的音乐，而非达·彭特的文本。在她听来，代表自由、平等与博爱的声音不是费加罗发出的，而是由苏珊娜和伯爵夫人发出的。无论是费加罗还是伯爵发出的都是类似的、充斥着男性特质的声音。歌剧中这两个人的配乐都是亢奋而又充满斗志的，费加罗与伯爵的咏叹调独唱发出的都是男性最在意的“激愤的荣誉、复仇的欲望、支配的快感”（本书第 40 页）。虽然苏珊娜和伯爵夫人的声音也类似，但女人们的相似性不是为了互斗，而是为了合作。按理说，两人应该是情敌，但她们没有像男性那样专注于打败对方，而是试图通过合作让费加罗和伯爵这两个男人成为充满爱与忠诚的丈夫，让他们专注于情感与快乐，而非复仇与嫉妒。歌剧中这两名女性的配乐暗示着一种相互性与平等，这种相互性与平等是歌剧中的男性绝对没有的。两名女性虽然有阶级地位的差别，但她们之间的伙伴关系似乎完全无等级之分。从苏珊娜和伯爵夫人的歌声中，人们可以听出爱和对爱的追求，只有她们的声音才暗示着自由、平等与博爱。

在此，努斯鲍姆不是在看，而是在听。在她心中，甚至苏珊娜和伯爵夫人都不能完全代表平等与博爱，真正代表平等与博爱的是那个身为男性，却极富女性情感的小人物凯鲁比诺。从凯鲁比诺的音乐与歌声中，她听到的不是追求荣誉的砰砰重音，而是小提琴发出的轻微颤音，是戏谑的跳跃，像是在发出低沉的笑声，它不仅没有表现出任何等级体系，而且积极地颠覆着整个观念。虽然他有男子汉气概，而且很吸引女人，但他并不喜欢控制她们，也不把她们用作与其他男人的游戏中的棋子。这里所呈现的不是支配，而是魅力和优雅；不是掩盖耻辱或因侮辱而报复的图谋，而是加入女人热衷的玩笑与八卦时“淘气的样子”（本书第55页）。

在努斯鲍姆看来，这种承载政治情感的公共文化不仅能够唤起民众对一些正面价值的支持，如对平等与自由之爱、对自然环境与祖国山河之爱以及对受难的同胞与他国贫困者的同情等，而且能够扼制所有人类身上都有的某种“根本恶”，即一种虐待他人的倾向。这种“根本恶”潜藏于人的内心。在社会中，人们一旦发现自己与他人在一起，这种倾向就会“使他们忙于嫉妒性和竞争性的斗争”（本书第6页），就像《费加罗的婚姻》中伯爵与费加罗充分展现的那种“通过贬低他人和使他人屈从来保护脆弱的自我”（本书第4页）的倾向。在现实生活中，一些自以为优越的群体所流露出的对另一些群体的厌恶感亦是这种坏倾向的表现。而一个合宜社会，则需要重视和发展努斯鲍姆通过分析《费加罗的婚姻》所希望突出的那种人们之间的相互性，一种在女性身上更为典型、更为突出的相互性，而这种相互性需要情感的参与，尤其需要爱的参与。

某种意义上，努斯鲍姆对政治情感的论述是对罗尔斯正义理论的继承和延续，她强调：“20世纪最伟大的政治哲学著作约翰·罗尔斯的《正义论》，为政治情感这一主题提供了一种引人入胜的处理方法。”（本书第11页）而这一方法最为核心的地方则在于使用了一种精致的、涉及认知和评价的情感概念，这一概念恰恰是努斯鲍姆理解政治情感的出发点。

在努斯鲍姆看来，情感并非仅仅是杂乱的、冗余的。我们如果以一种多元的思维进路重新理解各种理论视域下的具体情感，就能够为我们的理论探索带来一些可靠的依据和思路。基于此，她在打破学科界限进行历史和文化论述的时候，流露出对“普遍原则”、“抽象概念”与“同质性”的高度警惕，体现出其将女性主义与政治自由主义结合起来的独特尝试。

努斯鲍姆的这一做法，应当被视为女性主义理论发展中的重要一环。20 世纪 60 年代以后，以贝蒂·弗里丹（Betty Friedan）1963 年出版的《女性的奥秘》（*The Feminine Mystique*）[①] 一书为标志，美国的女性主义运动掀起了一阵时代浪潮。在这一浪潮中，差异政治、关怀伦理等理论构想和口号被反复提出。女性主义哲学家们不再停留于强调女性具有与男性同样的平等地位和天赋权利，也不再简单地要求男女平权和男女同德的“同质性”。他们从一个更加根本性的位置出发，承认女性有着不同于男性的特质，但他们不是像弗洛伊德传统对女性道德心理的认知那样将女性所展现出来的特质视为道德发展的不足，而是界定为不同或差异。思想家们应该充分重视女性在同情、个体关怀与情感依恋方面的优势，在此基础上提出各种与传统伦理学、政治哲学理论不同的真正代表全人类的思想。要做到这一点，哲学理论的建构逻辑就不应该单纯由男性主导，仅呈现具有理性化、形式化和冷漠化外观的“同质性”内核，而应融入更多的柔性力量和感性关切，更强调人与人、文化与文化、社会与社会之间的“异质性”。虽然许多女性主义理论是从批判出发的，但它们实际上是以更加温和的态度包容了人性的复杂性。换句话说，女性主义者们不再试图通过将女性的地位提升到与

---

① Betty Friedan. The Feminine Mystique. New York：Dell Publishing，1963.

男性平等来建构以“同质性”为内核的观念体系，而是承认和尊重男女之间甚至每个人之间的天然差别，主张从这种差别所体现出的“异质性”中去寻找可以让人类变得更好的有利元素，由此综合成一个多元又统一的意识形态体系。

总之，随着自然主义哲学与认知科学影响的扩大，伦理道德现象的跨学科研究成果越来越多，尤其是在认识论和心灵哲学方面，心理学的研究成果不断催生出新的哲学主张与立场。在这一背景下，女性主义者们在道德心理学家对性别差异的研究成果中找到了新的思路和依据。比如，卡罗尔·吉利根（Carol Gilligan）从心理学视角出发，对男性和女性不同的道德发展状况的研究，不仅开创了女性主义关怀伦理学的先河，而且为“非原则化的”或“特殊主义的”（particularistic）伦理研究提供了启发与心理学基础。这不仅对女性主义哲学有着鼓舞作用，还使得哲学理论中被忽视的女性主义的情感要素再度引起一些学者的关注。努斯鲍姆正是从这种视角出发，以一种更为“反传统”的多元立场去运思和论证被其他政治哲学家忽视的情感素材，为有志于正义的社会制定了一项宏大的政治规划。

理解情感

我们知道，爱和情感往往会被人认为是难以言说清楚的玄幻之物，我们去追问“爱的理由”，可能就违背了“爱”本身。因此，要解决这一乍看起来难以解决的爱与情感之悖论，我们就需要进一步理解“情感”的本质。

事实上，不同的情感理论通常会把情感的本质视为不一样的心灵状态，德索萨[①]认为情感是一种自成一类的状态，但是情感和感知两者间的相似性仍是十分重要的，他把情感视为种种关于价值的“理解”（apprehensions），因而情感具有特定的认知性成分。那么，当我们谈论政治情感的时候，我们所预设的是一种怎样的情感概念呢？我们首先要了解的是，作为一种特定类型的心灵状态，情感包含的成分有哪些。有一些人持有一种曾经十分流行的混合式观点，认为情感是种种欲望-信念的组合（desire-belief pairs）。[②] 但是，有哲学家指出，“情感是种种感受，但是这些感受要被理解为非表征性的”[③]，也就是说，情感是意动性（conative）状态，比如种种欲望和行动倾向。[④] 而所谓意动性状态，也可以具有命题内容（propositional content），比如我们可以对“下雨”这件事有所欲求。但是通常而言，意动性状态并不具有对事态的表征功能，比如，我们“看到”天在下雨就“知道”下雨了。而通过心灵的适配方向（direction of fit）[⑤] 来理解的话，所谓意动性状态所具有的是一种“从世界到心灵”的适配方向，即为了适应我们所具有的意动

---

① Ronald De Sousa. The Rationality of Emotion. Massachusetts：MIT Press，1987.

② 关于这种观点的进一步论述及批判，参见 Peter Goldie. The Emotions：A Philosophical Exploration. Oxford：Oxford University Press，2000：ch. 3；Julien A. Deonna & Fabrice Teroni. The Emotions：A Philosophical Introduction. London and New York：Routledge Press，2012：ch. 3，ch. 5。

③ D. Whiting. “The Feeling Theory of Emotions and Object-Directed Emotions”. *European Journal of Philosophy*，2011，19（2）：281.

④ 关于情感作为一种关于“行动预备性”的感受性状态，参见 Julien A. Deonna & Fabrice Teroni. The Emotions：A Philosophical Introduction. London and New York：Routledge Press，2012：79－80。

⑤ 关于适配方向的讨论，参见 J. Searle. Intentionality. Cambridge：Cambridge University Press，1983。

性状态（比如欲望），外在世界的事态需要被改变。认知性的或者表征性的状态具有相反的适配方向，即心灵需要试图与这个世界相匹配。和意动性理论相反，认知性理论认为，情感要么部分地要么全部地由广泛意义上的认知性状态组成。这就形成了一种重要的情感认知性理论，即所谓的判断主义（judgementalism），它强调情感在本质上就是（或者必然包括）评价性判断。[①] 类似地，有人也会主张说，情感是或者必然包含评价性的思想[②]或解释[③]。按照这些观点，感到愤怒其实就算是在做出"被轻视"的判断，或者其他包含"被轻视"之思想的判断，或者会把所处的情境解释为一种轻视。因此，情感被认为是一种不同于信念和欲望的独特心灵状态，并且这一状态必然奠基于评价性判断（evaluative judgment）或评价（appraisal）。[④] 由此可见，对情感本质的理解，有从"非理性力

---

① 比如所罗门（Robert Solomon）就持有这样的观点。努斯鲍姆也在1994年的作品《欲望的治疗》（*The Therapy of Desire*）和2001年的作品《思想的激荡》中明确表示过她持有这种新斯多亚式的观点。参见 Robert Solomon. The Passions. Indianapolis：Hackett，1976；Martha C. Nussbaum. The Therapy of Desire：Theory and Practice in Hellenistic Ethics. Princeton：Princeton University Press，1994；Martha C. Nussbaum. Upheavals of Thought：The Intelligence of Emotions. Oxford：Oxford University Press，2001。

② 参见 P. Greenspan. Emotions and Reasons：An Enquiry into Emotional Justification. London：Routledge，1988。

③ 参见 Robert Roberts. Emotions：An Essay in Aid of Moral Psychology. Cambridge：Cambridge University Press，2003。

④ 这样的观点，参见 M. B. Arnold. Emotion and Personality. New York：Columbia University Press，1960；R. S. Lazarus. Emotion and Adaptation. New York：Oxford University Press，1991；M. S. Brady. Emotional Insight：The Epistemic Role of Emotional Experience. Oxford：Oxford University Press，2013。需要注意的是，普林斯（Jesse Prinz）曾试图澄清，所谓的"评价"，其内容并不必然是概念性的，参见 J. Prinz. Gut Reactions：A Perceptual Theory of Emotion. Oxford：Oxford University Press，2004。

量”到“理性之必需品”的各类不同选项。因此，这个问题最好以一种规范性的提问方式而出现：应该以何种情感概念来奠基我们的政治理论呢？

其实，努斯鲍姆在本书中对情感本质的理解，延续了其早期作品中的“认知性”解释。她在很多方面的论述都始于对我们日常情感的剖析——悲伤、恐惧、憎恨、爱、愤怒、妒忌、嫉妒以及移情。她将这些情感区别于欲望，区别于诸如烦躁等“无对象的”心情（mood），区别于诸如饿和渴这样的身体性状态以及诸如因恐惧而颤栗这样的身体性感觉。事实上，早在《欲望的治疗》和《思想的激荡》中，她就对其所接受的那种新斯多亚式情感观进行了详细论述。情感之所以被视为“理智的”，不仅因为一些情感总是能理性地、明智地指引我们，而且因为它们具有一种重要的认知性要素。

努斯鲍姆不认为情感是一种无意识的“仅仅将人推来推去”①的能量，更不认为这种能量是与理性相反的，所以她强调情感不需要在实践哲学的相关考量中被排除。相反，努斯鲍姆把情感视为“对价值感知的理智反应”②。情感的认知性内容取决于我们理解和评价对象的方式。所有的情感都涉及（a）某种指向对象的、理智的想法或感知，以及（b）某些对对象之重要性或显著性的评价性认可。③ 情感反应是对某个对象的判断；这些情感判断是价值判断

① Martha C. Nussbaum. Upheavals of Thought：The Intelligence of Emotions. Cambridge：Cambridge University Press，2001：24.

② 同①1.

③ 同①30.

的一个子集。惧怕一个人和爱一个人，这两者之间的区别取决于认知，比如我们关于这个人的信念和关于这个世界的信息。那种发自本能的因配偶去世而感到的痛苦，“它猛烈地撕裂了我们与那个人建立的情感依恋、希望和期待”（本书第 574 页）。那一构造是由信念、目标、解释和其他认知性要素组成的。同样，我们对于某段音乐的情感反应也涉及了对歌词和音乐旋律的认知性解读。并且，情感是“被社会规范和特定的社会环境塑造的”（本书第 574 页）。尽管在生物学上“被给予的”情感，比如愤怒，在不同的社会中也会有不同的表达方式。我们对于艺术作品，比如，当我们看到《威尼斯商人》中的夏洛克提出他那“合法而又极其无理的要求”时，我们的情感反应是借由我们的规范、历史知识以及种种不同的表演诠释方式而产生的。

努斯鲍姆对情感本质的理解结合了某种幸福论（eudaimonism）的主张。在她看来，人类的情感具有局限性，它必定只会“关切某个人的繁荣发展”，因为只有当一个对象的价值与一个人自身的价值和目标相关的时候，该对象的价值及其相关情感才可能被感知到。因此，情感的对象总是会指向或者涉及自我以及自我的幸福和发展。按照这一思路，情感的对象总是“我的”或“与我相关的”，并且，正是因为我已经知道或者确信它们对于我的总体繁荣发展有何贡献，这些对象才会被赋予价值和成为我的情感的对象。比如，一个人对于逝去的母亲的情感是源于这一事实：这个母亲是我的母亲，并且，母亲是在我自己的生命繁荣中毫无疑问地被赋予价值的对象。关于“情感”，她写道，我“会从我自身的目标和计划方案的视角出发去看待这个世界，那些被我赋予价值的事物会被理解为对我而言让我过得好的事物”①。如果与个人的幸福、繁荣以及关注圈没有任何关联，那么这种情感只能是疲弱的，甚至是无法存在的。爱国情感也是源于同样的事实。这种情感本质上是一种具有认知性和评价性的政治情感，是一种情感判断或者对于某种被赋予价值之对象（我的国家）的反应。它指向的是自我，因为拥有爱国情感的人总是将国家视为我的国家，并且将之视为自身繁荣发展的一部分。因此，和其他情感一样，爱国情感也是狭隘的。一般而言，人们也只爱自己的国家。人们在划分了我的界限和你的界限之后，也划分了国家之间的狭隘的政治界限。

要突破这一局限，需要发展人们的扩展性同情。因此，如何“扩展”我们的情感成为努斯鲍姆政治情感理论中至关重要的内容之一。她给出了实践方案，即通过激发人们的爱来抑制人们因“自我否认倾向”而造成的“投射性厌恶”，进而“扩展”他们的情感，使得他们能够超越仅以有限、狭隘之小集体为对象的原始之爱。然而，这样的超越又该如何发生呢？这是心理学和社会学理论要讨论的问题。或许这得依赖人们同情、移情和投射的能力。其中一个关键在于通过教育来激发人们“在另一个人身上看出完整而平等之人性的能力”（本书第 4 页），进而激发公民们去思考“更远大的想法”以及去获得一种更广泛的“同情”。这是本书一直试图论证的，也是努斯鲍姆所提出的方案的要点。

---

① Martha C. Nussbaum. Upheavals of Thought：The Intelligence of Emotions. Cambridge：Cambridge University Press，2001：49.

公共情感与爱国主义

《政治情感》开篇宣称，所有社会都充斥着形形色色的情感，这些情感有的与政治有关，有的与之无关。人们总是带有一种错觉乃至偏见，认为只有法西斯主义社会或富有侵略性的社会才会专注于培养民众强烈的政治情感，由此认为，情感应当在政治领域中予以排除。但努斯鲍姆强调，所有现代的社会都需要培养民众的政治情感。一些杰出领袖之所以能够成功，原因之一就在于，他们懂得如何打动民心，如何激发民众对共同事业的强烈情感。一个不完美却有志于正义的社会应该重视培养民众的政治情感，并形成一种有博爱精神的公共文化。

在涉及公共情感的诸多议题中，爱国情感是一种最典型且最为我们所熟知的政治情感。在公共领域中，爱国情感并不单单是私人情感，它也是公共情感的组成部分。努斯鲍姆把政治情感定义为，“其表达对象是国家，是国家的目标、制度和领袖，是国家地理以及公民同胞亦即共享公共空间的居民伙伴”（本书第 2 页）。这些情感不仅仅是表达赞同，也表达了对一个国家的爱，并把这个国家视为“自己的”（本书第 300 页）。因此，情感不仅在定义和解释合理的爱国主义方面具有某种核心的地位，而且在提供合理的爱国主义行为动机方面也起到了关键作用。在努斯鲍姆看来，爱国本身就是一种从原始之爱中扩展出来的公共之爱，既是一种对国家的爱，也是一种对同属该国家的诸多同胞的爱。

通过回顾历史，努斯鲍姆试图为我们当前所处的现实社会及未来应建立的理想社会，探寻各种有助于培养公民政治（爱国）情感的途径。她从卢梭、孔德、密尔与泰戈尔等人用以培养公民政治情感的各种宗教思想中汲取精华；从亚伯拉罕·林肯、马丁·路德·金、圣雄甘地等政治领袖激发民心的极具震撼力的演讲中汲取力量；从惠特曼、泰戈尔的诗歌与林璎等人叙述民族历史的艺术品中汲取灵感。努斯鲍姆为我们呈现的是一个包容的、具有批判精神的政治情感世界，而不是一些简单的政治情感灌输方式。因为在她看来，公共文化需要深植于人的内心并能恰当地挖掘出人们最具感染力的情感。这种爱或情感如果能够转化为公民之爱，就能为爱国主义植入情感的基石，在这种公民之爱的激励下，人们会在恰当的时机为了公共利益而牺牲个人利益。比起让公民努力地学习那些思想家运用理性推演出来的各种正义原则与爱国主义教条，将社会的各种理想原则融入诗歌、铸入象征物、寓于各种艺术作品以及像古希腊人所热衷的那种悲喜剧中，更容易唤起他们为共同事业献身的情怀。可以说，努斯鲍姆想要完成的是一项培养爱国主义情感的宏大工程。

本书的翻译工作分工如下：第一～五章、第八章、第二部分导言、第三部分导言，以及致谢部分由陈燕翻译；第六～七章、第十～十一章，以及附录部分由卢俊豪翻译；第九章由李晶翻译；索引部分由各位译者按照各自负责的部分翻译，多处出现但翻译不统一之处由大家共同商议决定。全书由陈燕统一校对。感谢湖北大学阮航副教授对陈燕所译部分的全文校对。

陈燕、卢俊豪书于 2022 年 7 月

纪念特伦斯·莫尔（Terence Moore，1953—2004）

目　　录

第二部分　目标、资源和问题

第三部分　公共情感

这一天，充满痛苦、疯狂和愚蠢——只有爱才能使之终结于幸福与欢欣。

W. A. 莫扎特（W. A. Mozart）

与洛伦佐·达·彭特（Lorenzo Da Ponte），

《费加罗的婚姻》（*Le Nozze Di Figaro*，1786）

第一章　自由主义历史中的一个问题

看哪，身体和灵魂——看看这地方，

这是我的曼哈顿，这里有教堂的尖顶，有波光粼粼的汹涌海潮，还有那渡船。

这片丰饶的大地，南北都沐浴着阳光，有俄亥俄的海岸和密苏里的水乡，

最后还有那一望无际的草原，铺满青草和稻粱。

看哪，那骄阳，多么壮丽，多么安详，

那清晨，弥漫着蓝紫色的薄雾，和着拂面的清风，

那新生的光辉，无尽无量，温柔清爽，

> 那正午的太阳，多么神奇，普照无遗，充满力量，
> 那美妙的黄昏即将来到，还有那令人神往的夜晚与星光，
> 它们都在我的城市闪耀，把人们和大地拥入怀抱。
> ——沃尔特·惠特曼（Walt Whitman），《当丁香花最后在庭院盛开》（*When Lilacs Last in the Dooryard Bloom' d*）

> 我金色的孟加拉，我爱你。
> 你的蓝天，你的空气，宛如那笛音，永远拨动着我的心弦。
> ——拉宾德拉纳特·泰戈尔（Rabindranath Tagore），《金色的孟加拉》（*Amar Shonar Bangla*），现在是孟加拉国的国歌。

1 所有社会都充满情感，自由民主的社会也不例外。即使在一个
相对稳定的民主社会，其每一天或一周的生活也富含情感，比如愤
2 怒、恐惧、同情、厌恶、嫉妒、内疚、悲伤、形形色色的爱。这些
情感片段，有些几乎与政治原则或公共文化无关，但另一些则不同：其表达对象是国家，是国家的目标、制度和领袖，是国家地理以及公民同胞亦即共享公共空间的居民伙伴。如篇首题词所示，由国家地理特征来引发情感，这种抒发情感的方式往往是针对国家的关键承诺，如包容、平等、消除不幸、终结奴隶制等。惠特曼的上述诗歌节选自对亚伯拉罕·林肯（Abraham Lincoln）之死的哀悼诗，它表达了诗人对其国家当下状态的复杂感受，其中融合着热烈的爱、自豪和深切的悲伤。《金色的孟加拉》表达了泰戈尔开阔的人文精神及其对一种包容的“人文宗教”（religion of humanity）的

渴望，这种宗教将把其社会中的所有种姓和宗教联结在一起。作为一个穷国的国歌，它既表达了对美丽国土的自豪与热爱，也（在随后的诗行中）表达了一种感怀于仍有未竟事业的忧伤。

这样的公共情感常常是热烈的，对国家向其目标前进会产生巨大的影响。就对那些目标的追求而言，它们可以赋予其新的活力与深度，但也可以使其脱离轨道，触发或强化社会分离、等级分层以及形形色色的失职或惰性。

有时候人们认为，只有法西斯主义的或富于侵略性的社会才是情感强烈的，并且只有这种社会才需要聚焦于情感的培养。这样的看法既错误又危险。其之所以错误，是因为所有社会都需要考虑政治文化随着时间的推移而表现出稳定性，以及在受压迫的时期维护其所珍视的价值。那么，所有社会都需要考虑对失败的同情、对不公正的愤怒、为支持包容性的同情而限制嫉妒与厌恶。放弃情感的领地而听任其中形成反自由的势力，会让后者在人民心中占据极有利的地位，从而冒着让人民认为自由价值冷淡而乏味的危险。亚伯拉罕·林肯、马丁·路德·金（Martin Luther King Jr.）、莫汉达斯·卡拉姆昌德·甘地［Mohandas Karamchand Gandhi，在印度被尊为“圣雄”（Mahatma）］和贾瓦哈拉尔·尼赫鲁（Jawaharlal Nehru）之所以为其各自自由社会的伟大政治领袖，其中一个原因在于：他们懂得必须打动民心，并且需要着意于激发人们对其所面临的共业怀有强烈的情感。无论好坏，所有的政治原则都需要情感的支持，以确保它随着时间推移的稳定性；并且所有合宜的社会 3
（decent society）都需要培养同情与爱的适当情感，以防止社会分离和等级分层。

自由社会追求正义与一切人的机会平等，这种类型的社会有两个培养政治情感的任务。一个是唤起并维系对一些有价值项目的强有力承诺，这些项目比如社会再分配、完全包容以前受排斥或边缘化的群体、环境保护、对外援助以及国防建设，是需要努力和牺牲的。大多数人的同情都趋于狭隘。他们可能轻易沉湎于自我欣赏的项目，而忘记其狭小圈子以外的他人需求。将情感导向国家及其目标，常常是极具助益的，可以让人们拓宽思路，转而致力于更大的公共善。

另一个与前者相关联的培养公共情感的任务，是抑制在所有社会并最终在我们所有人身上都潜藏的某些势头（force），即通过贬低他人和使他人屈从来保护脆弱的自我这一倾向。[正是对于这一倾向，我沿袭康德的说法称之为“根本恶”（radical evil），尽管我对它的理解与康德的理解有相当大的差别。] 厌恶与嫉妒，将羞耻强加于他人的欲望——所有这些情感都表现于所有社会，且很有可能表现于每个人的个人生活。如果不加遏制，它们就可能造成极大的伤害。它们在作为立法过程与社会构成的指导依据时所造成的伤害尤为严重（例如这样的情形：人们对另一群人的厌恶被用作以歧视性的方式来对待后者的有效理由）。但是，即便社会在没有陷入这样的误区时也潜藏着这些势头，需要通过某种教育来积极主动地加以中和；这样的教育要培养某种观察能力，在另一个人身上看出完整而平等之人性的能力——这种能力的养成，或许是一种最难而又最脆弱的关于人性的成就。如此教育的一个重要部分是通过以特定方式代表国家及其人民的公共政治文化来实施的。它可以包容、排斥或巩固等级制，或者是予以废除，如林肯的葛底斯堡演说（Gettysburg Address）及其惊人想象——美国始终致力于种族平等——就达成了如此鼓舞人心的效果。

在诸多时机和场合，伟大的民主领袖都懂得培养适当的情感（并消解那些妨碍社会向其目标前进的情感）之重要。然而总体看 4
来，自由主义政治哲学对这一话题言之甚少。在捍卫宗教宽容时，约翰·洛克（John Locke）承认，在他所处的时代英格兰存在这样的问题，即不同宗教的教徒之间普遍流行敌意；他呼吁人们采取“仁慈、慷慨和开朗”的态度，并建议诸教会忠告其教徒“承担和平的职责，对一切人以及无论是异端还是正统的教徒都以善意相待”[1]。然而，洛克没有努力探究不宽容的心理根源，因而对于坏态度（bad attitudes）的本质以及如何得以防止，他几乎没有提供任何指导，也没有建议任何官方的公开措施去形塑人们的心理态度。好态度的培养留给了个人与教会。鉴于坏态度恰恰是在教会中恶化的，洛克就听任自己的规划处于脆弱和不确定的境地。然而，在他看来，自由国家应该限制自身，限于保护人民的财产权及其对其他政治益品（political goods）的权利，以防他人的侵犯（as-sail）。就他自己的观点而言，即宗教宽容以平等的自然权利为依据，这一干预已经迟了一步。

对于合宜的社会的心理状态，洛克的沉默在后来的西方传统自由主义政治哲学中很普遍，某种程度上无疑是因为自由主义哲学家觉得，规定任何特定类型的情感培养可能都容易牵涉对言论自由的限制以及其他与自由和自主的自由观念不相容的措施。伊曼努尔·康德（Immanuel Kant）的观点显然就是如此。与洛克相比，康德对人类心理的探究更深入。在《单纯理性限度内的宗教》（*Religion within the Limits of Mere Reason*）[2]中，他论证说，不良的社会行为不是当前社会条件下纯粹的人为造作：它根源于普遍人性，人性中含有虐待他人（将他们不是当作自身目的，而是当作手段）的倾向。他将这些倾向称作“根本恶”。人们一发现自己在社会中与他人在一起，这些坏倾向就会使他们忙于嫉妒性和竞争性的斗争。康德觉得，个人负有加入某一群体的伦理义务，这将增强他们拥有的好倾向（善待他人的倾向），由此这些好倾向就有更大的机会胜过
5 坏倾向。他相信，正确的教会将为社会道德提供这样的支撑结构；他甚至认为，所有人民因而有加入某个教会的伦理义务。尽管如此，康德仍得出这样的结论：在对抗根本恶的斗争中，自由国家本身的作用要受到高度的限制。与洛克一样，康德似乎觉得，国家的主要任务是对所有公民权利的合法保护。一旦涉及采取心理措施以确保其自身的稳定性与功效，这样的国家就会发现，正是由于对言论和结社自由的承诺而不得不自缚手足。康德最多主张，政府可以为这样的学者提供财政补贴，他们致力于康德所支持的“理性宗教”形式，这种形式的宗教将教导人类平等并呼吁对道德法则的遵从。

康德关于根本恶的观点，主要源自其伟大的前辈让-雅克·卢梭（Jean-Jacques Rousseau）；对于后者的观点，康德既有借鉴也有反对[3]。在《社会契约论》（*On the Social Contract*）[4]中，卢梭主

张，一个好社会为了保持稳定并激励涉及牺牲的项目（如国防），需要一种“公民宗教”（civil religion），它由“诸社会性情感组成，缺少这种情感就不可能成为一个好公民或忠实的臣民”。围绕这种公共信仰——一种添加了爱国主义信念和情感的道德化的自然神论——国家将创造典礼和仪式，形成公民之爱的牢固纽带，该纽带相关联于对其他公民的义务和对作为一个整体的国家的义务。卢梭相信，在他所设想的社会中，“公民宗教”将既解决稳定性的问题，也解决利他动机的问题。然而，他认为，只有以去除最重要的言论自由和宗教表达自由这样的方式来强制执行，才能实现这一目标。国家应该使用包括流放甚至死刑这样的手段，不仅惩罚对他人有害的行为，而且惩罚不信奉国教的信念与言论。在康德看来，上述代价绝对是太大了：任何一个合宜的国家都不应该在这些方面使用强制，并去除属于自主性的关键领域。康德并不想质疑这一信念（他似乎与卢梭共享该信念），即“公民宗教”只有予以强制实施才能生效。

这里就出现了本书所要应对的挑战：在不以卢梭的那种方式变得不自由与独裁的情况下，一个合宜的社会为了稳定和激励如何才能比洛克和康德做的更多？如果有人补充如下说法，那么这一挑战甚至会更困难：我的合宜社会的观念是一种“政治自由主义”的形 6
式，在如此形式的社会中，政治原则不应该基于任何一种关于生活意义和目的的、无论是宗教的还是世俗的整全（comprehensive）学说；并且在其中，平等地尊重人的观念引发这样一种谨慎的节制，即政府对于任何一种特定宗教观或整全伦理观的支持都应保持谨慎的节制[5]。这种自由主义观不仅需要提防独裁的强制，也需要当心太过有力的支持，或采取错误的支持方式，以免产生内群体和外群体之分，并让一些人沦为二等公民。在我看来，情感不仅是冲动，而且包含评价，含有可评价的内容，因而将构成挑战的是，要确保受到支持的情感的内容不属于某种与其他学说相对立的特定的整全学说。

我对这个问题的解决方案是，设想一些方式，情感可以支持一个有抱负却不完美的社会的政治文化基本原则，设想这样一个生活领域，如果所有公民都赞同平等尊重的基本准则，就可以期望所有公民重叠：罗尔斯（Rawls）所称的“重叠共识”[6]领域。因此，政府营造对某一特定教派的宗教节日的强烈情感，这是令人反感的宗派主义；但将马丁·路德·金的生日作为一个寄托深厚情感的公共假日来庆祝却并不令人反感，它肯定了我们国家所承诺的种族平等原则，并使国家继续致力于对这一目标的追求。这种观点将这么去思考那些提供政治观念核心的“能力”系列：一种情感的公共文化如何能够强化对所有这些准则的忠诚？从消极的一面看，对于那些针对公民同胞群体的厌恶感，合宜的社会能够合情理地抑制其形成，因为这种［由于厌恶而产生的］隔阂与所形成的与之相关联的等级分层，对于平等地尊重人的尊严这一共享原则来说是颠覆性的。更一般地说，社会可以反复灌输对侵犯人的基本政治权利的反感与愤怒。从根本上说，要求人们热爱好的政治原则与要求他们相信它们，应该同样不令人反感；并且每一个正义观念在发挥作用的
7 社会都会教导其公民，使之认识到该观念是正确的。在公立学校，

给反种族主义的机会与种族主义并不相等。自由国家在宗教和整全学说问题上会且应该奉行的谨慎的中立性，并不会波及其自身正义观念的基础（诸如所有公民的平等价值，某些基本权利的重要性，以及各种形式的歧视与等级制度之恶）。我们可以说，自由国家要求对人生意义和目的有着不同的整体观的公民在共享的政治空间——根本原则和宪政理想的空间——交叠并取得共识。但接下来，如果要这些原则生效，那么国家还必须鼓励对这些理想的爱与奉献。

如果这一奉献要保持与自由主义的自由相容，那么其关键就在于促进一种坚实的批判性的政治文化，以捍卫言论和结社自由。原则本身和它们所激发的情感必须接受不断的审视与批评，而就使观念保持真正的自由及其对于公民来说可理解而言，表达不同意见的声音会发挥可贵的作用。还必须为颠覆与幽默腾出空间：对于爱国情感（patriotic emotion）的高大自负，戏谑逗趣不失为一个好办法，可以使之接地气，符合各色男女的口味。一直沿用这种方式显然会产生矛盾：对受珍视的理想予以取笑，并非所有这样的方式都是在表达对所有公民的平等价值的尊重（想象一下种族主义者拿马丁·路德·金开玩笑）。但是，留给颠覆与异见的空间大小应该与公民的秩序及其稳定性一致，并且该空间始终是一个主要话题。

对于上述若干顾虑，一种即时的应对之法是，国家给予艺术家充分的空间，让他们对关键的政治价值提出其各自不同的版本。与假如他们成为苏维埃风格的政治精英的雇佣文人相比，惠特曼和泰戈尔作为自由诗人要有价值得多。当然，政府往往必须且的确会决定选择某一种艺术创作而非另一种。例如，越战老兵纪念碑

（Vietnam War Veterans Memorial）选择的是林瓔（Maya Lin）的设计——其中布满人名的蜿蜒黑墙，让人们感受到无数默默无闻的已逝的个体生命的平等价值——而不是其他更富大国沙文主义观念的构想；芝加哥千禧公园（Millennium Park）选择的是弗兰克·盖里（Frank Gehry）、安妮施·卡普尔（Anish Kapoor）和乔米·普伦萨（Jaume Plensa）的投稿，而不是其他人提交的设计。正如我
8 们在后面也要讨论的，在大萧条期间，富兰克林·德兰诺·罗斯福（Franklin Delano Roosevelt）雇佣艺术家且给予他们相当大的自由，但在挑选要呈现在美国公众面前的贫困摄影图片时还是进行了谨慎的选择。选择与艺术自由之间的紧张关系是真实的，但是有处理它的好方式。

对于为合宜的公共政治文化提供情感支持这一问题，自由主义思想家并未全然置之不理。情感培养是约翰·斯图尔特·密尔（John Stuart Mill，1806—1873）的一个相当重要的主题。他设想了这样一种“人文宗教”：它作为现行宗教学说的替代物可以在社会中教授，并为包含个人牺牲与全面利他主义的策略提供根据[7]。印度诗人、教育家与哲学家拉宾德拉纳特·泰戈尔以极其类似的方式设想了一种“人的宗教”（religion of man），它激励人们去促进世界上所有居民生活条件的改善。他们各自的“宗教”思想，在学说和实践这两个方面都可以体现于共享的教育体系和艺术作品。泰戈尔一生花费了大量时间致力于创建体现其原则的学校和大学，并创作了大约两千首即使今天仍影响公共情感的诗歌。（他是唯一一位写下成为印度和孟加拉国两个国家国歌的诗歌的诗人/作曲家。）

密尔和泰戈尔在观念上的相似并不令人惊奇，因为两者都深受法国哲学家奥古斯特·孔德（Auguste Comte，1798—1857）的影响，其“人文宗教”纳入了公共仪式与其他满载情感的象征，这一观念在19世纪与20世纪早期影响巨大。密尔和泰戈尔都批评孔德的方案在实施中的侵犯性以及无处不在的约束，并且两者都坚持自由与个性的重要性。

20世纪最伟大的政治哲学著作约翰·罗尔斯的《正义论》（*A Theory of Justice*，1971），为政治情感这一主题提供了一种引人入胜的处理方法[8]。罗尔斯的良序社会对其公民提出了很高的要求，因为财富与收入的不平等只有在可以改善处境最差者（the worst-off）境况的条件下才是被允许的。对平等的自由（equal liberty）的承诺，是罗尔斯的原则优先考虑的，同时往往也是人类难以稳定地信守的。尽管罗尔斯是要设想一个从头开始的社会，没有
排他的早期历史遗存下来的恶的等级观念，但他仍然对人类存在者 9
提出了大量的要求，并因此敏锐地意识到他需要思考，这样的社会将如何培育那些随着时间的推移而仍然支持其制度的公民，以确保稳定性。而且，稳定性必须出于“正当的理由”[9]来获得，换句话说，不是出于单纯的习惯或勉强接受，而是由于对社会制度与原则的真正认可。事实上，对“正义的社会是可以稳定的”揭示是其证成的一个必要组成部分，因而情感问题对于证成正义原则的论证来说就是必不可少的。

罗尔斯设想了如下过程，即最初产生于家庭内部的情感是如何可能最终发展成指向正义社会原则的情感的。其论说引人入胜且富

于洞见，在这方面是引领时代的；它使用了一个精致的（sophisticated）情感观念（类似于我在此要使用的），根据这种观念，情感涉及认知评价[10]。罗尔斯后来把书中的这一部分拿出来留待重新思考，一起拿出来的还有《正义论》的其他内容——他认为这些内容与其本人特定的（康德式的）整全道德学说之间的联系过于紧密。在《政治自由主义》（*Political Liberalism*）中，他似乎不再赞同这部分特定论说的所有细节，但坚持认为，他是在为一种关于“合情理的道德心理学”的必要论说留下空间[11]。实际上，本书旨在充实这个空间，至于本书关于合宜的社会的论说，它在哲学细节上与罗尔斯的有别，但其背后的精神并无二致，尽管它所聚焦的是正在努力追求正义的社会，而不是已达成良序的社会。这种差别将影响我的规范提议的准确形态，因为我必须应对排他和污名（stigma）问题，而这在良序社会可以认作已经得到解决。尽管如此，我仍然主张，污蔑与排斥他人的趋向内在于人性本身，而不是有缺陷的历史的人为结果。罗尔斯虽然没有就这个问题表明立场，但他说，其论说可相容于这类悲观的心理，也可兼容于较乐观的论说。无论如何，罗尔斯的规划与我的规划尽管有明显区别，但还是有紧密关联的，因为罗尔斯所提议的社会是由人类而不是由天使组成的，并且他深知人类不会自发地追求公共善。因此，即使在他的良
10 序社会中，排他与等级分层的问题已被解决，那也是被人类解决的，而这些人仍然潜藏着产生这些问题的趋向。*即使在这里*，稳定性也要求应付真实人类心理的复杂性问题。

罗尔斯的论说对情感及其力量有令人印象深刻的理解。另外，

其所提出的要求是，这类情感对社会原则与制度的支持不仅是作为一种有用的权宜之计，而且在某种程度上包含对其基本正义观念的热情支持；这样施加的要求是合情理的。一个仅靠遵守被视为在工具意义上有用的暂时妥协而维系在一起的社会，不太可能保持长期稳定。因此，并不令人惊讶的是，罗尔斯所设想的情感指向的是原则，而不是具体事项：如果社会要出于正当理由而保持稳定，那么其基本原则在某种程度上就必须得到带有热情的支持。

然而，似乎有理由认为，罗尔斯所依赖的道德情感如果真的要完成分配给它们的任务，那就不可能清晰地呈现为理性主义的情感，后者仅仅是对当下提出的抽象原则本身的支持。在其简洁的概要论说中，罗尔斯并没有说（尽管他绝不会否认），与对正义制度的热爱相关联，可能需要某种必不可少的驱动角色，这种角色是以较迂回的方式诉诸情感来进行的，即运用象征符号、记忆、诗歌、叙事或音乐，它们将心灵引向原则，而原则本身也时而融入它们之中。我认为他应该同意这一观点；并且我将尝试说明，这样一种针对具体事项的角色，最终会完全相容于他心中所想的对原则的支持。现实中的人有时会为对正义原则的热爱所打动，而其中的原则仅仅是如其本身一般抽象地呈现的。但人类的心灵是光怪陆离、形形色色的，如果这些高级原则与某一特定系列的感知、记忆与象征符号——它们在人格以及人们对其自身历史的感受中有深刻的根源——建立关联，那么人们就更能轻易地酝酿出一种强烈的感情。这种论说可能容易误入歧途，并出于不当的理由来实现稳定性（例如，为了维护某一特定历史或语言传统的优越性）。然而，如果记

忆之源牢靠地系附于政治理想，那么我们就可以越过这些问题，并且那些象征物也可以获得单纯抽象物不可能拥有的驱动力。即使在
11 秩序良好的社会，这也似乎是正确的，因为其公民仍然是人类，其想象力是有限的。而在努力追求正义的不完善的社会，对特定叙事与象征的需求就变得更为迫切。

对这一点的另一种也是我会经常回顾的说法是，所有重要的情感都是“幸福式的”（eudaimonistic）；这么说的意思是，人们对世界的评价是依据其本人的视点（viewpoint），因而也就是其不断演进的、与有价值生活的观念相关的视点[12]。我们的悲伤是为我们关心之人，而不是为完全陌生之人。我们害怕那些威胁自身或我们关心之人的损害，而非火星上的地震。幸福主义（eudaimonism）不是利己主义：我们可以认为其他人有内在价值。但是，会激起我们内心深层情感的人，是我们通过对有价值生活的想象而以某种方式与他们相联的人，我在此后的论述中将称之为我们的“关注圈”（circle of concern）。因此，如果远方的人们与抽象的原则要支配我们的情感，那么这些情感就必须因此以某种方式将它们置于我们的关注圈内，造成一种属于“我们的”生活的感觉，其中这些人与事件是作为我们及其自身繁荣的一分子而与我们有关系。这种感动要得以发生，象征物与诗歌至关重要。

想想本章篇首的两段题词。惠特曼一直在想象的是，林肯的灵柩在其钟爱的国家巡游的情景。现在他要问的是：他应该给逝世的总统献上什么呢？他能把什么样的图画“悬于墙壁，装点我爱戴之人的墓室?”，其答案是对美国之美的生动逼真的文字描述。这一节

是那些图画中的一幅。它描绘了曼哈顿之美，然后从曼哈顿延伸到美国其他地区，描述其自然之美以及人文之美。对自然之美的生动描绘总是令人悲痛，因为它们与死亡和时间的消逝相连。此处表达的悲痛由于这些美景产生的联想而显得更为深切，这些联想有惠特曼想象中的哀悼林肯的仪式，当然还暗含着与林肯所代表的一切，一个所有美国人在阳光下自由活动与平等的国度。这些想法融合在一起，形成了一种几乎令人难以承受的爱与悲痛的结晶。（由于某种原因，我觉得“看哪，那骄阳，多么壮丽，多么安详”这一行是最感伤的英文诗行。我每次读到这里都会流泪——它让我想到两幅并置的图景：一边是太阳的壮丽、永恒与光辉，另一边则是小黑盒里静静的林肯影像。）

惠特曼努力营造的是一个公共哀悼仪式，这一仪式表达的是复 12
兴对实现美国最佳理想这一未竟任务的忠诚；这是一首为自由与平等之骨添加血肉的“公共诗歌”（public poetry）。这里要求读者想象这么一个具体的人物形象：他是为平等与正义而艰苦奋斗的象征——“宽宏而亲切的灵魂走了”——这首诗进而将两者巧妙地连接在一起，即道德上的标志性人物，以及已为人们所爱的土地与栖居在这片土地上的各色人等。这首诗所激发的情感，是要维护和激励人们对正义的艰苦追求。（事实上，它们也包含内在于自身的正义观念，正如血肉/骨骼这一隐喻暗示的。）如果没有展开那多少有些神秘的意象——这一意象深入人格，引发关于死亡与热望、失去与强烈的美的联想——那么它就无法有效地做到这一点。读者一旦从情感上投入惠特曼的诗中，就会受到感召去全身心地追求一个目前尚不存在、但却有可能成为现实的美国。

泰戈尔起初所写的诗（很不幸，我们不得不研究译文[13]）与孟加拉国无关，但他的大量思想都有一种未言明的政治相关性。依据他自己的谈论我们知道，他后来成为印度国歌的诗歌《人民的意志》（*Jana Gana Mana*），是受他在英国君主访问印度时不予致敬的愿望所激发。在受邀为帝国庆典献诗时，泰戈尔写下了那首歌，反而是为了坚持所有印度人都应该服从一种更高的权威，即道德法则。在此意义上，它是极富康德主义色彩的诗文，并与他的“人的宗教”（religion of man）有紧密的关联。《金色的孟加拉》（1906）没这么直接，但同样是政治性的。诗的策略接近于惠特曼的抒情诗，诗的内容是描写在孟加拉的自然美景中心醉神迷与极度快乐的状态。言说者将他的国家想象成一个芳香诱人的情人，性感而又令人兴奋。这首歌的灵感来自一个包尔（Baul）歌手的音乐，该歌手是一个流浪歌手团体（毗湿奴派教徒与苏菲派穆斯林的结合[14]）的一员，该团体因其狂热的情感化的宗教观、对肉欲之爱的礼赞及其非常规的性行为而闻名。如我们在第四章将看到的，泰戈尔让包
13 尔人成为其“人的宗教”观念的核心。《金色的孟加拉》的音乐、歌词与音乐这两者和包尔人的关联，以及歌词本身，这些都强化了言说者（一个孟加拉国居民的代表）的人物形象：其性生活富有乐趣和欢欣，但并不具有侵略性；这种性生活类型的典范可见于许多印度古典视觉艺术作品中黑天神（Krishna）的形象，以及胜天（Jayadeva）的伟大情色抒情诗《牛护之歌》（*Gitagovinda*，又译《牧童歌》，12 世纪）。（通过塑造这种亦男亦女的孟加拉人代表，

泰戈尔还表达了支持女性享有社会和政治权利的态度。如第四章将更详细地描述的，这是他毕生热衷的追求。）泰戈尔想象了一种类型的性活动，并在别处用之于反对英帝国主义以及在印度效仿它的那种侵略性的民族主义。

所有这一切的要旨何在？这首诗歌写于1906年，稍后于英国出于行政理由决定将孟加拉国一分为二。这大致相当于后来印度的西孟加拉邦与孟加拉国（前东巴基斯坦）之间的划分，其目的在于将印度教徒与穆斯林分开，也表达了英国一向通过分割来削弱属民的“分而治之”政策。泰戈尔呼吁读者想象一下统一的孟加拉之美，地理上未分割以及未被宗教仇恨分裂的孟加拉之美，呼吁人们爱她，当她遭受不幸时为她深感悲伤。他当然激起了读者抵抗帝国的精神，但那是一种慈悲而非尚武的民族主义；它既不是他在关于这一主题的作品中归咎于欧洲传统的暴力民族主义，也不是他一生都在批评的印度教老大之类的民族主义[16]。他使用调和式的（syncretistic）包尔传统，以强烈地突出宗教的和睦与包容。这首歌的目标是，培养可以支撑这一新的印度民族主义的精神，一种爱、包容、公平以及人的自我修养的精神。

泰戈尔创作的《金色的孟加拉》配乐同样给人以美感，这是一种缓慢而有韵律的性感舞曲。YouTube网站上有几个不错的版本，其场景一律是国土美景与男女性感舞蹈的结合，这表明了该国公民是如何理解这首音乐的精神的。显然，泰戈尔和惠特曼同出一脉（first cousins），尽管泰戈尔的贡献是多维的，因为他不仅是获得诺 14
贝尔奖的诗人，也是一位世界级的作曲家和舞蹈设计者。

将一首像《金色的孟加拉》这样的歌曲定为一国的国歌意味着什么呢？今天的孟加拉国感到痛惜的是这样一段帝国主义史：其中文化上统一的印度与巴基斯坦、“东巴基斯坦”与孟加拉被两两分离。但它同时也要欢庆年轻的孟加拉国这个多元民主政体的独立。这首歌要求所有公民为了这片土地及其人民的命运，用身体和声音来呈现一种富有同情心的爱与关怀精神，并在行动中持续表现出温和、娱乐和好奇的精神。

与惠特曼的诗歌一样，泰戈尔的诗歌具有文化特性，其所运用的意象有着深厚的孟加拉根脉。他们各自的成功，其部分原因就在于这种特性。如下假定是没有道理的，即能够产生强烈驱动力的艺术、音乐和修辞是所有民族共通的，是一种内心的世界语。明智的是，两位诗人都没有试图这样做。泰戈尔的诗歌不会感动一名美国人，至少要到这名美国人多年浸染于印度文化尤其是孟加拉文化之后才有可能。即便至此，包尔传统及其音乐（对这名美国人来说）可能仍旧看上去怪诞而无法理解。惠特曼的诗歌流传情况稍好一点儿，但其记忆和形象仍然主要是对美国人产生强烈的感染；它们渗透着美国的风景与声音，并将南北战争作为国家大事记录下来。这两位诗人的选择都表明，对政治情感的成功构建必须利用要讨论的国家的历史和地理素材。马丁·路德·金在很多地方都借鉴了甘地的想法，但他敏锐地认识到，要想从根本上打动美国人，就必须对甘地的理念进行总体上的文化改造。

然而，两位诗人在文化上也都是激进的，要求人们抛弃一些其所珍视的对社会关系（包括关于宗教、种姓和性别的等级观念）的思考方式。通过充分地扎根于文化与历史，他们巧妙地吸引了预期的读者：像惠特曼和泰戈尔这般激进的人物，竟然广受欢迎、深受爱戴，这的确相当不同寻常。但他们同时又对如下观点提出挑战，即他们的文化远胜从前，已达至历史的最高点。因此，一种根源于特定传统的政治之爱也可以是鼓舞人心甚至激进的。惠特曼写道： 15
“我是那样的人：我嬉笑怒骂，逼迫着男人、女人和国家，我大声呼喊：从你们的座位上跃起吧，为你们的生活而斗争吧！”[16]

两位诗人通过自己的选择表明，动荡社会的问题需要以一种爱的精神去面对，需要有作品去深入挖掘人们急于与其必死性和局限性相对抗的根源。这实质上是本书的论点。要通过何种媒介、哪些制度来传达哪种或哪些类型的爱，这样的探究将是长期的，且终究说来是开放式的（open-ended）。这一探究将拓展为一个由相互关联的情感组成的谱系，这些情感包括同情、悲伤、恐惧、愤怒、希望以及对厌恶与羞耻的抑制等；而与之相伴的是某种类型的喜剧精神，它们对于人类的特质抱着逗乐打趣的态度。几种不同却又相互关联的类型的爱无疑参与了这一过程，并适合于不同的场合和问题。林肯的葛底斯堡演说适合于它庄严的场合，而泰戈尔的诗歌就无法传达林肯的演说词所传达的东西。但爱同样是葛底斯堡演说的核心；并且我将论证，维系一个合宜社会的所有核心情感都根源于爱，或是爱的诸形式，我这么说的意思是指我们意志控制范围之外的对事物的强烈依恋。我的例子已经表明我所要论证的：罗尔斯所设想的依赖原则（principle-dependent）的情感，如果不补充或注入这种爱，就会过于冷静，太过靠近心灵的表层，从而无法达成他想要实现的目标。要实现这种目标，就需要以各种（既有喜剧的也有悲剧的）形式触及我们所有人都有的对我们的生活意义来说奇特的、忧虑的、在某种意义上性爱的关系。我将论证，就对人性的尊重而言，爱予之生命，使之不仅仅是一个空壳。如果甚至是罗尔斯的良序社会都需要爱（我认为它需要），那么真实的、不完美的、渴望正义的社会对爱的需要就更为迫切。

就此主题做些著述是适逢其时的，因为在过去几十年，认知心理学家对诸特定的情感已做出广泛的杰出研究，这些研究又得到了灵长类动物学家、人类学家、神经系统科学家和精神分析学家的研究成果的补充；它们给我们提供了大量的经验资料，对于像本书这样的规范哲学研究规划极有助益。这样的经验研究成果虽不能回答
16 我们的规范问题，但的确有助于我们了解什么是可能的和什么是不可能的，什么样的普遍人类倾向可能有害或有益——简言之，我们必须用什么样的材料展开研究，以及它可能对于“研究”来说在多大程度上是可接受的。

证成一个规范性的政治规划，其一部分任务就是表明它可以是合情理地稳定的。情感之所以令人感兴趣，一部分是因为我们关于稳定性的问题。不过我们需要问一下，何种形式的公共情感本身可以随着时间的推移而保持稳定，而不对我们的人力资源造成太大的压力。我将论证，任何东西，只要有助于我们以幽默、亲切和愉悦的状态而不是以绝对主义者（指向不可能的某种完美）的愤怒状态，来看待世上不公平且常常不美好的人类命运，就都是需要我们考察并珍惜的。政治困境的一个主要来源是人类对克服无助状态

(helplessness) 的无处不在的希望，这种无助状态构成了人类生活的很大一部分，乃至我们可以说是希望超脱于“只限于人类”(merely human) 的混乱状况。许多形式的公共情感会助长对无懈可击 (invulnerability) 的幻想，而那些情感是有害的。只有找到使人类可爱、抑制厌恶和羞耻的方法，我设想的规划才能成功。

如果不把公共情感问题系缚于一套明确的规范目标，这种规划就不可能成功。我的设想始终贯穿着这样一种自由主义：它不是道德上“中立”的，且拥有某种明确的道德内容，其中主要包括对人的平等尊重，一种对平等的言论自由、结社自由与良心自由的承诺，以及一套基本的社会和经济权利。这些承诺将限制公共情感得以培养的方式。我设想的社会必须在一种洛克式/康德式国家(Lockean/Kantian state) 的承诺范围内应对卢梭提出的问题。有人可能会认为，一种持存的“公民宗教”观念在这些限制条件下是无法企及的，或无法以一种令人感兴趣与吸引人的方式来达成。但是让我们看看再说吧。

这一规划聚焦于社会的政治文化，而不是公民社会的非正式制度。并不是说，公民社会不流行对公民情感的塑造，但这不是我在此要考察的。不过，我们是以一种包容性的方式来理解政治性(the political) 的观念，包括那些对人们的人生机遇普遍地产生影响并且这种影响贯穿其整个生活过程的所有制度（即约翰·罗尔斯的“基本结构”概念）。政治性因而包括家庭，尽管对政府与家庭 17
关系的处理，受限于已提及的对成人言论和结社自由的承诺。在政治文化的一般范围内，这一规划将考察政治辞藻、公共典礼与仪式、歌曲、象征物、诗歌、艺术与建筑、公园与纪念碑的设计以及公共体育。它还要考虑公共教育中对情感的塑造。最后，它可能创建某些制度，这些制度体现在一种特定类型的情感经历之中表达的深刻见解。本书尽管并不专注于规划的这一部分，但也承认其重要性。

在以平等的尊重为根据为所有人安排生活条件的过程中，国家发挥着重要中枢的作用，因而是首要的分析单位[17]；而且它对人民的声音适当地负责，并能够表达他们出于自身选择而自我立法的愿望，在这个方面是迄今为止我们所知的最大单位。全球关怀将是一个重要议题：我们要正确地评价一种公共文化，一部分就是通过考察它鼓励对其他国家和人民抱有怎样的情感。不过，我同意朱塞佩·马志尼（Giuseppe Mazzini）和其他19世纪民族主义者的这一观点：在这个世界，阻止我们关怀他人的最顽固的障碍是出于利己而沉迷于个人和本土的计划，在此背景下，国家是撬动全球关怀这个杠杆的一个必要“支点”。以国家为焦点的另一个原因是，关于塑造政治情感的一切好提议都需要考虑历史特殊性。

正如我将惠特曼和泰戈尔并列所暗示的，我的研究项目将聚焦于美国和印度。这两个极为不同的国家都以其各自方式而成功地成为自由民主的国家，都是由政治理想而不是由民族同质感结合在一起的。两者都含有大量的不平等，因而必须发动再分配规划，以及关涉全球关怀的更广泛的规划。两者也都存在涉及宗教、种族、种姓和性别的深刻分歧。因此，它们需要抑制将这些分歧转变为有害的等级体系甚或暴力诱因的内部势力[18]。

在《思想的激荡》(*Upheavals of Thought*)[19]一书关于情感的论述中，我捍卫了这一观点：情感必然涉及认知评价，即针对一个或多个对象的、负载价值的感知和/或思想形式。我们将看到，认 18
知心理学家持有类似的论点，他们所从事的诸如同情与厌恶之类的情感研究对于我的分析来说至关重要；人类学家有关社会规范在情感中的作用的研究成果，则为该论点提供了强有力的额外支持。

通过关于历史的三章内容，本书第一部分介绍了政治情感问题。

法国大革命时期，人们对社会团结和“博爱”(fraternity)的价值表现出强烈的质疑。如果绝对君权和屈从于王室权威不会成为未来更平等的社会的凝聚力之源，那么下一步该怎么做呢？像卢梭和德国思想家约翰·哥特弗雷德·赫尔德(Johann Gottfried Herder)那样的哲学家热烈地讨论了新爱国主义可能采取的形式。在第二章，我以思考他们的提议作结，却以一个非常不同的文献开始：那就是由W. A. 莫扎特与洛伦佐·达·彭特所作的歌剧《费加罗的婚姻》。该剧取材于博马舍(Beaumarchais)的一部同名戏剧，它通常被视为大革命的先兆之一，歌剧以集中关注情感建设的方式演示了从封建制度向民主制度的转变。博马舍指出，旧秩序的问题是体制上的，并且在某种意义上说非常简单：我们废黜封建权力，并通过政治制度方面的变革就可以开启一个平等的新社会。我认为，这一歌剧(不仅其歌词富于洞见，而且其观念的音乐表达在一些关键方面胜过了歌词)应当被视为在开展关于新形式的公共文化的辩论过程中形成的哲学文本。它与博马舍的视野非常不同。由于聚焦于情感以及妇女的角色，该歌剧通常被理解为仅仅关于家庭的，而非政治的。我的论点是，它不仅是政治的，而且是正确的：若没有心中的革命性变革，则新秩序不可能稳定。这种变革包括采用关于男性和女性性别角色的新规范，以及与旧体制的男性规范决裂的一种新的公民观念。虽然我在歌剧中发现的观念在某些方面似乎远远
19 超越其时代，但在这个动荡的时期，这些观念实际上已在流行之中：正如我要说明的，歌剧的政治视野表现出一种酷似赫尔德在18世纪90年代提出的“纯净的爱国主义”（purified patriotism）观念；并且两者都是一种类型的自由主义的前身，这种自由主义后来由约翰·斯图尔特·密尔和拉宾德拉纳特·泰戈尔提出，其中政治原则保护着个人表达、娱乐和疯狂的空间。应该强调的是，我把该歌剧视为一个哲学文本，在一定程度上视之为包括卢梭、赫尔德以及后来的密尔和泰戈尔等参与的一场对话。那么我就不是要建议，现代民主国家应该用歌剧作为一种激发正确类别的公共情感的手段。虽然热爱它的人无疑可以这样做，但它如今的包容性还不够，难以在大范围内实现自身的价值（哲学家的著作也是如此）。

关于政治情感的争论在19世纪仍在继续，而此时的争论实际上是全球性的。争论的核心是奥古斯特·孔德及其“人文宗教”观念，这种宗教可以激发利他主义并为苛刻的政治原则提供稳定性。孔德的观念几乎对世界的每一个角落都产生了极大影响。在欧洲，他极大地影响了他的朋友与合作者密尔的思想；密尔将一整本书献给了孔德，并促进了“人文宗教”的清晰表达。对印度的知识分子而言，孔德也是一个重要人物，并且是泰戈尔“人的宗教”思想的主要来源。第三章与第四章考察了与这些丰富多彩的观念相关的历

史。我支持泰戈尔和密尔这两人都持有的论点，即对情感的公共培养需要接受一种具有强烈批判性的公共文化的审查，同时要坚定地致力于保护持有异见的言论。他们的建议仍然是有价值的资源，尽管这两个人尤其是密尔对人类进步怀有一种天真的信仰，这种信仰根植于一种不完备的心理学，却是我们今天无法认可的。

在转向当代之前，我们需要一个关于我们往何处前进的概要，需要一个对于值得向往和维护的合宜社会的规范性陈述。第二部分的开头第五章提出了这样一个概要。这一论说与我的“能力”方法 20
中捍卫的那些志愿（aspiration）有许多共同之处，而且与密尔的规范性建议、罗尔斯的理论、“新政”、欧洲社会民主制度的许多方面以及印度宪法的志愿也有许多共同点。即便是今天，我所设想的目标的许多（尽管不是全部）方面仍是美国公共文化的一部分。在此我并非主张，这些规范是设想一个最小正义社会的最佳方式，我反而只是规定了一套非常一般的规范。然后我要问：如果我们想要得到并保持大致是那么一种类型的政治原则和制度，以表示对所有人平等的尊重，并且使自由和物质供给这两个关键领域都有保障，那么我们应该怎么做以便培养能支持并维系这些原则与制度的情感呢？

在这一点上，我引入了“政治自由主义”的观念，它对公共情感的培养施加了额外的限制，要求我们背离孔德和密尔的公开反宗教的人文主义。我也承认，培养公共情感的任务有两个方面，即动机的任务与制度的任务，两者需要密切合作。换句话说，政府可以尝试直接影响公民的心理（例如，通过政治辞藻、歌曲、象征物，以及公共教育的内容与教学法），或者，它可以设计某些制度来体现对有价值的情感类型的见解，比如，一种合宜的税收制度可以体现对应有的平衡以及恰当的不偏不倚的同情的见解。本书虽然聚焦于动机，但重要的是要牢记，它始终在与制度对话。

第二部分接下来考察我们可支配的资源和阻挡前进道路的心理问题。从我们的动物性开始是有启发性的，第六章就那些在智能与生活方式上最接近我们的动物，比如黑猩猩、倭黑猩猩、大象和狗，考察我们目前所知的其情感倾向与能力的相关方面。人类世界虽然有某些能力是这些动物缺少的，但也有问题与缺陷是动物生活中所没有的。以同情为焦点，对这些差异的反思会让我们回顾人类婴儿期的无助状态，这个时期既包含后来许多困难的根源，也包含
21 一些有价值资源的萌芽。第七章讨论情感的这些早期根源，考察关怀他人的能力的发展及其与富于想象的娱乐能力之间的关系。这两种能力是同时展开、相互滋养的，而一个合宜的社会可以找到许多方法来促进它们的成长。

第三部分转向当代现实与近期历史，但仍然聚焦于美国和印度。第八章讨论了爱国情感或对国家之爱这个主题，认为尽管存在许多危险，但一种合宜的公共文化如果不以一些恰当的方式来培养，就不可能存活进而繁荣。这一研究诉诸国家的观念与对国家的爱，并从亚伯拉罕·林肯、马丁·路德·金、莫汉达斯·甘地和贾瓦哈拉尔·尼赫鲁，还有惠特曼和泰戈尔的政治辞藻中，我发展出一种仁爱的、有抱负的爱国主义论说，以强化对某些危险的防卫，这些危险是由赫尔德识别出来的，存在于他在其身边看到的富于侵

略性与好战的爱国主义形式之中。我考察了构成爱国主义之爱的不同类型。

接下来的第九章再次转向同情的情感以及悲剧观众（spectatorship）的相关观念，其中同情的情感对于激发与维系利他行为和平等的制度至关重要。实际上，对于各种人生困境，公民随着其成熟必须学会既当悲剧观众，也当喜剧观众。悲剧视角可深入了解共有的脆弱性，喜剧视角（或特定种类的喜剧视角）带着灵活性和悲悯之情而非憎恨去欣然接受人类存在的艰辛。（对自我的憎恶往往向外投射，转向脆弱的他人，因而对自己的态度无论有多难以捕捉和难以发觉，都是健康的公共心理的一个关键要素。）我要从古希腊悲剧和喜剧诗歌的某些持久延续的洞见入手，并提出这样的问题：现代民主制度在多大程度上可能以及实际上已经做出类似的尝试？

第十章考察了对有同情心的公民状态（citizenship）造成特殊难题的三种情感：恐惧、嫉妒和羞耻。我先逐一分析这些情感，并将其建设性贡献与其频繁发挥的消极作用分开；然后，我辨识出现 22
代社会解决这些问题的一些策略，而其中一些策略使它们变得更糟。第十一章是对论证的总结。

在《费加罗的婚姻》结尾处，伯爵夫人答应了乞求同情者的请求，由此为新体制设定了基调。“我更仁慈，我原谅你。”这是一种对人类（尤其是要纳入自己）的弱点抱以同情和宽厚的态度，是我在此建议的公共文化之关键，并与喜剧精神紧密相连。伯爵夫人宽厚的“应允”所体现的爱之类型，包含灵活性、愿意给予爱和理解以高于刻板规范的优先权。它要求按照这样的方式追求令人敬仰的目标，乃至要接受女性和男性当下之所是，而不是厌恶不完美的事物。对于位于本书核心的那种政治之爱来说，她的“应允”是关键所在。

由于本书的篇幅较长，把一些特别重要的问题放在前面以确保无所遗漏，这对于避免误读来说是很重要的。

1. **对政治情感的论说假设了一组规范性的承诺**。从君主制的、法西斯主义的到自由主义的所有政治观念，都在其公共文化中容有情感的一席之地，以支持其特有原则的稳定性。但具体策略取决于具体的目标。本书的论说规定了一套一般的政治原则，这在第五章有较为详细的描述；这些原则类似于（不过更为一般）我在其他著作中论证的那些原则，也类似于新政的目标、J. S. 密尔与约翰·罗尔斯的政治观念以及许多欧洲社会民主制度的目标。它们与美国的甚至是其如今的政治文化有相当多的重叠。我尽管的确解释了这一规范论说，但在此并没有提供论证。我要问的是：这些原则如何可能借助情感而变得稳定？支持不同政治规范的人仍然可以从这一论说中受益良多，尽管他们需要设想必须对之做出何种改变，才能支持他们本人赞成的规范。

23 2. **该论说是以对“政治自由主义”的接受为框架的**。如我在第五章将进一步讨论的，规范性的理想是一套原则，它并非要“建立”某一特定的宗教或世俗的“整全学说”（借用罗尔斯的措辞），并且只要公民打算作为平等的公民而彼此尊重，那么在他们持有的各种整全学说中，这套原则就可以至少潜在地成为“重叠共识”的对象[20]。对政治自由主义的这一拥护，使我的论说离开了卢梭推荐的那种“公民宗教”，以及奥古斯特·孔德和J.S.密尔推荐的“人文宗教”。所有这些思想家关于公民情感的论说都是作为现行宗教的替代物而提出的，而其中的宗教则是他们认为社会应予以贬低和排斥的。

3. 情感：一般的与具体的。我要提出的论说是关于同情、恐惧、嫉妒和羞耻之类的情感如何在特定的规范概念背景中发挥作用。这些同为一般的情感也会在其他类型的政治文化中发挥作用，例如君主制的、法西斯主义的或自由主义的政体。就此而论，上述情感是一个通用的工具箱。[厌恶可能是一个例外。我认为，尽管对于废物和腐烂物的“基本厌恶”（primary disgust）仍被证明是有用的，但自由社会中的“投射性厌恶”（projective disgust）没有任何有益的作用。] 然而，在类型的层面，我所设想的自由社会运用的是一套独特的情感。因此，自由观和非自由观这两者都将羞耻用作激励，但它们用的是羞耻的不同类型。自由的社会要求人们为过度贪婪和自私感到羞耻，但不会要求人们为自己的肤色或身体缺陷而脸红。

情感可以在不同的意义上既是一般的也是具体的：对在内战中阵亡的士兵的具体同情，可能会导向并在更广泛的意义上包含对国家最深层原则的一种富于同情的支持。（正是在这个方面，我的研究是对罗尔斯研究的补充而非替代。）

4. 理想的与现实的。我的问题是如何使政治原则与制度保持稳定，因而这一探究的预设是：从根本上看，好的制度存在或可以

很快实现，尽管是采取需要不断努力以改进和完善的方式。但是，既然我们在讨论的是现实的社会和现实的人，那么重点就在于对某
24 种正义理想的迫切愿望，而不在于已实现的正义。历史的范例所要处理的是现实，而不是理想，由此也要处理努力实施某一规范愿景的人们，这一愿景在各个方面都尚未实现。（这一点甚至适用于声称要捍卫已长期存在的东西的林肯，因为他重新描绘了国家的特征，乃至他被恰当地描述为是在重建国家。）乃至有人可能始终会问这样的问题：就实现我所描述的社会而言，是否可能存在构成障碍的非情感因素（例如经济因素）？我相信，我所描述的社会不仅是可能的，而且在许多方面是现实的，并且在某些地方某些时候，这样的社会已近乎整体地存在。因此，虽然我认为不存在这样的障碍，但这个问题已超出目前规划的范围。

注释：

[1] Locke（[1698] 1990，pp. 27，32）.

[2] Kant（[1793] 1998）. 我在“Radical Evil in Liberal Democracies：The Neglect of the Political Emotions”[Nassbaum（2007b）] 中详细讨论了康德的论点，该文的一个较简短版本以“Radical Evil in the Lockean State”[Nussbaum（2006b）] 为标题发表。

[3] 然而，卢梭并没有使用那一术语。康德的心理学虽然与卢梭的惊人地相似，但无疑也受到其本人虔敬派（Pietist）教育的影响。

[4] Rousseau（[1762] 1987）.

[5] Rawls（1986）. 我在 Nussbaum（2006a）中支持这种观点，并在 Nussbaum（2011b）中予以了详尽的辩护。

[6] Rawls (1986, pp. 133 - 172).

[7] Mill ([1874] 1998).

[8] Rawls (1971).

[9] 参见 Rawls (1986, p. xlii 及别处)。

[10] 罗尔斯关于情感的论说，其精致性令人印象极为深刻，因为在他写作该书时，英美哲学中几乎没有研究这一问题的著作。这里和其他地方一样，罗尔斯显然受教于他对哲学史的深入研究。

[11] Rawls (1986, pp. 81 - 88).

[12] 关于我对这一点的论证，参见 Nussbaum (2001, ch. 1)，以及附录中的简要总结。

[13] 他做了翻译，但是同其作品的大多数英译版一样，有几分呆板，一般认为没有尽传原作之美。

[14] 这与佛教也有关系，表现在对简单生活方式的选择以及对人类普遍兄弟情谊的考虑。

[15] Tagore ([1917] 1950).

[16] "Buy Blue Ontario's shore," lines 34 - 35, in Whitman ([1855] 1973).

[17] 和罗尔斯一样，我使用"民族国家"(nation) 这个术语可以与"单一民族国家"(nation-state) 或"国家"(state) 互换，而不是用来表示一个国家内的某一种族群体。

[18] 关于我对印度的论述，参见 Nussbaum (2007a)。

[19] Nussbaum (2001). 也参见附录对《思想的激荡》前五章论据的一个总结，以及该理论与本书相关的方面的讨论。

[20] 关于我采用一种政治自由主义版本的理由，进一步的解释参见 Nussbaum (2011b)。

第一部分　历史

第二章　平等与爱：卢梭、赫尔德、莫扎特

我不知道那两位意大利女士在唱什么，事实是，我不想知道。有些事情还是不说为好。我乐意这么认为，她们是在唱一些异常美妙乃至难以言表的东西，它们会令你因此而感到心痛……就在这一瞬间，肖申克的每个囚徒都感受到了自由。

——瑞德［Red，由摩根·弗里曼（Morgan Freeman）扮演］，出自《肖申克的救赎》（*The Shawshank Redemption*），音乐出自《费加罗的婚姻》第三幕《空中之歌》（*Canzonetta sull'aria*）。

我伟大的和平女士只有一个名字：她被称为普遍正义、慈悲、积极的理性（active reason）……按照她的名字和天性，她的职能

就是教给人们**和平的性情**。

——约翰·哥特弗雷德·赫尔德，《人类进步书简》

(*Letters for the Advancement of Humanity*，1793—1797)

一、“这样就皆大欢喜”

旧体制以一种独裁的腔调大声唱道：“不，不，不，不，不，不。”因此，莫扎特的《费加罗的婚姻》临近结束前，当其他人物一个个地在他面前跪求怜悯与同情时，那个地位仍然稳固的伯爵拒绝了他们的请求。对阿尔马维瓦（Almaviva）来说，首要之事是由
28 于荣誉受辱而报复（“唯一慰藉我心、令我欢喜的事”）[1]。对于他们卑微地跪下时的乞求，表现出仁慈是一种贵族的特权，而不是某种一般的人类美德。他可以给予仁慈，也可以拒绝给予。如果他选择后面这种处理方式，把受到轻视的荣誉置于慷慨的屈尊俯就之前，那么谁也不能说他是错的。这就是旧体制的运作方式，是受驱动于由地位、羞耻和王权组成的道德。

但是，伯爵夫人突然卸下她那苏珊娜（Susanna）的伪装而自我暴露，与此同时，也暴露了诱骗丈夫陷入错误与虚伪的计谋。[他曾扬言终结初夜权（the droit du seigneur），现在却一直图谋享用它。]在场的每个人都低声惊叫，他们不知道接下来会发生什么：“哦，天哪，我看到了什么！疯狂！一个幻觉！我不知道该相信什么！”弦乐随着快速的转调而时扬时抑，表达出极大的躁动与不确

定性。回想起来，这是两种政治体制过渡时的不确定性。

此时伯爵跪在伯爵夫人面前，通过一种混杂着抒情的、连奏的、安静的、几近柔和类型的乐句，以一种之前我们在这个男人那儿从未听过的轻柔声音再度唱道：“原谅我，伯爵夫人，原谅我，原谅我。”这儿有一个长长的停顿[2]。

然后，伯爵夫人打破沉默，轻柔地唱道：“我更仁慈，我原谅你”（più docile io sono，e dico di sì①）[3]。乐句弧线式地轻轻上扬然后下落，仿佛差不多要碰到跪着的丈夫。并且就在此时，集合在一起的所有宾客都以安静而肃穆的音调重复着伯爵夫人的乐句，此时的唱词是：“啊！这样我们所有人就皆大欢喜”（tutti contenti saremo così）。这一乐句的合唱版让人想起了赞美诗的庄严素朴（在这个天主教的音乐世界，它表示等级的突然消失）[4]。接着是一段踌躇不决的管弦乐间奏。

众宾客此刻突然兴奋起来，爆发出一种令人眩晕的欢欣[5]：“这一天，充满痛苦、疯狂和愚蠢——只有爱才能使之终结于幸福与欢欣。”爱，似乎是关键，不仅是主角们个人幸福的关键，也是所有人和整个共同体幸福的关键，如他们所唱，“咱们跑去庆贺吧”（corriam tutti a festeggiar）。

无论怎么说，《费加罗的婚姻》都由于某种方式——按照这种 29
方式，它想象用一种博爱与平等的新秩序来替代旧制度——而成为

① 括号内是作者引用的歌剧《费加罗的婚姻》中的原意大利语歌词，即“più docile io sono，e dico di sì”，这句意大利语是“我更仁慈，我原谅你”之意。——译者注（本书所有脚注均为译者注，此后不一一注明）

自由主义史上的一个关键文本。但是关注费加罗故事的人通常聚焦于博马舍的戏剧，而忽视了莫扎特和达·彭特所写的歌剧。然而，这部歌剧远远超过该戏剧的一点在于，它是思想家们应该思索的关于自由民主未来的哲学文本。歌剧而非戏剧，才堪与最伟大的18世纪哲学对博爱话题的介入相提并论，尤其是卢梭和赫尔德的那些哲学介入——因为与戏剧不同，它与卢梭和赫尔德一样，赋予情感培养一种核心位置：要使博爱不只是一个好听的语词，这些情感培养就是必需的。然而，将歌剧作为与卢梭和赫尔德进行对话的一个哲学陈述来研究，仅研究剧本将被证明是不够的——因为比起达·彭特虽机智却时而肤浅的剧本中所达成的，在音乐中达成的关键洞见要精确得多。

对莫扎特的《费加罗的婚姻》的惯常说法是，它是一种逃避。[这些人]认为，1778年激进的博马舍戏剧的基本点和着重点是政治的，是对旧制度及其所强加的等级体系的一种谴责；莫扎特和他的剧作者洛伦佐·达·彭特则将其改编为一部无伤大雅的个人爱情戏剧，例如，删掉费加罗在第五幕中谴责封建等级制度的长篇独白，而代之以一种对妇女及其私欲的更大范围的处理，由此使文本变得无害。博马舍的戏剧通常被理解为法国大革命的一个主要先兆，多年来被禁演；并且即使1784年它在法国被允许演出并变得广受欢迎时，仍存在争议[6]。与之相比，莫扎特和达·彭特决定（惯常的说法如此）避开争议。相对进步的约瑟夫二世（Joseph Ⅱ）禁止博马舍的戏剧在其王国范围内的剧院上演。然而，达·彭特使皇帝相信，可以在戏剧的基础上写出一部可接受的歌剧[7]。然而，为人们所接受的说法是[8]，在此过程中他和莫扎特尽管创作了一部精彩的爱情剧，却背叛了原作的激进主义。

相比之下，我要论证，这部歌剧与戏剧一样是政治和激进的，并且这样的程度更深，因为它考察了这样的人类情感——这些情感 30
对于自由、平等和博爱的公共文化来说是必要的基础。这一情感建构在莫扎特的音乐中比在戏剧中完成得更为清晰，因此我的论证将需要深入大量的音乐细节[9]。莫扎特（实际上）同意[10]卢梭的这一理解，即政治文化需要在爱的领域对人类态度进行一种新的塑造，但他不同意卢梭对新态度的具体形态的看法。卢梭强调公民的一致性与团结的必要性，以及基于男子汉荣誉和甘愿为国捐躯的爱国之爱；而莫扎特却将新的公共之爱设想成某种更温和、更具相互性、更女性化的情感——用伯爵夫人的日常用语来说就是“更仁慈”，与它更具关联性的，与其说是关于英勇的卢梭式观念，不如说是对穷兵黩武的卢梭式憎恶。在这个过程中，莫扎特还避开了卢梭式的一致性，强调新的博爱必须保护恶作剧、疯狂、幽默和个性有自由发挥的空间——所有这些在歌剧中都与女性世界有关系。于是，它开辟了一种政治情感的视野，这一视野将由约翰·斯图尔特·密尔在 19 世纪、拉宾德拉纳特·泰戈尔在 20 世纪初复兴[11]。

二、旧制度与男性的声音

按照公认的观点，博马舍用戏剧形式表现了基于等级和从属关系的旧制度（以伯爵为化身）与基于平等和自由的新的民主政治（以费加罗为化身）之间的对抗。因此，博马舍戏剧的关键时刻是费加罗在第五幕的独白，其中他痛斥了伯爵的世袭特权。莫扎特由于省略了这一政治演讲而将歌剧去政治化，从而把伯爵与费加罗之间的冲突变成一场纯粹为争夺女人的个人竞争。

这一看法包含一个不言而喻的前提：我们作为政治思想家感兴趣的反差应该是伯爵与费加罗之间的对抗。正是因为莫扎特在此并没有将政治冲突设为中心，所以让人觉得他的版本根本不是政治的，而纯粹是家庭的。然而，让我们保持一种开放精神，从而不假定费加罗代表新的公民身份（尽管伯爵显然代表旧的公民身份）。

31 我们如果真的保持一种开放精神，那么可能很快就会注意到，无论在音乐上还是在主题上，费加罗和伯爵都十分相似。他们独自一人时会唱些什么呢？［可能是］激愤的荣誉、复仇的欲望、支配的快感。驱动这两个男人的动力并非不相容，而是非常类似。（事实上，这两个角色是如此这般设定的，乃至同一个歌手原则上可以演唱这两个角色中的任何一个，并且他们的音乐风格是如此相似，以至于很容易混淆[12]。）费加罗最初的咏叹调《如果你想跳舞》（*Se vuol ballare*），是随着他发现伯爵打算和苏珊娜睡觉之后所唱。但我们如果仅仅关注费加罗在咏叹调中说的话，那么就不会发现任何像苏珊娜那样的生物曾存在过。他所想的一切都是有关他与伯爵之间的较量，而他一贯的否定［不可以，不可以（non sarà，non sarà）］预告了伯爵在歌剧结尾时（以及那些在伯爵第三幕的咏叹调中）的断然拒绝。是什么在驱动费加罗？是以同样手段报复伯爵的念头，是教他在费加罗的舞蹈学校跳舞的念头[13]。

类似地，伯爵在后来两幕想象自己未来的财产苏珊娜被费加罗占有（ei posseder dovrà）；在伯爵看来，费加罗是“一个卑贱的东西”（un vile oggetto），仅仅是个物件[14]。这个想法折磨着他——不是因为他对苏珊娜充满爱，甚或有任何特别强烈的欲望，而是因为无法容忍被纯粹“物件”打败这一想法。对于这一竞争失利，他和费加罗一样必须说不：“呵不，我不愿意让你安心地享受这种幸福。厚颜无耻的东西（Brazen one）[15]，你令我痛苦，甚至也许在嘲笑我的不幸，这不是注定的。”费加罗而非苏珊娜，才是他用第二人称称呼的那个人。和费加罗一样，他满脑子都是另一个男人在嘲笑他、辱没他的荣誉、令他蒙羞的画面。为了回击这个他（和费加罗一样）要否定的痛苦画面，他（和费加罗一样）打算代之以这样的形象，即仇敌被驯服而跟着自己亦步亦趋，这种情形下的画面是，费加罗被迫与玛西琳娜（Marcellina）结婚而与苏珊娜永远分离，然后伯爵就可以享用苏珊娜了：“现在，唯有复仇的希望可以抚慰我的心灵，使我快乐”[16]。费加罗的《如果你想跳舞》大致是根据博马舍的文本；然而，伯爵的这一咏叹调却是达·彭特的一个彻底创新，因为博马舍给我们提供的只是咏叹调之前的宣叙调形式，并没有提供咏叹调关于耻辱与愤怒反应这些情感的延续发展。

从音乐与文本上看，伯爵的咏叹调与费加罗的同出一脉（a 32
cousin of Figaro's）：讲到“我仆人的快乐”（felice un servo mio）这一句时，声音充满一种要爆发的、失控的（illgoverned）愤怒，接着在“不要让自己平静下来”（ah non lasciarti in pace）这句时又

是如此；音乐中所表达的愤怒为嘲笑讽刺所充实［与“一个卑贱的东西”（un vile oggetto）相伴的是转向低沉的语句］。剧本给我们提供这两个男人之间有相似之处的某些迹象，但音乐的表达范围在这一点上做得更多，乃至强调他们的节奏和重音的相似性，因为这两者都表达了从刻薄鄙夷到大发雷霆的态度[17]。［这里］有哪些情感缺场呢？［那就是］爱、好奇、愉悦——甚至悲伤与渴望。

根据对博马舍惯常的政治解读，费加罗由第五幕而成为一种新型公民身份的倡导者，从而摆脱了等级制度。莫扎特的费加罗没有这样的进步。如迈克尔·斯坦伯格（Michael Steinberg）恰如其分地指出的，通观整个歌剧（或者至少直至第四幕的后期），在音乐上费加罗都是随着伯爵的曲调跳舞：“他还没有找到自己的音乐风格，其政治的和情感的词汇让人联想到一种类似于对伯爵词汇的不幸模仿复制”[18]；这既表现在第一幕结尾处《你不会再去了》（*Non più andrai*）［此处他再次扮演了“权威——［伯爵］刚以这种权威派遣凯鲁比诺（Cherubino）去他的一个军团服役，其乐句的形成是依据相关的军队行军”］[19]，也表现在第四幕的开场处，他在等着捉住苏珊娜的不忠时，再次在唱词中提到受到轻视的荣誉，并要求所有男性“睁开你们的双眼”看看女人的行为是怎样羞辱男人的。此外，是男人，而不是女人，更远远不是某个特定的女人，才是他用第二人称来称呼的。

不过，这也许意味着莫扎特没能理解博马舍所描绘的费加罗与伯爵之间的对立。但我们不要这么快就做出评判。或许反倒是莫扎特看到了博马舍没有看到的东西：旧制度以某种特定的方式塑造了男人，使他们完全沉浸于等级、地位和羞耻，并且无论高低贵贱都参与了这种社会塑造。一个人不希望失去的东西，另一个人希望享有。对这两人来说，鉴于其执着，相互性或其实是爱的空间在这世上都不是开放的。

有人怀疑，莫扎特故意使男性的道德地位受到批判性审视；对于这一怀疑，我们可证实于莫扎特借两个与剧情没什么关系的男性之口所表达的言语。也许有人认为，费加罗和伯爵的情感不应被解 33
读为严肃的政治思想：毕竟，剧情要求他们以这种方式竞争。我们已经看到，即便如此，达·彭特也构想了一个在原文本中不那么清晰的相似情节，而莫扎特通过赋予这两个人相似的表达音乐领域使这种相似性更进一步。尽管如此，但可能有人仍认为，莫扎特和达·彭特只不过放大了博马舍剧情的这种暗示而已。然而，对巴托洛（Bartolo）和巴西里欧（Basilio）的处理却不能这么说，他们在故事情节中的作用极小。每个人都唱了一支咏叹调——巴托洛在第一幕，巴西里欧在第四幕（尽管两人都是典型的客串表演）——这对男性道德提供了极为重要的评说。这两支咏叹调都不是基于任何博马舍文本中的内容。

巴托洛在情感方面与费加罗和伯爵极其类似。虽然他由于是一个男低音而在声音上是可辨识的，但他的唱腔还是因循同样的表达风格：有类似的怒气迸发而为某种类型的嘲讽所调和，通过费加罗的《如果你想跳舞》，这种嘲讽已为我们所知。从文本上看，他的作用似乎是要为费加罗和伯爵两人所例证的内容提供一个一般理论："复仇，哦，复仇！它是一种为智者保留的乐趣。忘掉耻辱和愤怒是下贱的行为，是彻头彻尾的卑贱行为”[20]。因此，生活差不多完全为男性之间的争夺地位与避免耻辱所占据，而聪明的做法就应该是全力以赴地玩这一游戏。这种受到推崇的态度不仅让愤怒与羞辱遮蔽了爱和渴望［和费加罗与伯爵一样，巴托洛丝毫没有考虑到罗西娜（Rosina）——他因费加罗的诡计把她输给了伯爵］，而且也排除了任何种类的怜悯或和解。正是这种态度才引出了伯爵在歌剧结尾处连续说出的六个“不”。

巴托洛还向我们展示了与公民身份相关的一些其他东西，因为他对理性和法律非常感兴趣。他的态度是，法律是一种男性报复的工具，而懂得法律的人将比不懂的人强，因为前者能发现细微的弱点与漏洞，让自己击败敌手。这时候，咏叹调变得急促而充满愉悦，带着一种嘲讽般的戏谑，成为一首关于法律胜人一筹的轻快歌
34 曲：“纵然我必须查遍整部法典，纵然我必须阅读所有法规，含糊其词，用同义词，我也会在那儿发现一些障碍物。全塞维利亚（Seville）都将知道巴托洛！无赖费加罗将被击败！”[21]（音乐在此再次远远超越了文本，表达了法律机巧狡黠的喜悦，这种机巧被迫服务于羞辱他人。）咏叹调的结尾与其开头一样，是坚定而好战的［尽管“淘气的费加罗”（il birbo Figaro）这句话带着点儿嘲弄］。巴托洛宣称，他将为所有人所知晓：“全塞维利亚都将知道巴托洛”——从而向我们表明，他把自己的实际身份看作完全包含于其复仇计划之中的。对这一想法的喜悦是无保留的——尽管这个考虑之中的复仇绝不会让罗西娜回到他身边。他根本就没将她挂在心上。

一场追求荣誉和地位的零和游戏[①]。唯一的区别在于，巴西识到，有些人注定是失败者，而他想要对那些失败者给出关损害的建议。你如果被视为身上有臭味且地位低下的，那就种变质的身份保护自己免遭更多的凌辱吧。这首咏叹调和巴托一样，也是用讥讽的、尖细的男高音演唱，从另一方向对费加伯爵起到了补足作用。它与他们分享对世界真实样貌的看法。果说在这个咏叹调中出现了一丝女性身影的话，那就仅仅是出现巴西里欧所承认的一种其年轻时的“激情”（fire）与“疯狂”（craziness）——这是一个很快就被普鲁登斯夫人的忠告纠正的错误方向。旧体制不喜欢低等人放任自己的激情。

三、女性：博爱、平等、自由

歌剧中的女人们栖息于一个音乐和文本的世界，这个世界一开始就被描绘得与男性世界大不相同。首先，它包含友谊。苏珊娜和伯爵夫人本来有可能会将彼此视为对手：毕竟，伯爵是在企图勾引苏珊娜。然而，她们并没有这种想法。她们明白，她们有一组共同的目标，两个人期望的结果都是：费加罗和伯爵这两个男人，成为充满爱与忠诚的丈夫，专注于情感和快乐，而非复仇与嫉妒。（尽

① 零和博弈（zero-sum game），又称零和游戏，与非零和博弈相对，是博弈论的一个概念，属非合作博弈。指参与博弈的各方，在严格竞争下，一方的收益必然意味着另一方的损失，博弈各方的收益和损失相加总和永远为“零”，双方不存在合作的可能。资料源于“百度百科”。

在第四幕的开头，另一次要角色

最终强化了巴托洛的道德。作为音乐教

洛权势更小的人物。并且，在前部戏剧

(*The Barber of Seville*) 中，正是他怀着

认为流言蜚语可以给某个想要击败仇敌的人

达·彭特自始至终都把他描绘成一个既充满恶

缺乏与贵族平等竞争的资源，也缺乏与费加罗

他第四幕的咏叹调为那些处于这种弱势地位的

议[22]。他首先告诉观众，加入与大人物（the grandi）

很危险：他们几乎总是赢。那么，一个人该怎么做呢？

的一个故事提供了指引。他以前经常意气用事，不听从

而，普鲁登斯夫人（Lady Prudence）① 出现在他面前，递

张驴皮。他不清楚那是做什么用的，但那之后不久，一场雷

开始了，他用那张驴皮裹住自己。当暴风雨减弱时，他抬头

看，发现面前有一头可怕的野兽，它的嘴几乎碰到了他。他根本不可能保护自己免于惨死。但是驴皮令人作呕的气味把野兽吓跑了。“因此，命运教导我，在一张驴皮之下，羞辱、危险、丢脸和死亡都可以幸免”[23]。

这个咏叹调提出的建议与巴托洛的建议截然相反，巴托洛的咏叹调告诉我们，要用理智和法律去猎捕那个使自己蒙羞的人。但很明显，两者之间的差异很小。这两个人都以同样的方式看待世界，

---

① prudence 的含义为“审慎、精明”。因此 Lady Prudence（译为普鲁登斯夫人）代表的是巴西里欧所主张的审慎或理性。

管伯爵对妻子明显缺乏爱，但他和费加罗一样被嫉妒支配）。和两个男人一样，这两个女人也分享一种共同的音乐风格——以至于她们可能会被误认为是对方，即使表面上爱她们的男人也会误认（有趣的是，这种情况一直延续到费加罗至少确实从苏珊娜的声音——“我爱的声音”中认出了她）。

然而，与男人们不同，女人们的相似性不是为了用于互斗，而是为了合作，尤其是为了做出复杂的伪装掩饰，以最终揭露伯爵的虚伪。我们在关注她们的协作时还会注意到，男性之间绝对没有任何类似协作与相互性的东西。而且，女性的伙伴关系即便有阶级差别，似乎也完全无等级之分，因为她们以真诚的相互友善使彼此受益。（例如，苏珊娜很惊讶，要写信给伯爵提出约会的人，竟然是想必没受过良好教育的她：“该我写吗？但是夫人……”伯爵夫人 36
没有理睬她的敬意：“你写，我说，我会承担后果。”）看出其相互性的一种方式在于她们开玩笑的性质，因为这儿没有嘲笑奚落，没有恶意中伤，只有相互团结和对一个好计谋的平等热爱。

所有这一切再一次都被包含在剧本之中，但音乐对相互性和平等的暗示却更进一步[24]。当伯爵夫人口述、苏珊娜写下这封信时，这两个女人从彼此的乐句中获取灵感，以一种委婉的回应能力以及对另一方的音高、节奏甚至音色的某种敏锐感悟来交换思想。她们从互换乐句开始，如同一场交谈。然而，随着二重唱的持续，其相互性变得更加亲密和复杂，如同彼此缠绕，并最终达到紧密交织的和谐。她们的音乐伙伴关系表达了一种友好的协调，我们可以说，这不但是一种相互尊重的形象，也是一种比尊重更深刻的相互情感。两个人都没有压制对方发出的声音，但每个人都贡献了自己独特的东西，这种贡献转而被另一方承认并继承发扬[25]。

由于被用于史蒂芬·金（Stephen King）的《肖申克的救赎》的电影版，这段二重唱在美国流行文化中名声大噪。在该电影中，已成为监狱图书管理员的罪犯［由蒂姆·罗宾斯（Tim Robbins）扮演］想方设法通过广播系统将这段二重唱播给所有犯人听，然后他锁上了门，以阻止监狱管理人员的干涉，直到播完。肖申克的男人们当然不是古典音乐迷，但他们听出了这首音乐的某种内在内容，于是停下手头的活计，为［其中表达的］某种幸福前景所震撼。正如瑞德（摩根·弗里曼饰）所表达的那样，回头一想：

> 我不知道那两位意大利女士在唱什么，事实是，我不想知道。有些事情还是不说为好。我乐意这么认为，她们是在唱一些异常美妙乃至难以言表的东西，它们会令你因此而感到心痛……就在这一瞬间，肖申克的每个囚徒都感受到了自由。

37 囚犯们从二重唱中听到了什么？他们说，是自由。但是为什么？又是怎么听到的？首先，他们不仅会听出这些难分伯仲的声音中没有等级观念，还会听出一种以回应性而非独裁权力为基础的伙伴关系。在肖申克的背景下，这已经是自由了。但是，当声音在监狱肮脏的院落上空飞扬时，我觉得从中可以听出更多的东西：一种内在自由的观念，一种恰恰在于不在乎等级制度的精神自由，这种自由既非试图避免被他人控制，也非试图控制他人。假定我们想象这样的场景，即蒂姆·罗宾斯在演奏伯爵的“当我叹息时”（Vedrò mentr'io sospiro），或者巴托洛的“复仇”（La vendetta）。好吧，这两个有权势的男人都以自己的方式表达一种自由观念：作为有权支配并摆脱被支配之耻的自由。但我们知道，肖申克的囚徒不会为这种自由景象所震撼。毕竟，这种生活就是他们每天过的。二重唱的这种前景不仅仅是一种作为逆转的自由之前景，即轮到你去羞辱那个羞辱过你的人的自由。它是这样一种自由：它带领我们超越那种焦虑和始终不安的画面，而该画面对男人们来说可能是其自由之所在[26]。它是作为快乐地拥有平等者在身边的自由，是不在乎谁居上位谁在下层的自由。这种自由的确使心灵远离肖申克，也远离那个制度为其恰当写照的美国社会。

换句话说，这首音乐创造了民主的相互性。无论这部电影有何瑕疵——它在很多方面感情用事——这一刻都包含了对莫扎特政治见解以及更一般的平等政治的正确洞见。这种观念在于，你如果不是同时拥有这种类型的博爱和这种类型的平等，那就得不到这种正确类型的自由。像博马舍的费加罗所做的那样旨在达成没有博爱的自由，这只不过是把等级体系颠倒过来，而不是代之以根本不同的事物。如果要有一种新体制，如果要这个世界终究出现某种类似平等尊重的政治，这里的建议就是，它必须始于像这两个女人的歌唱，而这意味着成为一种根本不同类型的男人[27]。

换个说法：**费加罗**的男性世界是其自身的监狱，因为每个男人的一生都受着等级焦虑的支配，而那些囚犯在二重唱中听到的是一个没有如此紧张关系的世界前景，在这个世界中，人们将由此真正 38
自由地从事对幸福的追求[28]。这种新体制是在世界上任何一个国家都没有实现过的[29]。

四、教育男人

第三部分的标题涉及的是“女性”，但第二部分谈及的是“男性的声音”；而歌剧是把男性的声音而非男性特性本身，与对羞耻之“卑贱”的无休止而令人筋疲力尽的反抗联系在一起。然而，歌剧中有一位男性却没有以男性的声音歌唱：十几岁的男孩凯鲁比诺，他由一位女中音歌唱家来表演。这似乎已经是具有重要意义的，并且不久就出现的凯鲁比诺的教育，则是歌剧对新的平等主义公民身份刻画的焦点。

凯鲁比诺通常被处理得很肤浅，就像贯穿歌剧始终的一个笑话，这差不多就是博马舍处理他的方式。他在青春期对女人和性的沉迷的确是许多情节的根源，因为令他周围占有欲极强的男性们感到惊愕的是，他屡次出现在不该出现的地方。在许多作品中，他被视为一个没有感情、只有非常强烈的肉体欲望的人。但是，让我们更仔细地关注他的言行吧。

在诸多关键方面，凯鲁比诺显然是男性化的。他个子高（苏珊娜不得不要求他跪下，这样才能给他戴上软帽）、长得好看（费加罗和伯爵都嫉妒他），并且性行为活跃［和他十几岁的女友巴巴丽娜（Barbarina）］——事实上，他很有可能是在歌剧的时段内唯一一个真正与某人发生性关系的男性[30]。另外，他由一个女声演唱，这一事实迫使我们注意到，那个声音及其表达的情感与歌剧中所有男性声音的不同之处。那么，凯鲁比诺谈论了什么呢？

他谈到了爱。他是歌剧中唯一一个对那种情感有点儿兴趣的男人。无疑，他在唱“我再也不知道”（Non so più）时急促的呼吸，表达了青春期痴迷的滥交性质与困惑：“每个女人都让我脸红，每个女人都让我心跳。”不过，即使在报告自己的性痴迷状态时，他 39
仍在谈论爱：“我醒来时谈论着爱，我睡梦中谈论着爱，我对着湖水、倒影、山峦、花朵、青草、喷泉、回音、空气、风儿谈论着爱”[31]。他在此展示了他对所追求之物的一个浪漫和富有诗意的观念，这个观念与歌剧中所有其他男性的想法完全不同，其他男性都把性看作在男性世界中宣布对某件重要财产拥有支配权的一种手段。这种气喘吁吁而又温柔的音乐风格，完全不同于成年男性紧张的腔调[32]。事实上，这种音乐风格远远超过了受博马舍启发的（the Beaumarchais-inspired）文本，正是这种音乐风格让我们看到，凯鲁比诺的感悟力是诗意和浪漫的，而不仅仅是精力充沛的[33]。

当我们抵达伯爵夫人的房间时，凯鲁比诺与其他男性的差异变得更加明显。他深深迷恋着伯爵夫人，决定给她制作一件礼物。什么样的礼物呢？他自然想到的就是写一首诗，为它谱上曲，然后自己唱。他用吉他给自己伴奏，如此一来，凯鲁比诺就成为歌剧中唯一唱了一首独唱的主角，即他的独自歌唱代表的就是在歌唱[34]。由于生长在一个富有感情和音乐性的世界里，他自然给自己的激情提供了一种音乐的形态[35]。

这种激情的内容［在美妙的咏叹调《你可知道》（*Voi che sapete*）中］，因其与所有其他男性的咏叹调完全不同而值得瞩目[36]。

凯鲁比诺只是谈了他对爱的感觉，谈了有关美丽的女性的爱之对象。他没有谈论关于其他男人的任何内容，也似乎对一切有关荣誉、耻辱和竞争的问题都完全无动于衷。而且，他渴望学习一些东西，并且是向女人学习："女人，你知道爱是什么，告诉我那是不是我心中所想。"其他所有男人都想着去教导，而非学习；他们渴望教授的一课是竞争中巧取获胜的伎俩，并且想要把它传授给其他男性。（费加罗把自己想象成经营着一所学校的舞蹈大师，要教授伯爵按照自己的步调跳舞；巴托洛渴望向"全塞维利亚人"显示，他可以击败费加罗；伯爵急于向费加罗表明，费加罗的"事业"并不像费加罗自己认为的那样"取得了成功"，而是"失败了"。）此外，和其他所有男性不同，凯鲁比诺十分脆弱，而且他没有试图掩
40 饰自己的脆弱，这种脆弱更多是情感上而非身体上的："我觉得自己的灵魂在燃烧，随后片刻又变成了冰。"他描述了一种让他无法平静的强烈渴望。最值得注意的是，他把自己要追求的对象定位于自我之外："我寻求一种外在于自我的善"（ricerco un bene fuori di me）。听了这些话，我们才意识到，歌剧中没有其他男性**真的**寻求一种外在于己的善：所有男性都一心想着赢得一场竞争的胜利，或者保护自我不受羞辱。他的爱充满了对其对象的纯粹美的强烈好奇：好奇激发他的求知欲，并使之变得绚烂而不呆板。

咏叹调的音乐会告知我们这一切，而无需语言，事实上，它远比语言更能传达这个年轻人的细腻、脆弱与纯粹的善意。几乎不令人意外的是，一个人即使完全不明白凯鲁比诺在说些什么，也本该在这首咏叹调中（就像在苏珊娜和伯爵夫人的二重唱中）发现一个

情感上诚实的形象[37]。如果说莫扎特的音乐有某个地方远远地超越了达·彭特的文本，那就是在这里。

凯鲁比诺是如何成长成这样的，成为这种希望在激情中做到真实的相互性的样子？他由女人养大，对男人的世界一直陌生。事实上，我们已经看到，军队服役的前景令他十分困惑且充满恐惧。在第一幕结尾的那个场景中，费加罗告诉他去参军时该期待些什么（《你不会再去了》）。费加罗对凯鲁比诺开的玩笑是，他一直生活在女人的情感、音乐、温柔与细腻的世界里，现在突然之间，他要进入一个醉汉的世界［他们对酒神巴克斯（Bacchus）推崇备至］，这些醉汉有着不屈的脖子（collo dritto）、硬朗的面孔（muso franco）、长长的胡须（gran mustacchi）和“许多的荣誉”（molto onor）。现在在第二幕中，我们可以更全面地看到，为了进入这个男性世界，这个年轻人将不得不放弃多少东西，特别是悦耳动听的音乐。“多美妙的声音啊！”当凯鲁比诺结束他的咏叹调时，伯爵夫人说。这让人们再次注意到这一事实：这一歌唱代表的就是真的在唱歌。然而，费加罗已经告诉凯鲁比诺，男性荣誉的世界对美妙的音乐一无所知。其唯一的音乐就是“小号、炮弹和大炮的协奏曲，其演奏的所有音调都高得让你的耳朵鸣响”[38]。此刻回想起来，咏叹调本身以其单调坚定的军事节奏，与凯鲁比诺曲作的优美与典雅形成了可悲的鲜明对照。

凯鲁比诺唱得如此美妙，由此让自己表现为博爱和平等的代 41
表，以及自由的女性类型的代表。我们可以有不错的理由认为他是可爱的，但在认定这一点之前，他身上还得发生点儿什么：他必须穿上女人的衣服。情节需要这一伪装，但莫扎特将这一刻与内心深处的情感联系起来了。

人们常常觉得，苏珊娜温柔的咏叹调《过来，跪下》（*Venite，inginocchiatevi*）在歌剧中是一个关键的时刻；这一刻正在发生某种意义深远之事：当时苏珊娜首先完善了一下凯鲁比诺的女性伪装，然后看了他一眼，唱道："如果女人爱他，她们肯定有好理由"（se l'amano le femmine，han certo il lor perchè）[39]。此时的这段音乐或许是歌剧中最性感而温柔的。当时苏珊娜要他转过身，整理他的衣领，校正他双手的位置，向他展示如何像女人那样走路——然后注意到这种装束是如何衬托出这位年轻人淘气的样子和优雅的举止的：che furba guardatura，che vezzo，che figura！① 这段咏叹调如此引人入胜，同时又如此戏谑，莫扎特借此巧妙地暗示：在这里，在这亲密温柔的一刻，已决然播下了颠覆旧制度的种子。

首先，这段咏叹调与跪有关。在这出歌剧中有许多下跪，而且在其他每个地方（直到最后一刻），跪都是封建等级制度的一个象征：一边是高贵的地位，另一边是顺从。然而，在女性的民主世界里，跪就仅仅是跪。你跪在你的服装师面前，以便她能整理你的软帽和衣领。跪没有象征意义；它只不过是一个有用的行为。等级体系简直是一个被抛诸脑后的不相干问题，一个不成问题的问题。音乐本身表达了这样一种想法：我们听到的不是追求荣誉的砰砰重音，而是小提琴发出的轻微颤音，是戏谑的跳跃，像是在发出低沉

---

① che furba guardatura，che vezzo，che figura，这句意大利语之意就是"淘气的样子和优雅的举止"。

的笑声，它不仅没有表现出任何等级体系，而且积极地颠覆了整个观念[40]。一点一点地，女人的装束装备好了，女人走路的样子学会了——直到最后苏珊娜好奇而惊愕地审视自己的制作成果。“赞赏”[mirate，“惊叹于”（wonder at）]① 这个小淘气鬼，赞赏他是那么美。淘气的样子（che furba guardatura），多么迷人，多么诱惑。如果女人爱他，她们肯定有好理由。看起来，凯鲁比诺有诱惑力恰恰是因为，虽然他有男子汉气概，而且很吸引女人，但他并不 42
喜欢控制她们，也不把她们用作与其他男人的游戏中的棋子。这里呈现的不是支配，而是魅力和优雅；不是掩盖耻辱或因侮辱而报复的图谋，而是加入女人热衷的玩笑与八卦时“淘气的样子”[41]。

所有这些都写在剧本中，虽然有点儿勉强。但是，我们可以想象，文本的音乐背景会传递出讽刺、怀疑或痛苦（当然，这是我们可想象的苏珊娜当时正感受到的情感）。情况反而是，这种音乐既表达了温柔的感觉，又以弦乐器的灵动来表达欢笑，从而暗示：这两种态度完全是一起表达的，并且都是女性世界的关键组成部分。我们现在要回想一下序曲的一个特征，其重要性之前可能被忽略了：那里也通过小提琴呈现了同样类型的受压抑的欢笑，这表明颠覆性的表演是整个歌剧的一个重要主题。

对这段咏叹调的这种解读很快就通过二重唱《开门，快点儿，开门》（*Aprite*，*presto*，*aprite*）得以证实，当时苏珊娜和凯鲁比诺正合谋让他安全离开那令人难堪的躲藏地。这两个人以窃窃低语

① 原文方括号内是“mirate，‘wonder at’”，表示意大利文“mirate”相当于英文“wonder at”。

的密谋声极快地唱着，表现了一种罕见的协调度——为苏珊娜和伯爵夫人在第三幕中更为成熟的二重唱做了铺垫。凯鲁比诺表明，他现在实际上变成了一个女人：一个同谋者，一个博爱与平等的声音，并因此像我们还不知道的那样是一个内心摆脱了地位束缚的人。

看到凯鲁比诺，我们就重新认识到，费加罗表面上的激进主义是多么的不激进。这不仅是因为他接收了旧制度对妇女占有性的态度，还因为某种比这一点更具全局性的东西。就追求荣誉和避免耻辱而言，费加罗不过是以伯爵的眼光看待世界。他不懂相互性，实际上也不懂幽默。（他所认为的开玩笑是一种刻薄的贬低[42]。）如果新世界有这样的公民，那么它对平等与博爱的承诺就注定会成问题。像捍卫男性自我的壁垒一样，新的等级体系也会建立起来以替代旧的。然而，会不会有只喜欢欢笑与歌唱的公民呢？

43 林恩·亨特（Lynn Hunt）在她对 18 世纪色情文学引人入胜的反思中已经论证，身体的可互换性（interchangeability）这一色情观念与对民主的平等的革命要求密切相关[43]。法学理论家利奥尔·巴沙克（Lior Barshack）认为，由莫扎特的歌剧创立的新主体性正是这种性自由的享乐主义观念[44]。毫无疑问，这种思想在 18 世纪很引人注目，因为人们（指的是男人）试图弄清楚他们所居住的新世界。

然而，如果我是对的，那么莫扎特就是以相当不同且更激进的眼光看待世界的。该歌剧暗示，作为可互换的（interchangeable）生理单位，身体的对象化本身正是旧制度的一个方面，旧制度曾发明且依赖于如下观念，即某些阶层的人——尤为突出的是要包括女性——只不过是物件（oggetti），因而在追求个人满足的过程中可以被随意使用。事实上，将身体视为可互换的，是得到旧制度自始至终想要的东西即男性控制与坚不可摧性的一条巧妙途径。真正与旧制度对立的，不会是作为可互换机器的身体的民主化，而是爱。正如凯鲁比诺所理解的，这意味着寻求一种外在于自我的善，这是一种骇人的观念。尽管如此，但这是费加罗在能够成为莫扎特（而非博马舍）所要求的那种公民之前必须学会的一种观念；并且他确实在学，如他在第四幕仍为自己辩护的咏叹调之前的宣叙调中所做的那样，承认自己既渴望又痛苦。其中唱道："噢，苏珊娜，你让我吃尽苦头。"和凯鲁比诺一样，他也寻求一个外在于自我的善。

那么，这里表明的是，民主的相互性需要爱。为什么？尊重为什么还不够呢？好吧，尊重是不稳定的，除非爱能够以一种不让人们一直沉迷于等级和地位的方式得到重塑。这种未经质疑的个人痴迷有可能危及平等的公共文化。但从更深层次看，公共文化需要某种深置于人内心并能发掘出它最具感染力的情感（包括激情和幽默）的东西来滋养和支撑。没有这些，公共文化仍然是薄弱与没有激情的，没有能力激励人们为了公共利益而牺牲个人利益。

五、凯鲁比诺、卢梭、赫尔德

既然我们对莫扎特尝试要做的事有了一个大致了解，那就可以 44
通过比较歌剧对新时代公民身份的洞悉与莫扎特同时代的两位哲学

家让-雅克·卢梭与约翰·哥特弗雷德·赫德尔的见解，来使我们的印象更加准确。这两个人都共享莫扎特的这一观点：新的政治文化需要由新的情感来维系；两者还共享他的这一观点：这些情感不仅必须包括尊重与公民友谊这种平静的情感，而且必须包括维持与灌输那些指向国家及其道德目标的某种更类似于爱的情感。然而，相似之处就到此为止了。

在《社会契约论》的最后一章即题为“论公民宗教”（“On Civil Religion”）的重要章节中，卢梭明确地表示，必须有爱国主义情感（patriotic sentiment）这一强烈的类似于爱的纽带将公民团结起来，从而使平等主义的制度随时间的推移而保持稳定[45]。他观察到，在人类历史早期，人们“没有国王，只有诸神”，他们需要相信自己的领袖们其实就是诸神。异教信仰和封建主义都是由这样一些虚构来维系的。“人们可能决定把一个人类同伴（a fellow man）接受为主人，以希冀这样做会让情况变好；在此之前则必须有一个情感和观念的长期改变过程”（220）。这些新情感必须要有它们所取代的宗教情感的强度，否则它们将无法成功地维系新的政治秩序。

基督教初看起来似乎有可能是那种“公民宗教”，因为它的确教导人们要有全人类的兄弟情谊（224）。然而，进一步从政治秩序的视角来审视，基督教却有许多致命缺陷。第一，它教导人们去指望得到的救赎是超世俗的、精神上的，而非政治的；因此，“它使法律只具有法律自身衍生的力量，而没给它们增添任何其他力量”（224）。第二，基督教将人们的思想转向内部，因为每个人都被督促着去审视自己的内心；这种教导使人们对政治事件漠不关心。第三点也是最后一点，基督教教导非暴力甚至殉难，因而是在教导人们成为奴隶。“其精神太过有利于专制政府，以致一直为专制政府所大加利用”（225）。卢梭认为，基督教徒皇帝毁灭了罗马帝国， 45
“当十字架驱逐了鹰旗①，所有罗马人的勇猛都消失了”（225）。

我们所需要的公民宗教必须反复灌输“社交性情感，没有这些情感就不可能成为一个好公民或忠实的国民”（226）。这些情感以某些准宗教信条为基础，包括“社会契约和法律的神圣性”（226）。但这些情感本身是什么样的呢？很明显，它们涉及一种对国家及其法律的强烈的爱。它们还涉及一种根植于全体一致和同质性的博爱：不赞同“公民宗教”的人“因为不合群、不能真诚地热爱法律与正义”而应予以驱逐（226）。这样一来，公民之爱与对政治秩序的积极批判思想就是不相容的，与个人分立于群体的意识也不相容。对真诚的检验就是一致同意[46]。而且，公民必须一致同意的一件事是，愿意为国捐躯——这想必无须对战争计划进行批判性思考，而只要公民的主权机构发布了这样的命令。由此，公民之爱这种情感就强烈要求致力于如下做法，即暂且既不考虑个性，也不进行推理。在更一般的意义上我们其实可以说，个人对个人的（person-to-person）维度是缺失的，因为这种属于公共纽带的公认情感不会产生或依赖于任何针对个人的情感，即使关怀与尊重的情感也是如此[47]。

那么请注意，卢梭尽管对封建秩序深恶痛绝，但在思考情感时其思路却没能做到远远超越这种秩序。和封建之爱一样，公民之爱

① 罗马帝国的军旗是鹰旗。

也是顺从的、分等级的。[即使正是“公共意志”(the general will)而不是个人才是最高统治者，因为这种公共意志与任性的个人之间仍然是强有力的等级关系。] 对于莫扎特剧中的女人们所展示的那种相互性来说，这里没有容纳它的空间；这种相互性乃基于密谋、戏谑，以及一种人们可以在其中自在地生活的自由空间感。此外，尽管卢梭在《爱弥儿》(*Emile*) 第四卷中试图以平等主义者的同情感 (egalitarian sentiment of pitié) 取代基于封建不平等的情感，但在其公民宗教观念之中，这种尝试在相当程度上仍未得以落实，因为公民宗教在对抗基督教所谓的过分顺从性时，依赖的似乎恰恰是
46 维系旧制度的男子汉勇气、自负和荣誉观念。这里有一个转变，因为公民耻辱、公民愤怒和公民自信的对象现在变成了被视为公共意志之化身的国家。但是，这些情感本身给人的感觉非常类似，因为国家也力图在世界各国的等级体系中立足。仍然正确的是，人们“忘掉耻辱和愤怒是下贱的行为，是彻头彻尾的卑贱行为”，这一点在这个新世界与在旧世界是一样的。

相比之下，莫扎特所提议的根本改变恰恰针对公民之爱的内容。情况不再是，爱必须以某种方式围绕等级和地位的观念来展开。相反，它必须是有抱负的：像凯鲁比诺一样，它必须“寻求一种外在于自我的善”。

此外，要维系真正的平等主义的制度，这种有抱负的爱就必定仍容易受到批评，最终必定受到如下事实的影响：每一个个体都有一颗与任何其他个体不尽相同的奇特心灵。(事实上，尽管我说的是“公民之爱”，但对这个新概念至关重要的是，存在一个由不同

类型的爱组成的谱系，这些不同类型的爱在其中都发挥作用，彼此交织，共享某些特征但在其他方面却又不同，就像由这些爱来联结的人们所表现的那样。）莫扎特的制度所寻求的，不是卢梭的同质性，而是现实生活的异质性，予之以展现的空间，并以其奇特性为乐。女性世界喜爱密谋、玩笑、对传统和服从的各种颠覆，这种喜爱最终以其康德的尤其是密尔的形式成为对启蒙运动的某种至关重要的标志，即这样一种观念：个体的心灵包含某种不受影响的自由空间以及某种既色情又珍贵的有趣的失衡。女人的世界所理解的是，那些“淘气的样子”正是使凯鲁比诺值得被爱之所在（所以，如果女人爱他，她们“肯定有好理由”）。她们也知道，他的爱雄心勃勃的性质与他的颠覆潜能深深地交织在一起。由此，公民之爱还有个向下的运作：它仅当同时能够自嘲从而留意到日常生活的杂乱无章以及现实生活中人的异质性，才能以一种健康的方式让人向往。

我们如何想象这种自我表达的公民之爱？我们把卢梭的爱与庄重的公共典礼、赞美诗、武装号召的鼓声相联系。与之相比，莫扎特的爱是通过许多不同类型的艺术和音乐表演来表达的，但最重要的是通过喜剧来表达，其中包括这种喜剧：它嘲笑武装号召（就像在《你不会再去了》中那样），并指出某些以尚武为荣——“以泥 47
地（il fango）行军替代方丹戈舞（fandango）”——的军营中发生的一些令人不快的现实。

在这一点上，我们注意到，莫扎特有一个18世纪的盟友[48]：约翰·哥特弗雷德·赫尔德，其《人类进步书简》阐发了一个极其类似的、经过变革的爱国主义观念，要想使世界成为一个和平之地，就需要反复灌输这种观念。赫尔德一开始就指出了这一点：如果爱国主义是对一个名为“祖国”（fatherland）的实体的一种态度，那么它最好弄清楚，在这种［类比于］父子的关系中什么是有价值的[49]。他论证说，我们如果认真地问这个问题，那么就会看到，我们希望这种爱不仅包含对真正功勋的渴望，也包含一种对和平的热爱，因为我们所有人都满怀渴望地记得并热爱童年的和平时光。而且，在那些和平时光里，令我们感到快乐的是“青少年时代的游戏”（games of youth）：因此，新的爱国主义必须同时是一种充满乐趣的东西。首要的是，它永远不会涉及嗜血与复仇：“在一场血战（Blutkampf）中，祖国与祖国的对抗是人类语言中最野蛮的表达方式。”

在其后来的作品集中，赫尔德又回到了这个主题，他明确表示，他认为新爱国主义充满活力的精神与其说是父性的，不如说是母性的，需要男性那边做出深刻的性别转换。在这里，他间接提到自己设法了解到的美国土著易洛魁人的习俗。他提出，该习俗涉及挑选有可能交战的部落之一来扮演“女人”角色，然后要求其他所有人都倾听“她”说的话[50]：

> 因此，如果她周围的男人们某些时候彼此大打出手，并且战争有可能变得严峻，那么这个女人就应该有能力对付他们，并对他们说：“你们这些男人，你们这样大打一气，到底是在做啥？要记住，如果你们不停下来，你们的妻子和孩子就必定会死。那么，你们愿意为自己从地球上的毁灭负责吗？”男人们接下来就应当注意倾听这个女人的话并服从她。（401）

通过让这个挑选出来的民族（成员）穿戴女人的裙子与珠宝，他们表达了这种思想："从现在开始，他们不应该再使用武器"（401）。赫尔德此刻注意到，易洛魁族的成员称呼彼此为"姐妹类的孩子"（sisterchildren）和"同类女性玩伴"（fellow female playmates）[51]。 48

现在看看欧洲。赫尔德观察到，封建等级制度一度勉强算是扮演这个"女人"的角色，并使人们保持和平。但是，我们既然已经拒绝封建主义，那么就必须把女人的服装穿在我们所有人身上，实际上这意味着向所有公民反复灌输"和平的性情"。他的"伟大的和平女人"（他将其等同于"普遍正义、慈悲、积极的理性"）将设法在未来的公民中产生 7 种（情感）"倾向"。第一，是"对战争的憎恶"：公民应该认识到，任何一场不限于自卫的战争都是疯狂与可耻的，会给人们带来无尽的实际痛苦与严重的道德堕落。第二，他们将学会"减弱对英雄荣耀的敬意"。他们应该"团结起来，去除萦绕马略（Marius）、苏拉（Sulla）、匈奴王阿提拉（Attila）、成吉思汗（Genghis Khan）、帖木儿（Tamerlane）起舞的虚假光环"，直到公民对这些神话般的"英雄"如同对普通杀人犯一般，不再怀有敬畏之情。赫尔德并没有说应该怎样去落实这种"去除"，但喜剧显然是一种有用的手法。第三，和平女人将教会人们"一种对错误的治国之道的憎恶"。仅仅拆穿好战的英雄主义假面是不够的：对于那种喜欢挑起战争以促进自身权力利益的政治权威，我们还必须教导人们不予服从和尊重。为了产生这一结果，我们必须教导出积极批判的公民权："全民的呼声表决必须胜过纯粹国家等级及其象征的价值，甚至胜过最有诱惑力的名利场把戏，甚至超过早已接受的偏见”（406）。当然，对这种批判精神的教导必须与对真正美好事物的赞赏和渴求相结合。

第四，和平将教导爱国主义，但是一种“净化掉糟粕”后的爱国主义之爱，最重要的是要净化掉从这样一个角度来界定国家的可爱品质的需要，即从与其他国家的竞争甚至对它们的战争的角度。“每个国家都必须学会这样去感受，自己之变得伟大、美丽、高贵、富有、有序、活跃与幸福，不在于他人之眼，不在于后人之口，而仅仅在于自己，在于独有的自己”（406）。第五，与之密切相关的取向是“对其他国家的正义感”。第六，是对贸易关系公平原则的
49 一种取向，包括禁止垄断海洋，以及决心确保较贫穷的国家不因较富国家对利益的贪婪而牺牲。第七，公民将学会以有益的活动为乐：“印度妇女手中的玉米秆本身就是一种对抗剑的武器。”赫尔德总结说，所有这些都是“伟大的和平女神理性（Reason）”的原则，“没有人最终能从她的语言中逃脱”（408）。

赫尔德和莫扎特意见一致。他们每个人都看到，如果公民之爱要产生真正的幸福，那么就需要将男性总想胜人一筹的文化女性化。我们可以说，伯爵夫人是赫尔德的伟大的和平女人理性，她的温柔及其拒绝将注意力集中于受辱的自尊，向人们展示了一种让“所有人”都可以快乐的方式。她的学生凯鲁比诺从她身上学到了一种对战争的憎恶、对错误的治国之道的憎恶，以及对某种颠覆的热爱，即淘气地颠覆男人试图让世界变成战争世界的无数方式。比起莫扎特，赫尔德更为强调消极的一面：合宜的社会必须教会人们

适当的恐惧甚至是憎恶，而不仅仅是恰当的爱。并且，他正确地强调了这一事实，即批判理性在新的路径中起着至关重要的作用。从这个意义上说，他是在呼应康德的这种呼吁，即呼吁一种通往世界和平的路径，这种路径建立在一种批判性公共文化的启蒙价值的基础上。但是本质上，他和莫扎特是意见一致的。成年男性最终会被引导着穿上那些长裙，以一种合情理的方式来思考日常生活，而不是以一种完全为贪得无厌的荣誉所充斥的方式横冲直撞。我们在歌剧结尾处所拥有的，将是某种使卢梭震惊之物：一个充满疯狂、愚蠢、戏谑、特异个性的世界，以及一个不可分割的和平世界。这种新性情可能不足以实现和平，因为外部危险始终可能危及和平。然而，它确实看起来是必要的。

六、超越日常

那么，歌剧结束时发生了什么呢？至少，男性世界暂时在女性世界面前屈服并请求原谅。然后这里有个停顿。正如斯坦伯格的漂亮说法："从莫扎特到马勒（Mahler），休止、音乐停顿、静默时刻是第一人称音乐声音自我评估的转向灯。音乐停下来思考了"[52]。在这一静默时刻，在伯爵夫人说"yes"① 之前，她会想些什么呢？

① 根据歌剧《费加罗的婚姻》的剧情，此处"I am nicer，I say yes"应译为"我更仁慈，我原谅你"。但作者在此单独用"yes"一词对此句进行分析，为了避免产生歧义，本处将"yes"原文放上，表示肯定。

50 如果她有理智——而且我们知道她非常理智——她就会想：“这种重拾的爱的承诺，其真正的意思到底是什么？这个多年来行为不端的男人，真的会仅因为我们的恶作剧成功并且使他当众难堪，就变成一个新人吗？”而这时像她这样一个明智的女人给予自己的答案会是“肯定不会”，然后她必定要再想一想，并自问：“可是如此一来，我应该接受这个样子的他吗？连同他的自大、他的地位意识、他受焦虑驱使的不忠吗？我是否应该同意忍受仅有相爱的希望或承诺及其偶尔的实现，而不是其稳定性得到保证的相爱？”

那么，当她在那一停顿之后用那种下倾的乐声回答“我更仁慈，我原谅你”时，她是在对他们人生中所有的不完美说“yes”，是在接受这一事实：这些男人与这些女人之间的爱如果时常是真的，那么它将始终是不平坦的，且根本谈不上惬意；人们永远得不到他们渴望的全部；即使男性有能力从女性身上学习——斯坦伯格很好地说明了费加罗如何从苏珊娜那里习得一种新的温柔的音乐风格[53]——但是鉴于文化和教养对人类发展所施加的压力，我们几乎没有理由指望这些成就是稳定的。事实上，似乎更有可能的是，凯鲁比诺会被他周围的男性世界腐蚀，而不大可能是其他男人放弃他们对荣誉和地位的追求，学会像凯鲁比诺那样歌唱。即使在最好的文化中，对羞耻的厌恶和对控制的自恋欲都是深刻的人类欲望；它们不太可能消失，以产生一个所有恋人都得到其想要的一切的世界。（难道这样一种世界影像本身不是一种自恋的幻想，乃至可能会抑制人们对另一种个体现实情况的真实感知吗？）

因此，当她说“yes”的时候，她是在同意在一个不稳定和不完美的世界里去爱甚至去信任——比起费加罗在《你不会再去了》中提到的任何一种战场英勇事迹，这一肯定的回答需要更大的勇气。

这里她所同意的也是全体表演者所同意的。新的公共世界就是以**这种方式**成为一个幸福的世界。这似乎意味着，所有在场的人都对如下世界说“yes”：这个世界寻求且旨在达成相互性、尊重和协调，而不对完美抱有幻想；在这个世界，人们在致力于自由、博爱和平等的同时也明白，这些超越的理想之达成，不是通过退出现实 51
世界而进入一个原始世界，而是通过就在这一个世界、在爱与疯狂的经历中的追求。新体制如果要求完美，那么就会失败。只有立足于男人与女人的现实观念以及他们所能做之事的基础上，它才会成功。但是，维持博爱的希望而不抱有幻想（并因此到时候自然会大失所望从而愤世嫉俗），这需要对爱的可能性（至少有时或暂时）有某种类似于不感情用事的信任的东西，以及（或许最重要的是）对这个世界的现状有某种幽默感[54]。

这些信任、接受与和解的想法并不在文本中，而是只在音乐中[55]。如诠释者们长期以来所感觉到的，莫扎特的情感即使在最低程度上说也比其剧本作者更具确定性，并且如果我们在剧本中找到达·彭特偶尔表露出的冷漠的愤世嫉俗倾向，那么莫扎特的情感就可能与剧本作者并不一致[56]。但莫扎特的音乐并不在遥不可及的天堂，它在我们的世界之中，在那些歌唱者的身体里。它通过重塑呼吸本身来重塑世界。

在《音乐的表象：意义、本体论和情感》（*The Musical Repre-*

sentation：*Meaning*，*Ontology*，*and Emotion*）一书中，对于音乐倾听的体验、其所创造的虚拟空间的性质及其唤起的精神表象，查尔斯·O. 努斯鲍姆（Charles O. Nussbaum）给我们提供了在迄今为止的哲学中我们所拥有的最好描绘。在这本书的末尾，他增加了一章，这一章在许多方面都没有得到该书总体论据的充分证明；他在其中论证说，我们对（西方调性的①）音乐的强烈兴趣源自我们对纯粹偶性之物的恐惧、我们对超越和统一体之体验的渴望，这种体验类似于宗教体验。这一章包含相当多哲学家的引人入胜的素材，包括康德、黑格尔（Hegel）、叔本华（Schopenhauer）、尼采（Nietzsche）和萨特（Sartre），所有这些哲学家都以各种方式提供了与努斯鲍姆的观点一致的论点。它还包含关于神秘体验的素材，其中这些体验让人们相信，努斯鲍姆所考察的这些类似于宗教/音乐的事物是真实的，并且至少对于某些音乐来说具有启发作用。

可是，为何我们应该如此倾向于认为，音乐为人类生活提供了一种特殊类型的善，而不是多种类型的善呢？C. 努斯鲍姆太过含
52 蓄，不会对这样的问题直截了当地下断言[57]，但就他对音乐的这种功能的坚持而言，他至少暗示了这一类型的善的首要性和核心性。然而，和哲学一样，音乐似乎也持续地采取不同的论辩立场，从不同且对比鲜明的角度看待世界，这样一来，斯坦伯格的“倾听理性”的比喻似乎比努斯鲍姆有关单一类型体验的想法更为贴切。（事实上，宗教本身包含了多种类型的体验——不但包含对超越的

① “tonal music”意为调性音乐，此为专有名词。

神秘印象，也包含对世俗正义的激情和接受尘世奋斗中的不完美[58]。）

我提议过一种解读莫扎特歌剧的方式，即根据它所提供的一种不同类型的幸福进行解读，这种幸福是喜剧的、不平坦的、不确定的、对华而不实的超越要求持谨慎态度的。事实上，音乐本身就在暗中嘲笑这种虚荣矫饰（就像在序曲和《过来，跪下》中发出的那种闷笑声）[59]。C. 努斯鲍姆很可能会回应说，歌剧这种掺杂性的混合艺术形式依赖于真实的身体和视觉，并不是他的论点（基于音乐的无实体性与无形性）所处理的那种音乐媒介。C. 努斯鲍姆观念中的音乐艺术是无时空限制的存在，在这种观念的范围内，即使是人类声音本身，似乎也是一种反常现象。所有乐器在某种程度上都涉及人的身体，但在乐器中唯有声音是身体的一部分，并且总是表达身体的脆弱与潜能[60]。

正如有一种爱寻求超越，也有一种爱将这种雄心斥为一个不成熟的并且是幻灭的前兆。因此，我认为也有两种类型的音乐。并非偶然的是，贝多芬出现在 C. 努斯鲍姆著作的封面[61]，并成为其音乐范例的主要来源。贝多芬的启蒙版本的确体现了对超越的渴望，但这种渴望与愤世嫉俗同出一脉：意识到《第九交响乐》（*the Ninth Symphony*）和《费德里奥》（*Fidelio*）中所体现的理想的政治和谐其实并不存在，人们就很可能对现实世界摆出一张臭脸[62]。

然而，如果有人追随莫扎特的启蒙政治版本，那么他就仍会看到，就其现状而言世界有大量的工作要做，他将带着对博爱、平等、自由的承诺，不断地追求完成这项工作，从而要让男声世界更

53 像女声世界。人们要不停地追求的是，教育年轻人热爱音乐，而非子弹和大炮的协奏曲。然而，人们同时会接纳如其自身之所是的真实的人——甚至是男人！——并且不会因为他们（无疑和自己一样）[63]一团糟而不再爱他们。如音乐之内的停顿所暗示的，就一种可行的民主政治之爱的观念而言，这即使不是唯一可能的方向，也是一个更有希望的方向。

注释：

[1]“现在，唯一慰藉我心、令我欢喜的事，非复仇莫属”（Già la speranza sola/Delle vendette mie/Quest'anima consola，/E giubilar mì fa），这是他在第三幕结尾时的咏叹调。我从头到尾依据的都是 Mozart（[1786] 1993）版的剧本。

[2] 不同的指挥对停顿长度的理解不同，但索尔蒂（Solti）和卡拉扬（Karajan）都保持了 4 秒，感觉很长。在乐谱中，这一停顿标示为一个带着延长记号的四分音符的休止。参见 Mozart（[1786] 1979，p. 422）。

[3] “Docile”这个词很难翻译：有人可以说是“gentler”或“kinder”，我选择了“nicer”，是为了表达这样一个事实：这是一个日常用语，而不是一个关于崇高道德或哲学的用语。它也包含温顺和屈服甚或屈从之意（在达·彭特的时代某种程度上包含此意，今天更是如此）。但是，即使是解读剧本，也不能这样说：伯爵夫人只是默认了她的从属角色，因为她说的不是“我是仁慈的”，而是“我更仁慈”，这暗示着仁慈是所有人都应该拥有的美德，而伯爵在拥有这种美德方面有所欠缺。因此，我会将其理解为，它表明的是对生活的复杂性和不完美的屈服，是可适应的而非刻板的。

[4] 另见约瑟夫·科尔曼（Joseph Kerman）的《半圣歌一样》[“half hymn-like,” Joseph Kerman（1956，p. 87）]。关于马勒在《第二交响曲》（*the*

Second Symphony）中所用的巴赫的相关观察，参见 Nussbaum（2001，ch. 15）、Steinberg（2004）和 Steinberg（2007）。迈克尔·斯坦伯格提请人们注意，这一时期的宗教紧张关系在其音乐文化中以许多方式得以解决，新教徒和犹太教徒经常以这种方式结盟，拒绝天主教的文化表现、“偶像崇拜”和等级制度。在此我们无须特意考虑 J. S. 巴赫，因为他的音乐只是后来才被重新发现，这里影射的是新教赞美诗的一般文化。

[5] 此刻，音调从 G 大调变为 D 大调，标示的节奏是极快的快板（allegro assai）。

[6] Beaumarchais（[1785] 1992）.

[7] 对于这部涵盖大量议题的歌剧之历史背景的出色处理，参见 Carter（1987）。威尔·贾米森·阿兰布鲁克（Wye Jamison Allanbrook）做出了特别重要的贡献［Wye Jamison Allanbrook（1983，pp. 13－194）］，这一贡献在很大程度上与本章的精神一致（尽管只是在她最后修订时才见到）。我很乐于接受她富有洞察力的分析，她从一个完全不同的起点（莫扎特对自己时代的舞蹈节奏的使用）出发，得出的许多结论与我自己从论述中得出的相同。

[8] 这个被普遍接受的故事在达·彭特的回忆录中有一些根据，回忆录至少确实告诉我们，为了试图说服约瑟夫二世，他说了些什么。然而，这很难说明，剧本的真正意图与政治无关，而且即使达·彭特的意图完全与政治无关，也很难说明，使剧本有活力的音乐是与政治无关的。

[9] 参见 Kerman（1956，pp. 90－91）。科尔曼强调了莫扎特对自己素材的改造，尤其是在歌剧结尾处。

[10] 我没有理由认为莫扎特读过卢梭的作品，但这些关于公民情感的思想在 19 世纪 80 年代随处可见。

[11] 我会同意斯坦伯格的这一观点，即新的政治文化需要一种新的主观性形式［Steinberg（2004）］，但我认为，由于忽视了歌剧的性别政治，斯坦伯

格无法就以下问题为我们提供一个足够深刻或精确的论述：如果革命在人力所及的范围成为可能，那么需要改变什么呢？与此同时，与查尔斯·O. 努斯鲍姆（2007）接触后，我有理由认为，这部歌剧的目标不是鼓励人们超越纯粹的人性，而且欣然地接受它。

［12］例如，因出演费加罗而闻名的布赖恩·特菲尔（Bryn Terfel），也录制了伯爵。

［13］阿兰布鲁克对咏叹调的分析强调了费加罗的优雅，从而强调了他与伯爵的相似之处：他“在小步舞的高贵有礼中掩盖了自己的傲慢”［Allanbrook（1983，p. 80）］。

［14］伯爵夫人明白，她对他来说也是一个东西：后来，当他称呼她为“罗西娜”时，她回答：“我不再是她了，而是被你抛弃的可怜的东西。”对咏叹调的一个非常类似的解释，对其节奏方面的关注，参见 Allanbrook（1983，pp. 140 - 144）。

［15］我用这种笨拙的方式翻译“audace”这个词，是因为提出将其翻译为“男人”（man）或“人”（person）就相当于承认费加罗是人，而这是伯爵刚刚否认的。

［16］照字面理解，伯爵用复数说到“复仇”——大概是在考虑复仇的方式，他将强迫费加罗娶玛西琳娜，然后和苏珊娜上床，进一步羞辱费加罗。

［17］在此我依据的是音乐中情感表达的一般解释，关于这一解释，参见 Nussbaum（2001，ch. 5）（这一解释的主要论点总结于此书的附录中）。要了解更多关于音乐的超越文本能力，或者要更准确地表达不确定文本的情感意义，参见那一章对马勒的《亡儿悼歌》（*Kindertotenlieder*）的解读。

［18］Steinberg（2004，p. 43）.

［19］同上。

［20］“La vendetta，oh la vendetta è un piacer serbato ai saggi. L'obliar l'onte，gli oltraggi，è bassezza，è ognor viltà.”

[21] “Se tutto il codice dovessi volgere，se tutto l'indice dovessi leggere，Con unequivoco，con un sinonimo，qualche garbuglio si troverà. Tutta Siviglia conosce Bartolo：il birbo Figaro vinto sarà.”

[22] 因为这段咏叹调经常被删减，它没在多佛（Dover）歌词版本中出现，所以我用的文本来自1983年索尔蒂录制歌剧时所附的歌词。

[23] “Cosi conoscere me fe'la sorte ch'onte，pericoli，vergogna e morte col cuoio d'asino fuggir si può.”

[24] 阿兰布鲁克强调 [Allanbrook（1983，pp. 145－148）]，这两个声线的音乐交织创造了一种“一致与亲密的气氛”（同上书，第147页）。音乐是田园风格的，“文本和音乐描绘了无阶级的、永恒的草地，在那里，两个通常因境遇而分开的女人，可以相遇并安静地一起散步”（同上书，第145页）。

[25] 关于马勒《第二交响曲》最后乐章中的类似时刻——女低音和女高音彼此环绕的讨论，参见Nussbaum（2001，ch. 15）。我现在相信，马勒这个毕生从事歌剧指挥的人，可能会从费加罗那里获得用音乐描绘相互性的灵感。正如他所阐明的，这也是一幅自由的图景。

[26] 阿兰布鲁克在音乐中看到，“爱的力量让傲慢者谦逊、让卑微者振奋” [Allanbrook（1983，p. 148）]。然而，她认为音乐的贡献完全是个人的，而没有认识到它政治层面的贡献。

[27] 如果有的话，那么在歌剧中，男人们是在哪里像那样唱呢（在紧密交织的和声中，每个人都从对方那里得到提示）？比才（Bizet）的《采珠人》（*The Pearl Fishers*）中的二重唱在脑海中浮现，但却没有那么复杂：男人们只是以密集和声一起唱。类似的是由卡洛斯（Carlos）和罗代里戈（Roderigo）在威尔第（Verdi）的《唐·卡洛》（*Don Carlo*）中演唱的美妙的自由二重唱 [“哦上帝，他希望把爱和希望注入我们的灵魂”（“Dio，che nell'alma infonde-

re")]——虽然有密集和声，并且我们可能会说，他们唱得比较团结，却没有对另一方的单独行动进行回应。因此似乎是，男人们在歌剧中偶尔可以达到团结和一致，但或许没有相互回应或协调。

[28] 阿兰布鲁克强调 [Allanbrook (1983, pp. 100, 170)]，只有女性世界才能揭示和代表普遍人性：男性世界被等级划分得太过分明，以至于人类的尊严和平等本身无法被人们看见。

[29] 这个新世界当然也包含由现实生活中的女性做出的变革——因为尽管男性世界有其特有的病理，但宣称对于现实生活中的女性世界来说嫉妒和竞争是陌生物，则是荒谬的。（我们不应该忘记，在第一幕的二重唱中苏珊娜对玛西琳娜的中伤，以及玛西琳娜对苏珊娜的中伤，尽管那种竞争很快就得以和谐解决。）从这个意义上，我们应该把莫扎特的男人和女人视为那种人们可能是或可能成为的人类象征符。并且，就像巴托洛和巴西里欧时常穿插的表演一样，玛西琳娜第四幕的咏叹调《公山羊和母山羊》(*Il capro e la capretta*) 告诉我们，新世界也需要改变现实生活中女性的地位：她唱道，男人和女人以一种在自然界中未知的方式彼此作战，因为"我们可怜的女人"受到残忍对待，并遭受各种猜忌。

[30] 伯爵夫人滔滔不绝地诉说着她丈夫的疏忽和冷漠。在结婚时，苏珊娜的贞洁想法被如此多地提出，以至于我们几乎有理由认为，她和费加罗还没有使用过这张床，所以他在歌剧开头才那么心急火燎地测量床。

[31] 达·彭特在此以一种有趣的方式对博马舍做了改变。在博马舍那里，这一段是这样的："最后，对我而言，对某人说'我爱你'的需求变得如此急迫，当我形单影只时，当我在公园跑步时，我说我爱你，我对你的情人、对你、对树木、对云彩、对把云彩和我迷失的话语一起带走的风儿说我爱你。"这种诙谐混乱的表达——他几乎无法区分一个女人和另一个女人，或者一个女人和一棵树——被达·彭特巧妙地改装成某种更微妙的事物，某种音

乐观念表达出来的更生动温柔的心情。阿兰布鲁克在论及这段咏叹调的时候，促使人们注意到进入乡村的运动，从而是牧歌式歌剧主题，这种主题在其分析中象征着平等以及没有固定的等级［Allanbrook（1983，pp. 84－88)］。

［32］阿兰布鲁克把凯鲁比诺看作爱神丘比特的化身［Allanbrook（1983，p. 96)］。

［33］参见 Allanbrook（1983，p. 97)。

［34］我之所以采取"主角"这个说法，是因为各种赞扬伯爵的智慧和美德的合唱——《忠诚可敬的年轻人》(*Giovani liete*)、《拿着，我亲爱的主人》(*Ricevete，o padroncina*）以及《热忱的情人》(*Amanti costanti*）——大概要被想象成剧情中所歌唱的现实生活：费加罗一度说，"音乐制作人已经在这里了"。我采取"独唱"这个说法，是因为已经讨论过了苏珊娜和伯爵夫人之间的二重唱《微风中的小曲》(*Canzonetta sull'aria*)。

［35］在博马舍那里，他只是采用了一首传统民谣的旋律，然后填上自己的词。虽然这些词远没有达·彭特的文本那么有趣，但它们本身表达了对伯爵夫人的爱；然而，音乐却毫无新意，［用的是］《马尔伯勒要去打仗了》(*Malbrough s'en va-t-en guerre*）的曲调，这是一首快活的、有点侵略性的战争歌曲。

［36］参见阿兰布鲁克的音乐与文本分析［Allanbrook（1983，pp. 104－111)］。貌似合理的是，她从文本中听到了但丁（Dante）的《懂得爱情的女人们》(*Donne ch'avete intelletto d'amore*）的回音。

［37］实际上，它在形式上是完全不同的。文本是一首重复的分节歌曲，每一节都和前面的一样，更像一首简单的民间小调。是莫扎特用更为复杂的表达渴望、恐惧和喜悦的方式，提供了对比鲜明的中间部分。

［38］"al concerto di tromboni，di bombarde，di cannoni，che le palle in tutti i tuoni all'orecchino fan fischiar."

［39］阿兰布鲁克指出，咏叹调的目标是要表现某种处理“爱神的力量”的典型方式，亦即通过机智、玩耍、相互性和真正的脆弱［Allanbrook（1983，p. 115）］。

［40］文本可能影射圣诞颂歌《过来，跪下》、《噢，来吧，让我们崇拜他》（*O Come Let Us Adore Him*）（这通常是跪下的前奏）。苏珊娜在此说“过来，跪下”——但这并不是她所寻求的对超验事物的崇拜，而是嬉戏与玩耍。

［41］在这里，达·彭特对博马舍做了较大修改。［剧本的］舞台指示表示，凯鲁比诺跪下，但苏珊娜没有要求他跪下，所以并没有强调封建下跪的［性别］转位。更为重要的是，当凯鲁比诺变成一个女人时，苏珊娜说，作为女人她嫉妒他。这不但将竞争与嫉妒放入了女性世界，而莫扎特和达·彭特将那个世界描绘成一个相互性世界；而且也不能声称，一个男人如果采取这样的行为方式——这些方式让我们到目前为止与那个相互性世界建立了关联——就更具有作为男人的吸引力。

［42］在一项关于剧本中昵称用法的有趣调查（以个人交流方式发送给我）中，学者马可·塞加拉（Marco Segala）在不同类型的昵称用法中发现了明确的模式。以 etto/a 结尾的昵称通常含有柔情和嬉戏之意，几乎从来没有挖苦或讽刺的意味；以 ino/a 结尾的昵称往往具有嘲笑或讽刺意味。当昵称（通常以 etto/a 结尾）含有喜爱或玩笑之意时，说话者始终是女性——除了凯鲁比诺，他已经学会用女人的语言说话。这部歌剧中的男性主要用昵称（通常以 ino/a 结尾）表达嘲笑或挖苦。

［43］Hunt（1993，p. 44）. 罗伯特·达恩顿（Robert Darnton）早前对 18 世纪色情文学的研究［特别是对匿名小说《哲学家特蕾斯》（*Therèse Philosophe*）的研究］得出了一个略有不同结论：新观念不是一种身体的可互代性（intersubstitutability）观念，而是女性的支配与自主的观念。因此，被珍视的关系是个人的与持久的，但包括避孕［Robert Darnton（1997）］。

[44] Barshack（2008，pp. 47 - 67).

[45] Rousseau（[1762] 1987). 引用的是括号内这个版本。

[46] 在最后一段，卢梭声称，今天不可能有排他性的国教，因此我们应该宽容所有能宽容他人的宗教——只要它们的教条不包含任何与公民义务相悖的东西。乍一看，这可能被解读为：这表明他突然放弃了自己的单一公民宗教的提议。但是，这种解读是错误的。这一段紧接着讨论了重要的神学宽容教义，这是公民宗教的一个关键要素，要求我们不要相信持不同神学信念的公民同胞是被诅咒的。因此，卢梭只是在说，我们应该认可那种神学教义，而不是让国家变成不宽容的天主教国家或新教国家，然后强制推行这种教义，驱逐或以其他方式惩罚持不同意见者。但是，他那个时代当然没有哪个宗教会接受那种神学教义。那时，所有宗教实际上都包含与公民义务相悖的教条（如卢梭对它们的理解）。卢梭不仅要求神学宽容，还要求政治宽容，由此将它们全部强行放逐了。

[47] 我把这一点归功于丹尼尔·布鲁尼（Daniel Brudney）。他还指出，《致达朗贝尔论戏剧书》（*the Letter to d'Alembert on the Theater*）包含一幅相当不同的、首选类型的社会交往图画。

[48] 阿兰布鲁克合理地提出了另一个人［Allanbrook（1983）］：伯纳丁·德·圣-皮埃尔（Bernardin de Saint-Pierre），他 1787 年的小说《保尔和薇吉尼》（*Paul et Virginie*）清晰地表达了类似的情感。

[49] Herder（[1792] 2002，p. 378).

[50] 赫尔德在此显然是在改述一个名叫 G. H. 洛斯基尔（G. H. Loskiel，1740—1814）的作家的话，他是联合兄弟会（the United Brethren）的一名牧师，他于 1794 年发表了一个对易洛魁人风俗的全面陈述。

[51] 赫尔德再一次使用了洛斯基尔的陈述。这一点是否正确我无力置喙——尽管易洛魁人的民主习俗如今已广受关注。思想家和政治领袖罗杰·

威廉姆斯（Roger Williams）在纳拉甘塞特印第安人（the Narragansett Indians）中，同样发现了有价值的相互性和殷勤好客的规范——尽管他在这种情形下深入研究了他们的文化和语言，并就此话题写了一本书。

［52］Steinberg（2004，p. 45）．斯坦伯格写到了苏珊娜的咏叹调《快来吧，别拖延了》（*Deh vieni*，*non tardar*）中的一处停顿，他谈论得非常恰当，所以我不想再添加任何东西了。

［53］斯坦伯格写道："处于情感成熟期的费加罗被莫扎特赋予了某种音乐感受性，这种感受性背离了其早期的节拍式曲调"［Steinberg（2004，pp. 45－46）］。

［54］这里我认为巴沙克是有洞察力的："情感的强度"（在莫扎特那里）"不会导致人们放弃有着变奏和模糊性的戏剧，这些变奏和模糊性构成了日常的存在……在激情高涨的时候，莫扎特常常求助于浮夸之事和平凡之事"［Barshack（2008，p. 51）］。

［55］参见 Kerman（1956，p. 91）。也参见 Tim Carter（1987，pp. 120－121），蒂姆·卡特尔（Tim Carter）写道，文本"肤浅到了极点"，配乐"就其宁静与暧昧难明的风格而言是很华丽的"。

［56］我感谢蒂姆·卡特尔有关这一点的宝贵信件。至于他对这部歌剧的理解，参见 Tim Carter（1987）。同样的紧张关系在《女人皆如此》（*Cosi Fan Tutte*）中甚至更为明显，在这部剧中，剧本自始至终都是愤世嫉俗与冷漠的，但音乐却成就了深切感人的温柔与相互性的时刻——所有这些都给演出带来了挑战，要想表演好它极为困难。

［57］C. 努斯鲍姆表示，他的意图是"主张，缓解对偶性之物的恐惧成为……这种音乐表象的一种直接、适当的功能（尽管绝不是唯一的），该音乐表象属于本书正在考虑的这种音乐风格"［C. Nussbaum（2007，p. 286）］。他将这一章的分析称为处理音乐情感的"某些核心案例"（同上书，第 295 页）。

［58］事实上，我倾向于说，在C. 努斯鲍姆对宗教体验的描述中，就其强调我们伦理责任的世俗性而言，他更熟悉的是基督教，而非犹太教。

［59］如果我对影射《过来，跪下》的理解是正确的（参见注释［40］），那么咏叹调就非常直接地嘲笑了寻求超越。

［60］这里有一篇评论很有启发性，它是芝加哥儿童合唱团（Chicago Children's Choir）助理指挥莫莉·斯通（Mollie Stone）所写。在2008年6月5日的一次访谈中，她描述了合唱团对来自不同民族与种族背景的孩子的政治和社会发展所做的贡献，她评论说，因为孩子们实际上彼此同呼吸共命运，所以他们变得相互亲近，这是一种身体上的相互性，比管弦乐演出所涉及的感觉更亲密。这一评论与希金斯（Higgins）提供的对我们的身体和音乐的交汇的细致分析相符［Higgins（1990，特别是第150～156页）］。

［61］作者选择的一个封面。

［62］就像几年前丹尼尔·巴伦博伊姆（Daniel Barenboim）在芝加哥指挥的一场出色的音乐会版《费德里奥》中所做的那样，这场音乐会与他在中东的政治行动主义——与已故的爱德华·赛德（Edward Said）合作——密切相关。赛德添加的文本表达出这样一个信息：《费德里奥》是不真实的（赛德提出，就像“一个合宜的以色列国”这个观念一样不真实），我们所有人都应该既对这个世界的真实面貌感到愤怒，也感到悲观。

［63］因为正如我所说的，毕竟，歌剧中女性的相互性表现并不意味着现实生活中的女性没有自恋和控制他人的冲动。

第三章　人文宗教Ⅰ：奥古斯特·孔德与J.S.密尔

我曾说过，灵魂不过是肉体，
我也曾说过，肉体不过是灵魂……
无论是谁，心无同情地走了一弗隆①，
就如同穿着裹尸布走向自己的葬礼……
我对男男女女们说，要让你的灵魂冷静
即便面对百万个宇宙也镇定自若。

——沃尔特·惠特曼，《自我之歌》（*Song of Myself*）

---

① 弗隆（furlong）：长度单位，等于220码或201.2米。

一、走向自由的公民宗教：超越卢梭和赫尔德

在法国大革命的余波之下，自治的共和政体开始在欧洲各地出 54
现（尽管伴有不少倒退），因而对博爱新形式的寻求几乎成为一种偏执。旧制度下的公民情感一直是沿着《费加罗的婚姻》所出色描述的路线接受引导的，这条路线是人们再熟悉不过的，无非一些人的荣耀、另一些人的耻辱，以及真正的相互性无处可寻。这种旧的情感文化显然无法维系自治的共和政体，但可以取代它的是什么呢？

18 世纪的结束给欧洲人留下了两种新的公民情感文化模式，即卢梭的模式和赫尔德的模式，它们截然不同且在某些方面针锋相对。两位思想家都有缔造一个“公民宗教”的规划，这种宗教将使国家团结一致，令其稳定，并推动其有雄心的项目。两人都明白，
竞争、利己主义和对等级体系的热爱是共和自治取得成功的主要障 55
碍。然而，在这一点上他们却存在分歧。卢梭确信，情感中的同质性对于公民的秩序与稳定来说至关重要，他的“公民宗教”是强制性的，惩罚持不同意见者和不参与者[1]。因此，康德和其他有思想的自由主义者拒绝接受他的解决方案［尽管哲学家约翰·戈特利布·费希特（Johann Gottlieb Fichte）沿着卢梭的方向甚至走得更远，他提议在孩子很小的时候①就将其从家庭带走，在国家寄宿学

① 此句原文中的“at am early age”应为“at an early age”的误写。

校里灌输公民价值][2]。相比之下，赫尔德（与莫扎特一样）强调的恰恰是这些品质（qualities）的重要性，用女性政治的形象来表达这样一种观念，即新制度必须彻底背离先前的男性文化。为了与其强调戏剧、幽默和异质性一致，新文化不会被强制推行，而且它会小心翼翼地为不同意见和人类的不同实验保留空间。然而，除了这一事实——上述新态度应该得到公众舆论和领袖态度的鼓励——之外，赫尔德很少谈及实施[3]。

19 世纪的政治思想很快就热衷于公民情感问题。随着时间的推移，人们明白，新的“公民宗教”有两个而不是一个对手。基于荣誉的旧制度的情感文化是一个，而贪婪和利己主义的新资本主义文化是另一个。由于观察到自私的占有欲之高涨以及共同利益感显而易见的脆弱，许多类型的思想家试图设想一种“公民宗教”，这种宗教会把同情扩展至超越地方性群体，从而对涉及再分配和消除贫困的政治理想产生有凝聚力的支持。他们日益将利己主义和自恋当作主要的攻击目标。意大利革命家、哲学家、爱国主义者朱塞佩·马志尼论证说，新情感文化的目标应该支持平等的人类尊严、平等的政治自由和公民自由，以及一种平等权利的民主理念：

> 我们不可能希望：上帝的子民在上帝面前是平等的，同时在人类面前却不平等。我们不可能希望：我们不朽的精神在地球上放弃那自由的天赋——它是我们行为的善恶之源，同时其
> 56 行使让人们在上帝的眼中成为有德的或有罪的。我们不可能希望：扬起至天堂的眉头，却在被造物之前放低乃至屈服于尘埃；渴望天堂的灵魂由于忽视其权利、力量及其高贵的出身而

腐朽不堪。我们不可能承认：人们不是如兄弟一般彼此相爱，而可能是分离的、敌对的、自私的、嫉妒的，如同城中之城、国中之国。[4]

然而，怎样才能将这种新的博爱情感设计出来呢？马志尼认为，在欧洲实行民主制度，就其根源而言这不是法律问题，而是情感与理智的问题。这种必要的情感应该通过教育改革而产生。[他补充说（很可能参考了孔德的建议），如果我们可以创建一个全欧洲的“哲学协会——我可以认为是宗教协会”，它将负责指导所有国家的教育，那么这一改革将会更加有效地发生[5]。] 一开始，博爱情感必须在国家层面组织起来。在目前这个阶段，对全人类的无中介的世界主义同情——“所有人的兄弟情谊，爱所有人”[6]——是一个不现实的目标，人们如此这般地沉浸于利己主义规划和地方性忠诚之中。国家——民主国家致力于平等的人类尊严——是自我与全人类之间的必要中介：我们可能已经看到，国家可以成为具有激励效力的强烈的情感对象。通过建立正确类别的爱国主义，关心普遍之爱的人们因此有望为真正的国家间的博爱提供基础。马志尼把爱国主义比作一架梯子，我们由此可以登上世界主义的理想；同时也比作一个支点，我们由此可以支撑起普遍情感。在所有的国家中，人民的完全平等的权利最终必须成为我们渴望达到的目标；但是，在此马志尼同意康德的观点——如果我们专注于构建一个由自由而平等的人民组成的国际组织，每一个人都被民主地组织起来，每一个人都受到爱国主义的鼓舞，并且所有人都由“每个人为所有人的利益而进步”这一准则来驱使[7]，那么我们就会最好地推进上述目标。民族情感（national sentiment）由此不仅是普遍的兄弟情谊的某种过渡手段，而且是其组织的运作原则。

这种思想极有影响力，因为世界各地都出现了民族运动和民主
57 运动。人们普遍赞同，马志尼的如下观点是正确的：人们受利己主义的支配；建立合宜与稳定的民主国家这一任务，有赖于与其自恋做斗争，以及扩展同情。人们也普遍赞同，这种新的公共情感文化必须既支持民主，也有助于民主国家实现全球正义与和平的抱负。在所有这些提议中，目前为止最具影响力的是奥古斯特·孔德（1798—1857）的那些提议。作为一位著名的哲学家和社会科学家（事实上还可以称他为社会科学这一观念的奠基者），孔德具有世界范围的影响力；如今，其影响很难得到认可，其观念通常也因此而被忽视。后来也许只有马克思（Marx）才达到［比他］更广泛而深远的影响。许多国家的知识分子相信，人类进步需要某种人文主义的“公民宗教”来抵消利己主义和贪婪的力量；他们一致支持孔德对某种新的“精神力量”和某种“人文宗教”的呼吁，这种宗教可以引导国家通过同情和爱的情感走向进步。

孔德虽然很少在如今的哲学课程中成为学习对象，但在其生活的时代却被认为是最重要的思想家之一。他被约翰·斯图尔特·密尔尊为与笛卡尔（Descartes）和莱布尼茨（Leibniz）同一级别的哲学家[8]，在世界各地有着极大的知识威望与实际影响。在英国，孔德的实证主义赢得了诸如 J. S. 密尔与乔治·艾略特（George Eliot）之类的支持者。在巴西，新生的共和运动采用了孔德的座右铭“秩序与进步”，将其作为国家的座右铭，并且将一个妇女抱着一个孩

子的实证主义象征作为其新旗帜。在印度尤其是在孟加拉国，孔德的思想非常有影响力，乃至如文学史家贾斯哈拉·巴格奇（Jasodhara Bagchi）所言，它们“被融入阶层的主观性和精英的常识”[9]。孔德及其欧洲追随者以敌视殖民统治著称，因而对其方案的采用似乎是颠覆性的而不是顺从的——尽管存在这一事实，即孔德认为“白种人”至上，并且他的世界实证主义文化方案给欧洲各国分配了某种以法国为首的领导角色[10]。泰戈尔的图书馆收入了孔德的主要作品，在其整个职业生涯尤其是在小说《家与世界》（*The Home and the World*，1915）和较晚的哲学著作《人的宗教》（*The Religion of Man*，1930）中，泰戈尔都借鉴了这些作品，但正如我们下文会看到的，这一借鉴不无深刻的批判。

对孔德的研究将被证明对我们的规划是有价值的，因为对于我 58
已经辨识出的那种公共文化——这种文化以爱和扩展的同情为基础，能够支持公正社会的目标，并确保其承诺的稳定性——之所需来说，他给出了带有详细建议的回应。孔德也遵循并发展了《费加罗的婚姻》的有前途的建议，从而提出了一项将“女性的”精神置于社会核心的性别政治改革。同时，他把想象力和艺术视为人类进步的重要成分，并予之以极大价值。孔德赞成这些策略的论证在某种程度上是对莫扎特和赫尔德的补充，有望给我们追求与之类似的理念提供启发。

然而，孔德的志业（enterprise）充满了陷阱、偏见甚至荒谬，因而必须以一种批判精神来看待。幸运的是，密尔和泰戈尔这两位最杰出的孔德狂热拥护者就是这样看待它的，并且他们的反应有助于我们去设想，我们如何可能在保留孔德的富有洞见的思想的同时，避开那些倒胃口的东西。

二、孔德的人文宗教

可以说，孔德是欧洲哲学的新伊壁鸠鲁（Epicurus）。与古希腊思想家一样，他声称已经证明宇宙不是由神来运作的；对自然法则的正确理解，将使人类超越依赖宗教的时代。因而实证主义这种以根植于感性经验的世俗法则来解释自然的观念，是一种以哲学为基础的对宗教的替代。它不仅为自然，也为社会生活提供了新的路径。我们不再需要用虔诚与罪恶的宗教语言来解释我们彼此之间的交往；相反，我们通过实证研究来学会理解人类社会交往的法则。孔德是实证社会科学的创始人，这或许是他对思想史最持久的贡献[11]。

然而，孔德并不是一个物质还原论者，也不会试图取消道德规范的语言以支持某种物理相互作用的语言。他也不持轻视规范伦理论证的观点——这种观点是20世纪“逻辑实证主义”的特征，其出现要比孔德晚得多。和伊壁鸠鲁一样，他似乎相信，理解社会如
59 何运作是一回事，对“社会应当如何改变”以及“何种改变会为人类产生真正的福祉”进行推导，则是另一回事。他的确持有这样的观点：道德只有根植于对事物如何在世间发挥作用的正确理解，才有可能是科学的；并且他的确认为，包括同情和爱的运作在内的人

类行为都可以用一种类似法律的方式来理解。然而，与孔德对于社会进步的其他方面的规范论述一样，对扩展狭隘同情的偏爱有赖于一个规范论点：我们应该承认，比起那种大多数人为家庭或亲属所驱使的狭隘同情，一种范围更广的同情更先进、更成熟。他说明这一观点的一个方法是通过某种关于成长的分析（developmental analysis）：我们承认，最初我们作为儿童有非常狭隘的同情；接着我们会看到，向范围更大的亲属群体扩展的同情就包含成熟一些的因素；而向我们从“一种完全自愿性质的关系”（105）中选择出来的朋友、配偶和他人扩展的同情蕴含更成熟、本质上更人性化的因素。尽管家庭之爱尤其是夫妻之爱在孔德那里起着关键作用，如同个体发展的摇篮，但人类成熟的轨迹是清晰的：同情一直向外延伸，直至整个物种统一体在过去、未来和现在都成为它的对象。孔德认为，我们全都是某一普遍种类的成员，并且关于我们的这一事实在道德上是根本的——要是拒绝承认这一点，我们就简直是有些幼稚且近乎野蛮的。孔德相信，我们所有人都明白自私自利的道德论点是坏的：他认为，一旦要直面如何分配社会益品的问题，我们就不可避免地断定：更公平的制度更可取，并且我们因此有理由培养那种能产生和维持它的动机。

在这一点上，孔德的论证相当薄弱，但毫无疑问，他能够求助于康德的已得到普遍接受的深刻论点，该论点使得原则的可普遍化对所有的人类行为者来说成为道德充分性的必要条件。（康德本人则坚持认为，他的论点源于一种广泛分享的明智的道德理解。）他指出，一个人只有使自己成为一个特例，才能避免关于其义务的特

定结论，由此他以康德方式做了反复论证；他相信，一旦弄清这一
60 点，人们就会严于律己，从而足以拒绝这种自私自利的举动。

然而与康德不同[12]，孔德认为，促进对人的应有尊重的最好方式就是专注于情感，并培养人们向外扩展同情。这种培养要取得成功，我们就需要两样事物：秩序和某种类似宗教之物。秩序由政府来保障，政府（在资产阶级的帮助下）管理经济，并提供人身安全和福利。然而，政府不会设立道德目标。为了社会最终的道德目标，我们必须求助于其精神力量。

孔德的政府保护言论自由和良心自由——意指对于观点的表达，不存在任何法律上的惩罚或限制（密尔，73－74）。然而，这并不意味着孔德尊重个人这样的道德权利，即他们有权遵循其所选择的宗教并表达其中意的观念。在他看来，在道德领域存在着正确的答案和错误的答案，而那些答案很难得到。只有少数训练极为有素的人，才能够理解实证主义哲学的论点，才可能有能力实现它们。因此，社会将强力阻止个人的自我表达与歧见，并鼓励一种“道德控制”和一致同意的精神（密尔，75）。

应该由谁来实行这种控制呢？孔德认为，新的精神力量应该托付给一小群专业哲学家。由于接受实证主义的训练且多有空闲（乃至他们除了参加哲学论争之外，什么都不需要做），他们将理解和传达实证主义的这一结论，即宗教已过时，人们必须将他们的思想仅仅指向人类。然后，他们将组成一个委员会，社会将把国家的灵魂塑造托付给委员会。孔德不希望哲学家成为政府公务人员。他遵循法国政教分离的传统，坚持认为参与执政是腐败的，而真正的精

神必须受到保护以免于市场的影响。因此，哲学家们必须像国立研究机构的终身专业学者一样：他们将由国家开支来维持生活，但国家对他们的影响仅止于此。[密尔评论说，这整个体系是极其讲不通的，因为政府官员被刻画成如此令人鄙视的样子，以至于不可能 61
看出，孔德为何认为这些政府官员能够承认精神权威，更不用说支持他们了（99）。]

虽然孔德把这些人称为哲学家，但他并没有把他们的作用设想为真正哲学的——这里的哲学是在某种类似于苏格拉底哲学的意义上说的，在此意义上，哲学要求不断的自我反思与批判。这些哲学家不会做孔德本人所做的事情，不会批判性地研究过去并对现存的问题提出富有勇气的新解决方法。孔德料想，哲学自身的贡献事实上已经告终。“哲学家”将只把时间花在检验、内化和实施孔德的计划上。这对一名哲学家来说是一种相当受限的角色，孔德并不认为有必要提及这一点，也不担心哲学上的意见分歧可能危及全体一致和控制。他只是想当然地认为，他的工作做得如此之好，乃至再没有什么可说的了，而理性的人们只会默默地接受。[在这个方面，他不是唯一将自己的贡献视为终结的哲学家：古代世界的伊壁鸠鲁和现代的功利主义者杰里米·边沁（Jeremy Bentham）——尽管密尔不是这样——看上去的确认为，他们对规范性问题已经给出了最终定论。]

那么，孔德所追求的就并不是我们（或康德、密尔）可能认为的某个哲学研究院，某个富于考察性和批判性的论证、意见分歧和探索的场所。相反，它是要取代罗马天主教教会及其神职人员无处不在的社会影响力。理解了孔德的思想，新的精神指南就将为普通百姓提供一整套思想和实践方案，由此无微不至地安排他们的道德生活。对于他们打算如何取代现行的天主教教会及其影响这个微不足道的问题，孔德只是从侧面一笔带过。实证主义按照牛顿力学击败亚里士多德理论的方式进行自我设定：借助其观念的出众能力来解释现实。人们即使不理解实证主义的所有亮点，也会看到其出众的优点，从而宁愿选择“对法则的坚实研究”，而不是“徒劳地寻找原因”，并且宁愿选择“屈从于可证明的必然性”，而不是“服从武断的意志”（441）。

新宗教的总体目标是通过培养普遍的兄弟情谊精神来扩展人类
62 的同情心。人们将以一种包容一切的人道之爱的精神，学会全心全意地去追求某种共同利益，而不是按照私人占有权的方式去思考。对这种爱的培养，其关键是想象力：我们必须变得能够在其他所有人的命运中看到每一个人的命运，生动形象地将其想象成我们自己命运的一个方面，并通过集中关注于人类成就的理想图景，将整个人类历史及其可能的未来想象为自己关注范围的一部分。事实上，孔德想要改变人们对自己的幸福或繁荣观念的理解方式：它不应该局限于以自我为中心的狭隘规划，而应该把整个人类的过去、现在和未来的命运列入其中。

想象能力在家庭中很早就得以发展（通过一门由哲学家传授给母亲们的早期教育课程!）。然而，在整个人生历程中，想象力必须通过艺术的媒介而得以不断加强与完善。孔德强调，诗歌、音乐和视觉艺术都必须在他的新理想中发挥关键作用。从某种意义上说，他非常重视艺术：他明白，艺术在产生必要类型的情感以及在合适场合唤起它们的过程中是极有价值的。不过，他不相信艺术家，因为他将他们视为自私且不可靠的。“精神和道德的多面性使他们相当适合反映周围人的想法和情感，却使他们完全不适合成为我们的指导者”（310）。因此，他们必须持续处于哲学家的监督之下：“他们真正的使命是作为助手来协助精神力量的发挥”（310）。于是，在哲学委员会的指导下，他们将协助创建新的实证主义宗教。

孔德的宏伟目标如何可能实现呢？用什么来创建一个宗教呢？正如孔德所看到的，它需要某种教育体系。但它也需要采取有组织的崇拜模式：“一种**祭仪**（Cultus）……一套系统化的仪式，旨在培养和维持宗教情感”（密尔，149－150）。**祭仪**必须包括组织工作日和节日的仪式，以区分一年的季节。最重要的是，它需要崇拜的对象。孔德提供的所有这一切都想象了某种类似物，这种类似物一一对应于在动机上有效的罗马天主教崇拜的各个方面。正如密尔所言，“在此我们接触到这个主题荒唐可笑的一面”（149）。

效忠的对象将是人类本身。然而，要作为一个神被想象与称 63
呼，它就必须有一个独一无二的名字：Le Grand Etre，即伟大的存在。作为这个神的家，地球现在被称为 Le Grand Fétiche，即“伟大的崇拜对象”。孔德懂得用仪式的力量来安排情感，因而他以最为细致的方式规定了大量典礼。基督教徒的一年当然是围绕着基督生命中的事件而安排的。新的实证主义的一年将围绕人类生命周期中的事件来组织：出生、成熟、婚姻、为人父母、衰老、死亡——

并且也围绕人类历史的各个阶段。其中一些仪式将是“静态的”，激励人们对秩序的热爱；其他将是“动态的”，激励人们对进步的渴望（379）。额外的庆祝活动将聚焦于不同阶层对社会福祉的贡献。总而言之，要有 84 个节日，从而每个星期有一个以上。这些节日的设计将委托给艺术，它将包含合适的诗歌、音乐和视觉表现形式。然而，孔德为艺术家们提供的范围非常有限，因为他自己规定了相当多的内容，甚至规定了这些庆典的隐喻性结构。

天主教崇拜的大量动机效力，源自其所承认的圣人的服饰，以及由圣人生活和受难的故事所唤起的情感。向圣人祈祷是通过为宗教情感提供一个可构想且真实的人类对象而不是某个渺茫的抽象物，来引导礼拜者接近宗教真理。与天主教实践的这一方面相应，孔德创造了一个确切的类比：昔日高贵人类的人生。正如天主教信徒在某种程度上可以根据他们特定的动机倾向，自由地选择向哪一个圣人祈祷，实证主义的信徒也可以自由地创作某种个人的祈祷形式——只要个人的祈祷时间足够。孔德给这个活动分配的时间是每天两个小时，“分为三个部分：起床时、工作时间的中途以及晚上上床时”（密尔，151）。他甚至还规定了身体的姿势：早晨祷告要跪着说；夜间祈祷以睡眠的姿势，这样祈祷的影响就会持续到信徒的梦境中。这里我们可以转向密尔的叙述——它展现了人们通常在密尔那里看不到的喜剧精神：

> 64 这篇简短的摘要不足以看出孔德先生规定的细微之处，也不足以看出他对规定怀有的热忱达到了何等不同寻常的高度；这个规定让法国人在欧洲人中独树一帜，也让孔德先生在法国

人中显得卓尔不群。正是这一点给整个主题投下了一种无法抵挡的荒谬氛围。孔德先生推荐的信仰实践指向某种珍贵的记忆或令人高贵的理想，这时的信仰实践自发地来自个人感情深处——在这样的信仰实践中不存在任何真正荒谬的东西；但是，告诫每个人每天要践行三次共两小时的祷告，这不是由于其情感需要，而是为了激发其情感这一预先谋划的目的——这样的告诫之中却有某种莫名荒谬的东西。然而，这种荒谬无论呈现为何种形态，似乎本来都是孔德先生全然陌生的现象。如果说他晓得诸如机智和幽默之事的存在，那也不可能从其作品的任何内容中推导出来……［而且］他的作品中有一些段落，的确在我们看来可能是出自某个从未笑过的男人之手。(153－154)

在这一点上，密尔的举例的确令人捧腹。天主教的手势是一个人在自己身上用手画十字，作为其替代，孔德提议的手势是，一个人触碰身体的“主要器官”(principaux organes)，由此表达了这个人对维持其生命的生物原则的信仰。密尔断定，“对于表达一个人对伟大存在的忠诚来说，这可能是一种非常适宜的模式”，“但是任何一个人如果认识到其对非宗教读者的影响，就会认为，明智的做法应该是将其保留到实证主义宗教传播的更高阶段”(154－155)。

然而，我们跟密尔一起嘲笑孔德之余，应当退一步问问：为什么孔德的这些方面显得很可笑，以及我们的嘲笑是否正确？密尔的如下提议无疑是草率的，即人们为了激起或唤起某些情感而参与仪式活动，这样的做法总是不真实或荒谬的。由于受浪漫主义的强烈

影响，密尔无法想象，这种仪式活动除了是肤浅甚至虚伪的之外还能是什么。然而，宗教的历史表明，仪式是一种非常强大的情感唤
65 醒手段——在很大程度上这是因为人类是习惯性动物，而重复会增进形象或思想的共鸣。仪式也为参与者提供了一个共同基础，并建立分享表达和记忆的场所。那些试图强调真实性而排除重复的教派，通常会发现自己不久就恢复了仪式，以便让会众团结起来并增进其忠诚。因此，尽管犹太教改革派（Reform Judaism）在某种自主观念的激励下曾一度免除仪式，但聚会教众本身需要它，从而许多传统的诗歌、音乐和表演现在又回来了（虽然是以经过修订的形式）。为了成为一种实证主义的后宗教教派而创建的伦理文化协会（Ethical Culture Society），迅速开始采纳取自别处的仪式要素，但这些要素缺乏充分的规划或凝聚力来确保持久的忠诚。英国的人文主义协会（Humanist Society）试图为传统仪式提供平凡的相似物，却产生了一种贫乏而缺乏吸引力的东西[13]。

那么，孔德在坚持公共仪式并养成奉献习惯时是有牢固的依据的，并且他明智地求助于诗歌和音乐，而不是靠哲学家自己编造适当的仪式。一个人应该进行某些仪式，因为它们会激发人们自身想要培养的情感——这种观念似乎也没什么可反对的。在情感上就如在行为上一样，成为有德性的就是一个培养恰当习惯的问题。应该拒绝这种浪漫的想法，即情感如果不是自觉的，那么就是不值的：正如我们可以学会恰当地行动一样，我们也可以学会恰当地感受。

那么，为什么孔德的想法显得很可笑呢？一个是表面上的原因：任何一种其效力源于习惯的东西，在第一次出现的时候肯定会

显得好笑或古怪——更不用说这种新宗教还缺乏那些最终会从其中获取大量力量的诗歌与音乐氛围。在参观一个不熟悉的宗教仪式时，人们通常会感到疏远、局促，甚至有种荒谬的感觉。于是，笑在某种程度上不过是对不熟悉之事的一种不安反应。当然，它也来自整个礼拜仪式所包含的对控制和同质性的狂热以及某种在其目标方面的矛盾。孔德以理性和人类的名义，对待人们有如顺从的机器 66
人，从而关闭了理性论证与个人创造力的空间。实证主义的宗教及其天主教模式在某种程度上都具有这些问题，但比起人们当下所熟悉的和传统的事物，人们更容易看到新事物的这些缺陷[14]。不管我们认为嘲笑某宗教的包罗万象的信仰体系是否恰当，我们当然都可以同意密尔（和莫扎特）的想法，即一个尊重个体差异的社会应该有怀疑精神。对于密尔来说，这种强制的一致性——即使主要是通过羞耻和其他社会约束力来强制——将毁灭社会的进步希望，因为进步需要容有个人试验的空间。

我们也注意到，孔德几乎没有给真正的艺术家留有空间。与孔德所描述的宗教相比，基督教信仰似乎是丰富而令人信服的；这种情况是因为基督教传统中的真正艺术家以特殊的方式发挥想象力，创作了十分感人且非常多样化的音乐、诗歌和视觉艺术作品。人们怀疑，孔德不会与J.S.巴赫、埃尔·格列柯（El Greco）、杰勒德·曼利·霍普金斯（Gerard Manley Hopkins）保持愉快的合作关系（尽管这三个人显然是虔诚的基督教徒），因为他们在发挥其想象力的同时有着诚实正直的个人品行，并试图发掘自己的东西；对于发自哲学研究院的命令，这三个人肯定都会完全不屑一顾。那么，令我们发笑的就不仅仅是控制，更是控制与千篇一律的结合、前两者又与自以为是的结合，以及那种再也没有什么可学或发现的感觉。

实证主义滑稽的另一个方面是它对世界上的许多传统文化完全漠视。与罗马天主教一样，实证主义自认为是世界性的宗教，然而，它的一切都非常地法国化。孔德没有停下来问问，一个宗教应该在多大程度上尊重和吸收每一种传统文化的元素，因为罗马天主教在这个方面肯定做得很精明。

对文化以及对个人的忽视，表现在孔德完全缺乏幽默感。密尔在这里正中要害，而这种一本正经是明显的，因为它正是孔德如下倾向的一种特征：在他看来，人们像是由他的命令设定来运动的可相互转换的机器，而不是可以偏离规定路线的富有特质和创意的实
67 体。幽默是有情境性和文化性的，需要有某种亲切感和共享背景，所以对于一个没有认真对待文化差异和个性的人来说，有幽默感或重视幽默是不可能的[15]。幽默通常也包含惊奇感以及一种潜在的对反抗和颠覆的喜爱。孔德将自己视为完满而终极性的，那就不会设想生活出现什么惊喜，因而在孔德这里很难有笑声。

这里我们面临一个需要在下文反复讨论的问题。一方面，我们应该提出异议的是，密尔对所有的一致性都持不屑一顾的态度。共同的课程——包括共享的艺术作品［密尔甚至还建议每个人都读华兹华斯（Wordsworth）］和一些共享的仪式展演——对于任何一个想要奏效的新“公民宗教”来说似乎都是必不可少的，并且对习惯的明智利用是任何一个以公民美德为目标的计划的必要组成部分。

另一方面，这样的计划若要以尊重人的方式运作，其本身就必须尊重文化和历史的多元性。没有哪个国家的规定可以不经改造就适用于其他国家。任何文化规定除非尊重个体差异，并培育即兴创作和自我表达的空间，否则它无论多么有效力，在规范方面的结果都不会令人满意。密尔的这一提议也许是正确的，即幽默感就像谚语所说的矿山里的金丝雀，会引导我们远离同质与控制这种更有害的形式。

到目前为止，我们还没有考虑孔德的事业中关于性别政治的那个方面，这个方面的观点使他看上去与莫扎特和赫尔德非常接近。与莫扎特和赫尔德一样，孔德也将扩展的同情与女性的影响联系起来（227－303）。然而，与他们也与他的追随者密尔和泰戈尔不同的是，他似乎认为，这种联系不但是文化上的，而且是极其自然的。孔德认为，女性很适合成为同情的宗教领袖，因为她们天生就为情感所左右，天生就有深深的同情心，而仅有几分理性。他甚至没有考虑这样的观念，即要以大致类似的方式让未来所有公民学习（与理性论证相伴的）同情和互惠。他反而保护家庭这一领域，在这一领域中，女性原则可以占绝对优势，并控制所有人从出生到青春期的早期教育（192）。当然，母亲们也不是没有约束而放任自流 68
的：孔德有一个非常详细的课程以供她们进行家庭教育时遵循（192－195）。事实上，孔德对她们的信任并没有超过艺术家：她们将是实证主义计划的工作人员，并且孔德不可能设想她们的见识能有什么新的贡献。而且，尽管女性受到尊崇（事实上是被崇拜），但她们没有任何作为公民的权利或任何学习哲学的机会，而是要完全局限于家庭，这一部分是因为她们的天性并不适合实践的慎思，一部分是因为与哲学家一样，她们要保持纯洁而免受政治斗争的污染。

因此，孔德的性别建议最终走向了与莫扎特相反的方向。孔德没有赋予女性政治权力，也没有为了建设某种面向所有人的新型公民身份而吸收女性世界的见解（包括其娱乐感与颠覆感）；他反而使传统的性别及其领域的分割变得更严格，认为“两性地位中的平等与其本性相背，并且这样的平等倾向是从未曾呈现的”（275）。

对全球正义的追求又怎么样呢？孔德的宗教是真正国际性的，尽管其组织停留在国家层面。而在国际领域，孔德毫不犹豫地给他的哲学家委员会提供了一个准政府的角色。与联合国相当类似，它将主持有关全球政策的争论，其中包括引入一种欧洲共同货币。孔德设想了一个将在巴黎聚会的中央哲学/政治联盟，由“八名法国人、七名英国人、六名德国人、五名意大利人和四名西班牙人”组成，“这足以公平地代表每国居民的主要分歧”（427）。他的体系“后来依照明确的法律，延伸至其余的白种人，最后到另外两大种族的人”（7）。欧洲殖民地得到第一优先权：“每个美洲大陆四个，印度两个，荷兰和西班牙在印度洋的领地两个”（433）。然而孔德指出，白种人“在其所有分支机构中的级别都要高于其他两个种族”（435）；他还认为，一神论代表了一个高于多神论的人类发展阶段（435）。最后被纳入的是“黑色人种”，而孔德在此赋予海地
69 和中非优先权，“海地有力量摆脱奴隶制的邪恶束缚”，“中非还从未受到过欧洲的影响”（436），因为他认为，被欧洲人轻蔑对待，

使得以前被奴役的人们更难学会实证主义课程。因此，他的种族主义至少为一种对征服后果的强有力的谴责所缓和。

孔德作品中这一令人反感的部分也被证明对我们有启发意义。如果民族情感确实是我们支撑普遍的人类之爱的“支点”，那么我们怎样才能在没有沙文主义和种族主义的情况下，设法拥有民族情感呢？一部分答案是显而易见的：我们必须避免将国家这一观念根植于人种或种族身份。更好的做法是，我们可以把反种族主义作为国民身份中的一种元素而纳入。然而，这种事情易于思量，却不易实现；批评我们规划的人会恰当地问：我们在让情感的力量取得权力时是否会冒这样的风险，即可能鼓励人类行为中的那些可耻方面？正如我们将看到的，泰戈尔也有同样的担忧。

孔德有价值的思想是如此之多，乃至其计划的明显缺陷也会给我们提供有益的告诫。密尔和泰戈尔虽然保留了孔德的计划中最有价值的东西，但是清晰地表达了这些告诫，并试图留意它们。

三、密尔的批判与替代

约翰·斯图尔特·密尔十分赞赏孔德，同时又对他提出了大量批评。他不仅赞赏实证主义的自然和历史论述，而且赞赏其扩展同情的总体社会培养方案。在《功利主义》(*Utilitarianism*，1861）一书中面对自己最大的哲学难题（如何促使人们从个人的自我利益转向总效用）时，他求助于孔德来解决这个问题。然而，在后来的作品中，他明确表示，其“社会应该如何培养同情”的观念与孔德的完全不同。

边沁的功利主义基于这一心理原则，即所有人都倾向于追求自己的最大幸福；密尔基本上接受这一原则，但他的幸福观念比边沁的更为多样化，从而为性质上的区分和行为的内在价值留出了空
70 间。然而，边沁功利主义的规范伦理目标是总效用或平均效用的最大化。有人可能提出，如果我们完全让人们自由地使其自身效用最大化，那么这个目标就会自动实现；但这不是古典功利主义哲学家的信念。他们认为，在他们那个时代，自由放任的资本主义的确让人们极为自由地去追求自我利益，但其社会现状不是很好。作为激进的改革者，他们明白，特权使人们对他人甚至庞大数量的他人（包括穷人、妇女和非人类的动物）的痛苦漠不关心。那些他人，即使人数众多，也可能非常无力，以致没有能力有效地追求自己的幸福，尤其是在他们缺乏政治平等的情况下。因此，功利主义哲学家认为，必须进行重大的政治改革和社会改革，然后才有可能达到总效用或平均效用最大化。对于密尔来说，改革包括对财富和收入的重大再分配（连同对财产权的重新定义）、将选举权扩展到妇女，以及反对虐待动物的广泛立法。但是，功利主义可以依赖人类中的哪些力量来实现这个扩展呢？

密尔相信，道德情感是所有道德原则背后的终极力量，而道德情感并非先天的，而是后天获得的[16]。“一旦总体幸福被确认为伦理标准”（303），原则上人们就可以学会把总体幸福与他们自己的幸福联系在一起。然而密尔承认，按照目前的情况，个人幸福和总

体幸福之间存在鸿沟，想要为后者服务的人将很有可能不得不牺牲前者：

> 虽然仅仅是在世界安排的一种极不完美的状态之中才是这样的，即任何人都可以通过自我的绝对牺牲来最好地为他人的幸福服务，但是只要世界处于这种不完美的状态，我就完全承认，准备做出这种牺牲是我们能够在人身上发现的最高美德。(287－288)

然而，从长远看，需要使两者之间的距离靠近。怎么使之靠近呢？通过道德进步，重要的是要包括道德情感的进步。密尔认为，在某种程度上，我们可以径直向人们呼吁，要认识到社会以适当地 71
考虑每一个人的幸福为基础可以更好地组织起来："由人际关系（主人和奴隶的关系除外）结成的社会，其立足之处显然只能是有待考量的所有人的利益，而不可能是其他任何东西。由平等的人类结成的社会，只能基于这种理解而存在，即所有人的利益都应得到平等的对待"（304）。然而，密尔承认，这种陈述对那些习惯于把妇女和穷人视为不平等的人，习惯于将他们自己的个人幸福看得远比其他任何目标都重要的人来说是不起作用的。那么，我们如果想要实现社会状况方面的稳定改进，如何着手才能以必要的方式来扩展同情呢？

密尔认为，所需要的应该是利用某种基本类型的同伴情感（fellow feeling）——自己作为一个群体成员的感觉，这种情感已经是普遍而强有力的（303），并将其发展成一种真正的道德情感。从某种程度上说，这可以通过制度改革来实现，因为政治上的改良——通过“拉平在个人或阶级之间的法律特权的不平等，由于这种不平等，大部分人的幸福实际上仍然受到漠视”（305）——将有助于适当的道德情感的发展。然而，这些情感也必须得到更为直接的处理。

正是在这一点上，密尔求助于孔德。以下这段话值得详细引用：

> 随着人类心智状态的不断提升，这些影响将不断增长，这往往会让每个人身上都产生一种与其他所有人和谐一致的情感；这种情感如果达到完美，那么就会使他即便面对的利益没有纳入自己的利益，也从不考虑、不欲求任何对自己有利的条件。如果我们现在假设，这种与他人和谐一致的情感被奉为一种宗教来教导，并且让我们像以前宗教所做的那样，运用教育、机构和舆论的全部力量来使每个人从婴儿期的成长开始，其周围四面八方都充满这种信仰及其实践，那么我认为，凡是能够领会这一观念的人，都不会对这种幸福道德的终极约束力之充分性抱有任何疑虑。对于觉得有理解困难的伦理学研究
> 72 者，我推荐……孔德先生的主要作品中的第二部。……我强烈反对那一专著中提出的政治与道德体制。但我认为它极其充分地揭示出：就“为人类服务”而言，即使不借助对上帝（Providence）的信仰，我们也能够予之以宗教式的心理力量与社会功效；我们甚至能够使“为人类服务”掌控人类生活，并且以最具支配力的方式使一切思想、情感和行为都涂上其色彩，与这种支配相比，以往宗教曾经有过的最大控制力也只能算是一种雏形，乃至其可能造成的危险不在于控制程度不够而在于控制

过度，过渡到不恰当地干预人的自由和个性。(305－306)①

在此我们可以看到，尽管密尔强烈反对孔德的宗教，但他在这里表示，他认为孔德已经展示了把一般同情作为一种世俗宗教来普遍培育的可行性。

在其去世之后发表的论文《宗教的效用》（"The Utility of Religion"）中[17]，密尔回到了这个主题并做了进一步的阐发。这篇论文的目的是要彻底审查如下主张，即我们即使怀疑宗教的认知根据，也应该考虑其效用而予以保留。在审查了一些他认为是宗教造成的社会危害之后，密尔转向了它所谓的好处。其中最显而易见的有三点。第一，宗教扩展了同情，给了我们外在于自己的目标、思想和观念，它们比我们在日常生活中遇到的更加美好。"宗教的本质是某种强烈而热切的引导，是要把情感与欲求引向某种理想的目标；对于欲求的一切自利目标来说，这种目标被认作具有至为卓越且正当无比的性质"（109）。第二，宗教处理那些我们在生活中无法通过经验来理解的神秘事物，从而激发了想象力（102）。第三，宗教给我们提供慰藉，只要人类生活充满苦难，这种慰藉就是我们始终需要的（104）。

密尔于是论证说，宗教的所有这些良好功能都可以通过"人文宗教"来推进，他以孔德的方式将其描述为我们对全人类生活的情感认同，以及我们对"希望人类进步"的希望的认同。民族主义向我们表明，人们有能力超越狭隘的自我关怀；因此，并非不可能的

① 此段译文参考了密尔：功利主义．徐大建，译．北京：商务印书馆，2019：32－33。

是，“既作为一种崇高情感的源泉也作为一种义务原则，更大的
73 国家之爱和世界之爱可能以同样的力度加以培养”。遵循这一宗教，我们将逐渐有能力“全面而明智地看待整体利益”。

密尔声称这一新宗教在四个方面优于有神教：（a）它有一个更美好的目标（因为其目的是造福于他人，而非自己的永生）；（b）出于这个原因，它培养无私而非利己的动机；（c）它不包含道德上令人反感的元素，比如地狱中对罪人的惩罚；最后，（d）它不会要求人们相信那些虚假甚或荒谬的事物而由此扭曲和滥用他们的心智才能。

一些维多利亚时代的思想家在思考利他主义时得出结论，对于将我们天生的利己主义与利他主义相联系而言，相信来世是有必要的。正如密尔的功利主义继承者亨利·西季威克（Henry Sidgwick）所主张的，没有对来生的希望，就无法克服“实践理性的二重性”。（结果，他在一生中的大量时间都致力于研究与精神世界的交流[18]。）密尔大胆质疑这种悲观的想法。他指出，某些宗教（例如佛教）并没有给个体以永生的希望，也仍然要求广泛的利他主义；这一事实使我们认为如下情况是可能的，即在更幸福或更发达的人类生存状态下，对来世的承诺可被证明是不必要的。人们之所以想要永生，是因为他们从未快乐过；但如果他们此生是快乐的，并且寿命可以比现在更长一点儿，那么他们将乐于接受生命的终结，并认为自己继续活在那些追随自己的人的生命中。

密尔表示怀疑的一处是关于与我们所爱的逝者重聚的可能性。“事实上，那种丧失既不容否认也不容低估。在许多情况下，它超

出了比较或评判的范围；而且，以那些更敏感的天性来看，它总是足以对来世保持虚构的希望，如果这种希望无可证明，那么我们的知识和经验之中就同样没有什么与这种希望相矛盾的东西”（120）。这段令人心酸的话自然被解读为一种他对妻子之爱的注解，他的妻子哈丽雅特·泰勒·密尔（Harriet Taylor Mill）于 1858 年死于肺结核（密尔本人此前已从肺结核中康复）。这段话提醒我们，即使是最具怀疑精神的自然主义思想家，仍然易受传统宗教承诺的影 74
响。人文宗教忽视这个问题就要自担风险。孔德的确试图将个人之爱摄入他的方案：他告诉我们，像为过去的某个理想人类祈祷一样，他亲自为其死去的爱人克洛蒂尔德（Clothilde）祈祷。然而，有人可能怀疑，这样一种制度化的正式处理模式是否真的填补了密尔所体会到的空虚。人文宗教可以并且应该完全取代现行宗教，而非构成对它的某种大众性的补充（我将捍卫这一观念）——这一观念由此可能会受到一些质疑。

然而，密尔对孔德的批判所关注的是其他问题。他对孔德所论述的政府作用有很多反对意见，在他看来，这种政府作用太过局限。政府不应该仅仅维持秩序，而应该为满足人类平等的条件做出某些安排：在密尔看来，必须进行实质性的再分配以及选举权的根本改革——他是第一个提出妇女选举权法案的议会议员。

此外，尽管在他关于孔德的书中并没有讨论这一点，但他差不多同期所写的《女性的屈从》（*The Subjection of Women*）一书的整个论证，构成了对孔德所依据的那种自然主义性别划分的一种批判。在密尔看来，我们没有可靠的证据主张，女性的天性和能力与男性的根本不同；而我们确实拥有的所有可靠论据都支持给予她们平等的政治权利和经济权利。事实上，把情感领域移交给女性，其整体观念是这样的：《女性的屈从》给我们提供持怀疑态度去关注的理由，因为女性的倾向是已然在不平等的条件中形成的；并且，如果平等的条件确实得以实现，那么就没有理由认为一种性别是“理性的”，而另一种性别是“情感的”。密尔不同意孔德的观点，而是赞同莫扎特的观点：女性是由文化而不是不变的天性形成的，并且社会对待她们的方式极其糟糕。

然而，密尔对孔德那本书的批评，其首要关注在于孔德对管理和控制的狂热。尽管孔德的公民宗教的规范并不是（如卢梭希望的那样）由国家强制执行，但国家的执行并不是密尔唯一关注的问题。在其整个职业生涯中，密尔都在担心多数意见的暴政对个人自 75 由进而对社会进步的抑制作用。在此，他强烈反对孔德所坚持的如下观点，即人们在伦理问题上没有表达非正统观点的**道德**权利；并且强烈反对孔德的这一相关思想，即当人们的信仰同质化并从集权的精神权威那里间接地接受信仰时，社会就能最好地运转。《论自由》（*On Liberty*，1839）一书已描绘了一个健康社会的极其不同的图景。根据密尔的说法，表达不同意见的自由不仅在我们不确定哪些想法正确时有价值，甚至在我们认为自己已经获得正确想法时也有价值。即便最好的想法，如果没有经历批判性论证，如果人们不再明白他们为何秉持这些观点，也就失去了优势。此外，密尔认为，作为一个人，挑战公认观念和独立思考是使其变得更加完整的方式；因此，顺从和屈服于权威“肯定会更令人反感，人们在不受限制地发挥最高才能的过程中所迈进的每一步都是如此”（密尔，99）。他对孔德的规定所发出的笑声，反映了他对人类异质性和自由的热爱。

密尔本人也从不曾像孔德那样，把自己的智识学说看作不受不同论点的影响。他终生都在与边沁学说（Benthamism）进行批判性的对抗，这表明了一种不轻信任何思想、始终寻求最好理由的心智；并且他也在《功利主义》一书中表明，自己对于找出反功利主义的论证并对其做出回应有着强烈的兴趣。

于是，密尔处于进退两难的窘境，这一窘境在我们整个规划中始终会引起我们的关注。他认为，对于社会的健全来说，表达歧见和争论的自由是必不可少的。可是他同样认为，要是不广泛地培养这种对性格的影响类似于宗教的同情，那么就不可能维持他支持的那种社会制度（包括为妇女和穷人提供更大的社会平等）。那么，对于在不施加过度控制的情况下培养同情，他会提出怎样的建议呢？

一部分答案在于社会功能的分配。他在就职圣安德鲁斯大学校长的演说中明确表示，性格和道德情感的形成大体上说是家庭之事[19]，而不是公共教育体系之事。然而事实证明，比起这个简单陈述所表明的，他的立场要更加难以捉摸和复杂：毕竟，就算不按照孔德的方式压制歧见，我们仍然可以提供多种公共教育。

在事关基础教育的问题上，密尔与其他思想自由的捍卫者［例如，威廉·葛德文（William Godwin）］分道扬镳，他认为义务教育与捍卫个人自由是完全相容的[20]。之所以如此，是因为人们在 76

代表受其支配的其他人行事时，不应该随心所欲地去做[21]。正如“丈夫对妻子近乎专制的权力”应该受到法律的限制，父母对孩子的权力也应该有明确的限制。但是“正是在儿童的情形之中，被误用的自由概念才是国家履行其义务的一个真正障碍”（128）。密尔认为，忽视和伤害（abuse）儿童的心理发展，是一种相当于虐待和忽视儿童身体的“道德犯罪”（128）。因此，法律应该要求普及教育。密尔支持让父母力所能及地为这种教育买单，但要资助贫困儿童的教育。

然而对于密尔而言，孔德式的同质性幽灵在此出现了。国家应该要求教育这个说法，并不是说这种教育应该由国家管理。密尔担心，由政府控制的教育会导致强制接受明确的党派性政治观点与意识形态[22]。“一般的国家教育只是把人们塑造成一模一样的人的手段，由于这种塑造人们的模式是要取悦于政府中的主导力量……它确立了一种对思想的专制”（129）。他因此得出结论，国家管理的教育如果真的存在的话，那也应该是“许多互竞的实验中的一个”（129）。

相反，密尔认为，教育的要求应该从幼年开始，通过公开考试来实施。首先要测试阅读和写作的基本技能，然后是知识的获取和存留（130）。最终，考试将检测非常复杂的技能，比如对哲学论证的掌握。为了预防某种“对意见的不当影响”，考试的设置必须谨慎，只要涉及“宗教、政治或其他有争议的话题”，就不预设其中思想内容的真假。因此，哲学考试要求学生掌握的论点既有洛克的也有康德的，而不管他或她喜欢哪一个。同样，宗教考试是关于历史的，而不需要任何信仰声明（131）。

密尔的想法很天真，并且得不到实证研究的支持。他似乎认 77
为，在公共考试体系中强制一致性的危险要小于在教育机构的国家拨款中这样的危险。但这种观点假定，此类机构无法纳入关于学术自由和教师控制的健全规范，即使在国家资助的情况下也是如此。他也未能考虑到，一个根据经济状况来确立供给的教育体系（这种体系很难改变其筹款状况）所包含的许多问题，其中包括富裕的父母为他们的孩子提供家教，而贫穷的孩子则留在可用国家津贴负担的任何学校就读。他从未想到这样的观点——可以通过对所有人的免费教育来表达的平等价值的政治价值观念；也没有想到这样的观点——可以通过要求所有儿童除了极其特殊的情况之外都必须在国家认定的学校（无论是公立的还是私立的）就读，来进一步促进平等。即使是竞争的观念［尽管它与当代流行的特许学校（charter school）有颇多共通之处］也需要仔细审查，而由于缺乏经验信息，密尔没有对此提供任何评论。

至于考试，正如美国的《不让一个孩子落后法案》（*No Child Left Behind Act*）① 所显示的，它们可能是可怕的高压之根源。考

---

① 2002 年 1 月 8 日，时任美国总统布什签署了《不让一个孩子落后法案》（*No Child Left Behind Act*，NCLB，又称《有教无类法案》）。该法案是 1965 年颁布的《初级和中级教育法案》（*Elementary and Secondary Education Act*，ESEA）的现代版。该法案要求在 2005—2006 学年终，三至八年级的全部学生每年都必须再参加阅读和数学的标准化成就测试。另外，在高中还要参加一次。之后，再增加其他课程。根据这些考试成绩，学校可以判断学生是否为取得合格的学年成绩（Adequate Yearly Progress，AYP）做出了努力，这些成绩标志着学生是否熟练掌握了考试科目的内容。该法案旨在解决美国贫困地区学生和黑人男生的受教育问题。（资料来源：百度百科 NCLB，网址：https：//baike. baidu. com/item/NCLB/4248099。）

试不一定是这种简单化的类型，但无疑有一种检验简化与同质化的强烈倾向，某种程度上公立学校特别是地方一级的公立学校本身不倾向于这样做。关于更高水平的测试，密尔有一些吸引人的想法，但是，在没有研究国家测试的具体体制的情况下，这些想法仍然不是很管用。一般地说，密尔本来应该更多地考虑在私人和公共资助的机构中保护自由的结构（学术自由、地方控制、教师自治），而不是假设主要危险在于某种特定的资金来源。

有价值得多的是密尔在苏格兰圣安德鲁斯大学的校长就职演说（1867 年）中对大学教育提出的一系列反思。这一演讲就其自身的时代而言非常令人感兴趣，因为密尔赞扬了苏格兰的高等教育体系，以及它对基础广泛的人文科学培训的重视，这与英格兰更为专业化的教育体系形成了对比。他对自由教育的评论也引起了跨世纪的共鸣，因为这些评论仍然为上述体系提供了强有力的理论依据，
78 而这种体系与那种将高等教育视为主要是技术的以及为职业做准备的体系截然相反。

令人惊讶的是，这一演讲中并没有提出政府强制的同质性问题。当时的圣安德鲁斯大学无疑是一所公立大学，其体制受制于议会和皇家委员会的法案。其资金来源是混合的：一些是政府拨款，但也有来自土地、遗赠和捐赠的收入[23]。（密尔在这所大学发表演讲的时候，该校的财务状况岌岌可危。）密尔是出于礼貌而避开公共教育问题——这种解释似乎是讲不通的，因为如果他认为这是一个有损教育自主和质量的问题，那么他起先就肯定不会同意就任校长。显然他认为，在大学这一层次教工管辖的传统足够强健，以至

于政府对内容的专制不是问题。

密尔在其演讲开头说，职业教育很好，但它是职业学校的而非大学本科教育的工作。大学的目标“不是培养有技巧的律师、医师或工程师，而是有才华、有教养的人类……一旦教育不再是一般性的而是转入适应个体生活目标的分支部门，它的职责就终结了”（3－4）。这样一种教育对于培养有见识和负责任的公民来说至关重要：

> 在人类心灵可以把握的所有研究对象之中，政府和公民社会是最复杂的，从而一个人如果想要作为思想家而不是某党派的盲目追随者来胜任对这两个对象的研究工作，那么他就不仅需要对人类生活（既包括道德生活也包括物质生活）的主要事实具备一般性的知识，而且需要具备某种经过训练和培养的理解，以深入领会健全思维的原则和规则，其所需要达到的领会程度是无论生活经验还是任何一种科学或知识分支都提供不了的。（8）

因此，密尔建议研究逻辑学和柏拉图的对话，因为它们培养“质疑所有事物”的能力，“从不逃避任何困难的能力，如果没有通过借助否定性批判进行的严格审查，就不接受任何来自我们自己或是他 79
人的教条，不让谬论、不融贯或思想混乱因未被觉察而溜过”（14）。意见不相同的文化不仅需要免于孔德式的控制，而且需要有意地培养用自己的论证来勇敢面对他人的能力。它通过自由教育的其他要素而得以提高：研究历史、比较法学和政治学、经济学，所有这些都给年轻公民的论证提供了材料。他认为，一所大学在规范问题上向人们灌输某种单一的观点是不恰当的，但给他们提供事实和论据以便为他们的判断提供资料，则是非常恰当的。

孔德本来会说，伦理学和政治学已经终结，最好还是像在数学和科学中教授他们正确的学理一样，直接告诉年轻人正确的观点。正如我们所看到的，密尔即使认为伦理学已经达成正确的最终观点，也不会得出上述结论。然而，他显然不这么认为。在那本关于孔德的著作中，他强有力地断言，我们没有关于规范伦理问题和政治问题的最终教义，并且他在此重申了这样的主张："不可能从某本教科书或某个大师的教导中一劳永逸地学会政治学。我们需要在这个主题上受教的是要成为自己的老师。它是一个我们没有大师可供追随的主题，每个人都必须靠自己探索，并运用自己独立的判断"(28)。我们当然可以探讨"与公民义务直接相关"(28)的事实，并学习如何以坚实的论据进行相关论证。我们还可以研究不同的哲学理论，从而理解支持和反对每一种理论的论证，并看看它们就主要伦理结论达成一致的程度。我们可以用一种非教条的方式研究宗教史和不同的宗教观念。所有这些功能都非常适合大学课程，并将改善公共生活的行为。此外，大学的一般风格可以而且应该体现某些明确的道德价值，比如，生活中有些东西比财富更重要这种观念。然而除此之外，大学指向控制的冒险都不可能是适当的。最重要的是，它的课程将培育出独立于权威、极具见识、善于推理、能够坚持自我的公民。

80 不过，关于同情的情况又如何呢？密尔说过，这在很大程度上必须是家庭的任务。他还说过，社会制度本身可以通过激励人们彼此更亲近而帮助其发展，乃至没有任何人看上去得不到任何关心。

可以推测，如果他关注过初等教育的话，那么他就会认为在那里培养同情比在大学里更合适。

然而我们知道，在密尔看来，对适当情感的培养有更为复杂的一面，这一面原则上可以纳入大学课程：他在《自传》(*Autobiography*) 中有一段著名的记录，其中他自己从抑郁中康复并回归一般性的社会同情，这个过程极为受益于阅读诗歌尤其是华兹华斯的诗歌。虽然他没有评论自己在那里感受到的具体情感，但很显然，华兹华斯使同情（包括有关阶级和贫困问题的积极的社会同情）的培养成为这位读者体验的核心。尤其是，华兹华斯向密尔展示了一种人文之爱，这种爱是从对自然之美的惊叹中发展出来的。尽管密尔并没有写作很多或不错的关于爱的作品，但他对哈丽雅特·泰勒的深爱引导了其整个人生精神；并且他在沉浸于华兹华斯的诗歌——这些诗歌对好奇与愉悦有着强烈的暗示——之后不久就领悟了这种爱。

这样一来，在圣安德鲁斯大学的演讲中并不令人奇怪的就是，密尔相当重视审美教育这一主题，并将其定义为通过艺术作品的体验来提炼和培养情感的教育。密尔评论说，由于商业思维与清教主义（Puritanism）的某种有害结合，与欧洲大陆（以及早期的英国）相比，维多利亚时期的英国严重忽视了教育的这一方面。英国人（但想必苏格兰人并非如此）学习死板的道德规则，却没有学会同情他人，因而变得虽然严谨可靠却不慷慨（37）。而且，他们对美德抱有某种纯粹工具性的态度，而不是由于美德本身之故去爱美德。密尔于是论辩说，即使在大学层面，也值得教导年轻人“不仅要把那些实际的不当或卑劣，而且要把那些高尚目标与努力的缺失，都感受为不仅是可责备的而且是有辱人格的”（37）。要做到这一点，可以通过培养与历史上或小说中伟大人物的共鸣，也可以通过令人感动的音乐和视觉艺术之影响。

81 作为例证，密尔提供了许多他喜欢的作品，从但丁的《神曲》（*Divine Comedy*）到华兹华斯和雪莱（Shelley）的诗歌，还包括亨德尔（Händle）的清唱剧和哥特式大教堂的建筑风格。他没有指定任何具体课程的学习，但他讲得很清楚，学习这些作品是适宜于大学课程的；并且就选择这些作品是为了其能够在震撼人心的背景中表现某些明确的道德理想而言，这部分课程并不像他之前描述的其他课程那样价值中立。很明显，对这些作品的教授仍将容许不同的视角和持不同意见的声音。对于批判的开放性的承诺会贯穿于课程之中。尽管如此，但既然在家庭生活中已有不错的开端，密尔就倚重它们来打开与修养心灵。

校长就职演说是高等教育的杰出文献之一，并且对于大学如何能够有助于培养普遍同情的任何讨论来说，它都是一个必要的起点。但总体而言，密尔这一建设性的替代孔德的方案尽管很有吸引力，但仍然是单薄的。我们简直不知道他的这些观点对于如下问题的意义何在：早期的教育实践，以及社会试图在公共领域塑造情感的多种方式——节日、典礼、领袖陈词、公共建筑物和公园的建造、公共歌曲和诗歌的选择。对于密尔精神中这些论题的一种处理方法应该是，在圣安德鲁斯大学演讲的带领下，思考可能仍然是草创的（至少对于已经在家庭中得到良好初始教育的那些人来说是如此）同时又保持着非强制的公开性（exposure）的各种方式。

在一个其传统受到密尔（作为对英国东印度公司过于忠诚的职员）不当蔑视的未来国家中，孔德的观点马上就以符合密尔精神的方式饱受批评，这些批评出自一位伟大教育家与艺术家之手——对于在密尔那里仍然模糊不清的观念，他赋予了实质性的内容。

注释：

[1] 对卢梭更大篇幅的关注，同样需要讨论在《爱弥儿》第四卷《萨瓦牧师的信仰自白》（*Profession of Faith of the Savoyard Vicar*）中教给爱弥儿的宗教，这种宗教与《社会契约论》的“公民宗教”和孔德所倡导的自然宗教类型都不同。

[2] Fichte（[1808] 2009）.

[3] 关于18世纪晚期讨论新博爱的其他贡献，一例颇具洞察力的探讨参见Kleingeld（1999）。

[4] Mazzini（[1846] 2001，p. 3）.

[5] 同上书，第8页。

[6] 同上书，第67页。

[7] 同上书，第72页。

[8] Mill（[1865] 1891，p. 200）.

[9] Bagchi（2003，pp. 174-186）.

[10] 关于孔德和殖民主义，参见Bagchi（2003，pp. 176-177）。孔德的学生理查德·康格里夫（Richard Congreve）在1856年印度兵变（Sepoy mutiny）后，明确敦促英国撤出印度，援引了“印度独立与好政府的利益”[Congreve（[1857] 1874，p. 76）]。孔德的种族观点稍后将在本部分进一步讨论。参见Comte（[1865] 1957，p. 427）。

［11］孔德写了大量的文章，但他把《实证主义通论》（*A General Theory of Positivism*）看作对自己的学说长篇阐述的总结，该作品连同 J. S. 密尔的详细阐述（尽管是批判性的）一起为我们达成目的提供了足够详细的说明。

［12］至于康德给支持性情感所分配的角色，参见 Sherman（1997）。

［13］Bernard Williams，“The Poverty of Humanism”（我于 20 世纪 80 年代在英格兰剑桥大学听的讲座）。

［14］在美妙的歌曲《梵蒂冈破布》（Vatican Rag）中，汤姆·莱勒（Tom Lehrer）无疑是将天主教的同质性与新的对个人选择的强调结合起来（就像后梵蒂冈二世那样），创造出了喜剧。

［15］参见 Cohen（1999）。

［16］Mill（［1863］1987，ch. 3）. 括号内给出的是这一版本的页码。

［17］Mill（［1874］1998）.

［18］参见 Schultz（2004）。

［19］关于密尔对家庭的评论，参见 Mill（［1867］1963，p. 31）。

［20］关于当时的辩论，参见 West（1965）。

［21］Mill（［1859］1956，p. 127）. 括号内给出的是这一版本的页码，整个讨论出现于该作品的第五章。

［22］类似的讨论，参见 Mill（［1848］1963）。

［23］我把这些信息归功于圣安德鲁斯大学的希腊语教授斯蒂芬·哈利维尔（Stephen Halliwell），他从大学的历史记载中得出这些结论。

第四章　人文宗教Ⅱ：拉宾德拉纳特·泰戈尔

在进化之路的某个弯道，人类不愿再是四足动物，他的身体呈现的站姿带有一种永不屈服的姿态。

——拉宾德拉纳特·泰戈尔，《人——艺术家》

(*Man the Artist*，1932)

一、孔德在孟加拉

在 20 世纪初，孔德的思想为孟加拉引领时代的知识分子所熟 82
知，并帮助人们明确了对印度国家未来的渴望。尤其是，两位著名的思想家/艺术家利用孔德清楚地表达了一幅完全不同的民族政治文化图景。小说家般金·昌德拉·查特吉［Bankim Chandra Chatterjee，1838—1894，通常被称为般金（Bankim）］与孟加拉的一个有组织的实证主义团体联系密切[1]。他创作了许多散文作品，这些作品将印度的社会发展置于实证主义历史观念的背景下。然而，他后来的影响在很大程度上是靠他的小说《阿难陀寺》（*Anandamath*，1882），这部小说以戏剧的形式表现了孔德的观点。这部小说的主要魅力在于一个受到威胁的祖国形象，这个国家是受到神化和崇拜的，在某种程度上展示了般金所理解的实证主义宗教之影响。受到威胁的女神是由牧师的超政治命令亦即一种孔德风格的“精神力量”来捍卫的。作为对牧师具有号召意义的关键所在，《向母亲致敬》（*Bande Mataram*）这首歌教导的是一种以绝对服从于女神为基础的暴力反抗的福音：

83 母亲，我向您致敬！
随您的奔流不息而富有，
随您的果园之光而灿烂，
随您的快乐之风而清爽，
黑黝黝的田野波浪起伏，母亲多么有力，
母亲，多么自由自在。

月色之梦的光耀
越过您的枝干和高贵的溪流，
覆盖于您盛开的树下，

母亲，我们无忧无虑的给予者。
您甜蜜地浅笑着！
母亲，我亲吻您的双足，
您甜蜜地轻语着！
母亲，我向您致敬。

谁说您软弱，在您的土地上，
看那七千万双手中闪现的剑光，
听那七千万道在怒吼的声响，
您那令人敬畏的名字传到一岸又一岸？……

您是智慧，您是法则，
您是我们的心脏，我们的灵魂，我们的呼吸，
您是神圣之爱，是敬畏之所在，
是我们心中战胜死亡的力量。

般金是一位复杂的思想家，对于其意图和态度，人们一直争论不休。然而，不可否认的是，他被广泛理解为同情牧师及其歌曲；同样不可否认的是，即使是现在，那首歌寓意中所包含的情感仍然在整个印度回响——因为这首歌已成为“国歌”，由印度教右翼（Hindu Right）提出以替代泰戈尔所写的官方国歌《人民的意志》。无论如何，这部小说被许多人解读为拥护某种关于屈服和顺从的议题，以及隐含暴力的强烈民族主义情感——其核心是一种女性的奉献形象。

二、泰戈尔：《家与世界》的悲剧

84 《阿难陀寺》至少为继 1905 年孟加拉分治后的抵制英国货运动（the swadeshi movement）提供了一些灵感，这是一场抵制英国货、只购买印度产品的运动。拉宾德拉纳特·泰戈尔（1861—1941），一位开拓性的教育家、作曲家、舞蹈编剧、画家以及哲学家，1913 年诺贝尔文学奖获得者，最初是这一运动的狂热支持者。在这一时期，泰戈尔已经是著名的诗人、戏剧作家和短篇小说作家。1905 年，他在桑蒂尼盖登（Santiniketan）创建了他的开创性学校。泰戈尔发现般金的民族主义观念很有吸引力，他甚至给查特吉的诗歌《向母亲致敬》谱上曲，作为这一运动的颂歌。然而，随着运动变得越来越暴力，充满恐惧的当地人常常出于经济生存的原因而拒绝参与，泰戈尔的幻想也破灭了。在 1916 年的小说《家与世界》中，他反思了自己的不满[2]。这部小说尽管现在广受赞赏［泰戈尔的学生萨提亚吉特·雷（Satyajit Ray）1984 年根据原作拍成电影］，尽管当时已得到叶芝（W. B. Yeats）及泰戈尔的许多朋友的赞赏，但还是受到了激进思想家的谴责。马克思主义批评家乔治·卢卡奇（Georg Lukács）斥之为一本“诽谤性的小册子”和“最卑劣的小资产阶级的奇谈”[3]。事实上，这部小说的确追求一种反激进的议程，谴责一种泰戈尔将之与《阿难陀寺》相联系的革命民族主义“公民宗教”版本，这种公民宗教支持关于自由和歧见的自由启蒙运动观念——尽管它并非不承认，自由主义有可能最终蜕变为情感上成问题的。

这部小说由三个主角轮流讲述。抵制英国货运动的革命领袖桑迪普（Sandip），体现了查特吉/孔德的世俗“教士”思想，这种思想引导了一场民族独立运动，该运动将女性置于女神位置，以供负责运动的男性来崇拜。他的口号是“向母亲致敬”。尼基尔（Nikhil，其名意为“自由”）是一个作为启蒙精神之典范的进步地主[4]。他为妻子碧玛拉（Bimala）提供一流教育，雇了一个英国家庭教师，并鼓励碧玛拉成为一个独立的人，以此来对抗习俗。他想要一个基于选择而非屈从的婚姻，因而采取了激进的步骤：他鼓励 85
妻子离开女性住所，接触其他男人。碧玛拉是主要叙述者，从她的追述中，我们一开始就知道悲剧会接踵而来。

关于想象力和情感在爱国主义中的角色，桑迪普和尼基尔从一开始就持不同意见。桑迪普坚持认为，“爱国主义事业中存在诉诸想象力的空间”（36）。尼基尔承认，他“既不敢又羞于利用令人昏昏欲睡的爱国主义文本”（36）。桑迪普回答说，这不是催眠术而是真理：他确确实实“崇拜人性”（37）。尼基尔对这个新宗教提出了三点反驳。第一，对人性的崇拜不应该（像它在这种情况下看上去的那样）导向一种分裂的民族主义，包括神化自己的国家，并使之与其他国家对立（我们记得这是赫尔德关注的核心问题之一）。第二，任何一种催眠刺激物都妨碍人们直面其国家的真实面貌及现状。“只要我们对真相无动于衷，并被一些催眠的刺激物打动，那么就必须明白，我们缺乏自治的能力”（42）。第三，桑迪普所唤起的那种不加批判的爱，释放出一股强烈情感的激流，其中包含了大量的愤怒和仇恨。（民族主义运动很快就走向对无辜的英国家庭教师的暴力侵犯，以及对贫穷的穆斯林商人的经济与身体的暴行，而没有廉价的外国商品，这些商人无法生存。）他说："我愿意为我的国家服务，但是我保留对正确（Right）的崇拜，正确远远大于我的国家。把我的国家当作神来崇拜就是为它带来诅咒"（29）。

碧玛拉怎么样呢？由于在缺乏独立选择经验的情况下突然被允许出现在其他男人面前，她完全陶醉于桑迪普将其当作"蜂后"这一富有诱惑力的崇拜，并很快站在他那一边反对自己的丈夫：

> "我不在乎细微差别，"我脱口而出。"我会清楚明白地告诉你我的感受。我只是个凡人。我很贪婪。我应该为我的国家得到好东西。如果我受到压迫，我会去抢夺，去偷窃。我有怒火。我会为我的国家而愤怒。如果有必要，我会实施打击、进行屠杀，以报复对她的侮辱。我渴望变得迷人，而我的魅力必
> 86 须由我的国家以身体的形态赋予我。她必须让某种可见的象征将其魅力投射于我心。我要让我的国家成为一个人（Person），并称其为母亲、女神、杜尔迦[1]——我要用献祭给她的祭品染红大地。我是人，不是神。"
>
> 桑迪普巴布[2]举起手臂，跳了起来，喊道："好哇！"——下一刻，他自行纠正并喊道："向母亲致敬。"

---

① 印度教神话中的人物，也译"难近母"，女神萨克蒂、湿婆的配偶，主司女性的力量。

② 巴布是印度人对男子的尊称，相当于先生或阁下。

一丝痛苦的阴影掠过我丈夫的脸。他用非常温柔的声音对我说："我也不是神：我是人。因此，我不敢允许我身上的恶被夸大成我的国家的形象——决不，决不！"(38)

碧玛拉的理解是，她对自己人性的接受，意味着要认可其中更具破坏性的天性。尼基尔所理解的接受指的是，在追求人类道德理想的过程中，对那些天性的不断克制。桑迪普嘲笑道："让道德理想仅仅留给那些控制力薄弱、无欲无求而缺乏活力的可怜生物吧"(45)。

因此，正是尼基尔（这一点令他的妻子感到遗憾）"不能全身心地接受'向母亲致敬'的精神"(29)。

《家与世界》的悲剧在于，桑迪普被证明是正确的，至少短期内如此；而尼基尔的道德理想对于大部分群众来说并没有感召力。桑迪普充满激情的宗教摧毁了共同体，让印度教徒与穆斯林对立。它也破坏了家庭，因为他引诱了碧玛拉。当她意识到丈夫更富勇气和洞察力时已经太迟——而他此时已经驶向死亡之路，决心阻止宗教骚乱。在小说结束时，他的结局并不确定，但追述清楚地表明，碧玛拉已成寡妇。

我们也不能简单地断定，尼基尔是正确的，而碧玛拉是愚蠢的。尼基尔异常冷漠且无性欲。他很容易认可他人，却没那么容易去爱，而且他知道这一点。他谈到"自己缺乏表现力"，并总结说："我的生活只有其静默的深度，而没有喃喃的（情感）涌动。我只能接收：不能表现出活动"(85)。与桑迪普和碧玛拉不同，尼基尔还缺乏幽默感。小说使尼基尔的道德价值观念——他对穷人的同情、对女性的开明观点、对穆斯林的尊重——极具吸引力。但它同样表明，尼基尔自己的生活方式不足以确保他自己的价值观念获胜且持久。

87 那么，（根据泰戈尔的观点）孔德在某些事情上是正确的：民族理想的实现需要强烈的情感，其中包括象征主义和想象力。在这里正如按照孔德本人的看法，强烈的情感与温顺地遵从某种精神精英权威的政治联系在一起。就桑迪普个人而言，这种权威类型被证明是极其危险的。但它似乎也可以轻易战胜某种更无情的人文主义。

这场悲剧是必然的吗？政治之爱一定总是与不理性的顺从甚至与宗派主义和憎恨不可避免地联系在一起吗？难道崇高的道德理想一定是乏味无趣且苛刻淡漠而缺乏吸引力吗？

对于其描绘的问题，这部小说没有给我们指出任何出路。然而，其悲惨结局却为泰戈尔的许多进一步思考和工作设定了议程。作为一个思想家、教育家、诗人、音乐家和舞蹈编导，泰戈尔开始回应自己提出的挑战——最终创造出一种替代孔德宗教的诗意而批判性的方案，它与密尔的“人文宗教”相应，并进一步发展了其主要见解[5]。

泰戈尔的回应包括创作了两千多首诗歌，其中两首成为印度和孟加拉国的国歌；包括创建了一所学校与大学，它成为世界著名的以艺术为导向的民主教育典范（尽管这所学校自 1905 年就已经存在，但它的特色是逐渐显现出来的，并于 1928 年建立了大学）。并且包括他职业生涯后期在《人的宗教》(1931) 一书中对孔德做出的理论回应，这本书乃基于1930年泰戈尔在牛津大学的希伯特讲座，并包含了其他方面思想的发展，因为它广泛地关注学校及其在未来人文主义中的某种与批判精神相连的音乐和诗歌的作用[6]。

三、泰戈尔的“人的宗教”

从一开始，泰戈尔的讨论就是按照这样的方式设计的，即这种方式引导我们预期会在很大程度上与孔德相背离。他坚持认为，人的独特之处在于一种艺术创作能力，一种把某物想象成非其所是并
由此想象而向美好理想迈进的能力。这就是泰戈尔所称的“人的盈 88
余”（the surplus in man）：与所有其他动物不同，人类超越了生理需求，生活在一个象征和想象的世界，这提供了“一种远远超出生物式动物需求的盈余”（28）。

截至上述的观点可能是孔德会同意的，但泰戈尔对艺术自由的论说从一开始就是根据个体的自我表达和个人之爱来架构的。对于泰戈尔来说，成为人的决定性时刻是发现一个人类个体爱着另一个人类个体：“我在一首诗中说过，孩子在脱离母亲的子宫时是在一种真实的关系中发现母亲，而这种关系的真相在于自由”（30）。从单纯的生物式存在到完全的人类存在的转变，是根据充满惊讶和好奇的个体认知与情感的紧张关系来看的；创造力的意义与个人自由不可分，这种自由是个人要抛弃所有传统和所有群体规范，而代之以某种个人的视界。同样，在《人——艺术家》中，泰戈尔甚至把

人体的直立身姿解读为一种“不服从”的姿态——这种自由姿态是要创造规范，而不是受以往规范的束缚。泰戈尔计划中的反孔德部分虽然只是在该书靠后部分才完全呈现，但从一开始就是显而易见的。在其引导下，我们预计会看到，在泰戈尔手里，“秩序和进步”将包含更少的秩序，更多的激情之爱。

在许多方面，泰戈尔确实把自己置于孔德的传统之中。他十分重视这样一种洞察能力，即能够把人类物种看作一个既向过去追溯又向未来延伸的整体。他规劝读者投身于对人类理想未来图景的想象，并视之为自己的宗教。“[这种] 宗教 [之精义] 在于，人应该努力培养并表现某些品质，这些品质是内在于人类本性且永恒的，人应该持有对此的信仰”(118)。与孔德相似，他也关心个人的贪婪和有限的同情所带来的危险。贪婪“将你的心智引向歧路，让你在那分离的自我之中产生幻象”(53)。“贪婪一旦把物质收益作为其目标，就可能永无止境。这就像疯子对地平线的无尽追逐”(132)。泰戈尔常常通过关注技术的新进展来进一步阐释这个主题，在他看来，它似乎有使人类的同情萎缩的危险：“人类正在为自己
89 造牢笼，迅速发展着自己对这个怪物的依赖，允许它从四面八方包围自己”(141)。事实上，泰戈尔对于我们为什么需要新宗教的总体论说在相当程度上也是孔德主义的：我们有严重的自我中心和贪婪的倾向，并且由于这个原因，我们没能实现我们原本可以达到的有价值的目标。

泰戈尔与孔德的类似之处还有对同情之培养的强调，这对两位思想家而言都是新宗教的核心。他写道，人的个性世界“受限于我

们同情和想象的界限。在感觉迟钝的昏暗暮色中，大部分世界对我们来说仍然像是一队队游荡不定的影子”。通过想象，我们开始“强烈地意识到，我们必须过这样一种生活，即超越个体生命并与自我保存的本能这一生物学意义背道而驰的生活”（38）。和孔德一样，泰戈尔坚持认为，应该通过艺术来促进同情。

这本书的另一个孔德主义特征是，它强调有必要形成一个统一的世界共同体。泰戈尔注意到，自己的生活是由三种截然不同的世界文化——印度教文化、伊斯兰文化以及英国文化——汇集形成，因而他批评了殖民主义的“强烈的种族利己主义”（131），并断定：“我们突然看见隔离不同种族的墙已经消失，并发现我们自己面对面地站着”（134）。

尽管如此，但泰戈尔的人文主义在许多方面都对孔德的人文主义进行了深刻批判。我们可以从其多元主义开始。我们要的不是欧洲与白种人的霸权，而是要彻底抨击所有基于种族和宗教差异的特权，要拒绝部落制度以支持对所有人的平等尊重。泰戈尔写道：“人类之神已抵达残破的部落圣殿的大门。”他接着说，从今往后，没有人能够凭借至上的权力或所谓的种族特权而宣称自己的优越性；相反，所有人的未来都必须建立在互惠、平等尊重以及为公共利益共同努力的基础之上。“我要求他们主张人们成为朋友的人类权利，而非主张某个妄自尊大的特定人种或国家的权利，这个人种或国家可能自诩拥有注定成为人类统治者的品质”（135）。当印度正处于独立斗争的痛苦之中时，泰戈尔在英国发表了这一大胆声明。11年后，泰戈尔将其爵位还给了英国国王，以抗议雷金纳德·戴尔将军（General Reginald Dyer）在阿姆利则（Amritsar）杀害手无寸铁的无辜平民。他清楚地表明，拒绝英国统治时期的种
90 族和政治态度是未来人文主义的要求。毫不奇怪，泰戈尔这部作品自始至终都力求表现出对世界许多不同的文化和传统的尊重——在波斯教、苏菲伊斯兰教、英国浪漫主义诗歌（华兹华斯），以及世界历史的许多其他组成部分中寻找精神先导。

然而，我们在达成这些有关全球主义的有启迪性的陈述之前，就已知道我们身处的世界不同于孔德主义的必然与秩序的世界。《人的宗教》是一位浪漫诗人的作品。它一部分是自传，一部分是诗意冥想，因而将论点与故事和想象以一种时而感人、时而自谦、时而有趣、时而平静的方式结合在一起。泰戈尔把自己描述成一个一直厌恶规则和公式并因此觉得学校折磨人的男孩。他有一个良好的开端，生活于一个对现存的宗教传统持批判态度的家庭，这给了他“一种自由的氛围，不受任何如下信条——这种信条的约束力存在于某些经文的确定权威或某些由礼拜者组织的团体的教义之中——支配的自由”（70）。他对自然也有敏锐的感受性，清晨独自一人时，他有着强烈的愉悦体验：

> 几乎每一个天刚蒙蒙亮的清晨，我都会从床上急匆匆地跑出去，去迎接第一缕粉红色的曙光，它从沿着花园边界站成一列的棕榈树颤抖的树枝之间透出来；这时候，露珠在捕获初起轻舞的晨风，小草闪闪发光。天空像是在唤我作伴，我整个的心灵——其实是整个身体——常常一下子陶醉于这溢出的光亮，享受着这些寂静时刻的安宁。（77）

这段话的整个语气、它的抒情与独处的激情以及对自然之美的惊叹，这些在孔德的有组织的仪式世界中是不可想象的。并且，泰戈尔很快就明确说明了他对所有传统信条的怀疑。随着个人叙述的继续（仅仅是他以这种风格写作哲学这一事实，其本身就很有意义），他告诉我们，学校带有的那种机械学习和枯燥重复没能触及其思想和心灵的根源——直到诗歌自发地进入这个单调乏味的世界。有一天，他正翻阅一本识字书，“这本书落满灰尘，字迹暗淡 91
并褪色成无意义的记号、污迹和空白”（73－74），直至他突然看到了一个押韵的句子，它是这样写的：“下雨了，树叶战栗了。”突然，他的思维活跃起来，“我重获了自己的所有意义”（74）；雨水有节奏地敲打树叶的景象使他入迷，他再次成为一个人，而不是一台机器。

这段经历写在该书的中心位置，在题为“景象”（“The Vision”）的一章中，因此，我们很快就明白，泰戈尔的宗教是诗人的宗教，是基于每一个人能力的某种文化和社会观点，这种能力是诗歌创作的源泉：对惊奇和美的激情体验，对自然和其他特定的人的爱，以及使某事物从一个人感性体验的孤立片段变得完整而有意义的愿望。其感受既兼具两性，又反对律法。我们在其中找不到固定的性别角色，并且其所有的艺术努力之中事实上尤为人知的是，泰戈尔逐渐塑造出某种充满活力的、与性爱有关且感性的人物形象，这一形象既代表了其本人作为舞蹈家和诗人的风格，也表现了那些表演其作品的女性和男性的风格。他否决了孔德宗教的一个关键要素，即其严格的性别区分；并且一种极为不同的精神亦即那种热切的感知敏感性和强烈的性爱渴望，使文本自始至终都充满活力。

泰戈尔的景象还否决了孔德宗教的另一个基本部分，即它的控制与同质精神。很明显，泰戈尔最多只是对传统和仪式持怀疑态度；他常常更进一步，暗示过去流传下来的形式通常是无生命与不真实的。总的说来，也许最好将他解读为一个“希望过去不断地受到挑战和考验，以免它在我们手中死去”的密尔式的人（Millian）。他极其强调对传统进行质疑，这一其毕生执着之事与他的这一信念有关，即过分崇敬过去是印度文化的一个大缺点。在印度文化中，“怯懦的正统观念，其不理性的压制及其许多死气沉沉的世纪的积累，使人因盲目崇拜过去而发展受阻”（98）。对泰戈尔而言，正如直立姿势代表“不服从”，所有真正的人类也都在于一种清醒的探索和质疑精神。事实上，他判定孔德的规划有罪，因为它助长了一种对死气沉沉的习惯的膜拜。他说，我们需要的是一种“对渴望与爱的深切感受”，但“这完全不同于我们在对人性的理智崇拜中所发现的东西，这种东西就像一个在阴暗的炼狱中悲惨地迷失自身的
92 身体”（91）。在这一点上，泰戈尔和密尔一样转向了华兹华斯：“我们以赞美、希望和爱为生，并且永远如此，因为这些是美好的而被明智地固定，以存在者之尊严的名义，我们攀登”（91）。即便且尤其是对于他自己的看法，泰戈尔也鼓励读者培养一种批判精神：“质疑我的人有充分的权利怀疑我的景象，拒绝我的证词……我从来没有主张任何说教的权利”（70）。有人会感到好奇，这种个人主义精神究竟怎样才能成为一种民族宗教的精神呢？政治之爱不是必须

有一些仪式和规定形式吗？

泰戈尔的著作中反对律法的精神和个人主义精神，其最突出的表现莫过于它对新宗教的核心范式及其根源的选择——孟加拉的包尔人。在文本靠前的部分，泰戈尔将他们介绍为“孟加拉的一个大众教派……他们没有神像、庙宇、经文或仪式，他们在自己的歌中宣布人的神圣性，并向他①表达一种强烈的爱的情感”（6）。这种爱当然与性爱有关，它使这个教派走向反律法的性爱实践。他非常渴望让读者理解这个例子，以至于在书中附录了卡诗提·莫罕·森（Kshiti Mohun Sen）的一篇关于包尔人的文章；卡诗提·莫罕·森是印度教的知名学者，他放弃了舒适的教授生活，加入了泰戈尔在桑蒂尼盖登的学校/大学。森带来了他的小女儿阿米塔·森（Amita Sen），她后来成为学校中泰戈尔舞蹈作品的主要舞蹈演员，并撰写了一些阐释学校美育实践的作品（见第四节）[7]。

森的文章一开始就指出，“包尔”这个词的含义为“极为冲动的”，从而指的是包尔人拒绝遵守既定的社会习俗：“我不服从主人，也不服从命令、准则或风俗……我所陶醉之处，只是我自己内心涌现的爱之喜悦”（177）。该教派既包括印度教徒，也包括（苏菲派）穆斯林，其核心观念是力求通过培养一种激情四溢型的爱来让人摆脱自私自利。一些包尔人是流动的，另一些是安居的房主；他们来自各个阶级与种姓，否定这些阶级与种姓有显著差异并追求简朴的生活（如泰戈尔的老师们实际上做的那样，他们住在简易的

① 指人。

寓所里)。但是，包尔人并不是禁欲者：他们拒绝克己的观念而宁愿依恋于人性。他们拒绝所有僵化的仪式，只说他们“喜欢生活中千变万化的戏剧，它无法纯粹用语言来表达，但是可以在歌曲中通
93 过以妙不可言的节奏和曲调为媒介来捕捉”(181)。他们的生命都奉献给了自由（摆脱外部的社会强制和内心的贪婪冲动)、快乐和爱[8]。

泰戈尔并没有向后维多利亚时代的牛津读者提及包尔人非常规的性生活，但众所周知，包尔人在此也藐视习俗[9]。同样值得注意的是他们著名的入门仪式，其中要求新成员品尝所有体液——从而好似克服了对自己天然肉体的厌恶。虽然包尔人社群的这些方面仍然是某种潜台词和隐喻，但他们在此就是在寻求一种拥抱现世之爱和性爱主义倾向的生活方式。

泰戈尔和莫扎特是志同道合的，他们坚持认为，公民身份需要一种戏剧精神和不可预知的个体性。但是，泰戈尔把这种反正统文化引到其社会处方的核心位置，这到底是什么意思呢？一个普通的印度公民（在泰戈尔所指向的未来共和国里）怎样才能成为一个包尔人呢？包尔人的抒情诗对泰戈尔自己的诗歌很重要，他在文本中引用了一些，以阐发自己的爱和自由观念。但他提出，包括新生国家（budding nation）的政治文化在内的有组织的社会应该以包尔人为榜样，这可能意味着什么呢？我认为这意味着，这个社会必须在其核心处保有并不断获取某种新鲜的快乐和喜悦，它们是在世的且内在于自然和人的；从而宁愿选择爱和快乐，而不是那种物质攫取的死气沉沉的生活，这种生活是如此之多的成年人最终会过的；

宁愿选择不断的质疑与探索，而不是任何给人慰藉的既定答案。因此，泰戈尔的处方与密尔的经验主义非常类似，尽管其用以阐发的语言似乎对密尔来说有些奇怪。

诸如珍妮·奥彭肖（Jeanne Openshaw）和查尔斯·卡普威尔（Charles Capwell）之类的现代学者已经提请人们注意，泰戈尔使包尔人的信息比其实际状况更抽象且更精神化[10]。但我们正在处理的是雅致以及隐喻式的参考，而不是克制。这是 1930 年的牛津大学，并且泰戈尔知道，他休想太过直言不讳。在他的学校里也一样，他知道孟加拉的家长只会容忍一种含蓄的性爱主义倾向。但正如阿米塔·森的回忆录所表明的那样，它当然是性爱倾向，并且是一种解放和赋予妇女权利的性爱倾向。此外，如米密鲁·森（Mimlu Sen）最近非常有趣的自传所证实的那样，包尔人的社群一直容纳 94
许多差异性。一位年轻的孟加拉中产阶级妇女爱上了包尔人中的一位主唱，受此激发而跑去加入了他们。她报道说，这对夫妇的性生活是一夫一妻制的且相当传统，许多包尔人对密宗的（Tantric）仪式（practice）没有兴趣[11]。因此，奥彭肖在提出各种非常规仪式规定了该团体的成员资格时是误导人的。

然而卡普威尔说："对泰戈尔来说，令人感兴趣的不是包尔人的教义方面，而是他们能够以自发情感的方式来理解人类处境并做出反应。这种情感永远无法用语言充分表达，因而他们求助于歌唱。"他这样说是有充分理由的[12]。在泰戈尔为他学校的学生所写的一部舞蹈剧《春季》（*Phalguni/Spring-time*）中，由泰戈尔本人跳舞和表演的包尔人角色遇到了一位持怀疑态度的警员，他代表着秩序和同质性的精神："据我所知，你唱了一首歌来回答问题?"包尔人回答："是的！我们如果不这样做，就不能恰当表达答案。如果我们用明白的语言表述出来，那就会非常不清楚，无法得到理解"[13]。

《家与世界》的悲剧之所以发生，是因为尼基尔的自由主义理想缺乏激情。他从来没有也从未失去过那种新鲜的愉悦，这种愉悦是在世且内在于人的，它本来可以使他成为一个鼓舞人心的领导者，成为一个充满爱意的可爱丈夫。他是令人厌烦且可预知的。与此同时，桑迪普从未有过或至少从未容忍过那种由异见、批评和孤独的勇气组成的"狂妄"感：在寻求支配他人的权力的过程中，他培养了基于传统、同质性和顺从的情感。于是，泰戈尔提出，社会健康所需要的是一种相互充满激情的真正的自由主义，是一种批判的生活，同样也是一种爱、玩耍和疯狂的生活。泰戈尔和莫扎特是志趣相投的。

四、实施新宗教：桑蒂尼盖登和女性的创造自由

虽然如此，但包尔人的精神如何可能成为整个社会的精神呢?泰戈尔提供了两个部分的答案：教育和流行音乐。他在桑蒂尼盖登
95 创办了一所学校和一所大学，后者被称为国际大学（Visva-Bharati），意为"整个世界"（All-the-World）。若做必要的变通，则这所大学与密尔为圣安德鲁斯大学所开的处方类似。它以文科、跨学科

合作以及某种不断的批判精神为基础。但泰戈尔在《人的宗教》中将强调的重点放到了学校上[14]。他首先表达了毕生对其就读学校的不满："那并不昂贵的快乐权力，是我连同其他孩子一起来到这个世界就拥有的，却在与砖瓦水泥式的生活安排的抵触之中，为单调机械的习惯和习俗的举止守则所消磨殆尽"（144）。事实上，孩子们一开始就像鲁莽的包尔人，在大自然面前充满了爱、渴望和欢乐。他们的爱玩和好问的精神都需要得到加强，而不是被压制。但学校通常会压制一切扰乱秩序的事情，而泰戈尔坦言："我内心这种非文明的部分（non-civilized）是敏感的；它对颜色、音乐和生命运动有着强烈的渴望"（144）。他读到的一些书似乎捕捉到了这种反律法的精神：他称赞《鲁滨孙漂流记》（*Robinson Crusoe*）"对男孩子而言是已有著作中最好的"（145）。在他的学校，他打算在不压制冒险精神和爱的情况下开展教育。

学校主要采取苏格拉底式的教学法：老师通过提问而不是讲授来引出答案。甚至由学生们启动当天的课程计划。课程通常在户外进行，非常接近自然之美，以便感官在整个过程中能敏锐地感受到美。泰戈尔始终是科学的坚定支持者和忠诚的理性主义者，尽管如此，他给人的一贯印象却是一个超世俗的神秘主义者。他的人文主义并不是反现代的，它深深地固着于争论和论辩精神[15]。与其他一些印度知识分子不同，某种程度上也不像甘地，泰戈尔没有否定启蒙运动，而是力求创造一种最佳的印度传统和欧洲传统的融合[16]。然而他明白，如果没有人文学科的滋养和引导，那么科学的现代性将被证明是空洞与不可靠的。尤其是，泰戈尔依赖艺术作为培育的关键媒介。学生们总是在活动——跳舞、唱歌。由泰戈尔自己写作、作曲和编舞而精心制作的舞蹈剧是该课程的核心内容[17]。
96 正如阿米塔·森所写，不知怎的，泰戈尔知道如何成为一名优秀的专业（technical）舞蹈老师，在向能力迥异的孩子教授科目和［对知识的］把握的同时，沟通着情感的自我表达和热情的投入：

> 他的舞蹈是一种情感之舞。天空中嬉戏的云，树叶间瑟瑟的风，青草闪闪发光，月光漫过大地，花开花谢，枯叶低语——一个人心脏的快乐跳动或悲伤剧痛，都在这富于表现力的舞蹈动作和表情中表达出来。[18]

桑蒂尼盖登提供的那种充满激情的人文主义塑造了一种特定的公民：他们强大而不屈从，充满了对无生命力的传统的挑战。就像学校里的所有其他事物一样，舞蹈剧是把批判性推理和情感相融合，从而绝不是反理性的。例如，在《人的宗教》之后不久写的《纸牌之地》（*Land of Cards*/*Tasher Desh*，1933），集中讨论了对传统提出挑战的高度重要性，并暗示女性将尤为可能领导此类挑战[19]。苏格拉底式质询与艺术之间的联系使批判精神具有吸引力。

孔德的规划虽然依赖妇女，但没有赋予她们权力。妇女虽然应该教导孩子们同情，但完全被限制在家庭内部，并且没有被给予创作的自由。她们必须在哲学家的监视下施予爱和同情，而哲学家不会容忍任何个人创造性。泰戈尔的批判性重组把个人的爱和创造力置于这种观念的中心，但他在《人的宗教》中对女性只字未提——除了如下极其重要的观察，即所有爱和同情的基础都在孩子与母亲之间高度个人化的爱的关系之中。泰戈尔通过舞蹈和其他艺术而赋予妇女权力，这是其学校的一个著名特色，却是他从未详细记载的一个特色。这样一来，对于泰戈尔景象的这些方面，我们就必须求助于阿米塔·森，她既作为一名学生以及泰戈尔的许多舞蹈剧中的领舞者经历了被赋予了这种权力的生活，也在后来自己的《所有工作的乐趣》（*Joy in All Work*）一书中描述了这一点。

《所有工作的乐趣》无法得以恰当的释义，因为它以其诗意的 97
个人的风格表达了泰戈尔学校的精神。我被告知，英译文是由阿米塔·森的孙女英德拉妮·森（Indrani Sen）仔细审阅，并很好地把握了原著的诗意性质。这本书令我们印象深刻的第一件事是，它是一种极具个性的创造性陈述，其中充满情感与勇气，并且是由一个女人创作的。在孔德的规划中，这样一种陈述本会是异端邪说，是完全不可接受的；但在泰戈尔的人文宗教中情况恰恰应当如此，在这个宗教中，每个人都在自由和个人之爱中实现自我。

现在让我们来考察这本书的开篇。它从一些女性的急促与热情的动作开始。我们首先看到的是关于芒果花上月光的描述，然后是飘荡在春风中的一首歌曲的旋律。“年轻的妻子不可能待在家里，所有人都冲出来了：卡玛拉提毗（Kamala Devi[①]）、拉班雅提毗（Labanya Devi）、曼诺拉玛提毗（Manorama Devi）、苏鲁巴拉提毗（Surobala Devi）、苏克希提毗（Sukeshi Devi）、基伦巴拉提毗（Kironbala Devi）。”这份名单很有意义：在孔德那里，女性缺乏个性，但在泰戈尔的规划中，她们的个性很关键。年轻的妻子们悄悄

① Devi：提毗，梵语中“女神”之意。

地踮起脚尖聆听泰戈尔的歌曲，而泰戈尔则随着自己的歌曲翩翩起舞。然后作者的声音插入："我们听妈妈讲这些故事，仿佛在听童话。在听见泰戈尔的精彩表演时，我们入了神，他像盲目的包尔人一样，演奏着他的伊达拉弦鼓（ektara)，唱着歌为人们指路：'让我们把一切都献给神（Him)，所有人为他倾其所有。'"于是，我们认识到，阿米塔·森是在女性被赋予权力的传统中长大的，而这些孩子的童话故事正是女性情感自由的故事；它们也强调包尔文化的规范意义：鼓励规矩的妻子效仿包尔人。正是在这种架构中，阿米塔·森如今宣布了她的目标："记下在桑蒂尼盖登，经由音乐、舞蹈、戏剧、节目和节日而流动着的欢乐，以及在与泰戈尔交往的过程中静修院的妻子女儿们心中产生的快乐。"

我们一旦反思泰戈尔与孔德的关系，就可以看出，阿米塔·森关于桑蒂尼盖登女性的叙事具有五个方面的特点。第一，她一直强调要培养各种深厚的情感，其范围从同情到深切悲伤，当然还要到
98 存在于自然与人类之中的无尽快乐。该叙事的主要目的是要表明，泰戈尔是如何通过诗歌、音乐和舞蹈来培养情感的；并且这一文本中包含了许多非常动人的事例。其他作家没有注意到的一个重要事实是，泰戈尔是通过个人示范来教学的，他用自己极富表现力的身体和声音向学生展示了各种可能的领域——不是通过对他们的口授，而是直接开拓出一个表达空间并启发他们栖身于其中。这些情感都是深刻的个人情感，但阿米塔·森明确表示，学生们绝不是没有意识到当时的社会和政治大背景，尤其是包括甘地的不合作运动和亟待解决的农村发展问题。通过对每一个人内心情感景观的培

养，他们走向未来国家中的公民身份这一更大的世界。

第二，该文本一直强调，泰戈尔所传授的教育具有极为个人与个性化（乃至反孔德主义）的性质。虽然学生们在许多方面都感到彼此是团结的，但个人独一无二性的感觉始终处于中心。例如泰戈尔为个别学生所写的诗，并且不知怎的他似乎了解她们每一个人；又如我们从文本的许多故事尤其是从这样一个可爱的故事中所看到的：在小阿马蒂亚的签名簿中，泰戈尔画了一张有普拉提奇（Pratichi）的房子的画，并在上面写下“绿仙子之家”（the Green Fairy's Home）（68－69）[20]。森表示，对女性而言，这种对个性的感受尤其具有解放意义，因为在传统社会中，女性往往是去个性化的，被视为某人的妻子或母亲而不是她们自己。她在写到泰戈尔的舞蹈教学时说：“没有什么特定的表达姿势或风格”，“在唱歌的时候，我们是通过动作来表达歌词的意义”（38）。这种个性感非但没有削弱普遍同情的基础，实际上反而强化了它，正如我们从一则感人的故事中所看见的——姑娘们是如何制作一件红边莎丽（sari）①以送给一名无法获得它的学生。

第三也是极为不同于孔德的一点是，我们看到泰戈尔是那么有趣，那么心情愉快。泰戈尔尽管常常在小说中传达幽默，但在其理论作品中并没有很好地做到这一点。因此，阿米塔·森所揭示的这一点——泰戈尔传达了包尔人的欢笑，而不只是他们神秘的信仰——是对《人的宗教》的一个非常重要的补充。这或许是泰戈尔的西方

① 一种印度妇女的服饰，即用类似于丝巾的莎丽长巾裹身。

99 爱好者特别需要研究的一个方面，因为西方人所熟悉的泰戈尔是一个非常严肃的古鲁①，而缺乏那种可触及的轻松感——这对于这个完整的人来说是一个相当重要的部分。

我将把第四点称为“一种颠覆性的性爱创造性精神”，这是包尔人传统中必不可少的一个方面。当然，在泰戈尔向年轻女孩介绍这一传统时，某种程度上它已经被弱化了，但毕竟有些东西并没有被完全弱化。想一想森对《解除诅咒》（*Shapmochan*）的舞蹈设计和诗论的叙述，在该剧中作为女王的她和作为国王的哈里·蒂伯斯博士（Dr. Harry Timbers）一起跳舞。她告诉我们，蒂伯斯不懂孟加拉人，因而在这些排练中泰戈尔特别主动，先是描绘国王“强烈的怨恨与爱”，然后立刻是“穿着梦幻衣裳、充满激情而又专注的王后”（80）。她强调，1931 年的“保守环境”使整个事业冒着风险，因为“对于来自良好家庭的女孩来说，出现在舞台上是一件非常大胆的事情”。他们甚至不得不改变一首歌中的一个词。国王要唱“花儿般的美人，到我胸前来”，但他们将它变为：“到我家里来，我灵魂里的你啊，出来吧。”阿米塔过去也总是喜欢口头上讲述这个故事，并且她在跟我讲述这个故事时，总是补充一些书中没有的内容：“我们恰恰知道它真正的意思。”

第五也是最后一点，整个文本传递了一种无畏和自由的精神——没有那种重重地压在女性生命上的约束性的羞耻感。她断定，“希望之灯不可能被扑灭”，“他教给我们无畏的一课”（90－91）。

---

① 指印度教等宗教的宗师或领袖。

桑蒂尼盖登只是一个地区的一所学校。它变得举世闻名，鼓舞了许多国家的效仿者，并吸引了印度各地的学生。[例如，年轻的英迪拉·尼赫鲁（Indira Nehru）——后来的英迪拉·甘地（Indira Gandhi）——似乎在那里也许比她一生中其他任何时候都更加快乐与自由[21]。] 但是泰戈尔并没有成功地将其理想大范围地实现，部分原因是他不愿意委托于他人，学校因而依赖于他的创造性现身。约翰·杜威（John Dewey）在美国的类似实验取得了更大的成功，因为杜威自己并不是一个有创造力的艺术家，他更愿意把自己的总体思路托付给别人。泰戈尔的学校没有形成广泛影响，这并不能说 100
明这种想法不能给一个人口众多的民主国家以灵感：它们只是告诉我们，创建者不能让自己成为不可替代的。

五、实施新宗教：流行音乐

泰戈尔的其他贡献的发展状况要好得多。他的两千多首歌曲吸收了包尔和苏菲派的诗歌、广为流传的音乐传统，以及声乐表演传统，从而创造了一种有自身特色的艺术形式，在印度被称为“拉宾德拉纳特的歌”（Rabindranath songs)，它在西孟加拉邦和孟加拉国的文化中仍然占据中心地位，某些情况下在整个印度也是如此。感谢卡尔帕纳·巴德汉（Kalpana Bardhan）的那套新译本，它们使对这些歌曲文本的研究变得容易一些[22]。巴德汉的版本传达出了原作的某种节奏感，从而对后来听唱片的读者有帮助。对泰戈尔的音乐做出回应并不容易，因为始终很难从一种异国的音乐传统中听出情感[23]。[这对我们来说意味着，任何这样的规划都必须基于本地的传统并就地取材：想象一下，如果马丁·路德·金曾试图向民权运动（civil rights movement）介绍拉宾德拉纳特的歌。] 只要这样说就够了：这些歌曲一直都很受欢迎，有助于明确印度的理想和围绕着它们的情感文化。

泰戈尔的歌曲涉及许多话题，不过有一些明显具有政治性，并且其本身就被他贴上了这种标签。其中一首就是著名的歌曲《自在独行》（*Ekla Cholo re/Walk Alone*），这是圣雄甘地最喜欢的一首歌，对他的运动极为重要。这是一首抵抗之歌，但是以一种非常特殊的方式：不是一首团结赞歌，而是一首寻求批判精神、寻求独自前行的歌。

如果无人响应你的号召，那就自在独行，
独行，独行，独行。

如果无人有只言片语，哦你这不幸的灵魂，
如果无人愿意面对，如果一切继续令人生畏——
那就打开你的心扉，
大声说出你心中所想，独自大声说出。

101 如果所有人都转过身去，哦你这不幸的灵魂，
如果，当你踏上这条漆黑的道路，无人关心——
那么荆棘满地，

哦你，用沾满鲜血的双足踩踏那些荆棘，你独自踩踏。

如果无人给你一盏灯，哦你这不幸的灵魂，
如果在暴风雨的黑夜，他们闩上了门——
那么在雷电的火海中
点燃自己的肋骨，独自不断地燃烧。[24]

音乐表达了决心：行进中有一个持续始终的节奏。它表达了孤独与表白：单声线，声音中有种充满激情的冒险感。但最重要的是，它也表达了欣喜。事实上，这是一首非常快乐甚至兴高采烈的歌，充满了热情和肯定。人们喜爱这首歌，他们的喜爱与甘地抵抗运动的胜利密切相关。当他拄着手杖、缠着简朴的腰布行走的时候——加上生活中他孩子般的欢乐，见过他的人常常会注意到这一点——他似乎体现了这首歌的精神，艺术形象与活着的榜样的融合，在当时和现在都非常具有感染力。正是通过这样的方式，独立的异见精神——与欢乐相结合——能够激励一国民众。

但是，作为大众政治文化的缔造者，泰戈尔的最高成就或许是他创作的两首国歌[25]。第一章已经分析了《金色的孟加拉》。现在是时候仔细看看印度国歌《人民的意志》了。泰戈尔在其中回应了般金的《向母亲致敬》的挑战，提出了某种替代；他认为，这种替代在道德和政治上具有优越性的同时，仍然是美好甚至诱人的。印度教右翼不同意，其支持以《向母亲致敬》取代《人民的意志》的斗争一直持续至今。

《人民的意志》使用的是一种高度梵语化（Sanskritized）的孟

加拉语；在泰戈尔看来，这种选择是为了使这首歌在孟加拉以外的地方能被理解，所有能言说衍生于梵文——在印度人们所能接受的最为普遍的一种语言——的语言之一的人都能理解，而非印欧语系的言说者也很乐意采用它。这首歌最初是在 1911 年印度国大党的
102 一次会议上演奏的，不久之后，在乔治五世（George V）访问印度时再次演奏了它。向国王致敬的另一位诗人的歌曲也被演奏了。泰戈尔说，自己写这首歌是作为对那首歌的一种反驳声明，它表达了这样一种想法，即唯一真正的领袖是道德典范，而印度是要在这种典范的正确引导下走向自由的。这首歌的一部分在今天是作为国歌来唱的，其歌词如下：

印度人的心灵和命运由你管辖，
你的英名使人心奋发，
旁遮普、信德、古吉拉特和马拉塔，
达罗毗荼、奥里萨和孟加拉；
温迪亚和喜马拉雅的山冈发出回响，
亚穆纳河和恒河奏出交响乐章，
印度洋的波涛在为你颂扬。
为你的赐福而祈祷，为颂扬你的英名而欢唱。
所有人民等待着你的拯救，你的掌管，
你这印度命运的施予者。
胜利，胜利，胜利，胜利属于你。

为免有人认为某些群体受到忽视，这首歌实际上还有四节，我引用了其中第 2 和第 5 节（其他几节都很一般，影射人生的起伏）。

第 2 节由于包含宗教的多样性，通常也被认为是国歌的一部分，这一点非常重要：

你的呼唤持续响起，我们
倾听着你亲切的呼唤。
印度教徒，佛教徒，锡克教徒，耆那教徒，
袄教徒，穆斯林，以及基督教徒，
东西方人都来到你的宝座旁，
编织爱的花环。
哦，是你把人民团结在一起！
胜利属于你，印度命运的施予者！
…………
夜过去了，太阳爬上 103
东方地平线的山冈。
鸟儿在歌唱，一股温柔吉祥的微风
泼洒着新生命的灵药。
你的怜悯之光
让沉睡的印度醒来了。
我们把头靠在你的脚上，
胜利属于你，至高无上的王者，
胜利属于你，印度命运的施予者。

印度对于生命与自由的觉悟这一想法，突出地表现在尼赫鲁《与命运有约》（*Tryst with Destiny*）的演讲中，他的想法无论是否源自这首国歌，都是泰戈尔式的。

这首歌是写给一个未命名的根源，它可以是良心或道德法则(dharma/the moral law)，或一套其他道德理想。《向母亲致敬》敦促人们服从一个与传统宗教相联系的神，与此不同，《人民的意志》则寻求这种理想原则的胜利——作为所有人民激情之爱的结果。从某种意义上说，它显然是一首抵抗和自由运动之歌。不过，更一般地说，它是对这样一个国家的呼唤：这个国家既为自然之美和道德理想所深深打动，又把这两者视为以某种方式融为一体的。而且，与般金的全印度教教徒国家不同，这个国家彻彻底底是多元的，它包括印度的所有地区和宗教团体[26]。

从音乐上看，《人民的意志》很容易唱，只涉及一个八度音，所以人们的确很乐意唱它。它有一种摇摆的节奏，相当像某支轻柔的舞蹈，并且没有丝毫尚武的意味。人们自然地相互挽起胳膊，或手拉手，或仅随着音乐摇摆。它自然而然地伴随着对自然的冥想，正如人们可以从电影作曲家 A. R. 拉赫曼［A. R. Rahman，皈依了苏菲伊斯兰教，他之前的印度名是迪利普·库马尔（Dilip Kumar)］的美妙版本中领会到的，该版本在纪念印度成立五十周年之际作为官方版发布，很容易在 You Tube 上找到。它出色地体现了这首歌的精神，展示了各种各样的人（个人或小团体）的歌唱，这些人有着多种不同身份背景、来自各行各业——他们在各种令人激情澎湃的、美丽的印度风景点中歌唱[27]。

104 这首国歌的结束方式有些非常奇怪之处。当“胜利属于你”(jaya he/victory to thee）这一句上升到下属音时，我们期待主音的一个解决，但是我们的这个解决被否决了。当我听它或唱它的时候，我总觉得它是未竟的，它在示意一个延后的、尚未得到的解决。我的体会同样不仅仅是西方音乐教育的产物。我的同事迪佩什·查克拉巴蒂（Dipesh Chakrabarty）对我讲述，当他在小学唱这首歌时，他和所有同学都回到“印度命运的施予者”（Bharata Bhagya vidhata）这个叠句继续唱下去，从而就主音达成了一个似乎更为合适的解决——直到老师纠正了他们。我觉得，“听到这种未竟的终止式”并非完全不合情理，这正如尼赫鲁在其《与命运有约》演讲中所传递的同样观念采取的那种表达方式，亦即民族自豪感最恰当的表达是通过强调摆在国家面前的未竟工作：“那么我们必须努力劳动与工作，辛勤耕耘，让美梦成真。”《人民的意志》以一种大胆的、违背人们的音乐预期的方式，指向了未来的工作。查克拉巴蒂说，这个想法对他来说很有意义，在苦难不断的背景下，它使人们对胜利的祈求比在其他情形下显得更适当。

因此，泰戈尔不仅使多元主义、和谐、相互尊重，而且使未竟工作变得流行甚至性感，这就像《自在独行》使不同意见和批判性思维成为激情投入的对象。我们可以说，孔德的规划已经根据凯鲁比诺的精神而得以再造。

六、评价孔德的规划：密尔和泰戈尔

孔德的人文宗教对［人的］真正需要做出了回应，但其回应方式仍有颇多不如人意之处。与卢梭不同，孔德对言论与结社自由的重要性很敏感，因而没有提出要通过政府强制来实施他的提议。事实上，正如密尔所指出的，在寻求重要的人类规范过程中，他为政府设想的角色（如果政府有角色的话）也是极其受限制的。尽管如此，但他的确设想了一种囊括一切的社会控制，因为其哲学神职人员所宣布的道德上正确的规范在每个人的日常生活中无处不发挥作用，这简直无异于中世纪时期罗马天主教会的规范和道德/精神权
105 威发挥作用的方式。他不想给异议或尝试留下施展的余地，也不想让普通人自行解决其难题。

出于这些以及其他一些原因，密尔和泰戈尔拒绝了孔德的提议，但他们并不拒绝提议背后的总体思路。他们觉得，如果人类情感要支撑旨在实现崇高目标的规划，那么公共文化就需要一些类似宗教的东西，一些充满激情和理想主义的东西。他们也同意孔德（以及莫扎特）的这一观点，即新宗教必须体现某种形式的爱。如果公民必须牺牲自我利益，那么单单尊重并不足以将公民团结在一起。需要某种心灵更深层次的东西，某种在人类发展中更激情且更核心的东西。虽然他们对这种政治之爱应该是什么样的看法有点儿不同，但他们一致认为，仅仅关怀和尊重是不够的。

但是，如果我们拒绝那种令人窒息的控制氛围和使规划具有活力的政治正确性，孔德的规划会是什么样子呢？密尔和泰戈尔对此有着非常有吸引力的想法，他们提出，一种富有同情和想象力的文化，完全相容于且实际上可以加强某种充满实验和异见的自由文化。我自己的提议将与他们的精神一致。不过，随着我们的推进，我们必须提出一些问题。

首先，我们必须问及密尔和泰戈尔对人类弊病提出的诊断。两者都认为，有限同情是我们主要的伦理问题——它与羊群般的顺从相结合，使人们盲目遵循体现出一种有限同情的传统。密尔很少谈及诸如恐惧和愤怒这样的负面情感，对厌恶、羞耻和基于群体的仇恨也只字未提。泰戈尔以包尔人为范例来暗示，克服对人的身体的厌恶是好公民的另一个主要任务，这个任务与克服性别和种姓的等级体系密切相关。[我们在第七章会看到，他的小说《戈拉》(*Gora*)进一步阐发了这一主题。]但是，鉴于泰戈尔对包尔人的含蓄描绘，克服厌恶与扩大同情之间的关联在很大程度上仍是含蓄的。然而，泰戈尔的心理特点揭开了密尔从未面对过的重要问题。在我们这个时代，反思一下骇人听闻的人类暴行的长期记录，我们就无法接受密尔的乐观主义，而是需要探寻某种更深层次的理解。

但是，当然只有与关于某种政治目标的明确观点相联系，这些问题才成其为问题。密尔和泰戈尔在此都是不完整的，而泰戈尔比密尔要不完整得多。对于他们所寻求之物，我们有个大概的觉察，但他们未能清晰地表达一个合宜的社会的愿景，因而其诊断似乎是零碎和临时性的。我们需要某种关于政治制度以及它们能为人民做些什么的论述，还有某种有关政治正义的局限性的论述。在其他著作中，密尔对此当然有自己的见解，并且即便是他对孔德的批判，也清楚地表明，他觉得政府在再分配方面应负有较大的责任。不过，其规划中的情感部分与政府工作的任何明确论述之间的联系仍然是不牢固的。泰戈尔除了对印度从英国独立明显感兴趣之外，对制度完全缺乏兴趣。 106

这两个人很少谈及政治领域及其界限，因而对于他们所设想的变革会在何处发生以及如何发生，我们仍有些不清楚。两个人都谈论教育，并赞成将教育改革当作新“宗教”的一个场所，但泰戈尔所考虑的完全是自愿的私人改革。密尔认为，公共的和私人的选项这两者应该共存与竞争，都受到一种公开考试制度的制约。至于泰戈尔的歌曲，他首先是将之作为大众文化的一部分而不是作为官方公共性的国歌来提出的，尽管其中有两首最终成为国歌。因为这个国家［那时］还不存在，所以毫不奇怪的是，他的著作没有讨论在促进一种关怀文化的过程中，政府和公民社会应该怎样相互关联。简言之，泰戈尔和密尔都没有思路清晰地告诉我们，要如何传播新“宗教”，或者为何我们应该认为它会盛行。其部分原因在于，对于孔德的控制和同质性，他们的怀疑态度使得他们不信任对明确目标的所有公众性的支持。

出于类似的原因，密尔和泰戈尔都很难清楚地说明团结一致与个人试验之间的适当平衡。他们都拒绝孔德的控制，都重视“狂妄的”不同意见与想象力的自由空间。但两个人还认为，在某些方面，人们应该学会在情感上团结一致。密尔的人文宗教要求所有人都把自己认作与全人类的未来有联系，并期待所有人都加入这一共同的情感努力。但是，如何在这个共同任务与实验和异见的自由之间保持微妙的平衡呢？密尔给我们的资料很少，泰戈尔提供的较
107 多。在他的学校里，他每天都在演示这种微妙的平衡，在为个性的繁荣创造空间的同时传授纪律和一些明确的理想。他的舞蹈风格把编舞和实验结合在一起。而他创作的一种流行音乐体裁包含一种类

似的平衡做法。对泰戈尔来说，一首歌的整个要义在于，人们时而独唱时而合唱，那么这种组合无疑是一种形成政治情感的有力手段。甘地将《自在独行》用作群众运动的手段基本上符合泰戈尔的精神，虽说泰戈尔肯定比甘地更珍视个人的不同意见。尽管如此，但泰戈尔和唱他歌曲的嫡系学生的现存记录表明，这些歌曲是个人表达性表现的手段。今天，在来自许多不同背景的演绎者的声音中它们也是如此。不过，这些范例留给我们一个巨大的挑战：我们如何才能保持组织和团结的良好状态而又不至于荒谬和沉闷，并在不失去共同关怀的情况下培养不同意见？任何有关艺术在公共情感文化中的作用的论述都需要迎接这一挑战。

可以从另一个方向来探讨上述要点：密尔指责孔德缺乏幽默感，并且如莫扎特已经让我们做好准备去看的那样，这一洞察很深刻。孔德的理想主义很宏大，它对人类现实生活中棘手而出乎意料的不平衡性质（unevenness）缺乏理解。密尔和泰戈尔有这种理解，但他们很难将它与自己的理想主义结合起来。有时候——在谈论未来的理想人种时，在鼓励某种类似于崇拜且针对我们这一物种的态度时——他们听起来也像从未笑过的人。对人类弱点的现实主义态度与这种满怀敬意的姿态很难结合在一起。正如阿米塔·森所明确表示的，泰戈尔在其学校里的确知道如何笑，他赋予学生权力，而又没有封锁有特性的个人表达空间。泰戈尔的小说也充满幽默和对人类复杂性的感受。然而，幽默和崇高理想之间的适当平衡问题仍然存在，并且是任何一个运用艺术的社会都必须加以深思的。

另一个未解决的问题是宗教在社会中的地位。密尔在许多方面改善了孔德的规划，但他不加批判地继承了孔德规划的一个关键方
108 面：他设想传统宗教在某一时刻会消亡，而为人文主义所取代。尽管他没有设想过任何与孔德的极权主义的精神权力（pouvoir spirituel）类似的东西，但他确实认为，宗教的社会效用问题可以通过反对传统宗教、支持人文主义而得到决定性的解决，并且他对人文主义抱有的希望与这一结论的广为接受密切相关。泰戈尔在这一点上不太清楚，但他将自己的人文宗教设想成至少是一股强大的社会力量。

但是，传统宗教并没有消失，到目前为止，我们有理由认为，在自由的条件下仍然存在许多宗教的和世俗的人生信条，其中许多信条会继续吸引人们去效忠。构建政治情感的规划必须要么凌驾于这一现实之上，要么学会适应它。密尔的提议缺乏对人民良知的尊重，乃至为一个基于平等尊重的社会所不可接受。泰戈尔做得要好一些，但他未能清楚地阐明多元化问题，也没有提出一个明确的处理办法，这两点是任何当代政治提案都必须处理的。

最后，由于密尔和泰戈尔在自由问题上与孔德决裂，我们就有必要问一问：自由对他们意味着什么？它在个性中是如何实现的？自由是如何与政治之爱相联系并在政治之爱中实现的？莫扎特和达·彭特认为，仅有好的建国纲领甚至好的制度是不够的。自由必须渗透到个性的真正核心，从而免除那些会导致统治等级体系的内心愤怒和恐惧之束缚，并创造进而提炼出一种既与性爱有关又温柔的爱的形式，这种形式更像《你可知道》，而不像令凯鲁比诺畏缩

不前的枪支和大炮的“协奏曲”。密尔当然明白这一点，认为诗歌是养成健康个性的枢要，“审美教育”应该是新大学的关键。但他总是对情感问题有所保留，很少用言论来表达内在自由的本质或者它对心灵的影响。

泰戈尔的进步要大得多，他既描绘也在桑蒂尼盖登实现了一种身体上和智识上的自由、一种舞蹈和一种争论的自由、一套立足于早期儿童之爱基础上的社会实践。我们在转到对当今时代政治自由和爱的思考时，应该好好思索阿米塔·森对泰戈尔在他的舞蹈剧 *Rituranga* 中扮演的旅行者这一角色的描述：

> 他边走边唱，进入舞台： 109
>
> 离去之时，我的镣铐将被挣断，被挣断/我是自由的，谁能把我囚禁于锁着的门后！/当夜幕的钟声响起，我在黑暗中前行。（文中还以孟加拉语引用了这首诗。）
>
> 强有力的手挣断镣铐，多么令人惊奇的动作！自由的旅者前进，他的脚步中回响着自由的喜悦，他清晰的声音听上去无所畏惧。即使他离开舞台后，夜幕的钟声仍在观众的耳边回响。（65－66）

以上描述是印度共和国的一名公民于 1999 年写下的。阿米塔·森在泰戈尔的学校受教育时，印度并不是一个自由国家，但正如她所说，她所受的许多教育指出的道路所通往的正是这一目标。泰戈尔为他的学生提供了一个他们从未忘却的自由公民的范式。和他们所受的全部教育一样，这种自由影像充满了激情，其政治之爱的范式是与性爱有关的，而不是平静与冥思的。学生们以他们各自的个别方式，通过他们自己的不服从姿态和独特的创造性快乐方式来实现这一范式。因为在泰戈尔看来，一种畸形的男子汉气概观念居于压迫的核心，无论它是内在压迫还是外在压迫，社会创造性转变的关键推动者都是女性（无论她们的生理性别是什么）。从某种意义上说，世界把包尔人和《费加罗的婚姻》区分开来，但在更深的层次上，泰戈尔的愿景与莫扎特的相吻合："这一天，充满痛苦、疯狂和愚蠢——只有爱才能使之终于幸福与欢欣。"

注释：

[1] 参见 Bagchi（2003，p. 177）。般金·昌德拉（Bankim Chandra）的姓有时也被表述成 Chattopadhyay。

[2] Tagore（1919）[由苏伦特拉纳特·泰戈尔（Surendranath Tagore）翻译]。虽然泰戈尔侄子的这个译本获得了泰戈尔的认可，但人们普遍认为，它与原版相比还是有些生硬。泰戈尔还同意了各种删减，这使英语读者不可能完整地研究这部小说。

[3] 参见 Quayum（2007）。

[4] 这里我与巴格奇的诠释 [Bagchi（2003）] 不同。她认为尼基尔也体现了孔德实证主义的特征，但我认为她的论证难以令人信服。

[5] 泰戈尔知道密尔的作品吗？尽管可能存在一些证据表明他知道，但我没有发现任何这样的证据。他的英文散文作品中没有提到密尔，他的主要传记 [Dutta and Robinson（1995）] 中也没有。当然，这两位思想家志趣相投，并且可以通过他们对孔德具有相似的批判性的共同兴趣而联系在一起。泰戈尔认识英国文学中的大多数主要人物，也认识一些主要哲学家（如卢梭），因此密尔的缺席似乎是一次不幸的历史意外。

[6] Tagore（[1931] 2004）. 在精神与时间上与《人的宗教》密切相连的

是泰戈尔 1930 年在巴罗达（Baroda）发表的一个题为《人——艺术家》的演讲［"Man the Artist," Tagore（[1932] 2012)］。文本中插入的参考文献是泰戈尔的《人的宗教》。

［7］阿米塔·森是 1998 年诺贝尔经济学奖得主阿马蒂亚·森（Amartya Sen）的母亲，她住在桑蒂尼盖登，直到 2006 年去世。阿马蒂亚·森的名字是泰戈尔生造的，意为"不朽的"。当阿马蒂亚·森的父母在战争期间被派驻缅甸时，他由外祖父卡诗提·莫罕·森抚养。

［8］当代学术研究中关于包尔人的代表性例子，参见 Openshaw（2002）、M. Sen（2009）、Capwell（1986）、Dalrymple（2004）、Dalrymple（[2009] 2011，ch. 9）、Dimock（1959）。由哥泰·高斯（Goutam Ghose）制作的 2010 年孟加拉电影《魂者》（*Moner Manush*），提供了一个引人注目的、伟大的包尔歌手拉兰·法基尔（Lalan Fakir）的形象。

［9］具体参见 Openshaw（2002）。

［10］参见 Openshaw（2002，pp. 38 - 41），她指出，泰戈尔疏忽了卡诗提·莫罕·森文章中的一部分，这部分非常微妙地处理了性爱。卡普威尔声称泰戈尔忽略了《魂者》这部电影中"我心中的人"这句术语的身体指代［Capwell（1986，pp. 24 - 25)］。

［11］M. Sen（2009，p. 108).

［12］Capwell（1986，p. 27). 关于我自己对包尔人音乐的讨论，参见 Nussbaum（2012b）。

［13］泰戈尔 1916 年的《春季》在卡普威尔那里［Capwell（1986，p. 17)］被引用与翻译。

［14］我在 Nussbaum（2007a，chs. 3，8）与 Nussbaum（2010c，chs. 4，6）中关于这所学校写了大量内容。因此，我在此扼要说明。

［15］参见 Amartya Sen（[1997] 2005）。

[16] 关于这一主题的更多信息，参见 Mishra（2012，ch. 5）。

[17] 关于这所学校的精彩描述，参见 O'Connell（2002）。

[18] Amita Sen（1999，p. 35）。阿米塔·森（1912—2005）是经济学家阿马蒂亚·森的母亲以及学者卡诗提·莫罕·森的女儿，卡诗提·莫罕·森写过关于包尔人的文章，泰戈尔将其附于《人的宗教》里。（因此，她的父亲和她的丈夫的姓氏都是森。）

[19] 关于这一主题的评述，我十分感激提斯塔·巴格奇（Tista Bagchi）的一篇未发表的论文，该论文是2006年在加尔各答的一次纪念阿米塔·森的会议上提交的。

[20] 普拉提奇依然是森家族的住宅，而绿仙子是阿米塔最著名的舞蹈角色之一。

[21] 参见英迪拉拍摄于桑蒂尼盖登的照片［Hasan（2006）］。关于英迪拉在英国女子寄宿学校压抑氛围中的不快乐，参见 Frank（2002）。

[22] Tagore（2008），巴德汉译。

[23] 即使用来演奏歌曲的声乐技巧，也与西方古典的实践大相径庭：很少使用颤音，并且经常使用滑奏音来使音程变得轻柔。

[24] 我引用的是巴德汉翻译的泰戈尔作品［Tagore（2008，pp. 305－307）］。我并没有沿用巴德汉的所有分隔和空格，这对于表达出原著的一种节奏感很有价值，但前提是一个人熟悉她的体系。

[25] 关于这两首音乐的乐谱，参见 Tagore（2008，Appendix to Part I）。

[26] 唯一没有列出的地区是前君主国，因为当时还不清楚它们是否会被纳入未来国家。由于信德省（Sindh）现在是巴基斯坦的一部分，一些政客试图将这个词改为“克什米尔”（Kashmir），但最高法院否决了他们，说可以隐喻地理解“信德”。

[27] 值得注意的还有拉赫曼的混合西方古典/印度的音乐训练。这一点

在其《人民的意志》版本中有所呈现，其中偶尔展示印度人在戏剧般的印度风景中演奏西方古典乐器。重要的是，这是印度政府选择的、作为纪念国家五十周年的官方生日版的国歌版本，其中包含宗教间与种族间和谐的信息。[1997 年 8 月是印度人民党控制的两个时期的中间时期；他们是强有力的少数派，但由贾纳塔·达尔（Janata Dal）领导的联合政府正在执政。]

第二部分
目标、资源和问题

第二部分导言

第一部分的历史讨论向我们表明，为何“公民宗教”这个规划对于一个自由社会来说是重要的，以及为何它应该以密尔和泰戈尔的精神，而不是卢梭和孔德的精神来实行。莫扎特的人物“凯鲁比诺”给我们提供了一个吸引人的公民形象，他寻求的不是与他人之间的一种等级类型的支配性关系，而是一种在相互回应的对话中引发并令人感到欣喜的相互尊重的爱，这种对话时而是逗趣的，时而是激励性的。密尔对“人文宗教”的讨论开始给这种形象提供政治架构，从而将扩展的同情与一种实验和批判精神联系起来。然后，密尔的教育提议着手向人们表明，一个真正的社会将怎样尝试塑造“凯鲁比诺”类型的公民。拉宾德拉纳特·泰戈尔的包尔人形象以 112

类似的精神发展了我们可称作的“凯鲁比诺路线”，但更为详细；他坚持认为，未来公民应该准备丢弃所有无生命力的传统，以充满爱和抱负的实验主义精神来临场解决问题。泰戈尔正确地坚持了批判性的自由和大胆创新的精神——这符合密尔的提议，但他通过自己作为一名教育家、女性主义者和大众音乐作曲家的实践，使之得到充分得多的实践发展。他与密尔的不同之处在于——尊重现有宗
113 教，力图将它们纳入相互性的政治，而不是诋毁或试图取代它们——由此他对当代的公共领域思想做出了引人注目的贡献。可辩护的“公民宗教”的政治和实践形态开始出现。

与此同时，我们从莫扎特和泰戈尔那里学到，任何有吸引力的实践提议都必定是情境性的，透着对一个国家的历史、传统和问题的一种理解。凯鲁比诺和包尔人接近于同类人；然而，每个人都适合某个地点和时间，并借助这种适合性进行交流。

历史材料有助于我们思考我们今天可能准备捍卫和实施的东西。然而，尽管这种材料很有前景，但如果要让这些提议能够适用于任何现存的社会，那么我们还缺乏一些必要的成分。首先，我们需要一个线路图：对我们心目中的社会类型正在走向何方的某种论说。本书要讨论的是正渴望正义的社会，而不是已经完成的社会。对于什么会帮助和阻碍它们的工作，我们要能够谈些有益的看法，就需要先有一个目标蓝图，我们可以设想它们正朝着这些目标前进。不同的情感把我们带往不同的方向，而如果我们想要理清前方错综复杂的事物，那么一个达到预定目的地的简图就至关重要。

我们还需要某种心理学，它为我们提供的内容比任何历史资源

都丰富得多。如我们所看到的，我们的资源聚焦于有限的同情，它被当作正义的主要情感障碍。即便是对于这种情感，他们也未能予以充分的分析。因此，摆在我们面前的一个任务是要更深入地去研究它，问问它有哪些要素，以及它为何通常如此狭隘和不均。思想史家们没有意识到，同情和利他是我们的动物性遗存的一部分，但我们现在知道了。为了理解我们可资利用的有力资源以及对公平且尊重人的关怀可能构成的障碍，研究这一传承似乎很重要。与对人类的实验研究适当结合的动物研究表明，我们并不只是自私的存在者，还有利他和情感关怀的能力。但是，它同样表明，当我们思考政治正义的目标时，这种关怀可能会出很多问题。

关于我们的资源，一个进一步的问题在于，他们没能认识到并探究人类个性中一些较黑暗的力量，这些力量对相互性和平等关怀造成持续的障碍。对于拒绝把以上帝为中心的原罪观念作为社会基 114
础，孔德和密尔是如此关心，乃至他们过快地走向某种可被我们称作天真的个性图景——在这种图景中，我们只有好的念头，而我们唯一的问题就是应该扩展它们并使之均等地表现出来。然而，生活并不是像这样的，而对于人类身上必须予以克服的方面，泰戈尔的包尔人已提供某种更丰富的论说：这些方面包括与身体之间的一种成问题的关系，对体液感到厌恶并将这种厌恶投射到其他人（其中尤其包括女性）的倾向。然而，在泰戈尔抽象而纯真的构想中，厌恶和性的问题仍然蒙着面纱。我们需要揭开面纱，研究对身体感到厌恶与羞耻的根源，这些根源一再招致“要建立社会等级体系”的危险。研究非人类动物的情感将再一次被证明是必要的，它让我们感觉到人类与其他利他存在者在生活上的差别，并准确地找出人类特有的黑暗能力的来源。

因此，对动物与人类的比较研究具有双重作用：它有助于我们理解利他的结构、限度和可能性，并揭示人类生活中特殊道德困难的根源。然后在第七章，紧接着上述研究的是一种更丰富而详尽的人类心理学，它将弄清"根本恶"（先于任何特定社会的恶的倾向）这一人所共知的概念，并帮助我们了解人类心理学提供了哪些资源来克服这种恶。唐纳德·温尼科特（Donald Winnicott）的"关心"和"游戏"概念将有助于我们阐发利他与想象力之间的联系，并更详细地说明凯鲁比诺和包尔人是如何与一种有吸引力的心理规范相对应的。

在这部分结尾，凯鲁比诺的形象将变得更复杂、更真实，因为我们让他变成一个更矛盾且"太过人性"的人物形象，这是一种一开始就能够既自恋又慷慨、既有排他性的厌恶又乐于有相互性的形象，并表明，对儿童发展的某种可行的论说如何才能强化其中一些倾向，抑制另一些倾向。与此同时，第五章对目标的论说将为他提供一个政治家园，即在一个渴求自由与人的能力的自由国家中的法律和制度结构。

第五章　有抱负的社会：平等、包容、分配

不要叫他到你家里来，做梦的人，
在夜里
他独自漫步在你的小径。
他的话语属于那片陌生的土地，
他在单弦琴上弹奏的旋律
同样陌生。
你不必为他铺座，
他将于黎明前离开。
因为自由的盛宴，
邀请他去

唱新生之光的赞歌。

——拉宾德拉纳特·泰戈尔，《诗歌与戏剧集》

(*Collected Poems and Plays*)[1]

一、目标概述

115 在着手研究莫扎特、密尔、泰戈尔规划的当代建构性版本之前，我们需要一幅自己要前往何处的概略图。每一种政治理想都有自己独特的情感支撑。君主制长期依靠培养像孩子那样的依赖情感，鼓励臣民像依赖一个类似于神的父亲那样依赖国王。法西斯国家（无论是德国纳粹主义还是如今印度教右翼的准法西斯社会组织）营造并依靠团结一致的自豪感与英雄崇拜，害怕独立的持不同
116 政见者，憎恨被描绘为低劣的或颠覆作乱的群体。远非法西斯主义的保守派同样强调团结情感的政治价值：例如，德夫林勋爵（Lord Devlin）敦促立法者们尊重社会普通成员的厌恶和愤慨，即便在少数群体处于失去受珍视的自由领域时也是如此。在提及不久前发生的反抗轴心国的斗争时，德夫林认为，这种情感使社会团结一致，从而能够战胜敌人[2]。

即使是自由至上主义的最小国家①也有自己特有的情感文化。自由至上主义者（libertarians）有时表示，其理想的一个优势在

① 此处指的是自由至上主义者通常强调的“最弱意义的国家”。

于，他们不需要依赖广博的同情。他们可以按人性本身的样子来利用它，依靠占有欲、霍布斯式的恐惧和有限的同情来推动竞争机制。他们声称，相比之下，平等的自由主义者想要从事干预性的不确定的改进方案。然而，这一反差并不像人们所看到的那样明显。即便是自由至上主义者，也反对武力和欺诈。因此，即便是他们，也需要调适诸如愤怒和恐惧这样的情感，以产生稳定性和遵纪守法的行为，而不是产生那种——按照他们自己的（霍布斯式的）论说——我们应该料想得到的“自然状态”中的行为。而且，自由至上主义者可能马上就产生甚至更严重的稳定性问题。就他们没有努力控制诸如嫉妒、羞耻和厌恶之类自我中心式的情感而言，他们甚至可能使自己的最小国家变得不稳定。竞争性的占有欲和凌驾于他人之上的欲望甚至可能颠覆这种类型的国家，使之退化为没有法纪的部落主义。因此，他们至少必须问问：自己是否不需要某种更广泛的情感说服方案，一种处理这些破坏稳定的力量的方案？

此外，自由至上主义国家的支持者通常假设而不是论证：撇开文化不谈，他们关于“人性”的主张是正确的。正是通过做出这一假设，他们声称，比起平等的自由主义者的要求，他们能够以更简单、更少干预的策略来达成目标。然而，历史表明，人们扩展同情的能力因他们所处文化的不同而存在很大差异，人们在等级和地位上胜过其他人或支配其他人种或民族群体的欲求也是如此。我们无疑不应该想当然地认为，美国的社团文化所采取的情感形式揭示了某种关于事情必然如何的永恒的普遍真理。

然而，自由至上主义的挑战为我们的规划提供了一个宝贵的教 117

训，即我们必须重视人类心理学的事实，只要完全理解这些事实，就绝不允许我们要求人们去做那些他们无法兑现，或只能在巨大压力之下兑现的事情。《费加罗的婚姻》是一个重要指南，因为它提醒我们要按照其本来样貌来接纳那些真实的人，而不是从事不切实际的规划，这些规划在将来某个时刻完全有可能导致我们憎恨现实。

然而，我们不应该要求这样一种政治文化：它仅仅是鼓励人们一番，而不是试图让世上之事变得比现在更好、更公正。这个世界就其本身而言很美丽，但同时也是一团糟；而它所包含的许多苦难都可以通过更明智地运用我们在这个世上的时间而减轻。对于追求合宜与正义的大多数社会来说，创造性地让事情变得更好是其主要特征之一，而这种对合宜与正义的追求需要有一个关于其目标的视界。在抱负与接受现实之间保持适当的平衡，是政治生活中最困难也最微妙的任务之一，就个人而言也是如此。但是，适当的平衡不能侵蚀人们对正义的渴求。正如泰戈尔不断强调的那样，人类的任何现实主义描绘都包含这样的“剩余”——在他看来，这种“剩余”是人们对某个长远目标的创造性景象，它将人类与其他生物区分开来。他写道：“一个人如果没能在其脑海中产生一幅关于其理想自我与理想环境的清晰图像，并把这种图像重现于外作为他的使命”，“那就是对他的人性的侮辱”[3]。他指出，如果一个国家的政治文化是驯养式的、安逸的，那么它的人民就已放弃成为一个完整的人。

每个国家都有墨守成规和自得之处，但所有国家也都有一个追求，一个想象力所向往的“自由盛宴”。那么：我们自己想象中的旅者要前往何处？他在路上要唱什么歌？我们所考虑的不是罗尔斯作品中已经实现良序的社会，而是有一些可见的明确目标和抱负的、渴望正义的国家。其中一些目标将是现时的承诺，这些承诺已被给予宪法授权或其他法律指令的形式。一些（例如，消除种族主义）可能是依据宪法原则的精神而较为普及的抱负。

对一个国家的目标和核心承诺的任何一种丰富论述，最终都必须是历史性的与情境性的，第三部分将阐释这一主题。不过，我们 118
仍然可以大致谈谈政治理想谱系的显著特征，从现在开始这些理想将是我们的焦点。约翰·罗尔斯在其后期作品中强调，他自己的正义观（conception）是自由主义政治诸观念（conceptions）谱系中的一员，这一观念谱系的分配原则虽然总体方向上类似，但在某些方面可能有所不同。本章的目的是阐明这样一个政治观念谱系的一般特征，其成员将是罗尔斯本人的观念、我的自由主义的“能力”路径，以及许多其他观念[4]。

我曾在其他作品中论证了这些规范的一个特定版本，在此我不再论证。本章为接下来的内容提供一个经过规定的与假设的规范背景。持有［与我］不同的规范承诺的那些人可能会判定，在第三部分所审视的例子中，我对哪些做法正当和哪些做法不当的分析相应地也是错的。然而，这些人仍然可以同意这里所提出的情感分析，同意我对公共策略如何形成情感并导致某些目标能够实现或不能实现的论述。因此，大英帝国的坚定支持者将判定，1857 年在德里（Delhi）英国不过是做了正当之事；而我则会提出异议并认为，它恰恰做了不当之事。但是，我们可以在如下方面达成一致：对于所呈现的恐惧之分析，以及对于如何通过城市建筑产生并延续恐惧的论述。同样，那些不同意"新政"（New Deal）各个方面的人也不会分享我对罗斯福所取得成就的热情。但通过分析罗斯福的政治辞令如何处理恐惧和嫉妒的情感，以及如何有助于他朝着自己的目标前进，我仍然可以说服他们。

二、正义社会的核心价值

对于我们要设想的社会，我们首先可以说的是，它们并不仅仅以经济增长为目标，并且它们也不认为人均 GDP 的增长是衡量其生活质量的唯一指标。相反，它们代表人民追求各种各样的目标，包括健康、教育、政治权利和自由、环境质量，以及其他许多方面[5]。我们可能会说，它们的目标是人类发展，这意味着人们有机
119 会过上富裕而有意义的生活。有时候，GDP 可以很好地代表人类的各种机会，但它充其量只是一个代表，而且并非总是这种好的代表，尤其是在一个国家存在着巨大的贫富差距的时候。

此外，它们为了每一个人而追求这些目标，并认为每一个人都是目的，而绝不仅仅是达成他人目标或目的的手段。换句话说，它们不会认为，为了创造一个更大的总数或平均数而让一群公民过极其悲惨的生活是恰当的。它们也不会认为，将男性视为公民而将女性视为一种公民的支持体系是恰当的。权利和收益的分配非常重

要。正如约翰·罗尔斯所说，“每一个人都拥有一种基于正义的不可侵犯性，即使是整个社会的福祉，也不能凌驾于其上”[6]。

但是，如何理解“每一个人”这个说法呢？在一些国民生活质量的观念中，人们仅仅扮演满足的容器这一角色。我们的社会关心满足感，但也关心其他各种各样的事物：选择与行动的机会，相互性与情感的关系。因为它们很清楚，不正义的背景条件往往致使人们向下调整自己的偏好和满意度——形成经济学文献中所说的“适应性偏好”（adaptive preferences），所以它们并不认为，偏好的满足是社会运行良好的可靠指标[7]。

我们的社会之观念的核心是**人的平等**这一理念。所有人都有平等的价值，并且这种价值是固有的或内在的：它不取决于与他人的关系（比如作为 X 的妻子，或 Y 的奴仆）。这种价值是平等的：正是由于其人性，所有人都应得平等的尊重或关照。虽然过去的一些观念认为，这种价值取决于拥有某些特定的能力，比如理性的能力，或做出道德选择的相当复杂的能力，但我们的国家并没有这样说。它们意识到，人性以多种形式呈现，而对于有严重认知障碍的那些人，我们不能仅仅因为他们只有很低的计算能力或没有计算能力，只有很低的道德能力或没有高级的道德能力，就认为他们不算完整的人或不算人[8]。也许他们缺乏这些能力，却拥有情感和快乐的能力，或拥有对美的感知和回应能力——“这些能力不如计算能力那样配得上我们的人性”的说法是令人反感的。如果我们把注意 120
力集中于这类情形，那么唯一不令人反感的说法就是，人类父母的任何孩子，只要有某类能动性或奋斗能力（也就是说，不是无脑的或永久植物状态的)，就在价值和权利上与其他每个人都是完全平等的。

我们可以用一个引起共鸣的常见观念来把握上述想法，这是一个在许多国际文件和国家宪法中起作用的观念：平等的人类尊严的观念。这是一个正确的观念，因为它表明了平等的内在价值与作为平等尊重的对象——但我们应该谨防对尊严采取这样的用法，即好像它是一个直觉上不证自明的概念。到目前为止，我们可以从生命伦理学的争论中看到：尊严这一概念并不是不证自明的；并且，它常常被用来终结争论，而不是被用作进一步探究的引言。人的尊严概念应被理解为观念与原则谱系中的一员，这些观念与原则相互支持并作为一个整体而得以证成。尊严与尊重这一观念紧密相联，但它只有在其作为组成部分的整个系统中才能得到充分明晰的理解[9]。

处于政治观念核心的人的观念既包括奋斗，也包括脆弱性。人类不是命运打击的仅仅被动的接受者。相反，他们是这样的积极存在者：他们追求目标并寻求富有活力的生活。然而与此同时，他们在很大程度上是被动的，意指命运的打击会对他们产生某种结果，会严重影响他们的生活质量。换句话说，我们的国家从一开始就拒绝斯多亚派的如下观点，即在人类生活中唯有重要的善事物才始终是完全可靠的，命运或他人的干预也不能使之有所增减。为了生活得好，人们需要食物、关怀、保护和多种营养。人们还极其需要受保护的活动领域，比如宗教自由和言论自由。那么，拒绝给人们提供这样的支持，就并非微不足道的，而是极具破坏性的。即使像这样被剥夺，人们也保留着人的尊严，因为这是不可剥夺的；但是，在缺乏适当的支持与关怀的情况下，人们将无法过上与人的尊严相配的生活。

主体性与支持是相关联的：正是由于其活动与奋斗能力，人类才有资格支持自己的脆弱性[10]。

这里出现了一个微妙的问题。一方面，对于其独自无法做到的 121
许多事情，人类彼此依赖，而由关怀和支持组成的这些关系本身是含有尊严的。此外，公民在其生命的很大一部分时间里都生活于一种不对称的依赖关系中：童年、老年（如果寿命够长的话），以及因意外事故或疾病而导致的能力受损时期。有些公民一生都有严重的障碍。我们的社会认为极其重要的是：要尊重那些有身体和认知障碍的人的平等的尊严，并尊重所有公民至少在其生命的很重要的一部分时间里都生活于其中的那种关怀关系。因此，去除附着于依赖之上的耻辱和污名将是这些社会的一个主要目标。另一方面，这并不是说独立性和主体性不再重要。对残疾人和对其他人一样，独立性和对活动的选择都是重要的目标。在这个问题上取得恰当的平衡是一个微妙的过程，一个需要不断地辩论和倾听的过程。

我已反复谈到人类。我们政治观念谱系的某些成员确实只专注人。相比之下，我的观念是将所有动物都视为有权支持自己的主体性与奋斗。其他自由主义观念以其他方式纳入对自然界的关怀，有些甚至比我的观念更广泛（例如，赋予所有生物甚或生态系统权利）。尽管这些差异确实极为重要，尽管它们正确地塑造了一个国家将要鼓励和劝阻的情感剧目，但它们不是我在这一特定规划中的焦点，虽然我的许多例子都将表明如何可能培养对自然的关怀。

我在这整个规划中要考虑的社会是有着各种抱负和目标的国家。从这个意义上讲，**国家主权的道德特质**（我在其他地方做出了论证）[11]从一开始就被植入了这一观念。这样一个承诺对政治情感具有相当大的重要意义，因为许多常见的政治情感都以民族国家为中心，并包含对其防卫和繁荣的承诺。与此同时，国家也有自己的抱负，这些抱负包括对跨国领域的承诺。我们的各个国家都意识
122 到，它们是一个相互关联的世界的成员，没有合作，它们的许多问题就无法解决。它们最紧迫的目标之一是世界和平，在追求这一目标时，它们将寻求国与国之间的公平合作条件。然而，它们对其他国家的承诺不会止于战争与和平问题。公民会明白，其他国家人民的生活水平和生活机会也是一个令人关切的问题，这不仅是出于和平与稳定的理由，而且是因为人民（本身）很重要。富国至少有一些义务支持穷国人民的发展与繁荣。如此看来，牺牲和同情不会终止于国界。正如马志尼所竭力主张的那样，国家是创造普遍人类关怀的一个支点。

对于我们这个国际大家庭中的所有成员来说，**平等的政治自由与公民自由**这一理念发挥着关键作用。所有公民都在与他人平等的基础上享有选举权、谋求政治职务权、言论和结社自由、宗教自由、迁徙与旅行自由以及新闻自由所带来的好处。对平等的这种承诺意味着，自由这一条件必须是对所有人都相同的，因而，一项看似中立却给某一特定宗教群体带来不平等负担的法律会令人质疑。少数群体有完全平等的权利这一承诺，会对多数主义（majoritarianism）构成制约。虽然这些权利常常被称为“消极的”，并且有时被认为仅仅涉及国家的不作为，但看看在任何一个现代民主国家中实现这些权利需要些什么，就会让我们消除这一错误想法。

对平等的同样的承诺延伸到一种对**正当程序自由权利**和对**平等的法律保护**的更为普遍的关切。这些几乎在所有现代民主政体中都很常见的承诺，往往对少数群体或传统上处于从属地位的群体来说特别重要，这些群体可以按种族、性别、民族、宗教或性取向来分类。所有社会都必须设法克服群体从属地位的历史或现实，无论这种从属地位是表现为奴隶制、宗教仇恨、种姓的形式，还是排斥妇女的形式。因此，所有人都需要培养有助于**平等的尊重和宽容**的情感，同时抑制那些不利于这些规范的情感。这样一来，所有社会就都有理由研究和应对诸如厌恶、羞耻和恐惧之类的情感。扩展同情这一“人文宗教”的目标很重要，但在通往平等的尊重与包容的世界的道路上，同情的狭隘性并不是唯一的甚或不是最坏的障碍。要 128
设法克服群体仇恨，就需要对偏见和憎恨的根源进行更深入的探究。

防止暴力和欺诈是所有民主社会的一个关键目标，并且对法律体系的发展而言是根本性的。愤怒和恐惧都是对伤害或损毁做出的反应，而我们这一谱系的成员可以赞同自由至上主义者的观点：暴力和欺诈是两种非常显著的损毁类型，社会有控制这两者的责任，其控制不仅通过法律而且通过适当地形成愤怒和恐惧。我们的社会通常会将这一承诺贯彻到家庭，从而懂得家庭暴力和性虐待是通往人类完全平等的最大障碍之一。

现在，我们的国家和它们的自由至上主义兄弟国家之间出现了显著的差异。我们的社会将保护所有人的权利，这不仅表现在政治和公民领域，也不仅表现在暴力和欺诈领域，而且表现在通常所谓社会的和经济的生活领域：健康、教育、体面的福利水平、居所和住房。再者，我们这一谱系中的国家在其承诺的性质与范围以及履行这些承诺的方式（通过宪法规定的权利、通过立法）方面会存在差异，但所有国家都将通过重大的再分配计划来设法降低物质不平等的程度，并主要通过一种公平的税收制度来实现该计划。它们所进行的再分配比其自由至上主义兄弟国家多得多，因而它们需要更多地关注同情的扩展来维持这些计划之所需，更多地关注对穷人有害之刻板成见的消除。它们还需要减少竞争性嫉妒，并提防任何会让某一公民群体难以从其他群体的命运中看到自己命运的情感力量。

遏制嫉妒的任务因如下事实而变得更加复杂，即我们的社会并不以所有物质机会的完全平等化为目标。它们的确坚持使政治权利和公民权利平等化——没有人比其他人获得更多的投票权，或更多的宗教自由——但在财富和收入以及它们所提供的机会方面，它们确实允许一些不平等继续存在，以便激励奋斗和创新，从而提高整个社会的水平。约翰·罗尔斯只允许那些会提高最不富裕者的收入
124 和财富的不平等[12]。但他也承认，其自由主义正义观念谱系的其他成员会有不同的分配原则。我的能力路径为所有人设定了一个充足的机会门槛——包括在政治和公民活动领域的充分平等，但这个社会一旦成型，就同时为处理超过门槛的不平等的进一步原则留出

了空间。其他社会将采取其他允许某些不平等的方式，虽然同时会大大削弱这种不平等，并让那些处于底层的人维持一种体面的福利水平。在所有这些情况下，社会必须在与情感有关之处进行微妙的平衡行动，甚至允许在某种程度上鼓励竞争性情感，但要防止它们破坏社会对其所有成员福利的承诺。

在我们社会的社会和经济承诺中，教育和健康是关键，因为公民如果没有通过教育来发展其能力并得到足够的医疗保健网络之支持，那么就很难从事其他计划。社会以许多不同的方式履行这些承诺。

教育是一个目标，但也是一个机会。当社会对教育做出承诺时，它也在对自己未来的稳定做出承诺，这种稳定不仅在于经济事务，而且在于对其政治目标的追求。因此，就产生政治上适当的同情以及阻止仇恨、厌恶和羞耻的不适当形式而言，教育将成为其主要场所之一。

三、一种批判性文化

我们的国家致力于培养政治情感，这些情感会支持其所珍视的目标。但它们也鼓励富有活力的批评和辩论。对于自由价值的稳定性来说，一种保持警醒的批判性文化确实是个关键。对情感的富有活力的培养与对开放的批判性空间的保护，这两者是可以共存的，尽管这种共存有时并不稳定。

只考虑一个例子，即美国的种族关系。到目前为止，美国不仅通过法律和制度解决了种族歧视问题，还通过公开庆典、修辞、象征主义、艺术以及各种各样具有说服力的情感策略来解决这个问题。然而，批判也在几个显然不同的层面盛行。首先，即使是那些
125 公开支持种族主义原则并且想要改变我们社会的法律与宪法承诺（重新实行种族隔离甚至奴隶制）的人，也可以自由地说出自己的想法并提出其论据。与许多国家不同，我们的国家保护种族主义言论［如伊利诺伊州斯科基（Skokie，Illinois）的新纳粹主义（neo-Nazi）游行示威者的言论，或三 K 党（Ku Klux Klan）的集会］，除非它是针对个人的恐吓性言论。我们这个国家谱系中的一些国家可能判定，鉴于它们的历史，这种非常广泛的言论自由原则超出了它们所能承受的范围。因此，德国已将反犹主义的（anti-Semitic）言论与政治组织定为非法；由于有那样一段历史，这样做或许是对的。但一般而言，对国家基本价值和目标的批评，应该留有让它们表达的宽广空间，并且这显然相容于对这些价值强有力的公共承诺。

人们在提出这种批评时会处于政治上的劣势，意指他们如果想要实现自己的目标，那么将不得不修改美国宪法；他们不能直截了当地制定法规，使非裔美国人成为一个下层阶级，或者再次提出种族隔离。他们在情感上也处于劣势，因为孩子们是在学校里长大，认为种族平等是一个非常崇高的政治价值，并且品行端正的美国人不是种族主义的；他们曾被马丁·路德·金的话语感动，被来自四面八方的赞颂种族进步和种族尊重的演讲感动。如果一些人想要鼓动自己的公民同胞去感受南方种族隔离地区（the Jim Crow South）

数百万美国人曾有的、一触摸黑人皮肤就厌恶的那种感觉，那么他们将很难成功。但是没有人会因这样的尝试而被控有罪。

另一个区域引起的争议要大得多，它涉及宪法保护的确切含义和范围。现在大多数美国人都同意，种族平等是一个值得珍视的目标，但对平权行动计划（affirmative action programs）① 是不是实现这一目标的好办法，甚或是不是一种可允许的方法，他们的意见分歧很大。宪法的价值通常是在普遍性水平很高的情况下被接受的，并且恰恰是这种普遍性保护着争论的空间。因此，即使有可能表明马丁·路德·金支持《平权法案》，且确切地说，是许多人觉得其言论的情感力量听起来是在加强他们自己对《平权法案》的支持，但也有相当多的人从金那里听到的完全不同，他们以他为榜样 *126* 激励自己迈向消除《平权法案》的目标。历史地看，一个群体是正确的，另一个群体则不然；但在不断进行公民论争的情境中，这种［事后历史的］判断就变得相对次要。可能有这样的美国人：他情感充沛而又忠诚，既热爱种族平等的总目标，却又反对平权行动，并在马丁·路德·金的生日那天举行这种反对活动。围绕金的公共情感文化并没有关闭这种论争空间，事实上它甚至没有把这样的人置于政治上的劣势。

最后，即使人们在总目标及其准确解释这两个方面都达成一致，他们在策略方面也可能大不相同，而公共情感庆祝活动也无法

① 平权行动计划（affirmative action programs），又译为“肯定性行动计划”或“赞助性行动计划”。20 世纪 60 年代，美国政府制定了《平权法案》（*Affirmative Action*），以消除因历史原因所造成的在性别、宗教、国籍或种族等方面存在的歧视，此计划的重点是在教育、商业和就业方面为黑人、妇女等处于不利地位的人提供平等的机会。

封闭这一空间。于是，两个强烈支持同性婚姻并怀着深情庆祝哈维·米尔克（Harvey Milk）① 生日（现在是加州的官方节日）的人，可能在利用法庭推进他们的事业是否明智这一点上产生强烈分歧，这种分歧不是由于原则，而是由于策略。其中一个人可能认为，法院在有争议的道德问题上做出反多数主义的判决会导致强烈反对，我们最好把这个问题留给当选的立法委员。另一个人可能会指出，游说团体对当选官员施加的政治压力，以及对那些在某种程度上不受这些压力影响的法院的敦促，能够在此类争议较大的事情上做得更好。情感上的一致并没有封闭这种争论空间。

的确，批判性思维和对我们国家的健康与稳定的不同意见是如此宝贵，乃至这些国家将像泰戈尔和甘地所做的那样，通过情感依附来努力培育批判性精神本身。当孩子们听到往昔英雄的故事时，他们会受到鼓励去爱并效仿那些敢于破除旧习的人，那些见义勇为的人。在学校里，他们可能会上演一出有关伯明翰公共汽车抵制运动（Birmingham bus boycott）② 的戏剧，或者他们装扮罗莎·帕克斯（Rosa Parks）的角色，因为她拒绝坐在公共汽车的后排，或

---

① 哈维·米尔克（Harvey Milk，1930—1978）是美国同性恋权益运动的代表人物，也是美国政坛第一位公开同性恋身份的政治人物。

② 据译者查阅，伯明翰公共汽车抵制运动（Birmingham bus boycott）应为两个彼此关联的运动，即蒙哥马利市公共汽车抵制运动（Montgomery bus boycott）与伯明翰运动（Birmingham Campaign）。1955 年 12 月 1 日，蒙哥马利市的黑人妇女罗莎·帕克斯因为拒绝在公交车上给白人让座而被捕。这一事件引发了蒙哥马利市市长达 13 个月的公共汽车抵制运动，并诱发了美国南部各地的抗议种族隔离主义的运动，后于 1963 年在美国南部最大的工业城市伯明翰形成了国内公开的民权联合行动，举行了大规模的群众游行示威活动。马丁·路德·金正是在领导这场运动时崭露头角。

者装扮米尔德里德·杰特·拉芬（Mildred Jeter Loving）的角色，因为她和她丈夫拒绝接受弗吉尼亚州对他们跨种族婚姻的定罪。正如我们稍后将看到的，公共艺术在许多方面增进了与意见分歧相关的情感。

当然，一个国家可以向另一个国家学习。理查德·阿滕伯勒（Richard Attenborough）拍摄的关于甘地生平的优秀影片，在遥远 127
的美国学校激发了讨论。然而，与印度的现实相比，这部电影有一个缺点，那就是它没有刻画出甘地运动内部由不同意见和批判性思维形成的充满活力的氛围：贾瓦哈拉尔·尼赫鲁尽管满怀深情地支持着甘地，但几乎在每一个重要问题上都要和甘地争论一番。

因此，在这两个国家，正如年轻人在接受教育的过程中所理解的角色那样，与“成为一名公民”紧密相关的观念是个人良知、异见和富有勇气的抵抗。就像其他价值一样，这种价值需要情感来维持它的稳定和繁衍。

四、政治自由主义的挑战

密尔和孔德都希望并且在某种程度上相信，传统宗教将被他们的“人文宗教”取代。泰戈尔不太反对现有的宗教，实际上他提出，通过合作与局部改革，所有这些宗教都可以加入人文宗教精神。这些宗教必须在某种程度上做出改变，以参与他所设想的这一合作性风险事业：它们都必须停止任何致力于宗教战争或仇恨的活动，它们也需要接受一些改革，例如在印度教中废除贱民制（untouchability）。但是，《人的宗教》以及泰戈尔的许多其他作品所描绘的图景是在一个将保留宗教多样性的社会中的某种演进，演进的指向是相互尊重和对某些共同原则的确认。在为所有人的共同权利和对所有人的平等尊重所规定的范围内，每一种宗教都可以继续珍视自身的仪式和神祇，甚或可以继续将自身宗教的超越性作为领悟之途来信仰（从而拒绝卢梭的神学宽容原则）。他的学校里盛行这种带有平等尊重的多元主义精神。学生们学习所有主要宗教的知识，并庆祝所有这些宗教的主要节日，而不是被教导说这些节日是一个引发分裂的宗教时代的不良遗物。尽管肯定禁止他们实行贱民制，或者说将伊斯兰教徒或基督教徒置于印度教徒之下，但没有对他们进行这样的告诫，即宗教是一种不良的社会力量。虽然泰戈尔没有长寿到能在这个新独立的国家就公民宗教提出政治建议，但有
128 证据表明，他会支持尼赫鲁-甘地的不确立（nonestablishment）政策、平等的政治和公民自由，以及这样一种政治文化，即接受宗教多元主义这一持续存在的事实，同时努力培养（政治的而非神学的）宽容性并促进共同的政治原则。

我们的国家对多元主义问题所采取的是泰戈尔的方法，而不是密尔和孔德的方法。我们的国家明白在自由条件下宗教的多元性并不会减弱，并相信对公民的平等尊重需要给予他们按照自己的方式寻求人生意义的足够空间，因而这些国家将不仅致力于充分的宗教自由（和平等的自由条件），而且也将致力于不确立，从而认为，将任何一种特定的宗教教义或世俗的整全学说确立为国家的指定教

义（the doctrine of the nation）都不是一种平等地尊重人民的方式。这种教义即使不是强制实行的，也是创建某一内群体（in-group）和各种外群体（out-group）的声明，并认为一些公民是与官方的国家教义一致的真正信徒，而其他公民则不是。密尔和孔德支持这种分级声明，因为他们认为现有宗教是人类进步的主要障碍。相比之下，我们的国家相信，约束是由平等尊重原则证成的。

我们的国家所持的观点是“政治自由主义”学说的一个版本，这个版本由于查尔斯·拉莫尔（Charles Larmore）和约翰·罗尔斯富有影响力的作品而逐渐为人熟知[13]。拉莫尔和罗尔斯认为，对公民的平等尊重要求一个国家不将其政治原则建立在任何一种特定的关于人生意义和根据的整全学说之上，不论这种学说是宗教的还是世俗的。政治原则应该是这样的，乃至有潜力成为所有通情达理的公民之间“重叠共识”（overlapping consensus）的对象，通情达理的公民就是那些将其公民同胞作为平等的人来尊重并准备遵守公平合作条款的公民。这里的观念在于，诸原则应该最终能够适配于（fit into）所有这些公民的各种整全学说，它们就像某个部件或“模块”——这些公民在支持其各自整全学说之其余部分的同时都会支持这个模块——无论这些公民各自的整全学说是宗教的还是世俗的，也无论其内容到底是什么。目前这种共识可能还不存在，但它应当是某种可行的未来可能性，并且我们应该能够设想出从我们目前所在之处直到达成这种共识之间的可行轨迹。

但是，只有在政治原则具备两个特征的情况下，才有可能达成 129
这种共识。第一，它们的范围必须是狭小的，涵盖核心的政治权利和政治结构问题，但不打算涵盖整全学说要处理的所有议题。因此，它们将避开有争议的形而上学的、宗教的甚至在某些情况下那些把诸宗教区分开的伦理问题，从而只处理那些涉及政治权利或公民地位的根本事务的伦理议题，我们希望公民最终能够就这些议题达成一致。第二，它们就其依据而言必须是浅显的：它们必须不为任何一套富有争议的形而上学的、认识论的或宗教的主张所证成。给它们提供的证成将是“独立式的”（freestanding），这意味着它不会附着于某个整全方案，无论是知识的还是价值的：其据以建立的基础将仅仅是那些对政治学说本身而言至关重要的伦理观念，比如对人的平等尊重观念、与人的尊严相关的观念。政治原则有明确的道德内容，尤其要包括平等的尊重这一观念；其目的不是建构一种纯粹程序上的政治或一种没有道德目标和道德抱负的政治。然而其希望在于，随着时间的推移，这些道德理想能够被持有各种不同宗教观与世俗观的公民接受，因为公民将把它们视为对其自由和平等的充分尊重。

政治自由主义并不要求，所有接受平等尊重和公平这些基本观念的公民都应该同等地发现，接受这样政治原则并不难。有时可能会出现紧张甚至严重紧张的状态，正如一个整全学说的不同部分之间当然也有可能处于内部紧张关系。其要求仅仅是，诸政治原则表现出对所有公民的平等尊重——这些公民被理解为各种宗教教义与世俗学说的持有者——并且要求，政治自由主义不应该建立任何一种学说。

不确立不仅仅是法律问题[14]。它还蕴含公共仪式可以是什么样子、公立学校可以教什么或要求什么，以及公共资金可以支持什么。（美国宪法中具有里程碑意义的案件涉及的恰恰是这类事情[15]。）

这样一来，政治原则就不能包含人文宗教或以之为基础。至少就其孔德主义甚至密尔主义形式来看，这一想法无论是其内容还是其根据都令人反感。孔德的宗教内容涉及各种各样有争议的形而上学和宗教观念，比如线性的人类进步观念和作为一种崇拜对象的人性观念。其宗教仪式以一种非常具体的反宗教方式解释了通常的人类事件，如出生和死亡。至于其根据，它依赖于摒弃据称已被实证主义证明的有神论；它也依赖于其他有关宇宙性质以及人类在其中所扮演的角色的实证主义学说。密尔认为，要在家庭和学校教导广泛的同情，并且如他明确声称的，大学课程中的审美教育可以强化广泛的同情——他的这些观念本身并不易遭受这种批评。但是，如果像密尔本人所建议的那样提出人类同情，即将其作为在后宗教的新时代之中有神论宗教的替代物，那么这就是不恰当的。似乎确实经得起审查的那种人文主义类型是泰戈尔的人文主义，它被理解为要求效忠于某种以人类平等和自由的理念为中心的公共核心观念；效忠于诸多伦理理想，这些理想可以被植入一个民族的政治原则，与此同时要有足够的空间来容纳对各种宗教人生观和世俗人生观的追求，并且不让其中任何一种人生观附属于其他人生观。 130

泰戈尔的人文主义确实要求，主要的宗教要接受一些严肃的审查，并且它对种姓的拒绝可能被一些人认为是干预性的。但是美国的种族和印度的种姓非常相似。美国宪法（如目前所诠释的）以一种非常强烈的方式支持种族平等。基于平等的理由，授权实行种族隔离的学校的法律和禁止跨种族婚姻的法律已被宣布为违宪。在印度，宪法同样禁止实行贱民制。因此，在这两种情形下，基本政治原则都包含一种平等的道德理想，这一理想当时肯定并不是所有主要的宗教都接受的。然而，随着时间的推移，政治原则已经发挥了一种规范影响力，今天美国没有任何一个主要宗教团体将种族等级制甚至种族隔离（这曾经一直是等级制度的一种形式，但并不总是这样来表现）作为其宗教理想中的一个关键元素来捍卫。同样，在印度，尽管种姓歧视继续被广泛践行，但宪法规范已发挥其影响力，即便是保守的印度教徒，今天也不会公开捍卫贱民制。正是通
131 过这样的方式，“重叠共识”才得以成型：在公共领域禁止某些惯常做法，而随着时间的推移，这一禁止和其他论据与其他社会力量一起，引领人们重新思考其整全人生观的诸要素。

那么，政治原则、仪式及其产生的艺术作品有多强的侵扰性呢？当然，这仍然是一个备受争议的问题，因为许多美国人反对他们在我们的许多公共纪念活动中发现的“政治正确性”。在今天的美国，种族隔离确实很难在任何大型设施中实行，而公共情感的构建与对种族主义面孔的强烈反对有很大关系。然而，如果认为这里没有为“追求与政治规范相悖的理想”的私人选择留出空间，那可就错了。首先，言论与结社自由会受到精心保护。重叠共识并不要求，在整全观点和政治观点之间没有紧张关系。大多数人都接受并容忍其信念体系中至少有些部分处于紧张关系，并且他们仅仅由于

其对规范一致性的信奉程度才受到约束。

但是，对这种持续的紧张关系的思考会提醒我们，孔德和密尔有一个优势。他们的政治观念没有充分尊重人民的平等和自由，从这个意义上看，他们在伦理上是不正确的。但我们一旦考虑稳定性就可以看到，与我正在捍卫的那些思想相比，他们的思想有一些优势。如果你觉得，任何学说只要导致紧张并与全面支持你的政治理想的学说冲突，你就有权取而代之，并且如果你成功了，那么你的政治理想就可能比一个国家这样的各种理想更可靠——后者的这些理想巧妙地容纳属于许多不同宗教和世俗观念的主张，其中一些观念与该国的政治原则处于紧张状态，尽管这些观念的追随者确实接受这些原则。如果整个社会及其主要的宗教学说被统一地引向同一方向，那么这对于一套政治规范来说当然是有利的。但由于平等的尊重之故，我的观点选择以放弃这种有利条件的方式来展开。这样一来，它将不得不容忍更高程度的紧张关系，社会将不会发生革命，人民也不会变为政治理想的可靠推动者。虽然我们希望他们会热情地支持它，而不仅仅将它作为一种权宜之计，但他们可能犹疑不定，并容忍有分歧的忠诚。即使在已经实现良好秩序的社会中，132
罗尔斯也承认，这种紧张关系可能持续存在；在我们这些渴望但尚未实现充分社会正义的社会中，这种情况会更严重。这样的行为场景会从作为一个全面而整体的社会转换到政治领域本身，又转换到那些使其理想在多元化世界中占优势的策略。

政治领域如何实施其政治理想？即便是在政治领域与社会其他领域（罗尔斯称之为“背景文化”）之间做出强有力区分的“政治

自由”观点之中，也容有在法律强制与非正式说服之间做出区分的空间。核心政治价值，比如种族平等，可以而且应该被强制实施。此外，随着时间的推移，这一事实本身就具有说服力，因为非法行为不仅可耻，而且会受到惩罚；并且，人们有强烈的动机去培养其子女心甘情愿地遵守法律规范。但公职人员也可以使用说服手段——既鼓励对法律规范的支持，也鼓励使这些规范变得稳定的更一般性的思维习惯。当美国国会把马丁·路德·金的生日定为一个重大节日（最终击败了对该计划的强烈反对）时，当全国各地的领导人参加该庆祝活动时，他们是在用说服的方式来支持现有的宪法规范，但他们也是在激励这些规范背后的更一般性的情感态度，并帮助这些规范获得更大的稳固性。

在这个过程中，政府官员必须避免做出这样的暗示，即政治规范产生于某一种而不是另一种宗教观或世俗人生观。原则上，废除种族隔离和种姓歧视应该以独立于任何特定宗教观的论证来捍卫。一旦我们考虑到情感，宗派主义和不经意间的确立①，其危险尤其之大，因为情感会对记忆产生反应，而记忆往往与宗教仪式联系在一起，而思维习惯又与这些仪式联系在一起。

然而，有时在极不正义的环境中，如果不用宗教意象使人们产生共鸣，可能就无法动员变革所必需的力量。当甘地利用印度教的苦行主义传统来象征兄弟情谊和人类尊严时，他冒着暗示印度主要代表印度教徒的危险。他相信，为了说服印度教徒赞同一种印度教

---

① 此处的“确立”意指确立某一宗教、宗派主义或某种学说为政治规范或政治政策的基本价值。

所需的全新观点，他需要这样做；但他明白，由于已经做出这个选 133 择，他就有责任抓住一切机会，让穆斯林和基督教徒参加他的仪式表演［比如他在孟加拉的绝食至死（fast unto death）活动中，当他从一个穆斯林毛拉纳·阿扎德（Maulana Azad）手中接过第一口食物时］。同样，马丁·路德·金利用犹太-基督教传统中的先知意象来取得有影响力的效果，而要不是有这样的表达，就很难想象他能够达到同样的情感效果。他冒着宗派主义的危险——但他似乎意识到了这种危险，因而煞费苦心地表明，他激励人们迈向的理想是所有美国人的理想。

因此，与公民所持的整全学说相比，公共情感应当既狭窄又浅显。为了一些紧急的目标，他们可能偶尔会利用其中一种学说的深度和反响，但最好立即通过致力于多元主义和平等尊重的方式来抵消这一姿态。题材的狭隘性意味着，人类生活的许多领域——悲伤、恐惧、厌恶以及其他情感于其中起作用——将根本不会成为政治教化的论题。因此，我们可能感到疑惑的是，政治文化最终能否就这些情感提供有趣或深刻的言行。然而，它需要这样做，并且它最好尽最大可能解决宗派主义这个问题，因为许多极其有害的政治倾向，其根源形成于儿童时期以及家庭之中，在于人们所形成的关于身体、自我与他人的形象之中。单凭法律并不能解决种族反感和对生理上被玷污的恐惧，也不能仅仅通过禁令来避免政治领域的反感。惠特曼和泰戈尔明白，他们社会中的种姓和性别问题要求我们思考并公开谈论身体和其性爱倾向与局限，以及其必死性。最后，政治分歧的根源是广泛的，这些分歧不论是造成麻烦还是有望提供支持，情感的培养者都应该努力接受它们，与此同时又要尽量避免宗派主义。

有时，我们要提出的观点（从而遵循凯鲁比诺和包尔人）将与主要宗教目前所持的那些观点处于某种紧张关系中。情况看上去会是这样的：在这样的情形中并没有避免宗派主义危险。但公共文化是一种对话，它是动态的——因此，随着时间的推移，就像种族和种姓的耻辱一样，我们希望有可能消解这些更为一般性的紧张关
134 系。对种族隔离和贱民制的质疑一度看上去带有高度的宗派性质，但今天似乎很清楚的是，那些主要的宗教无需这些承诺也能持存并繁荣。在某种程度上，我们关于厌恶和身体的议题也已被超越：在大多数现代社会，对身体的羞耻感至少在逐渐淡化。平等的人类价值或尊严这一观念也与某些宗教所持的关于人的观念［例如加尔文主义（Calvinism）］处于紧张关系中，但这些观念似乎并不是令人反感的宗派主义的或拥护国教主义的（establishmentarian）；事实上，在一个肯定人的尊严和平等人权的国家，即便是加尔文主义似乎也有可能得以蓬勃发展。美国的大多数新教教会（Protestant church）不再一门心思地专注于人的卑微性或无价值性，但它们却可以在肯定公共领域中人的尊严的同时这样做，只要学会接受并容忍这种紧张关系。就厌恶而言，同样的可能性仍然存在：一个人可以认为，对于使一个群体屈从于另一个群体的那些法律来说，厌恶是一个坏的依据；但与此同时，他还是允许厌恶来引导自己私人行为的多个方面。就性爱倾向和身体的动物性方面而言同样如此：出于政治目的，我们采取的观点是，我们的身体呈现（embodiment）

是我们人类尊严的一部分。我们可以（本着泰戈尔的精神）给超越纯粹人类的传统观念提供一种政治解释，这种解释关注的是超越不正义与实现正义的志向；至少在政治情境中，它们不需要与排斥身体以及对身体的厌恶之间保持关联。

至于浅显性，情感的政治文化不应该靠利用神学的或形而上学的传统来支撑自己。但是，如果说它不能利用经验心理学、灵长类动物学中对人与动物之间关系的研究，以及历史学和社会学中关于偏见的研究，那就是完全没有理由的。唐纳德·温尼科特关于想象力和游戏的观念将对这一规划很重要，他不是形而上学类型的精神分析师，他是一名临床医生，并且非常注重经验。他的观念趋同于其他那些实证研究人员的观念。

五、制度与人民

公共情感是良好的政治原则的稳定之源，也是使其有效的动力之源。因此，它自然会专注于让人们在某些特定的情境中、针对特 135
定的对象（国家本身、其目标、其具体任务或问题、其人民）来体验某些特定的情感。但情感本身需要稳定下来。即使是最积极且最有益的情感，如经过扩展的同情，也可能非常不稳定，它会随着关注点的消长而消长。正如亚当·斯密（Adam Smith）正确地观察到的，人们可以被中国的一场地震深深打动，但很快又会因为小指的疼痛而转移注意力。仅仅以情感为根据来运行一项规模宏大的社会再分配计划，这种企图注定要失败。

一旦懂得这一限制，对某一特定困境感到深切同情的那些人就不仅会努力激活自己的公民同胞情感，而且会努力创建法律和制度，使他们的事业得以稳定。当你对穷人感到同情时，你把它看作慈善活动的时机固然挺好，但最好还是利用这些精力去创建一个合宜的税收体系和一套福利计划。情感以这种方式在两个层次上发挥作用。一旦法律和制度是相当公正的，情感就会支持它们。但情感也产生了改进那些法律和制度的动机。当这种情况发生时，我们可以说，这些制度本身就体现了对这些情感的洞悉。当密尔说法律的背后隐藏的是愤怒和怨恨时，他的意思是：法律体现了对个人怨恨体验的洞悉，这种体验通过反思而得以提炼，通过对所有人的同情而得以扩展[16]。税收和福利政策也是如此：它们体现了同情，但在某种程度上却比现实生活中的同情更稳定，也没那么容易受到诡辩的影响。

当法律和制度已经体现了对良好情感的这些洞悉时，它们就促进了那些相同情感的体验。因此，托克维尔（Tocqueville）评论说，比起欧洲的制度，美国的制度使人们彼此之间在机会和地位上更接近，从而促进了同情：当另一个人与自己差距不大时，从这个人的命运中看到自己的命运会变得更加容易[17]。同样，一项根深蒂固且让人习以为常的福利制度使人们更容易对遭受经济灾难的那些人产生同情，因为这项制度确立了这样一个原则，即这些人有权得到资助（比如说，而非归责于他们的懒惰）。比起一位安定且稳
136 定的、有安全保障的社会民主国家中的领导人，富兰克林·德兰

诺·罗斯福在“新政”之前的情感任务要困难得多。另外，正如新政计划随后的历史所显示的那样，好的法律和制度需要得到现实人们的情感的不断支持，并且需要防止不良情感的恶劣影响。

这项规划将专注于情感的作用，这种作用表现在促进某个在实现较充分的社会正义方面已做得相当不错的社会，进而给予其政治原则稳定性和驱动力。然而，我们永远不应忘记，情感体验往往以制度的形式而变得具体化，因为在许多情况下，只有这种正式结构才能解决人类情感总是容易产生的两个问题，即情感的消亡问题和偏袒问题。

注释：

[1] 这是泰戈尔自己翻译的孟加拉原文的英译本，只是我用“you”和“your”代替了“thee”和“thy”。一般而言，卡尔帕纳·巴丹（Kalpana Bardhan）较直译的译本能让人更好地了解这首诗歌是如何发挥作用的，但我觉得这首诗歌她翻译得有点儿笨拙。幸运的是，Bardhan（2008，p. 289）还提供了拉宾德拉纳特自己的版本。

[2] 参见 Devlin（[1959] 1965）。我在 Nussbaum（2004a）和 Nussbaum（2006c）中详细地讨论了他的论点。

[3] Tagore（[1932] 2012）.

[4] 关于罗尔斯的自由主义总观念谱系的观念运用，参见 Rawls（1986，pp. xlvii，6）。至于我自己的路径，参见 Nussbaum（2000b）、Nussbaum（2006a）、Nussbaum（2011b）。罗尔斯从未说过有严重认知障碍的人不是完全平等的人类，所以我认为在这一点上把他纳入是没有错的，尽管在我看来，他为处理残疾问题而阐释的原则不够好。

［5］我的能力清单：

人的核心能力

1. 生命。能够活到正常时长的人类生命尽头；不过早死亡，或不在一个人生命落到不值得活下去的境地之前死亡。

2. 身体健康。能够有良好的健康，包括生殖健康、营养充分、适当的安身之所。

3. 身体健全。能够自由地从一个地方移动到另一个地方，免受暴力侵犯，包括性侵犯与家庭暴力；有获得性满足及在生育方面进行选择的机会。

4. 感觉、想象与思考。能够以“真正的人”的方式，一种通过适当教育（包括但绝不限于识字、基本的数学和科学训练）获得见识与教养的方式，去感觉、想象、思考与推理。能够运用想象力和思维，这种想象力和思维是与体验和创作自己选择的作品和项目，与宗教、文学、音乐等相关的。能够在政治与艺术言论表达自由以及宗教活动自由的保障下运用自己的心智。能够有愉悦的体验并避免无益的痛苦。

5. 情感。能够对外在于我们的人与物产生依恋；爱那些爱我们、关心我们的人，为他们的缺席而悲伤；总的来说，去爱，去悲伤，去体验渴望、感恩和事出有因的愤怒。没有让一个人的情感发展受到恐惧和焦虑的妨害。（支持这种能力意味着支持人类协作的各种形式，而这些形式可以在其发展中被揭示为至关重要的。）

6. 实践理性。能够形成一种善观念并对我们的人生规划进行批判性的反思。（这就需要保护良心自由和宗教仪式活动自由。）

7. 归属。

A. 能够与他人共同生活并接近他人，能够识别并流露对其他人类的关心，能够进行各种形式的社会交往；能够想象另一个人的处境。(保护这种能力意味着保护构成和滋养这种归属形式的制度，还保护集会和政治言论自由。)

B. 有自尊与不屈辱的社会基础；能够被视为一个有尊严的人，其价值与其他人相等。这需要规定不基于种族、性别、性取向、民族、种姓、宗教和国籍的歧视。

8. 其他物种。能够怀有对动物、植物和自然界的关怀，并在与它们的关系中生活。

9. 玩乐。能够欢笑，能够玩耍，能够享受娱乐活动。

10. 掌控自己的环境。

A. 政治的。能够有效地参与支配自己生活的政治选择；有政治参与的权利，有言论与结社自由。

B. 物质的。能够拥有财产（包括土地和动产），并在与其他人平等的基础上享有财产权；有权在与其他人平等的基础上求职；有免于无理搜查和扣押的自由。在工作中，能够作为一个人而工作，行使实践理性，并与其他工作人员建立有意义的、相互承认的关系。

[6] Rawls (1971, p. 3).

[7] 关于适应性偏好的讨论，参见 Nussbaum (2000b, ch. 2)。

[8] 我的意思是，他们可能不能对目的进行分级与排序，甚或不能区分为目标本身而追求目标与将目标作为一种工具性手段而追求。

[9] 罗尔斯有一个类似观点［Rawls (1971, p. 586)］。至于我自己的观点，参见 Nussbaum (2008a)。

[10] 关于非人类动物，我在 Nussbaum (2006a) 中说了相同的话：因为它们有奋斗与活动的能力，所以我们对它们有正义的义务。我不认为我们对

植物有正义的义务，尽管我们可能对它们有其他类型的义务。

[11] 参见 Nussbaum (2006a)。

[12] 关于他的差异原则的不同表述，参见 Philippe Van Parijs (2003) 中的仔细研究。

[13] Rawls (1986)，Larmore (1996). 关于我自己的观点，参见 Nussbaum (2011a)、Nussbaum (2011b)。

[14] 参见 Nussbaum (2011b, p. 35)。我在那里讨论了国家作为一种宗教机构形式所表现的从属关系。

[15] 关于更多具体学说的细节和复杂演化，参见 Nussbaum (2008b)。

[16] Mill ([1863] 1987, ch. 5).

[17] 参见 Tocqueville ([1835] 1966, vol. 2, part 2, ch. 4)。

第六章　同情：人类的与动物的

我觉得我可以变成动物，与它们生活在一起，
它们是那么平和，那么自足，
我伫立在它们那里，久久地凝视它们。

它们不会忧虑，也不会因自己的处境而哀号，
它们不会夜不能寐，也不会为自己的罪过而哭泣……
没有动物会不满，没有动物会因占有外物的狂热而痴狂，
没有动物会对另一个动物屈膝，即便是面对千年前的同类，
在整个尘世，没有动物是可以被尊敬的或不快乐的。
它们于是显示了它们与我的关系，而我接受它们，

它们给我带来了我自身的诸种标记，以其拥有而平实地显示之。

——沃尔特·惠特曼，《自我之歌》

一、心理与正义

137 我们所想象的国家渴望正义。这个国家的人想要知道情感将如何有助于他们的工作，如何激发好的政策并使之稳定。而对于那些会白费他们努力的情感，他们也想要阻挠，或者至少控制这些情感。但是，一个社会如果追寻这样的宏大目标，那么就必须对一些研究加以学习，这些研究可以揭示人性（就我们所知的人性而言）所能带来的资源和造成的问题。在我们可以开始考虑关于某些特定
138 情感的特定政策建议之前，我们需要根据我们目前知道的东西，对人仅仅是作为人类便固有的可能性和危险性有一种总体上的概览，一种我们可以在之后以更大的复杂性对其特定情节进行充实的叙事。

由于我们的国家坚定地致力于政治自由主义，人们同意不将他们的政策建议建立在任何关于人性的普遍的宗教观或伦理观之上。不过，他们可以运用经验心理学的成果、动物行为的研究以及人类发展的临床观察结果。同样，他们认为没有理由不求助于富有想象力的文学作品来寻找人类生活的启示，尽管对其要带有批判性的警觉，因为文学作品往往会显示出宗派主义，对社会的目标和目的表

达出某种偏祖的宗教观或世俗观。

从其他动物开始是一个好的起点，因为动物会向我们呈现很多关于我们人自身的东西[1]。

二、动物的悲伤与利他

2010 年 9 月，在印度的西孟加拉邦，当象群正在横穿茂密森林中的铁路线时，两只幼象被困在了火车铁轨上。当一辆高速行驶的火车接近时，象群中的 5 头母象折返到小象周围，试图要保护它们。结果，7 头象都丧生了。（尽管限速每小时 24 英里，但当时的火车时速已经达到了每小时 43 英里。）象群中的其他成员则一直留在现场，守候着那些死去的与濒死的象[2]。

非人类动物也会关怀和忧伤，它们也会经历同情和失去。它们会表现出一些似乎是被强有力的情感所激发的利他行为。到目前为止，我们对于这些动物行为的领域有许多了解，并且我们可以对支撑它们行为的情感做出有可靠根据的推测。通过研究猩猩、大象这些复杂的社会性动物的不同情感和情感行为，我们也对我们的动物性遗产有所了解，因此也能进一步了解我们当前的可能性。就如惠特曼所说，这些动物为我们“带来了”我们自己的“标记”，因而我们应当“接受它们”。

人类往往会否认这种亲缘性以及随之而来的进行学习的可能性。我们喜欢把自己看作“高于禽兽”。因此，我们往往参照那些

139 据称只有人类才有的特质来界定我们特有的人性。（理性？道德？与道德相关的情感，比如同情和爱？利他行为和牺牲？）当我们想到那些"更高级"的特质时，我们通常提到的是那些人类在较高层次上拥有的特质，而忽略其他物种在较高程度上拥有的那些特质。因此，我们提到计算能力，而不是空间的感知能力，或者听觉、嗅觉上的敏锐。并且，动物行为研究的历史被反复的否认毁损，即否认特定类型的非人类动物具备某些能力，而后来又被清楚地表明它们确实具备这些能力（例如，使用工具的能力，或者学习语言的能力）。

事实上，对于许多地方、许多时代的许多人而言，那种认为我们人类事实上是动物的想法，还有那些提醒我们这种亲缘性的身体分泌物和体味，是令人厌恶的。我们的祖先是猩猩的这种说法，已经足以使人们一想到与那些长毛且有臭味的生物有所联系便感到恶心了。乔纳森·斯威夫特（Jonathan Swift）笔下的格列佛（Gulliver）对"雅虎"（Yahoo）之兽性的厌恶便是十分极端的：在格列佛刚回到家中时，他甚至无法容忍他的妻子和孩子们的肉体存在，他十分强烈地厌恶"那令人讨厌的动物"味道，并且始终无法允许其妻子和孩子们触碰自己的身体，甚至自己的食物和饮品。然而，人类生活中的许多方面都建构于这种类似的厌恶，因而我们会洗去身体的气味，去除身体和脸上的毛发，用布掩盖我们的四肢［这是格列佛对慧骃们（Houyhnhnms）隐藏他和受鄙视的雅虎之间亲缘性的主要策略］，并且会特别留意去遮掩我们的生殖、排泄器官和活动。正是因为他的这些习惯是其所在时代的典型英国人（Englishman）的习惯，格列佛才不会被慧骃们认作浑身臭味的长毛雅虎。

对动物性的强烈厌恶并不是一种我们现在已经摆脱的老式情感。当约翰·厄普代克（John Updike）笔下的男主人公“兔子”①听到他那有缺陷的心脏瓣膜将被换成猪的瓣膜时，他感到一种强有力的厌恶。“你还以为自己是什么呢，冠军？”医生问道。“兔子”什么都没有说，但是他想：“我是独一无二的、有着不朽灵魂的神之造物，是一个承载恩典的载体，是一个善、恶的战场，是一个学徒天使”[3]——他给出了答案，这些答案是他从独特的基督文化中学来的，但也是以某种方式在人类历史中普遍存在的答案。当然，这种文化的一个有价值之处在于，它教会我们这样一种观念，即每一个人都拥有不可替代的独特性和尊严，而“兔子”的部分反思也 140
是我所赞同的。非常有问题的是另外一方面，即对身体之动物性的厌恶。人类作为“学徒天使”的图景使许多人不敢相信的恰恰是这一观念，即我们可以在关于猩猩和大象的研究中了解我们自身。他们认为从事这种研究就意味着否认灵魂，否认生命起源的宗教解释，甚至可能会否认道德自身独特的约束力量。

然而，研究并不意味着这些东西。研究工作只意味着尝试去了解，并且，提出这样一种建议，即我们通过在公共领域培养愚昧来保护人们的感受，似乎是不合情理的。再者，即便是研究人类与动物划分方面最好的理论家，也不会对灵魂持有宗派的或还原论的立

① 即厄普代克小说作品“兔子”五部曲（《兔子，跑吧》《兔子归来》《兔子富了》《兔子歇了》《记忆中的兔子》）中的主人公美国青年哈里·安格斯特罗姆（Harry Angstrom）。

场[4]。一种致力于某种人类尊严的共有道德的政治文化，如果避免就那些划分宗教或非宗教人士的议题所可能或不可能呈现之事物的不成熟推断，那么其政策就仍然能够立足于该领域的科学发现之上。

科学家们研究灵长类动物和大象，实验者们借助人类婴儿的研究进行相关的补充，这些研究可以为我们提供三类我们需要的理解方式。第一，我们需要一种能够把我们和其他动物联系在一块的共同基础——这种基础可能会被视为我们进化过程中的遗产，即那些惠特曼乐于接受的“自我的标记”，尽管我们确实需要把我们的研究扩展到一些和我们没有直接进化联系的物种（例如大象）上，因为对大自然多样性的理解本身就具有启发性。研究其他动物不单只是在研究我们自己的历史：就如同研究其他文化那样，这种研究也是具有启发性的，通过研究其他有智慧生命对世界进行组织的方式，其可以一种更清楚的方式为我们呈现我们自己。动物带给我们的一些“标记”给了我们机会，另一些则构成了限制。而研究动物的社会行为本身就是有价值的，因为这种研究构成了一种对我们自身动物性的承认，否认这种动物性就是虚伪的。

第二，通过比较动物的行为以及心理学家告诉我们的人类行为，我们可以开始了解到，人类在什么程度上和什么方面真的具有特殊性，是什么额外资源让我们拥有了猩猩所没有的道德行为。当
141 “共同基础”把某种限制呈现给我们时，例如有限的或具有偏倚性的同情，我们便可以追问我们具备了什么样的特殊资源去克服这一障碍。

第三，然而一项关于非人类动物的研究也提醒我们，某些畸形

和疾病也是人类特有的。就如惠特曼所提及的，过分的愧疚、疯狂的贪婪以及狂热的迷信。但是我们还可以增加一些其他的。斯威夫特所描述的充满厌恶的生活方式作为政治共同体之基础并不是很有希望——尤其是当我们注意到格列佛的叙事主题在偏见与歧视的历史中以单调的规律性反复出现时（拒绝和别人共用餐具或者厌恶女性那据说是肮脏的身体分泌物），就更是如此了。

也可以想一下，特奥多尔·冯塔纳（Theodor Fontane）① 的悲情小说《艾菲·布里斯特》（*Effi Briest*）的结局所呈现的那些特属于人的缺陷。艾菲，一个生气勃勃的 16 岁女孩，被其父母嫁给了一个比她年长许多的男人，这个男人善良但缺乏幽默感，他带着艾菲住进了一幢位于北海（the North Sea）边上的阴郁洋楼。在那里艾菲又孤单又害怕，她放纵自己卷入一段与一位来访浪子（Lothario）的短暂婚外恋中，但很快她就因为愧疚而结束了这场婚外恋。当她的丈夫在柏林就职时，两人有了一个孩子，他们的婚姻开始变得幸福美满——直到大约八年之后，她的丈夫发现了一个笔记，那是她多年前婚外恋的铁证。即使他想要原谅艾菲，但他觉得男人尊严的准则要求他与她断绝关系，并与她的情人进行一场决斗，他杀死了那个情人。艾菲的父母，因为害怕与堕落女人来往的社会污名而拒绝接受她，直到她的生命即将结束。艾菲死的时候，她的父母不能哀悼她。只有那只忠诚的纽芬兰犬洛洛（Rollo），对堕落女人或者社会污名一无所知，直到最后还爱着艾菲，它悲伤地

---

① 特奥多尔·冯塔纳（Theodor Fontane，1819—1898），19 世纪德国杰出的批判现实主义作家。

躺在艾菲的坟墓上。艾菲的父亲隐约觉得这只小狗比他们更好。他问自己的妻子：这只小狗的天性是否比他们不可靠的判断更健全？父母之爱在大体上是好的，但是他们的父母之爱被社会习俗隔断了，这种社会习俗把艾菲描绘为“坏”女人，并认为一个“坏”女人活该遭遇不幸。他们的心被冻结了，而小狗的心却没有。

在描绘这对父母被扭曲的感情时，冯塔纳从一开始就在引导其读者养成像洛洛那样的性情：不妄加判断，对那些关于女性情欲的社会规范持怀疑态度，并且专注于她们实际的痛苦。该小说的整个
142 结构是一种锻炼，让人们学着成为一只动物，学着像一只动物那样无条件地去爱，但（同时）具备人类的推理和社会批判能力。

像冯塔纳那样，如果聚焦于同情，不管是非人类的还是人类的，我们将找到以下三个问题的答案：我们的共同遗产是什么？我们拥有什么额外的可被证明为有用的能力？和其他动物的比较到底给我们呈现了什么必须被避免的缺陷？

似乎从一个具有明显共性和重叠的领域开始是最好的，这个领域就是同情的经验[5]。这种情感在最开始便对我们的规划很重要，但密尔和泰戈尔，我所遵循其指引的人，却没有对同情做出仔细的分析。因为，他们并没有阐明人与动物之同情的不同要素，他们也没有办法对其适度扩展做出有针对性的规定，或理解扩展它的阻碍。

三、同情：基本结构

我们必须从一些定义开始。我所指的“同情”是一种指向（一

种或多种）其他生物的严重苦难的痛苦感情。一般而言，在一个漫长的哲学传统中，对于人类拥有这种感情时通常所涉及的想法（thoughts）［人们］都会有所共识[6]。根据我的解释（某程度上认同这种传统，某程度上批判它），同情包含三种作为必要成分的想法[7]。在之前的研究中我把这些想法称为“判断”（judgements），但同时我也强调“判断”这个词并不完全合适，因为我们并不需要将这些想法视为语言上被表述的或可表述的。大多数动物都可以辨别其环境中的物品是好的还是坏的，而这就是当我们把种种（如我所定义的）情感归因于动物时所说的所有东西[8]。我首先列出适用于人类的条件，随后我们将追问这些条件能在多大程度上扩展到动物的同情上。自始至终我论及的都是“想法”而不是“判断”，以标示这样一个事实，即大多数动物情感和人类情感都涉及（对某种对象或某种情形好的想法或坏的想法）组合和预测，而不涉及语言上可表述的命题。

第一是某种**严重性**（seriousness）的想法：在经历同情的过程中，感受到这种情感的人会认为其他人正以某种严重且非同寻常的方式遭遇不幸。这种评价往往是，也应当是，体验到这种情感的人 143
从一种外在观察者或评价者的视角所给出的。我们如果觉得遭遇不幸者只是在无病呻吟，我们将不会同情他们。（例如，我们如果认为富人应该纳税是完全正确的，那么就不会同情那些因纳税而痛苦的富人。）另外，我们如果认为某个人并没有意识到其境况非常糟糕（例如，一场意外使人失去了高阶的精神机能）[9]，那么就会同情这个人，尽管这个人并不认为他的境况糟糕。

第二是无过错（nonfault）的想法：我们如果认为一个人的窘况是其选择的或者自己造成的，那么往往就不会对此感到同情。这种想法并不是一个对于所有种类的同情都必要的概念条件，因为存在着一些形式，这些形式在人和动物的事例中都有所呈现，而这些事例并不涉及任何责任评定。但是，在大多数成年人类同情的常见形式里，这是一种概念要素。在同情中，我们表达的观点是，至少有很大一部分的困境是由那个人不应受责备的方式造成的。因此，亚里士多德认为，对悲剧中的英雄人物感到同情即是把他视为无可责备的（anaitios），对其落败没有任何责任[10]。当我们认为某个人让自己陷入困境时，这种想法似乎会抑制这种情感的形成。因此，坎迪斯·克拉克（Candace Clark）在其出色的关于美国人同情的社会学研究中强调[11]，许多美国人并不会对穷人感到同情，因为他们相信穷人是因其自身的懒惰和不努力而贫穷的[12]。即使当我们确实对那些我们责备的人感到同情时，同情和责备往往应对的也是这个人处境的不同阶段或者方面。因此，我们如果认为一个罪犯成为那一类犯下罪行的人这一事实在很大程度上是各种社会因素的结果，就可能会因其犯罪行为而责备他，但同时又会同情他。

责备有许多类型，与之对应的则是不同的过错种类：蓄意作恶，应受责备的粗心大意，诸如此类。这些将在不同程度上去除同情。而人们对于其所处困境的责任，作为事件整体成因中的一个因
144 果要素，也有可能或重或轻。在许多这样的情况下，我们仍会感到同情，不过是以一种弱化的形式。由于同情仍然存在，它似乎至少部分地指向了一个人并不需要负全部责任的不幸成分。一个小小的

错误可能会引发严重的后果，包括与该过错完全不相称的苦难。

因而，传统中有第三个所谓必要的同情要素，也就是关于类似可能性（similar possibilities）的想法。有同情心的人确实时常会认为遭遇不幸的人和他（她）自己类似，并且生活中也有类似的可能性。正如卢梭在《爱弥儿》第四卷中所强调的那样，这种想法可能会起到非常关键的作用，它会消解一些由人为的社会分化造成的同情障碍。对于大多数人类而言，就如同卢梭所认为的，类似的脆弱性的想法可能是一种带来同情性反应的重要途径。但是，即使在最常见的成人同情心中，类似性这种想法作为一个概念条件也不是绝对必要的：原则上，即使没有将他者的困境看作与我们可能经历过的困境类似，我们也可以对他们感到同情[13]。我们对动物苦难的同情就是一个好例子：我们确实和动物有许多类似之处，但是我们并不需要这种想法才能明白动物遭受苦难是不好的，或者才能对它们有所同情。但是，就当前论证的目的来看，我们应当认为在防止和消解我们对自身的动物本性的否认方面，类似可能性的想法具有相当的重要性，因此这种想法的缺席象征着严重的危险①。

最后，在我看来必须要提及一个在传统中没有被提及的更深层次的思想：它就是我所称的幸福主义的思想（eudaimonistic thought）。这是一种判断或思想，将遭遇不幸的人或人们置于感受到同情这种情感的人的生活的重要部分之中。也就是说，“他们对我很重要：他们是我最重要的目标和计划之一”。就如我在第一章所说的，人的主要

---

① 即缺乏类似可能性的想法，我们就可能会否认我们的动物性本质，并会带来严重的问题。

情感始终是幸福主义的，也就是专注于行为者最重要的目标和计划，并且是从这些目标的视角出发而不是从某些非个人的有利视角出发去看待世界[14]。因此，对那些被视作对我们自身的福祉和其
145 他目标而言显著的损害，我们会感到恐惧；对那些在我们的计划中已经具有一定重要性的人，我们会对他们的损失而感到悲伤。

幸福主义并不是利己主义。我并没有主张说，我们的情感总是把事件和人们仅仅视为行为者实现自身满足和幸福的手段；事实上，我极力否认这一点[15]。但是，在我们关于生活中重要之事以及我们的繁荣概念的思想中，不管是潜在的还是明显的，我们对某些事物赋予了重要性，而那些在我们身上引起某种强烈情感的正是与这些事物对应的事物。这种重要性的想法并不需要总是出现在我们的同情反应之前；他者困境的生动再现就会引起同情，并且暂时将那个人移到重要之事的中心。因此，当人们听说发生了地震或者其他一些类似的灾难时，他们常常会十分关注被牵涉其中的陌生人的痛苦，而且在那一段时间这些陌生人对他们而言确实很重要。丹尼尔·巴特森（Daniel Batson）的一项关于同情的重要实验工作一再证明了这个说法：参与实验的学生被指引去富有想象力地倾听一个他们不认识的学生的困境故事，这时他们会体验到同情，并且当某种提供帮助的行动很容易实现时，这种同情会转而与帮助行为有所关联[16]。（而当学生被指引要忽略这个故事而只是考虑广播的技术质量时，他们就不会有同样的情感体验。）由此可见，关注某事至少会使之产生暂时的突显性。

但是，就如同亚当·斯密通过中国的一次地震这个例子所观察

到的那样，这种关注是不稳定的，很容易移回自身或者自己周遭的环境，除非更稳定的种种关切的结构被建立在这种关注之上，以确保人们持续地关心那个遥远国家的人民[17]。因此，任何一种同情的政治运用都有这样一个任务，即创造出稳定的关切结构，以广泛地扩展同情；但是，幸福主义告诉我们，这将需要在我们目前的关切和一个更广泛的关注圈之间架起一座桥梁，且这个关注圈仍旧能被识别为“我们”和“我们的”。

那么移情呢[18]？我们可以把移情定义为采取他者视角去想象他者处境的能力。因此，它不只是对于他者状态的了解（因为这种了解原则上可以在无须视角转换的情况下获得，例如由过去的事件推断而来）；也不同于设想自己处于他者的位置时会有什么感觉，尽 146
管有时很难做出这一区分[19]。移情不只是情感的传染，因为移情还需要进入另一个人的困境中，而这转而就会需要在自我和他者之间做出某种区分，以及需要某种想象性的换位[20]。

对同情而言，移情还不够，因为一个虐待狂可能会对他者的处境有相当的移情，并且利用这种移情去伤害他者[21]。律师也可能会利用目击者的移情，通过迷惑或挑剔目击者的证词来帮助他们的客户。一个演员可能会对其扮演的角色完满地移情，而没有任何真正的同情。[事实上，一个演员可能会充满移情地扮演某个他（她）拒绝同情的人，比如，这个演员相信这个人所遭遇的所有不幸都是自己造成的，或者认为使这个人不开心的所谓困境根本就不值得令他不开心。]

不过，同情常常是移情的发展结果。巴特森的实验显示，在其他事情不变的情况下，区分实验参与者们对悲伤故事有所同情和没有同情的重要变量在于生动想象的体验[22]。原则上对那些我们无法很好地想象，甚至完全无法想象其体验的生物，我们仍可以对他们的苦难感到同情。当然，我们还是需要通过某种方式使自己明白他们正在遭受不幸，明白他们的境况确实很差。但是我们可以确信，例如，各种动物都正在食物业工厂中遭受不幸，而这并不需要试着想象自己成为一只鸡或者一头猪会怎么样。因此，移情对于同情来说并非必要的。但是，通常而言移情是极其有用的。由于人类评估困境的能力并不是完美的，我们应当尽我们所能地去想象他者的困境，然后看看对于我们已经想象到的东西有何想法。

我们也应该同意，移情内部及本身就含有某些道德上有价值的东西，也就是说，对作为经验中心的他者的一种认知。移情性的施虐者是很坏，但是或许在完全没法将他者识别为一个经验的中心的情况下，还有更糟的事情[23]。

四、人类的同情与动物的同情

147 现在，我们处在一个要思考人类与动物同情的连续性和不连续性的位置。首先要说的是，就我们目前所了解到的，并没有任何非人类的动物有一种强健的（robust）过错与非过错概念；因此，人类会拒绝同情人和动物的许多基于过错的不幸遭遇，而动物的同情则可能会包含对这些情况的同情。动物会注意到痛苦，并且注意得十分敏锐；但是，它们不会形成"这个人并不值得同情，因其苦难是自找的"这种想法。这种不同我们可以在《艾菲·布里斯特》中看到。但是，我们还可以从那些在道德方面更引人注目的例子中看到这种不同：例如，当某个人因为挪用公款而被解雇时，我们并不会感到同情（或者不会十分同情），而如果这个人被解雇是因为雇主实行性别歧视或者种族歧视的话，那么我们就会感到同情。

并非所有的人类同情都会提到关于过错的问题。在此意义上，存在着一种与小狗洛洛的同情十分类似的人类同情，只关注痛苦而不去追问谁应当被责备[24]。小孩子一般就拥有那一种同情，就如卢梭在《爱弥儿》中所观察到的那样，他就小男孩的情感说道："是不是他们的过错不是他们现在的问题。他到底是否知道过错是什么呢？永远都别违背他的知识次序……"[25]（后来，爱弥儿确实学习了什么是过错，并且这是他社会成熟的重要基础，因为同情必须要被正义感管制[26]。）但是，卢梭在人类发展的进程中把过错感放置得太后了：关于过错的观念甚至存在于婴儿中。即使在过错这一个概念深深扎根之后，人们还是能够拥有这种更简单的同情。不过，关于过错的观念将时常阻隔这种更简单的同情反应，如同其在艾菲父母的那种情况下所发挥的作用。

这个领域的进一步研究可以表明，有些动物也有一些初步的关于过错的观念。在具有遵循规则以及偏离遵循规则之观念的意义上，这对某些物种来说似乎也是可能存在的，它们将会形成这样的观念，即认为某些生物因为违反规则而把自己带入困境[27]。但是，由于它们并没有这样一种观念，即认为可以选择去追寻某些目的而不追寻其他的，所以它们不大可能在区分适当与不适当的选择这种148 事情上有多大的进展。而因为动物们缺乏这些概念，所以动物们所能认为的“自找麻烦”的观念仍是一种十分初步的形式。

此外，人类与动物的比较应当集中在关于严重性、类似可能性以及我称之为幸福主义思想的观念上。弗兰斯·德·瓦尔（Frans de Waal）① 认为广泛的动物实验为我们呈现了各类同情性情感的某种层级关系。最简单或最基础的同情类型（我们应该说，在同情中的表现）是传染（contagion）。（并且，即使我们很难在实践中进行区分，我们也确实应当在这里对模仿的行为，或者行为上的传染，和一种更具内在性、态度性的感情上的传染进行区分，尽管感情上的传染可能会因各种其他方式而产生，但也可能会因为行为上的传染而产生[28]。）一种更复杂的同情类型则会包含他者视角获取（perspective taking）；而与此伴随的便是安慰（consolation），即表现对其他生物之苦难的关切行为，并且，当有可能的时候，还会伴随德·瓦尔称作目标性帮扶（targeted helping）的帮助行为，会从他者视角出发对其困境中的具体特征有所回应。视角获取也有不同程度之分，有可能是相对初步的，无法牢牢抓住自我与他者的区分。（例如，大多数猴子都只有这种程度的视角获取，而我们可能应该将狗也归为这种程度，因为狗能够呈现相当的同情但是却无法通过镜像测试②。）第二级别的视角获取则由于生物主体具有了自我的概念以及自我和他者的区分而变得更加复杂，因此能够通过

① 埃默里大学教授，灵长类动物学家。

② 即测试动物能否识别出镜中的像是自己。

镜像测试。大猩猩、黑猩猩、一些大象，可能还有海豚和人类，是在这个级别上。因此，即使我出于纯粹的兴趣将聚焦于大象的相关研究，我在大象研究中发现的东西，也同样能够在我们生物学上的近亲大猩猩和黑猩猩的相关研究中被发现。因此，我们既是在了解我们自身在进化过程中的遗产，也是在了解我们与其他生物之间的共性。当然，这一最复杂的级别在范围上会有所不同：有些生物只能对同物种的其他成员具有这些态度；而另一些则能对与之一同生活的生物具有这些态度，即使这些生物是属于不同物种的；还有一些似乎能够对远距离的并且与其自身很不相像的人和动物具有这些态度。

德·瓦尔借用了俄罗斯套娃的图景对此进行解释：最里面一层 149
最小的套娃即是传染，而外层大一些的则是复杂的同情，并仍将包含内层的情感。但是，这一图景多少带有误导的成分。因为它无法涵盖"外层"非同构于"内层"，且"外层"增加了新的材料（例如关于过错的判断）；也不能涵盖"外层"在事实上对"内层"的修改，就如布里斯特夫妇关于其女儿艾菲犯了过错的判断隔断了他们的情感传染，或者在一个开心一些的案例里，人们对于公平与不公正的判断，会阻断对一个从别人身上夺走了某些东西的"卑劣"之人或傀儡的同情。最后，这个图景并没有涵盖这些方式，在这些方式中更简单的或更原始的经验会存留或修改成年后的人的感情，就像在普鲁斯特（Proust）① 的小说中，马塞尔（Marcel）② 对他

① 马塞尔·普鲁斯特（Marcel Proust，1871—1922），20世纪法国最伟大的小说家之一，意识流文学的先驱与大师。

② 普鲁斯特所作的小说《追忆似水年华》中的男主角。

所爱的女人的那种成年人的同情，被那种孩子对舒适的原始渴望影响（并干扰），而这种渴望在成年后的个性中依然存在，无法消除。

让我们现在带着上述这些问题，考察动物同情/同感的三个不同案例，这些案例能够说明不同程度的反应，而这些不同程度的反应也可能会出现在人身上。

案例 A 2006 年的 6 月，麦吉尔大学（McGill University）的一个研究团队[29]给一些老鼠进行了一次疼痛的注射，使得这些老鼠痛苦地号叫和打滚。（注射的是一种醋酸稀溶液，因而没有长期的有害影响。）笼子里同时还有一些没被注射的老鼠。实验具有许多变化性和复杂性，但是关键在于，如果没被注射的不痛苦的老鼠，其所配对的痛苦的老鼠是它们之前曾一块生活过的，那么这些不痛苦的老鼠也会有沮丧的迹象。如果这些不痛苦的老鼠之前并没有和那些痛苦的老鼠一起生活过，那么它们就不会有同样的情感上悲伤的迹象。基于此，实验者们总结说老鼠的生活具有社会复杂性：对于特定的其他老鼠的熟悉会为某种情感传染进行准备，并且这种准备至少是先于移情的。

案例 B 在非洲的安博塞利国家公园（Amboseli National Park）里，一头年轻的雌象被某个偷猎者开枪打中了。以下是辛西娅·莫斯（Cynthia Moss）描述的其象群中其他大象的反应，一种在三个不同种类的大象那里都有的典型反应：

150 > 泰罗西亚（Teresia）和特利斯塔（Trista）变得抓狂起来，并且跪下来尝试把她抬起来。它们用自己的牙去托起她的身子和头。有一刻它们成功地把她抬升到一个坐立的姿势，但

> 是她的身体马上又倒下了。她的亲属们尝试了所有方法想要唤醒她，踢她或者用牙戳她，而塔露拉（Tallulah）甚至跑去采了许多草试图塞进她的嘴里。

然后，大象们将泥土撒到其尸体上，最终在离开前完全掩埋了她[30]。

案例 C 一天晚上，乔治·皮彻（George Pitcher）和艾德·科恩（Ed Cone）正在他们位于普林斯顿的家中看电视：一个有关英格兰某个患有先天心脏病的小男孩的纪录片。在多次药物治疗无效之后，这个小孩死了。坐在地板上的皮彻发现自己眼里蓄满泪水。他们的两条狗，卢帕（Lupa）和雷姆斯（Remus），马上扑向他，差点儿把他撞倒，并且带着哀伤的呜咽声舔着他的眼睛和脸颊[31]。

在第一个案例中，我们会看到某些可以被称为情感传染的东西，至少是行为类型的情感传染，那就是，看到他者的悲伤行为时表现出的悲伤行为。我们可以十分慎重地把这些行为归于这些老鼠的某些主观不适感，或许除了行为传染也有感觉传染，但是我们没有理由把老鼠们的这些行为归于任何复杂的移情想象活动，也没有理由将其归于任何复杂的想法，例如严重性或者类似可能性的想法。（因此，我们并没有看到德·瓦尔所说的“视角获取”、“安慰”以及“目标性帮扶”的种种回应。）

因为老鼠们的回应似乎并不包括某种将其他老鼠的处境定义为差的认知评估，我也不倾向于把这种回应称为一种真实的情感，即使这里可能包含了主观感觉而不只是模仿的行为。这个实验当然很有意思，它显示了一种看到他人痛苦时的自然反应，这当然是同情的先兆之一。（卢梭极其重视这种自然反应，他注意到，在这个方

面看到痛苦比看到幸福更具有威力，因此我们的弱点变成了我们与他者相联的来源。）显然，最有趣的特点在于这一事实，即老鼠因
151 它们所认识的其他老鼠的困境而动容，而对于它们不认识的老鼠则不会那样。这表明了一种令人惊讶的认知复杂性程度，以及某些像我所说的幸福主义判断的前身的东西。老鼠并不是在精确地思考：“这是我熟悉的伙伴，它们的命运对我而言很重要，而陌生人的命运则无所谓”——但是它们所具有的反应，至少是形成非常标准的人类思想的基础。（再者，在人类身上，这种想法时常会在没有充分表明的情况下影响行动，因此人类在这种意义上和这些老鼠差别并非总是很大。）它们具有关于这个世界的个人观点——至少在初步意义上——这个观点使得它们可以在不同群组的老鼠之间做出区分。

第二个和第三个案例相当类似，即使这两个案例有着显著的不同。我们在这两个案例中都可以看到对他者困境之严重性的某种意识。大象们显然意识到在它们的朋友身上发生了一些严重的事情：它们意识到她倒下的姿势是某些严重问题的征兆，它们愈发焦灼地尝试扶起那头大象，这一行为表明它们渐渐意识到问题是无法扭转的。我们可以把某种视角获取、安慰以及目标性帮扶归于它们，虽然这些都是徒劳的。

皮彻养的狗十分了解他；和大象一样，它们看到某些不寻常的事情发生了，并且看起来是严重的。要注意的是，严重性的想法反映了另一方所呈现的真实苦难程度；在人类形成这种想法的案例中则没有相同的可能性，人类会想：“这个人正在哀号和呻吟，但是

其困境并不是真的那么严重。”因此，如果皮彻是一个富人，但却因为要支付合理数额的税费而眼里充满苦难的泪水，他养的小狗卢帕和雷姆斯仍然会以同样的方式对待他。另外，如果皮彻正处于某种很严重的困境中而自己却没有意识到，因此也没有表露出痛苦，那么狗就不会同情他。狗的行为至少看起来包含了某种初步的视角获取；并且，其确实呈现出安慰和目标性帮扶的行为，因为狗熟知这一事实，即它们对皮彻充满爱意的行为是和皮彻所呈现的状况的改善联系在一起的。

这个案例在几个方面与大象们的案例不同。第一，狗的行为更个体化且更少以群体为基础：它们注意的是特定的人，并且它们并没有以群体的方式协调它们的行为。第二，它们的行为并没有涉及大象那样的复杂的视角获取能力，因为狗未能通过镜像测试。第 152
三，狗的行为对象是跨物种的，这反映出狗是共栖的物种，其进化中选择了高度关注人类行为，特定的人通常会被内置于它们的关注圈中。大象有时候会和人类建立联系，当研究人员乔伊斯·普尔（Joyce Poole）休完产假，带着她的孩子回到肯尼亚的象群中时，大象们上演了一场鸣叫和去污的仪式，它们通常用这种仪式来庆祝小象的诞生[32]。但是，这一行为说明它们把普尔视为自己群体中的荣誉成员，而不是把她视为群体之外的对它们的福祉很重要的一个个体。

回到皮彻和狗的案例中，皮彻对纪录片中小男孩的同情与小狗们对皮彻的同情有某种微妙的区别，因为前者是以一种无过错的想法为中介的，而后者并不是。皮彻提请人们注意这一事实：他是被一位基督教科学家母亲养大的，她认为孩子（或者其他人）总是应该为自身的疾病而受到责难，这是一种十分严厉的家教。成年后皮彻并不认同这些想法，他能够看出纪录片中的小男孩是其所处环境的受害者。我认为皮彻对这个纪录片的强烈反应可能会和他自己作为一个小孩时的想法有关，皮彻小时候由于患病总是招致责备而与同情无缘：在某种程度上，他是在同情儿时（没有得到同情）的自己以及缺乏关爱的经历。皮彻这本书的论点与冯塔纳的小说主题类似，即狗可以无条件地去爱——甚至都不提出关于过错的问题——而人却很难获得这样一种爱的能力；在这种意义上，关于过错的判断时常出错，并且能够阻隔同情，这对于他的整个分析而言是十分重要的。

接着，皮彻指出，关于过错的判断通常是一种缺陷，而动物在道德上显得更好是因为它们缺乏这种判断能力。但我们不应该完全追随皮彻的想法。狗有时无法在过错方面形成判断，这使得它们不顾残忍行为仍然保持忠诚。女性也时常体验到一种类似的判断过错方面的无能，并且她们对施虐者的判断失败可能成为一种非常严重的弱点。通常而言，对于居次要地位的群体而言，识别愤怒和责备
153 的理由可能是主张一个人平等尊严的一个重要部分。但是，尽管不完全依照皮彻而主张某种无视过错而无条件的爱的学说，我们也肯定能够发现，人类常常基于社会恶俗而错误地、仓促地发现过错——就如皮彻的母亲事实上所做的那样，把皮彻的疾病归咎于皮彻自身的过错。就那种程度而言，从动物身上寻求指导似乎是一个明智的做法。

现在我们转向幸福主义的想法。我们看到，与严重性一样，第二个和第三个动物案例之间存在着一些合理的相似之处。象群们认为它们的同胞雌象的福祉很重要，而它们的行为也表露出它们意识到这种重要性。类似地，在我开篇的铁路案例中，大象关于象崽们对其福祉的重要性表现出某种强烈的意识，以至于它们准备去冒致命的风险。幸福主义的关注圈很狭隘，集中于亲缘和最接近的群体。（有时候它似乎会扩展到其他种类的成员，比如大象们在认出其他种类的大象骸骨时会进行某种明显的仪式行为。）而对狗来说十分普遍的情况是，狗会认为其小圈子中的人类极其重要，它们会对皮彻的忧伤做出反应，却永远不会对一个陌生者的忧伤做出反应，无论这个陌生者是狗还是人。

鉴于大象最近已被证实可以形成自我概念并通过镜像测试[33]，我们或许应该断定，大象形成某种类似幸福主义判断的观念的能力比起那两只狗的这种能力要更为复杂：大象具有区分自我和他者的能力，至少比起那些不能形成自我概念的动物，大象能够在一种更大的程度上形成某种具备某些特定目标和目的的自我概念。

在我们的两个动物案例中，存在着某种类似于幸福主义想法的东西，但并没有理由假设这种想法具有很大的灵活性。大象会关心其他大象，尤其是同一个族群的大象成员，有时候也会关心其他种族的成员。这种关心通过长期的经验偶尔也会被扩展到某个变得像该族群成员的人类，就像普尔和她的宝贝女儿。狗则更标准地具有共栖性：事实上，狗根本不会对狗表现出类似的特定关切，反而更有可能把其认识和生活在一起的任何生物纳入关注圈，包括人、 154

狗，间或甚至包括猫或者马。但是，两个案例中的关注圈对论证或教育的反应都不是很敏感。我们不能期待大象能够学会关心其他非洲物种的生存状况；我们当然也不能期待食肉动物学会同情那些它们所捕杀的物种；并且，我们不能期待狗在没有长期相处的情况下使自己依恋某个人或狗。事实上，正如皮彻明确表明的那样，他的小狗卢帕和雷姆斯仍然认为其他所有人类以及大多数动物都是可疑的。人类的情况则具有（至少我们希望具有）一种比狗大得多的灵活性：人们可以学会关心那些因他们猎食动物而施加给动物的痛苦，可以学会关心那些他们从没见过的人所遭遇的不幸。

那么在类似的可能性方面呢？人类相当早就认识到，所有人类生命都包含了某些形式的脆弱性：身体上的脆弱和疾病、痛苦、损伤和死亡。事实上，卢梭相信人类获得这种认识的必然性是道德在反对等级和支配的战争方面所具有的巨大优势：不论何时，当特权阶级把自身视为凌驾于普通人群之上时，这种脆弱的、欺骗自我的阴谋都会快速地因生命自身而暴露。生命不断地在教导着我们人类平等：

> 人类并非天生就是王者，或者君主，或者侍臣，或者有钱人。所有人生来都是赤裸和贫穷的；所有人都会受制于生命的悲痛，受制于各种悲伤、疾病、需求和痛苦。最终，所有人都注定要死亡。这是真真切切属于人类的状况。这是没有任何人类能够豁免的。[34]

那么，第二个和第三个案例中的动物能够在何种程度、以何种形式形成这样的想法呢？

大象似乎很可能确实有某种关于死亡以及各种相关的坏事情的概念，并将其作为大象生活中的标准事件。它们对死亡的标准化且几乎仪式化的反应表明，它们对于作为一种物种的生命形式以及可以破坏生命（或增加生命，如孩子出生的案例中那样）的事件至少有某种初步概念。大象可以形成自我的概念，这一事实有助于形成该大象种类的概念：因为一个人如果没有认识到自己是一个有别于他者的单元，就很难认识到自己是某个种类中的一员。狗是否有这 155
样的观念不是那么明确，即使它们确实可以记得饥饿和痛苦的经验（受过虐待和创伤的小狗卢帕在看到棍子的时候总会颤抖），并且基于对这些经验的记忆，它们把这些不好的事件设想为自身未来的可能性。

五、着眼于动物：共有的与非共有的道德根基

从我们这些正在寻求正义之国家的视角看，人类同情方面的动物性遗产是有前景的，但也有明显的缺陷。它的范围很窄，相对死板，往往对陌生人怀有敌意，无法通过想象与远距离的人有所连接。再者，动物的同情并不包含对过错与无过错的区分，也没法就事物是否值得担心难过而做出审慎的评价。另外，动物似乎无法对目的进行分等和排序（或无法以一种反思性的方式进行），因此动物往往无法为了一个更具价值的目标而去抑制对欲望的满足——即使存在我开篇例子中所说的大象的利他行为，就像德·瓦尔所研究

的猩猩中的利他主义冒险行为一样，这些利他行为表明，动物行为中存在超出欲望之单纯满足的慷慨之举。

对人类婴孩的研究表明，人从很小的年纪开始，在社会学习之前，便已具备在这些方面进一步发展的条件。和许多动物一样，他们会显示出与某种模仿习性相联的情感传染[35]。但是他们很快就进展到了视角获取和移情：他们极小便擅长猜测人的心思[36]，并且很快就学会区分自己的痛苦和他人的痛苦：比起任何其他声音，并且比起他们自己哭声的录音，婴孩们更容易会随着其他婴孩哭声的录音而哭泣[37]。因此，可以说他们已经能够体验同情的情感了。他们 10 个月大的时候，自然而然地会做某些帮助与安慰行为，而到两岁的时候，他们伤害了某个人后，也会呈现出愧疚的迹象。（同样年龄阶段，女生比男生会呈现更多这一方面的行为[38]。）

156 最后，保罗·布鲁姆（Paul Bloom）的有趣发现证明，过错的观念以及基于此观念的情感调节在婴儿大约 12 个月的时候就已经牢固确立了。布鲁姆的实验表明，对于做助人行为和自私行为的玩偶，绝大多数婴儿更喜欢前者，而不是后者[39]。他们也更喜欢助人角色的玩偶胜过喜欢某个中立角色，喜欢中立角色的玩偶又胜过喜欢某个吝啬角色。但他随后展示了四种更复杂的情景：(a)“助人”角色受到其他角色的奖赏；(b)“助人”角色受到其他角色的惩罚；(c) 一个“吝啬鬼”（做了伤害他人之事的人）受到其他角色的奖赏；(d)“吝啬鬼”受到其他角色的惩罚。研究发现，尽管在通常情况下婴孩们会喜欢“好”角色胜过“坏”角色，但一旦那些“坏”（吝啬）角色正在惩罚坏行为，他们就更喜欢“坏”角色。因此，婴儿们不仅具有情感传染、移情和同情的情感，也有对过错的感知，这种对过错的感知会促进或者抑制同情。这些都是我们人类在社会性塑造之前就已经具备的感知，而它会为我们提供资源。

动物显然缺乏的另一种至关重要的资源是人类不偏不倚的能力，以及我们对偏倚性是一个伦理问题的认知。（布鲁姆把这称为“成熟道德的核心”。）然而，人类文化的这一部分并没有出现在婴儿的行为中。和非人类动物一样，婴儿对其同类有所偏倚。他们会偏爱那些最熟悉的种族类型的面孔胜过那些不熟悉的种族类型的面孔；他们会偏爱说他们自己语言的人胜过说外国语言的人[40]。布鲁姆总结说：“道德真正令我们惊叹的方面（其一般性和普遍性）是文化的产物而非生理的产物”[41]。

哪些类型的狭隘性是文化特别需要克服的呢？巴特森表示，如果生动地描述相隔很远的人所处的困境，那么对这些人的移情性关怀就并不存在内在限制[42]。有关需求的先前个人经历对于关怀而言并不是必要的[43]。但很可能根植于我们的动物性遗产的其他限制，会使同情关怀变得无法完美地与任何合理的道德要求一一对应。首先，关怀是会动摇和变化的，通常会随着时间的推移而减少，因此无法维持处理长期问题所需要的助人之努力[44]。更麻烦 157
的是，人们时常会因为他们自己，做出一些因移情引发的同情而导致的不道德之事。当一个人被他者困境的生动故事感染时，他往往会完全和他自己所赞同的公平原则背道而驰，不管是涉及一些微不足道的小奖赏，还是涉及事关生死的选择（例如器官捐赠）。而人们所想象到的故事主人公往往会占绝对优势而被偏爱，胜过那些基于人们已经接受的公平标准而更值得被偏爱的其他候选者[45]。实际上，人类具有两个判断体系：一个是基于想象和视角思维的体系，另一个是基于原则的体系[46]。（这并不对应于心理学家对“系统Ⅰ”与“系统Ⅱ”之间的著名区分，即某种未经慎思的、准本能的系列反应和某种基于有意识慎思体系之间的对比。想象可以包含有意识的努力而使得想象的画面更清晰，而对规则的应用也可以是条件反射式的和未经慎思的。尽管这两者常常是互补的——想象能呈现依据原则安排之情形的人类意义——但它们也会有分歧甚至矛盾。）

基于此，我们绝不能把同情视为公共选择的某种不经批判的基础。情感基础主义和忽视情感是同样有害的。但是，我们也不应该放弃同情所蕴含的信息，否则我们的原则就会有失去意义和动机性效力的风险。我们必须在生动的想象和不偏不倚的原则之间安排某种持续而警醒的对话，寻找两者最佳且最融贯的契合，并始终追问：对于那些我们能够生动想象其艰难境况的人，我们有权为他们提供什么？相对照之下，我们需要在多大程度上遵循不偏不倚的原则？并且，我们还必须通过挑战想象力，积极努力地在生动想象的个案和不偏不倚的原则之间架起一座桥梁，以提醒人们，他们在某个被生动描述的个案中所回应的困境事实上是更为广泛的。一种同情的公共文化必须要涉及这种对话和桥梁。

那么，考虑到我们身上的动物性遗产，我们就会看到某些支撑公正制度的道德态度的种子，但是我们也看到许多应该努力去超越的局限，并且我们明白，至少在原则上，我们具备生理的和文化的装备去解决这些问题。

六、着眼于动物：非共有病症

想想那些狗和大象，以及德·瓦尔所研究的具有利他行为的大猩猩和黑猩猩[47]，我们留意到，它们的世界并没有人类世界明显具有的那些特别坏的趋向。在《艾菲·布里斯特》一书中，小狗洛洛看起来似乎是一个在道德上具有优越性的存在，因为和艾菲的父母不一样，它不会因为关于过错的某种扭曲判断——拒绝一个“堕落的女人”，将其视为不值得拥有父母之爱的人——而放弃对艾菲之病痛和早亡的同情。有哪种非人类动物会有这样一种离奇的想法呢？同样，小狗卢帕和雷姆斯给了乔治·皮彻一种无条件的爱，在关于过错的严厉而不幸之判断的支配下，尤其是在这样一种宗教信条——生病的孩童是由于道德问题而造成自己的生理病痛——的支配下，皮彻在童年时从未体验过这种爱。我们人类具有这种一般而言值得珍视的能力，通过这种能力我们会把自己视为能够进行选择的存在，能够追求某些爱好而又抑制其他一些爱好的存在。我们也发展出把有缺陷的选择归咎于他者的能力，并因此抑制对他者的同情。这种思考过错和选择的能力通常是值得珍视的，是道德生活中的必要组成部分。可是，它可能也会严重地误入歧途。 158

有时候这种能力也会犯错，因为人们不想承受他者提出的要求。因此，将贫穷归咎于穷人并因此拒绝同情他们是很方便的。我们如果这样想，就不必为穷人的境遇做任何事情[48]。有时候，有缺陷的社会传统也会产生畸形的作用：“一个有婚外性行为的女人身上永远有无可挽回的污点，不配获得友谊和爱情”这一观念在19世纪的德国是一种突出的文化态度，并且正是由于这种态度才阻碍着布里斯特夫妇对其女儿的不幸做出反应。虽然在皮彻的案例中，这种扭曲的判断起源于宗教，虽然我们理想中的国家会同意尊重合情理的公民所持的广泛的宗教整全学说和世俗整全学说，但是，“将孩童的生理疾病归责于他们的邪恶”，这肯定是一种不合理的学说，并且是我们的国家有权在公共言论和公共教育中否定的一种学
159 说。关于过错的判断显然受到了各种各样的扭曲，而这些扭曲无法追溯到单一源头。

想想动物的世界，我们注意到一些动物没有从事的其他类型的不良行为：种族灭绝、残忍酷刑、种族清洗。在接下来的章节中，我们将探究这些扭曲行为的某些可能的根基。然而，现在是时候提及人类情感中的一种突出的扭曲了：德·瓦尔称之为“人类否认倾向”(anthropodenial)①，即人类拒绝承认自己的动物性以及与其他动物的亲缘性的一种倾向。回想一下厄普代克笔下的“兔子”：当被问及他究竟是不是一只黑猩猩时，他对自己说，他“是独一无二的、有着不朽灵魂的神之造物，是一个承载恩典的载体，是一个善、恶的战场，是一个学徒天使”。产生了这种想法的人通常会对

① 这个词是德·瓦尔发明的专有名词，是指人类会对两种情况视而不见，予以否认：一是其他动物身上存在与人类类似的特征，二是人类身上存在与动物类似的特征。另有学者翻译为“人类例外论”，但未能很好地表达该词本身所表达的对动物性予以“否认”的意涵，因此为了与文中努斯鲍姆的阐释保持连贯，此词在文中统一译为“人类否认倾向”。

他们自身的动物性迹象相应地发展出消极的反应，这些动物性的迹象包括出汗、排尿、排泄以及各种体液的产生。动物性的身体会使有抱负的天使产生厌恶和羞耻。斯威夫特笔下的格列佛，在享受了慧骃们干净、无异味并且很少有任何肉体接触的这种多少有些高雅的社会后，他甚至无法忍受像他自己那样的雅虎们的触碰。

没有非人类动物会否认自己是一个动物，会讨厌自己是一个动物，或会因为其同类是动物而躲避它们。没有动物想略过自己的身体、体味和体液而渴望成为一个天使。显然，"人类否认倾向"影响了人类和其他动物之间的关系："兔子"将自己视为天使的概念影响了他对黑猩猩或猪的看法。因为这种非理性的自然界的分裂[①]，人类经常会拒绝对动物的痛苦给予同情。这种分裂也抑制了人们平心静气地研究人类道德与情感的动物根源。

但是，事情比这更糟糕，就如同我们在斯威夫特的例子中已看到的那样，因为格列佛表现得极端恶劣，出于对自己家人的味道和触碰的厌恶，而拒绝对他们施予任何同情与爱。没有任何非人类动物在社会生活中会有这样的病态，会有这种恶劣行径的无处不在的来源。因此，对动物的研究也很清楚地让我们明白我们并没有做好的地方，以及一个良序社会所需要抑制或再教育的内容。

要注意的是，不想死亡而想延长自己和所爱之人寿命的欲望，并不是"人类否认倾向"。动物通常也会努力地活得更久，而更复杂的动物还会因关爱对象的死亡而感到悲伤。因此，死亡是一件坏事，我们应该努力抵抗死亡，这样的想法是普遍存在的，它并没有 160

① 这种分裂所指的便是基于"人类否认倾向"而带来的人性和动物性之间的分裂。

反映出我们对作为动物之状态的根本拒绝。这种不安的现象并不总是很容易与对死亡的正常厌恶区分开来，但它包含于对死亡本身的厌弃之中，而身体就是其厌恶之所在。

通过研究其他动物，我们学习了许多我们可以潜在地利用的同情与利他行为的共同根源。我们还了解到，我们既有动物所不具备的资源，也存在动物所没有的问题，而且至少有一些余地来决定在我们的社会生活中哪些趋势将会流行。对这些趋势进行慎思是我们这些有抱负的国家的一项主要任务。

注释：

[1] 关于这个话题，我有过一些讨论［“Compassion：Human and Animal，” Nussbaum（2010a）］。

[2] *Telegraph*（2010）. 也参见 NDTV（2010）。

[3] John Updike，*Rabbit at Rest*，quoted in Bloom（2004，p. 189）.

[4] 关于敏锐和谨慎的一个绝佳例子，参见 Bloom（2004）。

[5] 从这里开始，我会常常写到“动物”以作为“人以外的其他动物”的缩写，即使我知道这种不合格的惯用语常常会被作为拉开人与动物距离的工具而使用。

[6] 参见 Nussbaum（2001，pp. 304－335）。这里的分析与《思想的激荡》一书提出的观点是一致的，但是在这里补充了一些新的心理学文献，尤其补充了巴特森的一些重要研究。

[7] 参见 Nussbaum（2001，pp. 301－304）。关于对约翰·德伊（John Deigh）进行回应的详细论述，参见 Nussbaum（2004b，2003）。而关于和同情（compassion）的相似物：我会避免使用“怜悯”（pity），因为，即使“pity”这个词在被用于翻译古希腊悲剧以及卢梭的法语词 pitié 时与“compassion”

是同义的，在现代英语中这个词也含有其之前并没有的傲慢和优越的意涵，而我所关注的是某种并没必要涉及优越感的情感。sympathy 也时常可以与 compassion 互换使用，即使在亚当·斯密那里，compassion 只是用来表达对于他者痛苦感受的同感，而用 sympathy 来表达一种更广泛的能够对“任何一种情感”有所同感的倾向。不过，在当前的语境中这种区分是不重要的，因为在这里我们关注的主要是痛苦的情感。“empathy”（移情）在接下来将被讨论到。

[8] 参见附录。但我们是把斯多亚学派所说的“同意”（assent）归为：那些经历了某种既定情感的人并不是以想象的可能性而简单地容纳那些相关的思想，而是接受了思想。

[9] 这是亚当·斯密讨论过的一个例子［Adam Smith（[1759] 1976)］。

[10] 参见 Nussbaum（2001，ch. 6）。

[11] 参见 Clark（1997）。

[12] 我关于其发现的讨论，参见 Nussbaum（2001，pp. 313 - 314）。

[13] 参见上书，第 315～321 页。

[14] 参见上书，第一章。

[15] 参见上书，第 31～33 页。

[16] Batson（1991）；Batson（2011）.

[17] Smith（[1759] 1976，p. 136)：“让我们假定，中国这个伟大的帝国连同她的全部亿万居民突然被一场地震吞没，那么让我们来想一下：一个富有人性的欧洲人，他同中国没有任何联系，在得知中国发生了这个可怕灾难时，他会受到怎样的影响呢？我想想，他首先会对那些不幸的人所遭遇的灾难表现出深切的悲伤，他会有许多悲伤的反思，会想到人类生活的不安定，以及所有人类劳动的浮华，这些浮华会这样在顷刻之间化为乌有……而一旦所有这些精细的哲学推理都结束，一旦那些高尚的情感被充分表达完，他就

会带着与往常一样的悠闲而平静，继续追求他的生意和他的欢乐，继续他的休息和消遣，就好像那些不幸的事情不曾发生那样。那种可能降临到他自己身上的最小的灾难都会引起他某种更现实的不安。如果他明天就要失去一个小指头，他今晚就会睡不着觉；但是，如果他从来没有见过那亿万受难的同胞，他将会在得知他们的灾难后继续在绝对的安全感中呼呼大睡，比起他自己微不足道的不幸，亿万人的毁灭对他而言也只是更加无足轻重的事情。”

[18] 参见 Nussbaum（2001，pp. 327 - 334）。另外还有两个关于移情的选集，参见 Decety（2012）、Decety and Lckes（2009）。

[19] 参见 Batson（2009）。巴特森将通常被称为移情的事物细分为八种：（1）知道他者的内在心灵状况（internal state）；（2）对某个观察到的他者，接受其所处的情形或者做出与之匹配的神经反应；（3）开始感受到作为他者所感受到的感受；（4）直觉到或者将自己投射到他者的处境中；（5）想象他者是如何思考和感受的；（6）想象一个人处于他者的位置上时将会如何思考和感受；（7）对他者的苦难感到悲痛；（8）同情某个正在遭遇不幸的他者。而我对移情这个词的用法显然不是（1）、（6）、（7）或者（8）；也不是（2），因为只要有情感的传染就能满足（2）的定义，（3）也同样如此；因此，（4）和（5）这两种类型是与我的用法相关的，并且（4）和（5）的区分并不明显。（巴特森做出这种区分的理由与某些在文献中出现过的更早的区分有关，而这些更早的区分可能本身就是被误导的。）

[20] 一个类似的观点，参见 de Waal（2006，pp. 26 - 27）、Nussbaum（2001，pp. 327 - 328）。还可参见 Decety and Batson（2009，p. 109），戴西迪（Decety）和巴特森验证了这样一种观点，把移情视为“在没有混淆自我和他者的情况下，对自身和他者经验到的同样感受有所感知的一种解释”。

[21] 类似的论证可以参见 de Waal（1996，p. 41）、Nussbaum（2001，p. 329）。

［22］参见 Batson（1991）、Batson（2011）。

［23］参见 Nussbaum（2001，p. 333），在那里我讨论了海因茨·科胡特（Heinz Kohut）关于纳粹的记录，并且考察了许多不同种类的精神病患。

［24］我在《思想的激荡》一书中并没有意识到这一点，并且约翰·德伊写了一篇很好的文章［John Deigh（2004）］正确地指出了我的错误。也可以参见 Hatfield，Cacioppo and Rapson（1994）。

［25］Rousseau（［1762］1979，p. 224）.

［26］同上书，第 253 页。卢梭认为关于过错的观念是在孩童发展相当后期的阶段才出现的：（如果卢梭认为只有通过唤醒性的能量，一个人才会转向首先从给他者的视角出发，那么）当爱弥儿真正感受到同情之前，他就已经在经历青春期了，并且关于过错的观念也得在这样之后相当晚才会形成。而相反，我认为孩童在他们能够对自身的敌意感到愧疚的时候就已经开始问及关于过错的问题，大概是 5 岁或者 6 岁，并且只有在那时候之前，他们所拥有的同情才是小狗洛洛的那种同情。

［27］参见 de Waal（1996，pp. 89－117）。马克·豪塞（Marc Hauser）主张一种对动物的规则理解的更宽泛的解释，否认任何规则遵循与道德能动性之间的密切联系［Marc Hauser（2000，pp. 249－253）］。

［28］Bloom（2004）；de Waal（1996）.

［29］Langford et al.（2006）.

［30］Moss（2000，p. 73）. 亦参见 Payne（2000）。

［31］Picher（1995）. 皮彻是一个哲学家；科恩（于 2004 年 87 岁时去世）是一位杰出的作家，也是皮彻多年的搭档。我在我的另外一些作品中有讨论皮彻的研究［Nussbaum（2001）、Nussbaum（2004b）］。

［32］Poole（1987）.

［33］参见 Plotnik，de Waal and Reiss（2006）。

［34］Rousseau［1762］1979，p. 222. 此段中带有一些英文翻译上的修改：用 Human beings 替代 Men，用 rich people 替代 rich men，以及用 the human being 替代 man。

［35］Bloom（2004，pp. 114－115）. 亦参见 Hatfield，Cacioppo and Rapson（1994）中的广泛讨论。

［36］参见 Bloom（2004，ch. 1）、Bloom（2010）。

［37］Bloom（2004，p. 119）.

［38］同上书，第 121 页。

［39］有一些这一方面的研究，通过测量时长来测量他们偏好的程度，例如，他们盯着物体盯了多长时间。而对于大一些的婴孩，则会选用这样的方式，把两个玩偶都放在孩子面前，看孩子会伸手拿哪一个。

［40］Bloom（2010）.

［41］同上。

［42］Batson（2011，pp. 193－194）.

［43］同上书，第 194 页。

［44］同上书，第 195 页。

［45］同上书，第 196～199 页。

［46］关于支持我文中指出的区分的研究，参见 Batson（2011）。

［47］De Waal（1996）.

［48］克拉克发现这种态度在美国十分普遍［Clark（1997）］。

第七章 “根本恶”：无助、自恋、玷污

逃亡的奴隶跑到我家，站在屋外，
我听见他把柴垛的枝条压得噼啪作响，
从半掩的厨房门望去，我看到他又瘦又虚弱，
我走到他坐的原木旁领他进来，让他放心，
我盛来满满一桶水让他洗涤污垢的身体和负伤的双脚，
我给他安排了一个从我自己的房间进入的套间，
给他几件干净的粗布衣裳，
我清楚地记得他四处打量的眼神和局促不安的模样，
记得当时用药膏涂抹在他的颈部和踝部的创伤；
他和我一起住了一个星期，在他恢复健康动身前往北边之前，

我让他紧挨着我坐在桌旁，我的火枪斜靠在屋角。

——沃尔特·惠特曼，《自我之歌》

“我必须坚持。只要你还用那个基督教徒女仆拉克米（Lachmi），我就不能在你的房间里吃东西。”

“天啊，亲爱的戈拉，你怎么可以说出这样的话！”阿南达摩易（Anandamoyi）非常苦恼地大叫。“是她照顾和带大你的，你不是一直在吃她做的东西吗？直到最近，如果没有她做的酸辣酱，你还
162 不会喜欢你的食物呢。再说，我难道可以忘记，你得了天花时，她是怎样没日没夜地照顾你才救了你的命吗？”

“那就给她发养老金让她走吧，”戈拉不耐烦地说，“给她买点儿地，建个小屋；但是妈妈，你不可以让她待在屋子里！”

——泰戈尔，《戈拉》

一、人类社会生活中的“根本恶”

一个公正的国家需要努力理解人类恶行的根源[1]。如果不知道我们要抵抗的是什么，那么就很难知道应该如何保护公民的尊严与平等。以反歧视法为例，自由主义的思想家主张，这些法律是不必要的，因为歧视在经济上是低效的。一个公正的国家所需要做的是消除人为的贸易壁垒、少数族裔的雇佣问题等[2]。理性的雇主会很快发现雇用少数族裔的工人是合乎他们的利益的。这种解释所依赖

的是一种关于人类动机的特殊理论：雇主被视为是寻求最大限度满足其自身偏好的理性行为者；并且，他们的偏好并不包含恶意的或虐待性的偏好，比如使他人屈从或羞辱他人的偏好。同样的道理也适用于工人和消费者：他们很乐意在集成化的商贸公司工作和购物，因为他们会看到这些商贸公司提供了对于某个社会问题的某种有效的解决方案。他们不会为根深蒂固的憎恨、厌恶或前面提过的通过种族隔离的做法羞辱他们的欲望所阻碍。此外，所有人都被理解为对非裔美国人的潜能持有一种没被扭曲的观点，而不是持一种被种族主义成见扭曲的观点，无论这些成见是归咎于非裔美国人的懒惰、能力差还是犯罪倾向。

自由主义政治很天真，因为人们并不是像他们所想象的那样。对犹太裔、非洲裔、亚洲裔的美国人以及（在印度）低种姓的社会成员的平等机会的否认，并不会得到某种清晰的经济成本与经济收益评估的支持[3]；事实上，它们导致了人力资本的巨大浪费。如约
翰·斯图尔特·密尔所观察到的，在所有排斥中最为普遍而持久的 163
是在工作机会和政治参与上对女性的排斥，这对于一个寻求效用最大化的社会而言是一个奇怪的策略，也是一个只能出于非理性的偏见才会被采用的策略。但是，对于因何产生这种排斥，密尔缺乏理论解释。在他主要的理论文章中，他关注的是扩展同情的需要；在论及女性时，他指出了某些更黑暗的动机，但却没有从哲学的角度对这些动机进行探究。我们需要针对造成这些排斥和相关弊病的各种力量阐发一些可靠的解释，因为一个公正的社会必须采取措施对付它们。

关于人类生活的不同宗教观点或世俗观点，对不良行为的根源也会有不同的解释。“原罪”说采取了多种形式，而有些宗教会接受它，有些则不会。世俗的道德也会有很多不同之处：有些会使用一种自然之善的观念，把不良行为归咎于有缺陷的社会结构；而另一些则使用原始自恋或恋母情结带来的嫉妒等观念，为不良的行为和倾向提供更深、更普遍的根源。因此，在没有确立某种特殊宗教或者某种世俗的整全学说的情况下，一个多元的社会要在相互竞争的诸多观点中进行选择，这似乎是一件不可能的事。然而，我建议，通过借鉴一些关于厌恶、同情、同辈压力①、权威和其他一些人类倾向的实证研究，以及在儿童发展、移情与关心能力方面的临床研究，我们可以提炼出一种“合理的政治心理学”的核心，许多总体观点不同的人都能将这一核心认可为政治思想的一种基础，并把它视为其更整全的（并且某种程度上更多样的）关于人性之理解的一种要素。

我们对我们和非人类动物之间的亲缘性（或缺乏亲缘性）的研究已经就这个问题为我们提供了开端。我们已经了解到，人类和其他动物一样，在同情方面趋于狭隘，倾向于偏好一个更狭隘的群体，而不是一个更广泛的群体。但我们的解释会超出这一洞见，指明了人类不愿意承认动物性和必死性这一点在解释某些同情缺失方面所起的显著作用。但是，对于这些问题在人格中如何出现、如何

---

① 这里的“peer”是指更宽泛意义上的同伴，并非“同辈分”“同龄”的特定意涵，peer 的原意为“同等的人”，来自拉丁语 par（equal，相等），在古英语中亦只有“同伴”或“伙伴”的意涵。

发展以及明智的干预可能如何产生影响，我们仍然缺乏某种解释。

在我们的社会必须反对的问题中，污名和排斥是最主要的。不 164
像我们乐观的19世纪前辈那样，我们不得不明白，人类还有比同情的狭隘性更深层次的问题。几个世纪以来都维持着印度种姓体系的社会教会了高种姓的人在与低种姓或无种姓者接触时感到厌恶和被侵犯。(泰戈尔的《戈拉》里所描述的那位基督教徒女仆，考虑到她是一个家庭用人，她很可能就是一位来自最低种姓的皈依者。因此，她加倍地不受欢迎。）戈拉不能吃由这样一个人提供的食物，也不想要这样一个人住在他家里。他的情况是不寻常的，因为他被一个没有种姓偏见的母亲养大，曾一度接受甚至喜欢这个基督教徒女仆；他个人似乎也并不厌恶她。他对种姓态度的设想是后来的并且是外来的，就好像他自身正在应用某种习来的行为规范。与之相比，大多数他这一种姓的传统印度人会习得一种更发自肺腑的厌恶。美国南部的偏执者对非裔美国人也有一种类似的发自肺腑的厌恶。吉姆·克劳法（Jim Crow laws）①禁止［黑人与白人］种族通婚，隔离便餐馆、游泳池和饮水器，这些禁止表达了占主导地位的白人对与非裔美国人身体间任何形式的接触所具有的强烈的、发自内心的厌恶。这样的法律从最基本的意义上拒绝给予那身体人道主义。惠特曼对那个逃跑奴隶的优待——尤其是他愿意与他分享食物和衣服——是一种故意令人震惊的图景，是美国可能成为的新民主平等社会的图景，那个社会能永远摆脱这些关于污秽的非理性观

① 即美国南部从1890年一直应用至1965年的种族隔离法，是一项对黑人的制度性歧视，限制了美国黑人的各项公民权利。

念。或许在该章节中最为大胆的细节是包扎奴隶的伤口，一个涉及与体液亲密接触的行为。

群体性的憎恨与厌恶是我们的国家都同意反对之事的主要部分。即使在罗尔斯那不存在这类歧视的良序社会中，鉴于人类心理的现实状况，也无法保证这种歧视不会发生；但是，我们的社会是有抱负的而不是完全良序的，因此它们必须跟现实的排斥问题做斗争。所以，它们需要一种对人类动机更加细致的理解，而不是潜在
165 的 19 世纪乐观主义解释。密尔和孔德所忽略的是真正的恶：故意对他人做出的残忍及丑恶的行为，这不仅仅是怠慢、疏忽甚或略带恐惧之怀疑的问题，而是涉及玷污或羞辱他人的强烈欲望的问题。这种倾向是群体内仇恨和群体歧视的核心。孔德和密尔忽视了这些倾向的危险性。他们关于人性和道德进步的天真信念是不可能适用于今天的。泰戈尔则看得更深入：桑蒂尼盖登学校共享的身体仪式（尤其是音乐和舞蹈），在解决群体分裂问题上起着至关重要的作用。

本章将对一些突出的人类不良行为倾向提出一种可行的理解。虽然这一论述将同意伊曼努尔·康德的观点，即在所有人身上都会发现某些诸如“根本恶”那样的东西，也就是一系列前社会的不良行为倾向，这些倾向将超越那些植根于我们共有的动物性遗产的倾向，而又居于文化差异之下，但它还将得出这一结论，即对于形成这些倾向，文化可以做的事情很多。孔德主义者提出的弥补方法注定是不恰当的，因为他们关于人类心理的设想是单薄而不是完整的。我们在这里所揭露的更完整的故事将表明为何尊重乃至同情，

在没有爱的情况下，将是不充分且极其不稳定的。

爱的作用在这里展开的故事中分为两个阶段。在第一个阶段，一个小孩的无助及原始的羞愧会导致愤怒以及毁灭性的倾向，他只有在对这一对象——既害怕它被毁灭又试图毁灭它——怀有强烈的爱的情感时，才能在关心的指引下克服它们。但是，即使这个小孩已经成功地培养出真正关心他人的能力，持续的不安全感也会使他有“投射性厌恶”和让他人屈从的倾向，因为人们学会了把人类世界区分为受青睐的群体和被污名化的群体——这一倾向会被我们动物性遗产中固有的狭隘性进一步加剧。在第二个阶段这里，爱需要来拯救：只有与另一个人的独特性进行积极的富有想象力的接触，才能消解或者防止基于群体的污名而造成的破坏，并且让公民彼此展示为完整且独特的人。因此，至关重要的不仅在于一个人在童年时曾有过爱，而且还在于每当一个人的“心灵之眼”迷茫时都能够重新唤起爱。

二、康德论恶：一种更完整解释的必要

任何关于先天恶倾向的哲学解释都应该从伊曼努尔·康德的 166
“根本恶”的著名论述开始。康德深受洛克和卢梭的社会契约说影响，并且，和卢梭一样，他明白一个公正的社会必须考虑到政治情感以及不良行为的可能根源。和卢梭不同，而和我们这些有抱负的国家一样，他致力于一个真正自由的社会，在那里言论和结社的自

由会受到坚定的保障[4]。因此，康德在为不良行为提供一种心理学解释方面的努力正好属于我们的规划范围之内。

康德认为不良行为深深植根于人类，比任何特定的社会形态都深。实际上，它们恰恰植根于人类生命的本质之中。在《纯然理性界限内的宗教》（*Religion within the Boundaries of Mere Reason*）[5]中，他清晰地说明了他著名的“根本恶”学说[6]。依照康德的说法，恶是根本的，也就是说，它渗透到我们人性的根源，因为人类在具有任何具体的社会经验之前，就已经有深深地植根于我们本性中的善恶倾向[7]。我们是这样的，能够遵循道德法则，平等对待他人并将他人视为目的，但我们身上也有某种东西，使得我们几乎无法避免地在某些特定的情况下会忽略它并做出恶行。

那些情况是什么呢？动物性本身不存在问题；康德说，我们的动物本性基本上是中性的（6.32，6.57－58）。因此，康德会同意我们上一章所提供的诊断：我们是动物这一事实并不是我们的道德困难的主要来源。当然，康德也阐述了人与动物之间的区别，虽然在细微差别和连续性意识方面比当代研究所能提供的支持要少（并且事实上，其微妙之处比不上亚里士多德那里已经提出的）；康德也没有承认我们的道德问题（同情的狭隘性，群内偏爱）中至少有一些是植根于某种共有的动物性遗产的。不过，康德的主要论点似乎是可信的：诱惑者，即内心无形的敌人，是人类特有的某些东西，是一种竞争性的自恋倾向，人类每当在群体中时，这种倾向就会呈现出来。欲望就其自身而言是很容易满足的，并且动物性的需
167 要是有限的（6.93）。人类会认为自己可怜，只是“因为他担心其

他人类会认为他可怜并因此而轻视他”。但是这种担心的一个充分条件在于他人的存在：

> 一旦身处人们中间，嫉妒、对权力的迷恋、贪婪以及与此相关联的恶意倾向，就会攻击他那本来易于知足的（undemanding）本性。也没有必要假设这些都是沉沦于邪恶的，是使他误入歧途的例子。只要他们在那里，他们包围着他，他们都是人，这就足够了，他们会相互败坏对方的道德性情以使对方变得邪恶。（6.94）

康德的解释是有力的。尽管他对世界上许多人所拥有的满足身体需求的机会无疑太过乐观，但在认为仅仅满足并不是不良行为的最大原因方面，他肯定是正确的。即使当人们吃得好、住得好，甚至他们其他福祉的先决条件也能够合理确保时，他们依然会对彼此做出不好的表现和侵犯彼此的权利。尽管某种前社会的倾向是难以证明的事物，但康德提出这一点无疑是正确的，即人们做坏事并不需要特殊的社会教导，而尽管有最好的社会教导，人们还是会时常做坏事。

根本恶可能是一种先天倾向，也可能是一种产生于人类生活之一般性结构特征的趋势，并且这种结构特征在一个小孩体验任何特定文化之前就会遇到，或者至少在所有特定文化的所有体验中都会遇到。康德大概是想象出了一种先天倾向，但如果我们强调这些先天倾向是被人类生活的一般性结构特征（必死性、稀缺性、各种不同的相互依赖性）激活的，并且强调不良行为倾向很可能是这种相互作用的结果，那么康德解释的精神就得以被保存。

康德对根本恶的解释，尽管在许多方面都很有吸引力，但却是不完善的。人类具有一种倾向，即他人的出现会引发竞争和好斗的行为，这确实说得非常好，但是康德对其本质却说得很少。或许他
168 认为对此没有什么可说的：根本恶只是在他人面前表现出竞争性和违反道德之行为的性情（disposition）。但我们需要说得更多。康德甚至对不良行为的种类都没有界定出一个足够宽泛的范围：他将嫉妒和竞争包括在内，但是忽略了种族和民族仇恨、贬低和侮辱他人的欲望，以及因其自身而产生的对残暴的喜爱。

三、宇宙的中心

康德称为“根本恶”的那种焦虑的竞争性的背后是什么？和康德不同，我们应该承认“动物性”——一种共有的动物性遗产——至少是这个问题的一部分。我们对重要之人的相对狭隘的感知肯定是在生活过程中习得的，它多少是对学习的回应，但是，它在想象和情感的结构中也有其根源，而这种结构是我们可能的进化遗产的一部分，它使得人类作为一个物种而存活下来。我们拒绝该遗产的许多方面（例如，我们并不认为遗弃老人和残疾人是正确的事情，而动物往往就会那样做），并且我们应该在某些方面寻求对这一遗产的超越，追求人类只有通过文化和道德才能达到的不偏不倚性之目标。在第三部分，我们将考虑如何尝试做到这一点。但是，我们也同意康德的说法，即动物性并非我们唯一的甚或主要的问题：群

体憎恨、污名化以及排斥等现象的主要源头必须在人类生活的特定结构中寻找。

所有生物生来都是虚弱而贫乏的，都在寻求食物和安全。（这些需要在某种程度上是独立的：实验表明，即便是猴子，当食物的来源被人为地与安慰的来源相分离时，他们也会花费比获得食物更多的时间去获得拥抱[8]。）但是，人类有一段奇怪的婴儿时期，这在动物界是没有的。对于其他动物而言，生存技能从一出生就存在，因为站立、四处移动以及积极寻找食物和安全的源头几乎立即就开始了；认知上的成熟（即能够弄清楚感知领域，并领会当中的好与坏的能力）与身体上的成熟一并发展。当这些生物对其实践目标有一种强烈感知时，它们也具备了实现这些目标的办法。

人类的生命并非如此。部分是因为人的头部比较大，而这使得 169
胚胎在子宫中的发育过程受到严重的限制，因此人类在出生时会处于一种任何其他动物都没有的身体方面的无助。一只不能在出生后不久就站起来的马将很快死去。而一个人站立起来不会早于 10 个月，并且只有在大概 1 岁的时候才能——吃力地——行走。而清晰地说话也会受到身体机能的限制（尽管手语似乎可以更早地学会）。同时，婴儿具有认知能力，这种能力一直以来得到更充分的鉴别，因为心理学家们发现了不依赖于语言和行动来测试认知能力的新方法。婴儿出生后不久就可以区分感知领域的许多不同部分——例如，婴儿出生头两周就可以区分出自己母亲乳汁的味道和其他母亲乳汁的味道。正如布鲁姆所表明的那样，在生命的第一年，婴儿区分自己和他人以及“读出”他人心灵的能力发展得很快。因此，人类婴儿是非常聪明而又无助的，这两者的结合塑造了情感的发展，但并不总是朝着好的方向发展。

[第一，] 在开始的时候，婴儿通过作为一个经验扩散中心来体验自我，受到各种外在力量的冲击，包括良性的和恶性的。心理学家丹尼尔·斯特恩（Daniel Stern）用语言描述了一个婴儿的饥饿，该语言通过想象有力地传达出我们在实验中能够了解到的事（大部分是斯特恩自己的研究）：

> 一场风暴即将来临。光变成了金属色。漫天的云层都裂开了，天空的碎片往不同方向飞走。风正在偷偷蓄力。声响沸腾，但尚无动作。风与风声已经分开，各自断断续续地追赶着它那失散的搭档。世界正在瓦解，有些事情即将发生。
>
> 不安感在增长，它从中心开始蔓延并变成疼痛。
>
> 而风暴就在中心爆发，也正是在最中心的地方风暴变得越来越强，并变成了一阵又一阵的波动。这些波动将疼痛往外推，然后又把疼痛拉回来……
>
> 跳跃的波动膨胀起来，占据整个天际。世界在咆哮。一切
> 170 事物都炸裂了，被吹散了，然后崩塌了，接着冲回到一阵无法持续但又的确在持续的痛苦之中。[9]

正如斯特恩指出的那样，这种描述捕捉到饥饿的力量，一种迅速传遍整个神经系统的体验，扰乱了之前正在发生的一切，并强加其自身的节奏和感觉。这些感觉会影响动作、呼吸、注意力、知觉等等一切。这种体验会扰乱世界，分散注意力，甚至会切断呼吸的正常节奏。而且，呼吸和哭泣是不协调的，它们跟手、脚的动作也不协

调。最终完整的哭泣出现，伴随着大口大口地吸气。叫喊声和深呼吸之间的协调让人有了短暂的舒缓，但痛苦仍继续增加。不一会儿，婴儿开始吃奶，“饥饿风暴”减轻：

> 世界立刻被包围。它变得更小、更慢也更温柔。包围圈推开了广阔空旷的空间。一切事物都在改变。一个微弱的希望迸发出来。爆炸和崩塌带来的波动正在被驯服，但它们仍旧存在，仍旧狂热，仍在准备爆发。
>
> 在这场风暴的边界和最中心之间的某个地方，有一种拉力，一种把东西拉到一块的牵引力。两个磁体相互吸引，接着触碰到一起，紧紧地锁在一起。
>
> 在接触的那一刻，一种新的、快速的节奏开始了。它漂浮在那慢悠悠的风暴波浪之上。这一新的节奏是短暂且贪婪的。一切事物都致力于加强它。每拍打一次，都有一股水流流向中心。这一水流暖化冰冷，冷却火热。它缓解了中心的那阵痛苦并缓和了脉搏的剧烈跳动，直到它们彻底平息下来。
>
> 新的节奏转变为一种轻松、平稳的步伐。其余世界也放松下来并尾随其足迹。
>
> 一切都被再造。一个改变了的世界正在苏醒。风暴已经过去。风是安静的。天空是柔软的。连续的线条和流动的音量出现了。它们追寻一种和谐，并且，就像移动的光，使一切活跃起来。

这些描述——其每一处细节都以研究为根据——有助于提醒我 171
们从成年人的有利位置看一些容易被忽视的重要之处。首先是作为对整个体系造成一种破坏的饥饿的严重程度。成年人对婴儿的观察很容易低估这一体验，因为成年人知道饥饿是正常的而不是一种危险的征兆，并且知道婴儿很快就会被喂食。成年人的饥饿也不像婴儿的饥饿那样具有破坏性，除非它持续了很长时间。随着婴儿发展出一种对于未来的感知以及将自身作为一种持续存在的感知，这样的一种灾难性事件会很自然地成为婴儿强烈恐惧的对象，而它的解除便成为愉悦和感激的对象。

第二，我们意识到婴儿的世界原来是多么的完全唯我。婴儿的所有经验都是从自身的内在状态中发散出来的，尽管它①还不能以一种可靠的方式将自身区分于周遭的环境，其意识也完全是关乎自身的，只有当外部事物（external agencies）像磁铁那样固定在婴儿自身并引发其自身状态的改变时，婴儿才会意识到它们。

这种唯我主义并不是全部：正如斯特恩也描述到，婴儿们喜欢光亮，而在心情平静的时候会盯着任何最吸引它们注意的东西。在最开始，这个世界在某种程度上是可爱和有趣的，而不单是一个解除痛苦的中介。有一种自我导向的解脱倾向——安全与免于痛苦，但还有一种向外探索的倾向，一种初始的好奇，为通往爱之路做出了准备。

当婴儿更为充分地意识到自身作为某种界限分明的经验中心时（例如，学会区分自己的脚趾和其他位于类似距离的物体），它也意

① 作者在使用人称代词指代婴儿时并未使用 he 或者 she，而是使用 it，这是英文中的习惯用法，虽然在中文中我们常用“他”或“她”等指代人的人称代词来指代婴儿，但由于在此处语境中婴儿仍未被完全视为具有社会性的“人”，为了方便读者更准确地理解作者的思想，特将 it 直译为它。

识到自己的饥饿和痛苦是由外在于自身的事物——乳房以及庇护和安慰它们的胳膊——缓解的。在很长一段时间内，这些外部事物并没有被视为一整个人的一部分；他们是为婴儿做事情的世界的一部分。因此，婴儿期的唯我主义渲染了它与客体之间的最初关系：其他个人出现在婴儿的感知和情感中，是作为能够提供帮助（通过喂养和拥抱）或造成阻碍（没有立刻出现在婴儿身边，或者没有出现足够长时间）的世界之部分而存在。通过这种方式，婴儿形成了这样一种观念，即这个世界都是为了自己的需要而存在，并且应当满足这些需要，如果不满足就是不好的。*一切事物都应该伺候我*，这是这种想法的通常形态——也是弗洛伊德（Freud）“婴儿陛下”美 172
妙想象的来源。婴儿们确实就像皇室一样，把整个世界视作围着它们及它们的需求而转的。在它们的无助方面，以及它们需要持续服务来满足它们的要求方面，婴儿们也像皇室一样。（出于这个原因，卢梭推论说，实用的自给自足的教导是民主公民的一项关键要求。）但是，婴儿的无助当然是更加彻底的，因此婴儿才会处于这样一种期待成为世界中心的荒谬境地，但除了哭以外，却没有任何办法执行甚或促进自己的愿望。在这样的情况下，婴儿形成了许多强烈的情感：害怕被遗弃和饥饿；为世界恢复而感到快乐；当需要食物和安慰时没有如愿就会生气；以及，渐渐地，对期待和现实之间的不一致感到羞愧。*我是君王*，*但我却孤独地在这里*，*又饿又湿*。

从这种自恋型的早期处境中会发展出一种倾向，即认为其他人都只是奴隶，而不是有着自身需求和利益的完整的人。如何才能克服这种“自恋”，朝向稳定地关心他人的方向发展呢？那是所有良好社会都需要尝试解决的问题，而我们可以认为，这种自恋和无助——一种被厌恶和否定的无助——的结合便是“根本恶”开始之处，其形式是倾向于让其他人服从自身需要。我们现在可以将第六章的“人类否认倾向”放置在一个更加丰富的发展背景中：真正被厌恶和否定的并不是**简单而言的**人性，而是我们因为脆弱且往往无力的躯体所感受到的无助。

需求的受挫创造了某种机会，即把握外在独立的人之现实的机会，也产生了痛苦。就如唐纳德·温尼科特所说：“对需求的不完全适应使客体变得真实，也就是说，使其既被恨又被爱”[10]。但是，婴儿的自恋强烈地抵制这种现实，因为对需求的完全适应就是万能，而万能比起相互依赖更容易应对。

很明显，这种类型的自恋在大多数人的生活中继续施加着一种有害影响，因为人们贪婪地关注于自身的安全和满足，而无视他人
173 的诉求，甚至试图把他们变成一个赖以促进自身安全的奴隶阶层。如果我们想象一个正在长大的天使——永远不会尿湿或饥饿，也永远不会无助地依赖于他人——那么我们就会发现这样一种存在几乎没有理由贪婪或者宣扬自我（self-promoting）。

有时候人们会在狭窄的亲密人际关系圈子里克服自恋，对他们来说真正的关心是习得的，但是，有时候他们甚至不那样做。想一下普鲁斯特小说中的主要人物。即使是一个异常敏感且有着强烈情感的成年人，他也完全专注于自己，把他人视为满足其偏好的仆人，他必须控制他们，否则他们就要遭受可怕的折磨。他并没有超越那个死板且恐惧的小男孩，那个小男孩过去一直渴望母亲整晚在

其房间入睡——他事先就知道，母亲到来的喜悦会被其预计中离别的痛苦毁坏。再者，为了将自身这种病态清晰地合理化，他不断地告知我们，所有表面上的爱和友谊都不过是对拥有和控制的渴望而已。(他确实认为小说作家的活动包含了对世界的真正关爱——但是，这只是因为作家并不是在应对真实的人以及他们所带来的不确定性。)

本质上，这就是“人类否认倾向”，即拒绝接受一个人自身有限的动物状态（limited animal condition），是一种非人类动物都不具备的对待世界的立场。期望完满（或不断完满）就是期望超越人类的宿命。婴儿无法想象一种人类的相互依赖性，因为它没有意识到人类的生命是一种充满需求和相互性的生命，并且需求能够通过相互性而被有规律地满足。婴儿的无助产生了一种强烈的焦虑，这种焦虑无法通过对世界或世界人民的信任而缓解。唯一的解决方案是达到完美，而达到完美的唯一方式就是使其他人成为其奴隶。

那么一个人如何才能不再这样呢？就像卢梭竭力主张的那样，故事的一部分的确必须涉及人类渐增的实践掌控能力：和其他动物一样，人类可以变得远没有他们一开始时那样无助，并且一个人能够满足自身需求的信心在某种程度上可以消除奴役他人的需求。尽管如此，早期无助的恐惧仍会留下某种印迹，许多人确实会屈服于完满性的诱人幻想，而从未完全接受关于他人的现实，这并不奇
怪。某些事情一定要在情感领域发生以驱散或者改变那种幻想。而 174
生活已经为这种改变提供了材料。想想那种对光的热爱，且更一般地说，那种敞开向外的心灵活动，发现这个世界是迷人而奇妙的，

这些都是既知性又富有情感的活动：世界被认为是可爱的。不知何故，这种态度能够并常常与安慰和感激的情感结合在一起，使带来安慰与喂食的父母一方或双方成为好奇和爱的对象。正是这种面向世界及其诱人对象的外向爱欲活动——我们可以称之为好奇，并至少在某种初生意义上称之为爱[11]——在推动婴儿超越普鲁斯特所描述的冰封的自恋状态方面，被证明是至关重要的。

四、关心的增长源于爱的精神

在某一时刻，或许是生命中第一个年头的后面部分，婴儿开始意识到其世界中作为完整的人的成年人。到那一刻，关系的乐趣就复杂了：孩子们不仅在他们的父母那里获得安全感和食物，也和他们的父母玩耍，并且渐渐地发展出识读父母心思的能力。他们和父母一块玩的游戏本身就是令人快乐的，增强了孩子们对世界作为一个有趣之地的感知。父母和婴儿之间发展出来的对话也表现出极大（且在不断增强）的敏锐性和回应性，就婴儿而言，它发展了自己的面容识读（face reading）和“心思识读”（mind reading）的能力，或采取同情性视角的能力[12]。对他人神奇之处的惊讶会驱使和引导好奇心，而好奇心会导致更为复杂的心思识读。但同时，孩子们也会渐渐意识到他们的愤怒和沮丧所针对的是同一个完整的人，而这个人也是快乐和喜悦的对象。这种对他们自身攻击性的认知会激起强烈的焦虑，而这是人格发展的另一阶段，此时人格可能会直接关闭而停止向外活动——这是出于对自身的攻击性所能造成伤害的恐惧[13]。

然而，试想在通常情况下，父母一方或双方保持不变和宠爱，
这表明他们［的爱］并没有被婴儿的厌恶破坏。这种持续性会缓和
焦虑，因为婴儿开始意识到其需求将定期得到满足。它还给婴儿带
来一种持续的愉悦感：被抱着的安全感和玩耍的乐趣会继续，尽管会 175
有破坏性的爆发。它还提供了一种新的可能性：婴儿实际上可以给予
母亲某些东西来取悦母亲并表达爱意。著名的精神分析学家和临床医
生唐纳德·温尼科特——其对婴儿境况的移情是值得注意的——在
一篇经典文章《关心的能力》（“The Capacity for Concern”）中描
述了这种“良性循环”[14]。为了发展关心所需要的“促进性环境”
并非很特别，而是经常存在的。父母一方或双方必须是可找到的，
并且必须“在本能驱使的事件中生存”；“母亲”的功能（温尼科特
总是强调，这［母亲］是一个功能性概念，并且可以被任[illegible]性别的
父亲或母亲填补）是“持续做她自己，对她的婴儿移情，在婴孩那
里接受自发的动作，并感到愉悦”（76）。在这样的情况下——这些
情况显然包括父母是可爱的而且刚好在婴儿身边——尽管具有攻击
性，婴儿仍会发展出它可以为可爱的父母做出很好贡献的信心，而
婴儿的焦虑会渐渐转变为一种针对其攻击性冲动而富有道德意涵的
愧疚感。婴儿和父母亲之间的关系就变成了一种道德关系。

难道道德和公平规则不可以完全靠自己完成这项工作吗？难道我们不能想象，婴儿能够意识到父母亲拥有权利，就算没有爱，这些权利也应当被尊重吗？好吧，我们可以试着去想象一个这样的家

庭，在这个家庭里规则是缺乏生机和爱的。但是，这样的一个家庭将缺乏信任、自发性以及在温尼科特的“良性循环”中孩子们所发展出来的富有创造性的相互感（sense of reciprocity）。这种道德能否保持稳定还不明确，因为这种道德会充满怀疑和不信任，并且是刻板的而不是灵活的。再者，婴儿期真的很痛苦：首先是匮乏和挫折带来的痛苦，随后是意识到自己对那些爱和关心自己的人所带有的攻击性而带来的痛苦。因为这种痛苦，存在着一种［自我］封闭的持续风险，一种后退到只把他人视为工具的自恋状态的持续风险。一个自恋的人有可能理解和应用规则，但这些规则仍是毫无生气且极不稳定的。

那么，在焦虑的更早期阶段，爱就必须前来救援。只有爱才能
176 驱使婴儿进入富有创造性的相互性中，进入那一类基于移情的视角获取中，这种视角获取使得行动能够成为一种真正关心的表达，而不只是刻板地遵循程序。关心的机会首先是通过父母的讨人喜欢的（持续的、不惊吓人的、富有移情的）行为而被创造出来。

心理学家所说的爱，以及我所说的爱，到底是什么意思呢？心理学家所描述的关系包含了一种愉悦的认知，即将他人视为可贵的、特别的以及吸引人的；包含了某种理解他人观点的推动力；包含了乐趣以及相互之间的玩耍；包含了交换，以及温尼科特所说的“微妙的相互作用”（subtle interplay）；包含了对于深情对待的感激，以及对自己的攻击欲和行动的愧疚；并且，最终也是最为中心的，包含了信任以及对控制欲望的中止。（没有这种中止，就很难存在乐趣以及所谓的“微妙的相互作用”。）只有通过对某个不确定

世界以及对其中的人们的信任，一个人才能找到摆脱某种令人窒息的“自恋倾向”的方法，如果这个人确实具有这种倾向的话。但是，信任并不能单单由公平规则而产生；事实上它和这些规则没有什么关系。使信任成为可能的是来自父母亲的可爱行为——加上婴儿的好奇、爱和创造力，这些的最终根源都在于婴儿对于光亮的好奇，在于婴儿爱欲上向外的好奇心。

本质上，这就是泰戈尔人文宗教背后的、莫扎特的“yes”背后的以及本书的论证背后的理念：就是如莫扎特和达·彭特所说的，“这一天，充满痛苦、疯狂和愚蠢——只有爱才能使之终结于幸福与欢欣。”

我们可以从迈克尔·哈尼克（Michael Haneke）关于两次世界大战之间德国的惊悚电影《白丝带》（*The White Ribbon*）中，发现产生于规则的道德与产生于爱的道德之间的区别。在这部电影中，除了为这部电影提供道德指南的学校老师外，所有的年轻人都成长于专制且无爱的家庭中[15]。他们口头上都赞同公平规则，但是并不理解这些规则的含义，而且每个人似乎都背负着一种巨大的、未卸下的侵略和憎恨的负担——这些负担正是那些可能在爱的相互性关系中找到创造性出路的驱动力。在一个家庭中，孩子们被迫佩戴白丝带，作为他们曾经以各种方式所违背过的纯真的象征；这条丝带变成了一种永恒且不可推卸的罪过的烙印。虽然那个学校老师深爱他的未婚妻伊娃（Eva），并且在他的日程里排满了各种有新意的 *177*
去拜访她和取悦她的计划，但城里的孩子们把他们自己的痛苦转变为施虐行为。因此，爱的缺失会导致两个截然不同的问题：孩子们没有管理他们自身攻击性的具有建设性的方式，并且他们永远无法赋予这些规则内在生命。尽管这部电影是一场噩梦，但它是一场关于现实的噩梦，就如西奥多·阿多诺（Theodor Adorno）在德国家庭研究中所证实的那样[16]。

哈尼克的想象并没有确切地证明说，如果尊重能导致稳定的关心，那么爱就是必要的，但它提醒我们：在一个不以信任和爱缓解焦虑的世界中，道德无法存在；对他人的真正关心有赖于移情性理解能力以及觉得他人观点很重要的感知；最后，真正的关心需要对自己的给予能力有信心，这是一种既被对无助的羞愧又被对自身攻击欲的意识深深伤害的态度。即使要将尊重稳定地持续下去，也必须要有一个宽容的时刻，在这一刻一个人愿意听另外任何一个不可思议的人的摆布，并且只有在一种游戏和好奇的精神下，这个人①才会平易近人。那一宽容，那个“yes”，只有通过爱的精神才能成为可能；或者，更准确地说，它就是那种精神。

所有这些涉及的都是亲密的早期关系（尽管在不同的发展阶段，或许特别是在青少年时期的不安全感中，同样的动态情况会再现）。为什么一个政治规划需要考虑这些个人事务呢？我的建议将会是，如果要稳定地维持合宜的制度，以对抗由利己主义、贪婪、焦虑的攻击性所施加的持续压力，那么政治文化就需要利用这些早期信任和宽容的来源，利用心灵中对可爱之人的爱欲上的外向运动。

---

① 此处作者谈及的是《费加罗的婚姻》中最后一幕伯爵夫人原谅伯爵那一段，此句中的“一个人”与“这个人”均指伯爵。具体内容参见本书第二章。

五、游戏与投射

到了1岁，婴儿就成为善于识读心思的人了。他们已经发展出一种区分自我和他人的感知，以及富有移情地从他人的视角去看待这个世界的能力。情感的“传染”或多或少自出生便存在：婴儿听到其他婴儿哭声时就会哭泣，这是一个反复被证实的熟悉现象。但是，正如心理学家罗斯·汤普森（Ross Thompson）所写的那样，“当孩子开始意识到，其他人具备和其自身相区别的内在的、主观 178
的状态，并且这是在社会互动中值得注意的，这时候一种在移情回应中的重要转变就发生了。”——这一转变现在被认为会在发育的很早阶段就发生[17]。这种转变是微妙的：即使是早期的传染证据也表明，比起年纪更大的孩子或者大人的哭声，年龄相仿的婴儿的哭声会引起婴儿们更强烈的反应。因此，他们就像麦吉尔大学实验中的老鼠，已经把世界划分为相近的群组和更远的群组，或许他们至少能够开始从相近群组的视角出发去看待这个世界[18]。但是现在，他们开始明白，另外一个人是一个独立的经验世界，并且他们的行为会对那个世界所发生的事情有所影响。父母亲与婴儿所从事的相互性活动极大地促进了这种认识。一段时间以来，他们一直在玩游戏、交换笑容、手势和声音，他们已经习惯看到另一张脸对自己的所为有所反应。现在，游戏世界具有了某种更强的复杂性，成为进一步发展移情和相互性的一个工具。

心理学家唐纳德·温尼科特在游戏方面所从事的重要研究并非最传统意义上的实验心理学：温尼科特是一名精神分析学家和儿科医生。然而，他是一位有着非凡洞察力和丰富经验的人，他对婴孩世界的移情性理解是无与伦比的，因此，一个人想要使用他的与实验文献相关的贡献，并不需要接受任何特定的或者实际上任何的精神分析学理论。和实验主义者一样，温尼科特关注的是儿童日益增强的对他人作为完整事实的感知以及他们不断发展的真正关心的能力。他以一种富有洞察力的方式将这一点与关于游戏的讨论结合起来。

对于温尼科特来说，游戏在最一般的意义上是一种富有想象力的活动，在这些活动中一个人会占据一个“潜在的空间”，一个非现实领域，这个领域充满了上演各种假想可能的故事。在这个领域，孩子们确实比在现实世界有更强的控制力，因为剧本是他们写的。在这个领域所发生的事情，其后果并不是现实所提供的种种严重后果：孤独、饥饿、毁灭性攻击。出于这两个原因，游戏提供了
179 一种令人愉悦的方法去探索人类的可能性世界。实际上，温尼科特是在把亚里士多德关于悲剧的说法延伸到一般的游戏中，亚里士多德的说法是，我们以一种愉悦的而非亲身痛苦的方式来面对人类生活中“可能会发生的事”，从而了解人类生活的一般性本质。他强调，我们所了解的一个重要部分是他人的反应：游戏主要涉及角色扮演，因而是一种移情心的发展。

一种早期且重要的游戏形式会涉及一种“过渡性客体”（transitional object），这一概念是温尼科特最为著名和最具影响力的贡

献之一。非常小的婴儿只能由现实中怀抱着它们的人所安慰。但稍大一点儿的婴儿就学会了安慰自己，会选取某个毛绒动物玩具或者某张毛毯，然后赋予它们某种魔术般的安全属性（security-conferring properties）。[温尼科特相信，画《花生》（*Peanuts*）的漫画家查尔斯·舒尔茨（Charles Schultz）就是从他的研究中获得莱纳斯的安全毛毯（Linus's security blanket）这个想法的；不管这事是真是假，想法都是一样的。] 通过依附这一客体，婴儿就能够安慰自己，并因此逐渐让自己戒除将他人视为工具和服务者的需要。他们还学会去尝试那些与失去和复得相关的情感，如丢掉珍爱的“过渡性客体”，然后笑嘻嘻地重新找到它。随着移情能力的成熟，婴儿会以毛绒动物玩具为角色虚构故事，虚构那个玩具在回应各种不同情境时的感受；例如，有时候虚构的毛绒动物玩具的恐惧或者愤怒会成为婴儿探索自身恐惧或者愤怒的一种媒介。虽然婴儿仍在某程度上控制着过渡性客体，但正是这种对一部分外部现实的投入本身包含了屈服①：“从一开始就有一种摈弃全能的特征”[19]。渐渐地，游戏世界变得丰富而持续，用温尼科特简单但又能引起共鸣的话说，这使得一个孩子能够“在其母亲面前独自玩耍”，能够栖息在这样一个世界：其他人可以各自做自己的事情，不需要他们不断地服从孩子自身焦急的计划。

但游戏并不总是孤独的。就如同它有助于丰富孤独的世界、塑造内部能力一样，游戏也丰富了人际关系的世界，比如父母亲和孩

---

① 对“过渡性客体”的控制是一种对外部现实的投入，而这种投入不仅是在控制外部现实（即过渡性客体），也包含了对外部现实的屈服（即不能完全掌控过渡性客体）。

子，以及孩子们一起扮演各种不同的角色并演绎各种可能性，在这个过程中相互了解并了解更多的可能性。

180 温尼科特更大的意图在于提出，所有人类关系都包含早期游戏的特征：在他人面前保持独处（而非不断地要求奴性般的关注）的能力；信任他人，在他人面前愿意缓解对完全掌控的需求；以恰当的反应对微妙的暗示做出回应的能力；想象他人意图和感受的能力。事实上，在他去世后出版的《持抱与解释》（*Holding and Interpretation*）一书的分析中，他认为所有的爱都是一种“微妙的相互作用”形式——他的一位病人，一个冷酷的年轻人，在这一分析关系中首次体验到了这种相互作用。爱意味着许多东西：“但是它必须包含这种对微妙的相互作用的体验，我们可以说，在这种情形下，你正在体验爱或者正在爱着。”

“微妙的相互作用”与放弃全能的意愿是紧密相关的。温尼科特的病人，他称之为“B”，是被一个焦虑的母亲养大的，其母亲认为，她的丈夫要求她成为一个完美的母亲。（温尼科特指出，这意味着她确实不爱她的丈夫：她把他视为一个苛刻的权威人物，对他而言任何一个真实存在的人都不够好。）这种想象中的要求所带来的压力使她要求她的孩子也完美，这反过来也就意味着，她不愿意接受任何表明他是一个真正的婴儿的迹象：哭泣、愤怒、饥饿，等等。她也没法和孩子玩，因为焦虑和控制欲破坏了放松与信任。毫不奇怪，她的孩子变得无法自己玩耍也无法随性而为；他无法成功地与不同的个体互动，他所有的行为都表现出刻板而没有人情味[20]。

B代表了一种极端情况，那是一种相对罕见的发展过程的失败，因为大多数父母都会安于他们孩子的实际状况。温尼科特喜欢强调这个事实，部分是为了让那些真正为人父母者安心，完美并不是必需的，并以此平复他们的焦虑。尽管如此，他也强调人类生活天然就包含焦虑和困难：“人类在与外部现实的接触中自然而然就会遇到困难。”对控制的欲望以及对信任的不情愿是一个包含各种惊奇的世界所特有的，在这个世界中，发现一个人自身的弱点以及从根本上而言的必死性，会随着生命的继续赋予不可控感新的意义。由于这个原因，人类的发展是一个持续的过程，并且为了增强 181
信任、相互性以及对他人的独立世界的尊重，它在每个阶段都需要进行游戏和想象的资源。

那么，人们在之后的岁月里如何游戏呢？好吧，如温尼科特所说的B的情况那样，爱是一个答案。大多数成功的人际关系，不管是家庭关系、朋友关系还是情爱关系，都具有这种“微妙的相互作用”的要素。但这些关系也是压力的来源，因此温尼科特认为拥有一个“潜在的空间”是可贵的，在该空间中，人们可以在没有现实生活压力的情形下尝试各种角色或者选项：这是一个艺术和文化的世界。因为“接受现实的任务从未完成，［并且］没有人能摆脱联系内在和外在现实之间的张力……这一张力的缓解是由一个不受质疑的中间体验区域所提供的……这一中间区域，充满了乐趣，是直接地与‘沉迷’于游戏的孩童的游戏区域相承接的”[21]。事实上，如果我们提出这样的问题，即“我们在哪里？我们在哪里生活？”，那么答案就会是，我们在一个充满想象可能性的“潜在空间”花了大量时间。这一“潜在空间”既不是私人的内在体验，也不是纯粹的外在现实：它是两者之间的一种中介，“一种于其所在环境中所获得的个人体验（包括婴儿时期、儿童时期、青少年时期、成年时期）的产物”[22]，温尼科特强调婴儿的游戏体验和成年人的文化参与之间的连续性：

> 可以看出，我正在考察成年人在生活方面或者审美方面或者抽象的人类发明方面的高度复杂的乐趣，同时也在考察一个触碰着母亲的嘴巴，感受着母亲的牙齿，并且望着母亲眼睛、富有创意地看着母亲的婴儿的创造性姿态。对于我而言，游戏自然而然就会带来文化体验，并且确实形成了文化体验的基础。[23]

这样一来，婴儿的信任、相互性以及创造性的体验，就能够在成年人的生活中，在文化和艺术中，找到许多不同的出路，这些都会进一步加深和更新人们超越自恋的体验。

182 我的论证开始于，如果要让一个孩子离开那些因自恋和恐惧而产生的绝境，迈向真诚地关心另一个单独的存在者，那么爱以及一种能够表达和加深爱意的游戏就是必需的。对另一个人有所关心已经是一项成就。但是，随着生命的发展，这项成就很难保持稳定，因为意识到自身的弱点和必死性会促使自恋复发。因为自恋是持续的，那么有可能击败它的资源也必须是持续的，其持续形式是：以日益复杂的爱、相互性以及游戏的形式，某种程度上是以人际关系的形式，但大部分是以文化和艺术的“潜在空间”的形式。没有充满游戏精神和好奇心的敬重，很可能本身就不稳定。为了更细致地理解这一点，我们现在必须转向政治文化中的“根本恶”的一个主要表现：厌恶以及对某些群体的污名化。

六、投射性厌恶和污名化：戈拉与逃亡的奴隶

人们形成了等级制度。对于康德来说，“根本恶”主要关注的是竞争性排序及其对平等的人类尊严之承认所造成的障碍。形成等级的倾向显然是我们进化遗产的一部分，但是自恋、对全能的渴望以及“人类否认倾向”会使等级形成一种特殊形态，威胁着任何一个适度公正社会的生命。

让人屈从的一个关键策略就是厌恶：当权者把常常激发人的厌恶感的动物性属性（滑溜、黏稠、臭味、与腐朽或体液和排泄物相关联）归咎于其他群体的人，无论是非裔美国人、女性、低种姓者、犹太人，还是男同性恋者，然后会以这种所谓的厌恶性为由拒绝接触他们。公正的社会必须掌握和战胜这种综合病症。“投射性厌恶”产生于一种焦虑，它与激发婴儿期自恋的焦虑相同。像这种焦虑一样（以及作为这种焦虑的一部分），这种厌恶只能由爱的精神来克服。

到孩子两三岁时，大多数情况下他们已经能够爱和信任一小部分人。不过，与身体脆弱性有关的焦虑会影响他们的一生。这些焦虑会具体化为这种新发展出来的厌恶情绪。如大量实验研究所表明的那样，至少在最开始时，厌恶是对带有显著身体特征的物质的一 183

种消极反应，比如肥胖、体臭、黏稠、滑溜、腐烂。即使是在这些简单的情况下，即厌恶对象确实有归之于它们的这些属性时，厌恶也不同于单纯感知上的反感，因为厌恶在很大程度上会受到一个人对事物之看法的影响。因此，非常相似的味道也会引起不同的厌恶反应，这取决于这个人被告知这一味道是源于粪便还是奶酪[24]。粪便这种想法显然是使对象令人厌恶的原因之一。这种情况无处不在。厌恶与对危险的恐惧也不一样：一些并不危险的物质也可能令人十分厌恶（即便是已经消毒的无菌蟑螂，人们也会拒绝吞下）[25]。同时，许多高度危险的物品（例如毒蘑菇）并不令人厌恶。因此，尽管厌恶可能演变为一种粗略而又现成的让我们远离危险物质的启发式警告，它的内容和功能也略有不同。

研究得出的结论是，厌恶与某种关于污秽的观念有关：它表达了一种焦虑，即自己会被某些污秽之物玷污。如俗话所说，“人如其食”。厌恶的“原始对象”（primary objects）都是“动物性的提醒物”（animal reminders）：我们自己的身体排泄物（汗水、尿液、粪便、精液、鼻涕、血液），它们会提醒我们与非人类动物的共性，还有尸体，会提醒我们自己的必死性和脆弱性[26]。厌恶就是这样和早期的自恋、全能以及人类否认这些动力紧密相连，因为引起厌恶反应的动物性的诸方面便是那些令人想起无助性的东西，而不是力量和速度这些使人想起我们和其他动物共有的良好潜能的东西。

我们对原始对象的厌恶已经成为人类否认倾向的一种形式：也就是对这一事实的否认，即我们是终有一死的动物，且有着散发气味、排泄物质并终将腐朽的身体。但它并不是那么有害，它甚至在引导我们远离真正的危险方面还有一些积极的价值，即使它不能完美地追踪危险。不过，鉴于厌恶在我们发展过程中姗姗来迟——在训练上厕所之前没有证据证明它的存在——社会比通常更有机会塑造厌恶的内容并把它扩展到其他对象上。因为没有哪个社会中的厌恶是仅限于“原始对象”的[27]。

在学会对原始对象的厌恶之后不久，孩子们开始依据“投射性厌恶”这种社会现象来划分世界[28]。投射性厌恶就是对另外一群人类的厌恶，这群人类被从主流群体中分割出去，并且因为（据说）他们更具动物性而被归为更低层级。这一群体的成员被认为具有令人厌恶的原始对象的那些属性：人们发现他们是肮脏的、有臭味的、黏糊糊的，将他们与性体液、排泄物和腐朽联系在一起。他们被描述为准动物，处于（与超越身体及其物质相关的）真正人类与完全非人类之间的边界区域。能够指出一群据称反感雅虎的人，这使得占主导地位的群体更容易认为自己高于仅仅是动物的人。 184

那么，投射性厌恶就是人类否认倾向的一种形式，并且很可能是由对必死性与无助性的更深层次的焦虑所激发，这些焦虑会使得人类否认倾向更为普遍。被投射了厌恶属性的群体并不真的拥有那些属性——至少并不比那些进行投射的群体拥有更多这些属性。觉得美国黑人比白人闻起来更臭的普遍幻觉，以及他们的身体会污染食物、饮水器和游泳池这种更普遍的焦虑，正是厌恶之非理性的一个例子。正如厌恶问题的前沿实验研究者保罗·罗津（Paul Rozin）所总结的，厌恶是通过完全非理性的过程，即“神奇的思维”（magic thinking）形式，从一个对象扩展到另一个对象[29]。所有这些形式的共同之处是一种对社会世界的有意分割，还有关于自我的种种谎言。占主导地位的群体说：这一群人因其动物性必须被保持一定的距离，但我们当然和他们没有任何共同之处。因此，男性会把动物性归咎于女性，因为据说她们性欲旺盛，并且与怀孕、生育有联系，与此同时暗中否认他们自身与这些现象的联系。异性恋社会常常把男同性恋的性事描绘为污秽的，将其与排泄物和精液联系在一起，而“忘却”异性夫妇的性生活中也普遍存在“鸡奸”、肛交和口交的行为。在所有投射性厌恶的实例中都能发现类似的不理性。于是，屈从的群体被污名化，其目的在于满足占主导地位的群体为其自身动物性寻找代罪羔羊的内在需求。

185 根据历史和社会秩序的特定事实，被挑选出来作为动物性载体的某个或某些特定群体，会因文化而异，在这个意义上投射性厌恶是社会性的。然而，所有已知的社会都呈现它的某种形式，在这个意义上它似乎不仅是社会性的。男性对女性身体的厌恶便是一种十分普遍和顽固的投射性厌恶。与此类似，厌恶往往以性少数者为目标，将少数群体边缘化的一种方法就是将其性行为归咎为变态的：例如，犹太人和非裔美国人都被描绘为性欲过旺与掠夺成性的，而民族的自我定义也时常涉及对一个被认为具有这些特质的下级阶层的创造[30]。但就德国而言，那个群体应该是犹太人，或者就美国而言，那个群体应该是非裔美国人，这是特定历史的人为现象。沃尔特·惠特曼认为，如果我们所有人都能与我们自己和他人的身体建立一种更健康的关系，那么社会就可能没有这种厌恶存在。不管这种观点多么有吸引力，它仍是猜测性的，因为这样的社会不曾存在过。所有的社会都从事这种非理性的分割和污名化，正是这一事实十分有力地说明，投射性厌恶不仅是一种错误，而且与我们已经讨论过的那种更深层次的焦虑有关。事实上，近来的研究表明，那些对原始对象有过某种异常的高度厌恶之人，比其他人更有可能通过投射性厌恶从事对他人的污名化之事——这就说明，即使对原始对象的厌恶，也只有在某种限度内才是无害的[31]。

投射性厌恶创造了某种从根本上被分割的世界：一边是自己的世界和像自己的人的世界，这些人都是学徒天使（就如厄普代克笔下的“兔子”想象他自己那样）[32]，没有臭味，也没有污秽的液体，甚至是不朽的；另一边则是伪装得像人的动物的世界，但他们在（幻想的）臭味、肮脏以及与恶心的身体性物质的联系方面，背叛了自己的动物本性。斯威夫特的慧骃和雅虎的寓言充满智慧地表明这种分割只是谎言：格列佛的身体是一个雅虎的身体，但是他学会了厌恶雅虎的体味和触碰，把他们推到一个遥远的低人一等的地方。他所感到的厌恶在生理上是真实的，就如同美国南方的白人发现自己在一个北方的餐桌上和非裔美国人一起进餐时，生理上会有 186
所排斥一样[33]。然而，这种厌恶之源是某种非理性的文化幻想。

这种分割与心理学家罗伯特·杰伊·利夫顿（Robert Jay Lifton）在其《纳粹医生》（*The Nazi Doctors*）一书中所说的“双重化”（doubling）非常接近。利夫顿描述了在奥斯威辛集中营（Auschwitz）工作的医生如何在家人的怀抱中充满爱意和信任地生活，同时对犹太人进行那些可怕的实验。“双重化”包含了两个世界的非理性创造，在这两个世界中适用不同的行为规则，即使现实根基（人的身体）实际上是一样的；行为者也被“双重化”了，在一个世界中践行一套规则，而在另一个世界中则践行另一套。不过，利夫顿把双重化描述为一种对待极端情形的反应，它是该情形下不让自我完全崩溃的唯一替代选项[34]。与之相比，投射性厌恶并不是一种对非同寻常的压力或者专制政治控制的反应；事实上，即便在繁荣的民主社会，也没有什么比这种投射性厌恶更为常见。投射性厌恶运作时也不像双重化那样激进，在两个不同的环境中创造两个截然不同的自我。厌恶运行于日常生活的核心，它只需要一种环境和一个自我；世界被分割仅仅是因为，就在这个日常世界中创造了一个低级阶层，该阶层的成员在虚幻中背负着被自我所恐惧和否认的属性。因此，它比双重化更普遍、更常见，我们更有理由警惕地看待它，将它视为一种不仅会在一个被邪恶操纵的社会中出现，而且会在每一个社会哪怕是最合宜的社会都会出现的威胁。

厌恶阻碍了平等的政治尊重。如何克服厌恶所带来的有害影响呢？我们现在可以回到本章节刚开始时提到的两个例子：泰戈尔的《戈拉》和惠特曼对遇到一个逃亡奴隶的描述。这些都关涉到民族建设，都认为要获得在道德上令人满意的民族团结，就必须克服投射性厌恶和分裂。

戈拉生活在孟加拉一个高种姓印度家庭中，是一个高大而皮肤白皙的年轻男子（他的名字意味着“白脸孔”）。在青春期的后期，他开始相信印度的未来需要一种对传统印度种姓习俗的回归，包括印度的贱民制度。一个高种姓的印度人，永远都不可以吃由一个低种姓成员或者一个没有种姓的人准备或提供的食物，比如基督教徒

和穆斯林。种姓制度表达了一种对动物性身体污染厌恶的观念。因 187
为低种姓的印度人会与清洗公共厕所或者处理尸体这些职业有所联系，并形成了一种幻想，即低种姓的人自身被这些动物性的排泄物玷污，并且会把这种玷污传递到他们所触碰到的事物中。（甘地曾指出这种认为低种姓者不洁的观念是错误的：在霍乱肆虐的时期，低种姓者在远离住处的田地排便，而高种姓者用夜壶排泄然后直接倒进他们窗外的水沟，低种姓者比起高种姓者更干净，面临的风险更小。）

对于戈拉而言，现在世界已经被分割为两个群体：他能与之分享事物和饮品的人，以及他不能与之分享的低级生物。这种界分优先于正常的人类关系：现在他因为这种界分而拒绝来自拉克米、一个养大他并对他充满爱的基督教徒女仆的食物。（基督教徒通常是来自最低种姓的皈依者，因此拉克米被两种不同的方式污名化。）他那宽容的母亲对他的行为感到很吃惊，她尝试把戈拉的注意力集中在那些似乎与他人的社会待遇相关的属性上，但污染的幻想占据了主导地位，把其他一切都阻隔了。

这本小说的读者知道，从一开始，戈拉的生活便是荒诞且自相矛盾的。他不仅像在所有印度贱民制度的风俗中那样，否认了所有人类都具有的部分特性（排泄、可朽），而且也在一种非常直接和独特的意义上否认了他自己的特殊身份。因为戈拉的白皮肤源于他根本不是印度人，而是爱尔兰人。在印度兵变的时候（1857—1858），他的母亲领养了作为孤儿的他，当时他还只是个婴儿。根据他所遵循的印度教规则，他不是也永远不可能成为一个印度教徒。他的母亲试图使他走上正轨，于是说："但是，你知道吗？当我第一次把你抱在怀里时，就跟传统说再见了。当你将一个小孩抱在胸前时，你就会确信，没有人是带着种姓出世的"[35]。但是，戈拉确信，不仅他自己的生活需要种姓等级，而且他梦想中的未来印度只有保持这些祖传习俗才会出现。他将"实现印度"想象为他毕生的事业，并且将印度的稳定设想成一种等级秩序[36]。

发现自己的真正身世令戈拉悲痛欲绝。然而，危机之后，他找
188 到了一种新的自由感。不再受维持千种死板习俗的重量的压迫，他可以考虑现实中人们的处境和需要，并且他第一次明白了种姓等级对于人类福祉而言意味着什么。他原本的移情能力得到了释放，他现在能够自由地生活在印度数亿不同的人的未来福祉的潜在空间中。他回到家抱着他的母亲说："您没有种姓，没有区分，也没有憎恨——您就仅仅是我们的福祉象征！您就是印度！"在停顿片刻之后，他接着说："妈妈！……您能叫一下拉克米，让她给我拿杯水来吗？"[37]

戈拉那分裂的世界通过承认所有印度人的平等价值而变得完整。但是这种承认并非只靠抽象的尊重概念而产生：本质上，它起源于爱和童年时的游戏。这个故事的主要寓意来自一个孩子重新发现对母亲的爱，泰戈尔通过这样的方式来安排他的寓言，旨在强调这一观念，即政治需要利用能激发童年之爱的信任与愉悦的古老来源。

惠特曼也处于一个彻底被分割的世界：内战期间的美国。人们通过投射性厌恶用各种各样的方式将自己从他们自身那些所谓较低

级的身体性方面中分离出来，而把那些方面投射到他人身上——非裔美国人、女人、同性恋，惠特曼反复提请人们注意这种分裂和各种分离方式之间的联系。他坚持认为，美国人只有与自己的身体锻造一种新的联系，把自己的身体视为美好的而非令人厌恶的，才会超越扰乱他们国民生活的种种隔阂。在表达这一中心思想的过程中，惠特曼正视了美利坚（并不合众的）合众国之污名的主要来源之一：黑人的身体。

在这个简短的寓言中，诗人把一个逃亡的黑奴带进自己的房子里，让他留在家里，给他食物和衣物，照料他的伤口，时刻准备着与可能出现的搜捕者搏斗（把枪准备好放在角落）；最终诗人帮助黑奴继续向北边走得更远。这个奴隶开始时像个动物：在柴堆里弄出杂音。但是，诗人一看到他，就对他既同情又尊重，给他治疗，给他食物，让他安心，最终在餐桌上给了他一个平起平坐的位置。这一完全平等尊重的转变，主要是通过身体接触，直面所谓污秽与 189
肮脏的来源，这种直面通过现代民权运动而保持效力，今天仍在发挥影响：共享的生活空间（奴隶的房间有一个可以直接通往惠特曼房间的门）、共享的洗浴设施、共享的衣物，以及与伤痕和创口的亲密接触。

厌恶是如何被超越的呢？这首诗坚持的主张是，厌恶只能通过想象力的发挥来克服——事实上，只有在诗歌中并且通过诗歌，以及通过一种赋予躯体内在生命和尊严的、看到“男性和女性之永恒”[38]的诗性精神，才能克服。

就像泰戈尔的寓言一样，惠特曼的寓言也演绎着他所描绘的东西。它会影响读者的思想，使那些被分裂和被轻视之人的观点变得有人性、有尊严。泰戈尔的小说引导读者关注各种不同角色的观点，在阅读的过程中向我们展示了“印度是属于其全体人民的”这一观念的意思。类似地，当惠特曼在建构一个平等在不同公民间真正盛行的、“不会退化的”[39]美国时，他也持有多元的视角。就在谈及奴隶的章节之前，惠特曼着重提及了儿童富有想象力的游戏（“一个孩子给我拿来了满手的青草，问道：‘草是什么呢？’”）与成人试图理解生活的奥秘之间的连续性；诗人的回答关涉到生命、死亡、战争的严肃问题，然而这些答案本身是嬉戏的、充满童趣的，这些答案也鼓励读者保持这种嬉戏的性情[40]。

诗人首先把自己放在跟儿童同等的基础上，承认自己的不完整性和认知上的弱点：“我怎么回答这个孩子呢？我知道的并不比他多。”他随后的解释是作为猜测提出的。首先他把青草比作“我性情的旗帜，是由充满希望的绿色材料织成的”。接着它可能是“神的手帕……角落里写有物主的名字，这样我们就可以看到并评论，然后问，这是谁的？”，或者它本身可能是“一个孩童，是植物生出来的婴儿”，又或者它可能是一种“统一的象形文字”，其含义就是平等：

> 不管在广阔的空间里，或是狭小的空间里，它都一样发芽，
> 不管在黑人那里，或是白人那里，它都一样成长，
> 190 开纳克人、塔卡河人、国会议员、贫苦人民，
> 我赋予他们相同之物，我以相同的方式对待他们。

现在，在我看来它仿佛是坟墓那未曾修剪的美丽头发。

因此，平等观念指向了同等的脆弱性和必死性。诗人接着想象，青草是从那些战争中死去的年轻人的尸体，或者是从“老年人”、从过早夭折的孩子们那生长出来的——以此提醒读者，死亡是突如其来的，没有人能够幸免。因此，这场有趣的游戏也是对一种极端脆弱性的一种有趣的承认。通过将这一章节置于奴隶叙述之前——并且随之叙述一个女人与年轻男人在秘密幻想中一起沐浴——他把政治上的平等和相互性与对全能的一种嬉戏式放弃联系起来，而这种放弃是通过诗歌展现并蕴含在诗歌之中的。

惠特曼和泰戈尔都提出了温尼科特明确主张的观点：成年人如果要保持并扩展自己对身边其他人的关心，要克服所有社会都趋于污名化和“双重化”的倾向，那么就有必要通过艺术游戏进行一种想象力的培养。

我已经通过对人格中妨碍个人和政治生活方面互相尊敬和相互性的力量进行了更为具体的解释，以回应康德关于“根本恶”的模糊论述。这些力量确实是“根本的”，因为它们植根于人类发展的结构——我们身体上的无助性与认知的复杂性，而不是这种或那种特定文化的产物。到目前为止，我已经提出了三个主张。第一，在孩童的早期发展中，爱的精神（包括信任和“微妙的相互作用”）是发展对他人的真正关心与尊重、摆脱束缚早期生活的利己主义的必要的关键。第二，在人类生活中使爱成为必要的诸动力（无助、对无助的恐惧和愤怒）不会随着时间和成长而消失，而是会持续存在——因此，如果要让这些动力不倒退回自恋之中，那么爱在成年

人的交往中对人格而言就有一种持续必要性。无论在政治生活中，
还是在家庭关系、朋友关系中，都确实如此。第三，自恋在政治领
191 域有一些滋生的方式——反映出投射性厌恶的运作——这会对一个
渴望平等的人类尊严的社会造成特殊的问题；这些问题的解决，不
仅必须通过推进平等关心的规则，还必须借助游戏的精神和富于想
象的同情，包括“诗性”精神可能赋予的脆弱性以及放弃人类全能
的意愿。简而言之：我们一直需要诗性精神，但是在我们最倾向于
分裂和厌恶的地方，我们就更迫切地需要它。

七、权威与同辈压力：恶的支柱

我们对“根本恶”的解释还不完整。我们现在需要补充两种似乎也深深植根于人性的倾向，这些倾向对民主制度的稳定性构成了某种严重威胁：即使以牺牲真理为代价也会屈服于同辈压力的倾向，即使以牺牲道德关心为代价也会遵从权威的倾向。这两种倾向很可能都植根于我们的进化遗产：在灵长类动物的生活中，等级制度和群体团结都十分有用[41]。在某种程度上，两者在人类社会中仍然有用：服从合法权威通常是好的，并且，在缺乏个人专业知识的情况下，听从同辈的判断也是必要的。但是，这两种倾向都威胁到了民主的公共文化。

在一系列长期实施、严谨设计的实验中[42]，心理学家所罗门·阿西（Solomon Asch）证明了一般受试者对同辈压力表现出的

高度遵从[43]。这些实验中包含一组参与者，其中一个人是实验的受试者，而其他参与者（其他参与者的人数不是固定的，但是实验发现，达到目的至少要求有三个其他参与者，通常会更多）都在为阿西效力，受试者并不知道这一点。受试者被告知，那是一个测试知觉的实验。实验提出了一些简单的知觉问题：通常是将一张卡片上的一条线与第二张卡片上三条线中长度最接近的那条线进行匹配。受试者通常会首先给出正确答案，但伪装的受试者们会反复给出错误答案。（他们偶尔也会给出正确答案，以减少受试者怀疑真实事态的可能性。）受试者变得越来越不安，一段时间后，他/她通常会以屈从并附和大多数人来回应群体压力。通常情况下，一个受 192
试者犯错的概率不到1%。而在群体压力的情况下，受试者们屈从的概率大约是36.8%。（大约四分之一的受试者在所有实验中都完全保持独立，从未与多数者达成一致。一些受试者几乎一直从众。而许多受试者只在群体压力反复叠加之后才会屈从。）值得注意的是，弃权的百分比实际上并不高，尽管比人们在真相显而易见时所期待的要高。（阿西的工作总结有时表明，大多数人会屈从于群体压力。）

人们所给出的屈从于群体压力的理由让阿西十分感兴趣。有些人很快得出结论，认为自己是错的而其他人是对的。另外一些人屈从是因为不想“破坏你的实验结果”。许多人怀疑实验中多数人是某种视觉错觉的受害者，但不管怎样都会赞同多数人。“更令人忧虑的是某些受试者的反应，他们把自己和大多数人的不同之处理解为其自身存在某种一般缺陷的迹象，他们必须不惜一切代价去掩盖这种缺陷。基于这个理由，他们会拼命地试图融入多数者当中，而没有意识到这样做对他们自身会有什么长期后果”[44]。同时，那些没有屈从的受试者表现出一种“从怀疑中恢复过来并重新建立平衡的能力”。其他异议者认为多数人可能是对的，但仍认为自己有义务“如实说出自己所见”。

阿西有时候会给试验者一个搭档，他是一个被指示要如实给出答案的助手。只有一个说实话的人的作用是非凡的：“一个支持伙伴的出现耗尽了大多数人的大部分力量。”在这种情况下，给出错误答案的受试者只剩下平时没有搭档时的四分之一。即使最软弱的人，也不会轻易屈服。实验中的其他变化证实，让受试者获得自由的与其说是搭档的诚实，不如说是他的异议行为：当搭档的回答比大多数人错误更甚时，这“给受试者带来显著的解放；他们的错误率降低到只有9%”，并且这些错误都是适度的。此外，一个持有异议的搭档即使离开了，其影响仍会持续。

这些实验对我们来说很有趣味。即使群体压力的效果看起来独
193 立于自恋和投射性厌恶的形成动力，但我们可以预料到这两者之间令人苦恼的相互关系，因为在群体压力的影响下，人们会赞成那些对于犹太人、男同性恋或非裔美国人的肉体属性的错误判断。群体压力在各种情况下都是危险的，因为它是讲真话的障碍。它在已经具有污名化和等级制度特征的情况下更加有害。

阿西的实验结果并没有证成某种极度悲观的结论，因为他所观察到的影响大小是有限的。不过，其影响之大足以令人困扰。尤其有趣的是，仅仅一个异议者所带来的对他人行为的影响。正如阿西

自己总结的那样，所有合宜的社会都有充分的理由去滋养与嘉奖不同意见和批判性思维，这既是因为其内在的重要性，又是因为其对其他人的影响。

更令人困扰的是斯坦利·米尔格拉姆（Stanley Milgram）在耶鲁大学进行的关于服从权威的著名研究[45]。米尔格拉姆提前告诉参与者，他们将参与一项关于记忆与学习的研究。参与者并非学生，而是通过报纸广告在纽黑文社区（New Haven community）周围招募的；他寻找各种不同年龄和背景的人。受试者会得到报酬（每小时 4 美元，这在 20 世纪 60 年代还不错）和车费。由于没有足够的志愿者回应这个广告，因此米尔格拉姆也从纽黑文社区的电话黄页本上取样，通过直接寄送邀请信的方式征集参与者，这个策略得到了 12%的回应率。（我们应当留意到，当金钱会对人们造成影响，并且对他们来说比自己付出的时间更重要时，人们往往会自愿去做一些事情。在分析参与者为什么会服从科学家时，这一因素可能被低估了：他们想要留在研究中并得到报酬。这笔报酬还在耶鲁科学家和受试者之间建构了一种阶级等级，强化了他们对科学家的名望和权威的感觉。）这个实验是在耶鲁大学的一个“高雅的”实验室里进行的，米尔格拉姆认为这个因素对创造威望感和合法性很重要[46]。

受试者到达时就被分为两人一组。每一组都会有一个人被指定为“老师”，而另一个人（实际上这个人是为实验者工作的演员）则被指定为“学习者”。两者都被告知，这个研究将关注惩罚对学习的影响。学习者被带到一个房间，“坐在一把椅子上，他的手被 194

绑着以防过多移动，手腕处系了一个电极。他被告知要学习一个词组列表；一旦他出错，就会受到强度不断增强的电击”[47]。老师了解这一切之后就被带到主实验室，“坐在一个令人印象深刻的电击发电器前。它的主要特征是一排置于一条水平线上的30个开关，以15伏为增量，其范围是从15伏到450伏。这里还有从轻度电击到危险-重度电击的字面指示”。现在老师被告知要对学习者进行一个学习测验。学习者如果给出正确答案，就继续做题；如果做错了，老师就要给他一次电击，电击从最低程度开始，但每出错一次就要提升一档。学习者实际上并不会受到电击，但是他会假装越来越不适，并且最后会假装很痛苦。“当电击达到75伏时，‘学习者’就会发出嘟囔声……达到285伏时，他的反应就只能被描述为一声痛苦的尖叫”[48]。如果老师表现出不希望继续，实验者就会按照次序使用一系列“敦促”：

> 敦促一：请继续，或，请接着做。
>
> 敦促二：实验要求你继续。
>
> 敦促三：你继续下去是绝对必要的。
>
> 敦促四：你没有其他选择，你必须接着做。[49]

如果受试者问学习者是否会受到永久性损伤，实验者会说：“尽管电击可能很痛，但不会有永久的组织损伤，所以请继续。”在这一实验的基础版本中，受试者和学习者都可以通过一个“镀银玻璃”看到对方，但触碰不到对方，这时略超60%的受试者会一直继续到最大电伏水平。当两个人在同一个房间时，比率会降到40%。当受试者被要求触碰学习者并强迫他/她把手放到电击板上时，这一比率就会降到30%。不管怎样，受试者确实会经历不同程度的压力。有些人试图偷偷说出正确答案来帮助受害者。在另外一组的研究中，米尔格拉姆发现，人们对实验结果的预测错得厉害：大多数人预测，受试者不会一直按照实验者的要求做，这种预测与实验实际结果之间的差距多年来持续存在，尽管这些实验的名气越来越大。 195

米尔格拉姆本人对其实验所呈现出来的东西一直毫不含糊："那些只是在做自己的工作且就其本人而言不抱任何特别敌意的普通人，也可能变成这一可怕的毁灭过程的行动者"[50]。他将自己的发现与汉娜·阿伦特（Hannah Arendt）对艾希曼（Eichmann）的研究①进行了比较，并同意阿伦特的观点，认为恶并非存在于一个"施虐的边缘"（sadistic fringe），而是存在于身处这样一种情况下的普通人身上，在这种情况下，他们放弃了个人的责任而只是遵从他人的指令——这是一种被他称作"代理状态"（agentic state）的人格状态，这有点儿令人困惑，因为他用这个术语意指的是这样一种状态：人们放弃个人的主动性而仅仅成为别人计划的工具——往往只被技术细节吸引而不会对更大的行为过程负责。米尔格拉姆意识到，他所观察到的倾向，不仅在人类的进化前史中具有价值，在当代社会中也具有价值[51]。他所关心的是这些问题在何种程度上会危及一个公正社会的运作，他的结论是悲观的，尽管他强调，在

---

① 阿道夫·艾希曼（Adolf Eichmann，1906—1962）是纳粹德国高官，作为犹太人大屠杀的主要负责人之一常被称为犹太屠夫。阿伦特出席了艾希曼在耶路撒冷的审判现场，并且对其进行了一系列研究，认为艾希曼本人对犹太人并没有仇恨，其内心也不是一个纳粹主义者。参见 Hannah Arendt. Eichmann in Jerusalem：A Report on the Banality of Evil. New York：Viking Press，1963。

面对面的情况下，双方都强调个体性（individuality），可以减少不良行为。

结论如此悲观的一个原因在于，米尔格拉姆简单地假设在所有受试者中服从的“背景条件”都是类似的。他并没有研究每个受试者的成长过程和个性，因此他并没有办法将异议（或甚至压力）和任何背景特征相联系。而且，他似乎认为这些区别是无关紧要的。尽管他从未研究过家庭或者儿童发展，但他却告诉他的读者，所有受试者都是在家庭的等级结构中成长起来的，没有任何一个家庭在传授道德价值的同时可以不教导对权威的服从。他声称，孩童永远无法区分这两者，并且对服从的要求是“唯一贯穿于各种具体指令而始终如一的要素”[52]。同样，在学校，德育内容以及对权威的服从再次混为一谈——他在未对不同类型的学校有所研究的情况下又
196 一次做出声称。简言之，“年轻人生命中的头 20 年，就是作为一个权威体系的从属要素而度过的”[53]。这些笼统的陈述完全忽视了已被广泛研究的家庭与教育方式的巨大差别，至少从阿多诺的《权威式人格》（*The Authoritarian Personality*）一书开始就有关于这些差别的研究，阿多诺的研究把德国人的许多服从行为归咎于当时德国家庭中常见的那种特定家庭教养方式[54]。当然，学校的差异至少和家庭的一样多。如果不知道异议的倾向在多大程度上与之前的各种经验有关，我们便没法知道米尔格拉姆所发现的这些倾向到底能否在批评性思维及异议之社会化的影响下仍然存在。当然，阿西的研究说明了异议的出现对行为有强有力的影响。

多年以来，这些实验在许多不同的地方重复进行，其基本发现

得到了证实，并且还增加了一些更进一步的发现。第一，许多研究会考虑性别的问题，而它们的结论是，在预测一个受试者的服从程度时，性别并不是一个重要的影响因素。第二，另外一些研究则确认，服从既是对合法权威的一般观念的回应，也是对科学专业知识的回应。（这一发现限定了我们可以在社会生活中大量推广其发现的幅度。）当我们考虑到，米尔格拉姆的受试者是作为志愿者而被选定的（经济需求和低收入很可能会对其有所影响的一类人），然后被运送到耶鲁大学的“高雅的”实验室，被给了一堆他们可能并不理解的电击电伏数，穿着实验室服装的科学家也再三对他们给出了保证，此时这个因素是很突出的。第三，尽管米尔格拉姆报告了预期和实际服从之间的巨大差距，但后续进行的研究发现差距要小得多[55]。

米尔格拉姆的研究很重要，我们可以从这些研究中学习。等级制度和服从倾向确实是我们人类进化遗产深处的一部分，无疑根植于进化的史前史；这些倾向可以在许多方面与其他我们已经研究过的心理趋势结合。历史学家克里斯托弗·布朗宁（Christopher Browning），在研究第三帝国①时期杀害大量犹太人的警卫队时，很好地使用了米尔格拉姆和阿西的研究，来解释那些警卫队年轻人的一致性——研究呈现出，事实上，那些无法让自己向犹太人开枪的人会对此感到羞耻[56]。所有类型的军事组织都非常擅长利用服从和 197
同辈压力来创造团结以及对反常行为的羞耻感——这往往会凌驾于

① 即希特勒统治下的德国。

道德之上。它们需要这样做；但是这种灌输会有一些固有的危险。

不过，米尔格拉姆的研究并没有表明，在独立思想、个人责任以及批判性对话方面进行强力培训不能控制甚至克服这些倾向。尽管他令人沮丧地预言，世界上的任何国家都可能填满几十个纳粹死亡集中营，但事实上并非所有国家都这样做过。并且，没有任何一个国家是在高度民主自由的条件下这样做的。一种充满活力的批判性文化是非常重要的[57]。阿西的研究显示，事实上，在一种充满不同意见的文化中，人们会乐意挺身反抗"人群"。米尔格拉姆的研究并没有告诉我们，不同的培养方式或教育会如何影响政治文化，但是，阿西的研究为我们提供了很好的理由去预测，那些会教授合理的异议和批判性思维的学校将创造出对抗可怕行为的壁垒。并且，就连米尔格拉姆也呈现了一些可以减轻服从的危险影响的方法：可以通过接近（proximity），让人们把彼此视为独立的个体[58]。巴特森的研究指出，这一倾向可以通过倾听对个人困境的叙述而得到发展。其他研究也已证实，如果把他们所统治的对象作为非人性化的非个体单位显现给他们，人们会做出更糟糕的事情——例如，给出一个数字而不是一个人名——而当鼓励人们将他人视为有名有姓并且有确切生活故事的个人时，人们的表现就会好一些。当人们能够逃避个人监督和责任时，他们也会表现得更糟糕；当人们被鼓励要有个人责任感并且被视为独立个人而非某个无名群体的一部分时，他们会表现得更好[59]。

除了通过教育和公共文化鼓励持续的独立思想与批判性思维的倾向外，我们的社会还可以通过这样的方式来安排各种情境，以把个人的责任意识以及对他人作为完整的人类个体的感知最大化。将带有各种残疾的孩子纳入公共学校教室的主流，作为有名字、有品位和相关故事的个人，而不是“一个天生的白痴”或者“一个瘸子”，这只是某种社会变革的一个例子，这在很大程度上可以通过情境设计来引发，然后通过运用叙事艺术予以支持。

阿西和米尔格拉姆所发现的倾向是“根本恶”的几个方面，其 198
对人类行为的约束无疑是在进化，因为它们有某些效用，并且会在某些情况中持续发挥效用，但是它们也包含了巨大的危险。它们以多种方式与我们已确认的“根本恶”的核心“叙事”——应对人类无助性与有限性的努力——相互影响。（例如，同辈群体的结合会减少无助之耻，就如同愿意屈从于一个据说无所不能的权威，通过这一权威，一个人可以努力重获已失去的全能感。）这些倾向，不管有多么根深蒂固，也仅仅是倾向而已。它们可以通过抚养和教育来改变，它们也可以通过情境来塑造。国家可以培养持不同意见的文化，鼓励个人责任感，并阻止官僚主义的匿名化。也许最为重要的是，它们可以建构移情文化，鼓励以他人的视角看待世界以及承认他人的个体性的能力。

注释：

［1］在这一章，我进一步发展了“根本恶”概念，这一概念首先在文章《洛克式国家中的根本恶》［“Radical Evil in the Lockean State：The Neglect of the Political Emotions，” Nussbaum（2006b）］中以不同的形式被提出，其更详细的版本曾发表于文章《自由民主制中的根本恶》［“Radical Evil in Liberal Democracies：The Neglect of the Political Emotions，” Nussbaum（2007b）］。

［2］参见爱普斯坦（Epstein）对美国1964年《民权法案》（*the Civil Rights Act of 1964*）的评价［Epstein（1992）］，他指出这一法案之所以是必要的，仅仅是因为美国种族隔离制度所造成的人为贸易障碍。

［3］关于印度的情况，可以参见Prabhat Patnaik（2012）中关于种姓制度下人力资源浪费的考察。

［4］康德并不赞同实质性的物质再分配，除非为了救济寡妇和孤儿，但是这并不影响他作为我们这部分研究的某种恰当的来源。

［5］Kant（［1793］1998）. 在后面使用的康德引文中，括号中的数字指的是科学院版康德全集中的［卷与］页码。

［6］康德在这里的观点和卢梭的心理学有紧密的联系，但是康德以一种有力而独创的方式发展了这些观点。

［7］实际上关于善和恶的趋势，康德使用了两种不同的术语。在表达恶的"倾向"（propensity）这个概念时，康德使用了德文词"Hang"和拉丁文词"propensio"，这个概念被定义为"某种偏好之可能性的主观基础"；这个词与另外一个表示倾向的词"predisposition"（德文为Analge）是相互区分的，康德使用后一个表示倾向的词来表示善的倾向，以表示某种倾向可能是与生俱来的（innate）但同时却没有被呈现出来。参见Kant（［1793］1998，6：29）。这一区分以及康德对这一区分的使用是隐晦的，但明显的是康德希望通过这种区分来主张我们天生就会偏好于恶但同时也拥有一种真正的自由意志。我很感激凡尼尔·布鲁尼与我讨论这一点。

［8］我在另外一处对这一证据有所讨论［Nussbaum（2001，ch. 5）］。

［9］Stern（1990，pp. 31－32）. 斯特恩是一个受尊敬的实验家和临床医生，并且他的书记录了他的研究，其研究成功地把心理分析和实验方法联系起来。参见Stern（1997）、Stern（1985）。

［10］Winnicott（［1971］2005a）.

［11］参见 Lear（1990）。

［12］参见 Stern（1977）。

［13］参见 Nussbaum（2001，ch. 5）。

［14］Winnicott（1965）.

［15］阿多诺关于德国家庭的研究指出，这些特征在德国或者在当时是特别普遍的［Adorno（1950）］。

［16］同上。

［17］Thompson（1987，p. 136）.

［18］参见上书，第 119 页、第 137 页。在文献里有许多关于这些现象的描述，而有许多这些描述都可在汤普森广泛的参考文献中找到。

［19］Winnicott（［1971］2005a，p. 7）.

［20］可以在我的另外两本书［Nussbaum（2001，ch. 5）、Nussbaum（2004a，ch. 4）］中找到关于这种情况更完整的讨论。

［21］Winnicott（［1971］2005a，p. 18）.

［22］Winnicott（［1971］2005b，p. 144）.

［23］同上书，第 143 页。

［24］Rozin and Fallon（1987，p. 24n1）.

［25］同上书，第 25 页。亦参见上书，第 37 页（在一个实验中的参与者会不同意喝一杯有蟑螂掉进过里面的果汁，即使蟑螂已经被清理了，杯子也被清理了，而果汁也重新倒满了）。

［26］关于将厌恶对象与动物性联系起来的研究的相关讨论，参见上书，第 28～29 页。亦参见 Rozin，Haidt，and McCauley（1999，p. 431）（这里观察到厌恶的核心领域都与动物生活要素相关）。

［27］参见 Rozin，Haidt，and McCauley（1999，p. 433）（这里指出，在不同文化中厌恶都是普遍存在的，并且在不同文化之间厌恶也是有差别的）。

［28］同上书，第 438 页。

［29］参见 Rozin and Fallon（1987，p. 30）。

［30］参见 Mosse（1985）。

［31］参见 Inbar，Pizzaro，and Bloom（2009）。

［32］参见本书第五章。

［33］这来自我与历史学家简·戴莉（Jane Dailey）的交谈，她在改革时期（Reconstruction-era）一位有此经历的女人的日记中发现了这一点。真正的生理厌恶感普遍与厌恶的程度有关。关于南方人认为和非裔美国人一块吃饭会感到厌恶的类似解释，参见 Durr（1986，pp. 56 - 58，122）。

［34］Lifton（1986），尤其是其第十九章。

［35］Tagore（［1910］2002，p. 17）.

［36］同上书，第 567 页。

［37］同上书，第 570 页。

［38］"By Blue Ontario's Shore," sec. 10，Line 153，in Whitman(［1855］1973).

［39］同上书，第 10 节，第 157 行。

［40］"Song of Myself," sec. 6，Line 1，in Whitman（［1855］1973).

［41］不过，德·瓦尔关于倭黑猩猩的重要研究指出，它们的社会并没有黑猩猩的社会那么等级化，并且它们和黑猩猩一样，在基因和历史上都与人类十分相近［de Waal（1996)］。

［42］阿西在斯沃斯莫尔学院（Swarthmore College）进行了他最初的实验，但大部分是重复的。

［43］Asch（1955). 如阿西所指出的，这一实验建立在关于社会暗示性（social suggestibility）的长期研究之上。

［44］同上。

［45］参见 Milgram（［1975］2009）。布拉斯（Blass）曾经编辑了一册很有价值的重新评价米尔格拉姆所取得成就的论文集［Blass（2000a）］。在此论文集中，布拉斯的文章《35 年后的米尔格拉姆范例》［“The Milgram Paradigm after 35 Years：Some Things We Now Know about Obedience to Authoritiy,” in Blass（2000b）］尤其有用。

［46］参见 Milgram（［1975］2009，p. 16）。

［47］同上书，第 3 页。

［48］同上书，第 4 页。

［49］同上书，第 21 页。

［50］同上书，第 6 页。

［51］同上书，第 123～134 页。

［52］同上书，第 136～137 页。

［53］同上书，第 137 页。

［54］Adorno（1950）.

［55］这个研究的全部内容，参见 Blass（2000b）。最后一种情况的难题在于，在研究预期的遵从时所用的问题通常描述了一个比实验中描述的更令人虚弱和危险的过程，我们记得，在实验中“老师”被保证“学习者”不会受到伤害。

［56］Browning（1992）.

［57］参见格洛弗（Glover）关于暴行的十分令人印象深刻的研究［Glover（1999）］，这些暴行的出现主要归咎于某种批判性文化的出现或缺失。

［58］参见 Glover（1999）、Hilberg（［1961］1985，ch. 7）。

［59］参见津巴多（Zimbardo）对他自己关于斯坦福监狱实验之研究的讨论，以及对其他相关研究之总结的讨论［Zimbardo（2008）］。

第三部分　公共情感

第三部分导言

是时候将这种分析应用于现实的社会背景中了——尽管这个社会并不完美，但却有志于追求正义与提高人类能力。在这一点上，有些人可能期望的是一种关于政治情感建构的一般哲学理论。然而，前面的分析使我们有理由认为，除了目前我们所提出的个性理论和一般政治规范之外，没有任何高度普遍的理论会被证明是有用的。原因有二。其一，我们一直以来所追寻的，是一种解决社会问题的实验性的方法，这种方法秉承密尔和泰戈尔的精神，为即兴发挥、批判性的独立性以及独具匠心的个性留有大量的空间。任何关于政府应该如何行事的高度概括的论说都有扼杀实验和游戏精神的风险。虽然孔德和卢梭可以提供这样一种一般理论，但那是因为他 200

们的理论是错误的！

其二，我们已经有理由认为，任何关于培养社会情感的好建议都不仅必须是实验性的，而且必须是高度情境化的。凯鲁比诺体现了一种可以在印度实现的人类规范，但泰戈尔论及孟加拉的包尔人而非莫扎特的戏剧人物则是正确的。打动民众的因素，随着民众对其民族历史、传统以及当前问题的感受而变化，因而要让其有价值
201 的规划获得情感支持，领导者就必须依据民众的现状以及民众在特定的历史和社会情境中形成的喜好与关注，来处理他们与民众的关系，即使这最终将引领他们达到一个全新境地。所以，如果我们想知道我们能做好什么，就需要看看已经做了什么，同时还要敏锐地关注一个国家的具体国情。良好的公共情感的确体现了一般原则，但这些原则都披上了具体的叙事性历史的外衣。

基于以上两点原因，我们不应该去寻求一种自上而下的一般理论，我们如果的确提出了这样一种理论，那么将无法理解自己的规划。

另外，我们可以做的不仅仅是简单地提供一系列进展顺利的异质例子。公共情感必须处理大量迥异的主题和问题，并有可能为如何妥善处理这些生活领域中每一个领域的问题提供一种半理论的论述——在用具体的历史事例来阐明这种半理论的论说之前，在这些历史事例（如之前从美国和印度所提取的）中我们可以更详尽地讨论他们所做的选择和所做的工作。这部分旨在于厚重的理论和无理论之间找到一种微妙的平衡。这不容易做到，但必须勉力一试。

摆在我们这些有抱负的社会面前的一个最明显的问题就是，如

何塑造公民对其国家的情感。什么是爱国主义？它能造成的危害是显而易见的，但它是否同样能够成为一种至关重要的善的力量？我们先来讨论这个问题，在开始讨论适当建构的爱国主义所能完成的良好工作的例子之前，关于这个问题一般有很多话要说，有一个理论论点要提出。亚伯拉罕·林肯、马丁·路德·金、莫汉达斯·甘地和贾瓦哈拉尔·尼赫鲁将有助于我们更充分地理解它所能完成的良好工作。

所有的社会还必须处理好两种非常令人不安的感情：悲痛与厌恶。前者需要以促进相互性和扩展的而不是狭隘的同情的方式来引导；后者需要对其进行遏制，避免其成为普遍关怀的一种阻碍。因此，所有的社会都需要类似于悲剧精神和喜剧精神的东西：前者塑造了同情心和失落感；后者指出了以愉悦的相互性精神来克服身体厌恶的种种方式。古希腊的悲剧和喜剧节日体现了许多关于如何做到这一点的洞察力。从那个在古代高度理论化、历史影响深远的例子开始，将给我们所要达成的目标提供一个一般性的准理论论说，然后我们就可以联系广泛的思想史进程中的历史性规划来追寻这一目标了。这个例子也完成了我们对约翰·罗尔斯的论证的补充，因为它展示了各种各样的方式，公共艺术和修辞可以在某些特定情感和普遍同情之间搭建一座桥梁，同时又保持对爱的关注并保留爱的能量。 202

在这一点上，我们对“凯鲁比诺式”公民的描述实质上是完备的，因为我们已经展示了这种公民的情感是如何涵盖对一般原则和制度的依恋，而它却是通过一种“音乐性的”相互性的爱的精神来调节和灌输的。

但是，还有其他一些情感，即恐惧、嫉妒和羞耻，如果忽略它们，就会使基于扩展的同情的令人钦佩的规划脱轨。这三种情感中的每一种都需要进行理论分析，然后我们才能懂得如何管理这些情感。本部分的第三章承担了这一任务，（每一个情感事例都）将再次求助于具体案例的分析。

另一种表达本部分目的的方式在于以下论证：

> 1. 有抱负的社会有充分的理由为其良好的政治原则寻求稳定和功效。
>
> 2. 如果爱与同情可以依据凯鲁比诺精神来适当地扩展（并阻止情感受到控制和遭到抑制），那么这将大大增强合宜的、有抱负的社会的稳定性。
>
> 3. 爱与同情确实可以通过策略 A、B 和 C 适当地扩展，并通过这些策略阻止情感受到控制和遭到抑制。
>
> 4. 合宜的、有抱负的社会有充分的理由去追寻策略 A、B 和 C。

本部分通过一般地表明给定类别的一些情感能够发挥的某类作用，将为在三个非常重要的领域接受前提 2 提供一些额外的理由。
203 这就是其半理论部分的贡献。但是本部分的主要焦点是前提 3：我们的历史事例应该使怀疑论者相信，公共情感的确可以成为追求正义的重要组成部分，而且实际上可以在不消除、事实上是在促进自由主义的自由的同时发挥作用。

公共情感从哪里产生呢？我们立即想到了政治领袖们的言辞，

这当然是情感培养的一个非常重要的“场所”。但是领袖们用许多方法来引导，他们用自己的肢体、着装、手势来引领民众。更宽泛地构想，政府通过许多策略来滋生公众感情：通过公共艺术品、纪念碑和公园，通过节日以及庆典的确立，通过歌曲、符号、官方电影和照片，通过公共教育机构，通过其他形式的公众讨论，通过公开使用幽默和喜剧，甚至通过塑造体育的公共角色[1]。当然，本部分所举的例子并不会考察与每一种情感相关的每一种媒介，但这些例子都将具有代表性，并暗示了当今政治可能到哪里去寻找进一步的材料。

注释：

[1] 在这方面有一个引人瞩目的故事，关于纳尔逊·曼德拉（Nelson Mandela）与跳羚队（Springboks）交往的故事。这个橄榄球联盟团队对大多数南非黑人而言是种族隔离的象征。通过与队长弗朗索瓦·皮纳尔（Francois Pienaar）合作，他使这支球队成为种族统一的象征。这个故事在卡林（Carlin）2008年的电影《扮演敌人：纳尔逊·曼德拉和创造国家的游戏》（*Playing the Enemy: Nelson Mandela and the Game That Made a Nation*）中讲述，克林特·伊斯特伍德（Clint Eastwood）的电影《成事在人》（*Invictus*）是以这部电影为基础的，摩根·弗里曼在这部影片中领衔主演曼德拉。

第八章　教授爱国主义：爱与批判的自由

欢呼吧！美国的国旗在海上、在陆地上飘扬，
欢呼吧！革命战争使我们自由。
英国人挺进了丹伯里山，
但很快他们的军队便小如蔓越莓果。
请记住那些艰苦跋涉、英勇作战的士兵，
勇敢是需要教授的一课。

——玛莎·露易丝·柯瑞文

(Martha Louise Craven)[1]

一、爱国主义的双面性本质

1892年，世界博览会又称哥伦比亚博览会[2]，在芝加哥如期 204
举行[3]。显然，它将要变成由不受约束的贪婪和利己主义组成的盛典。工业和创新已成为这次博览会的核心焦点，因为美国打算以展示技术实力和物质富足来欢迎世界。这个国家和这个城市的严重不平等被纯白艺术风格建筑物（就在芝加哥大学隔壁）的闪亮外表掩盖，这些建筑物后来被称为“白城”[4]。展览设计师丹尼尔·伯纳姆（Daniel Burnham）和切斯特·法兰奇（Chester French）的建筑选择表达了这样一个想法：美国的庄严和高贵可与欧洲一较高下。一切滑稽、混乱和嘈杂的事物都被归入芝加哥的大道乐园（Midway Plaisance），如今已经是大学校园中部的一片草地，却在
当时展览的官方建筑物外面。第一个摩天轮虽然是展览的正式组成 205
部分，但同时在大道乐园出现的还有水牛比尔（Buffalo Bill）的“狂野西部秀”、喧闹的孩子们、种族和民族差异、明亮的色彩和穷苦人。由于人体的异质性和脆弱性令人不安，世博会的官方展览并没有展示真正的人体，而是推出了一座“共和国雕像”，这是一个65英尺高的女人拿着权杖和宝珠的镀金雕像。它的一个较小的复制品，如今坐落在海斯大道（Hayes Drive）和康奈尔大道（Cornell Avenue）的交汇处。它仅有24英尺高，是1918年为了纪念世博会而造。《芝加哥论坛报》（*The Chicago Tribune*）写道：“给人

留下深刻印象的是它宏伟的风采，它宁静而高贵的脸，以及它与壮丽环境的完美和谐及其出色的健美感”[5]。

支持穷人的那些人越来越对该展览计划感到失望，他们聚集一堂，共同思考如何能使这个庆祝活动融入机会均等和牺牲精神。一群基督教社会主义者最终向总统本杰明·哈里森（Benjamin Harrison）提出了一个想法：在博览会上，总统将引入一种新的爱国主义公共仪式，对着国旗宣读效忠誓言，这将把重点直接放在国家的核心道德价值观上，将所有美国人作为平等的人包括在内，并使国家重新献身于比个人企业家精神更重要的价值。为表达这种情感而策划的誓词如下：“我宣誓效忠美利坚合众国国旗及其所代表之共和国：一个不可分割的国家，人人享有自由和正义”[6]。同时，一本盛行的儿童期刊《青少年指南》（*The Youth's Companion*）开启了一项激进的运动，以促进在国立学校向国旗敬礼且背诵誓言。

然而，就像爱国主义情感经常会发生的一样，这个誓言很快被证明是一种既包容又排斥的公式。誓言的创作者弗朗西斯·贝拉米（Francis Bellamy）是一个仇外的社会主义者，他担心南欧新移民的大量涌入会破坏我们的国家价值观。到了20世纪40年代，很多州的法律规定学校里必须每日朗诵誓词。誓词成为一个人是否为“美国良民”的试金石，而未能通过考试的人则面临排斥和暴力。耶和华见证会教徒（Jehovah's Witnesses）由于宗教原因拒绝诵读誓词，认为这是一种偶像崇拜的形式，但很快就发现他们的孩子因不服从而被学校开除。然后，在“奇妙的”“第二十二条军规”① 情形下，这些父母因为“助长青少年犯罪”而被罚款或入狱。这是因为他们的孩子没有上学。公众心目中逐渐有了这种观念，即耶和华见证会教徒是危险人物：一个颠覆美国价值观，导致美国对德、日的战争的第五纵队（fifth column）②。由于受到同情德国的指控［尽管耶和华见证会教徒出于类似的原因在希特勒（Hitler）统治的第三帝国遭到迫害，并且不得不在集中营囚服上缝制紫色三角形的标志］，耶和华见证会教徒面临着广泛的公共暴力，包括多次袭击和一些私刑——特别是在美国最高法院支持把强制性向国旗敬礼作为一种对国家安全效忠的合法表达之后[7]。 206

任何关于公共情感的论述都必须努力克服爱国主义的复杂性。爱国主义具有双面性（Janus-Faced）。它有时面孔朝外，呼唤自我对他者的义务，号召自我为了共同利益而做出牺牲。然而同样清楚的是，它也面孔朝内，诱使那些自认为是“好的”或“真正的”美国人的人将自己与外来者和颠覆者区分开来，然后将那些外来者排除在外。同样危险的是，它被用来定义国家，以对抗它的外国对手和敌人，并煽动对它们的好战情绪。（正是因为这个原因，让-雅

① 《第二十二条军规》是美国作家约瑟夫·海勒（Joseph Heller，1923—1999）创作的长篇小说，揭示了一个非理性的、无秩序的、梦魇似的荒诞世界。在该小说中，根据“第二十二条军规”理论，只有疯子才能获准免于飞行，但必须由本人提出申请。但你一旦提出申请，恰好就被证明你是一个正常人，还是在劫难逃。第二十二条军规还规定，飞行员飞满25架次就能回国。但规定又强调，你必须绝对服从命令，否则就不能回国。因此，上级可以不断给飞行员增加飞行次数，而飞行员不得违抗。如此反复，永无休止。《第二十二条军规》揭示了美国社会对传统道德的背弃，已经成为一种美国式的“黑色幽默”主题。资料来源：百度百科词条“第二十二条军规”。

② 第五纵队指的是帝国主义与从其他国家中收买的叛徒和派入的间谍的通称。

克·卢梭认为，一个好国家需要一种爱国主义的“公民宗教”来代替基督教的教条。他觉得基督教的教条太温柔与平和了[8]。）

宣誓的故事向我们表明，当一个国家开始以自身为对象激发强烈的情感时，很多不同的事情就会出错。所有这一切都与学校教授爱国主义的规划有关。伯纳姆提出的博览会计划表明了错置与排他的价值观的危险：我们看到一个国家以其精英成就和抱负来定义自我，这些成就和抱负将普通百姓及其迫切需求排除在外。誓言的后果向我们表明，强迫同质化带有增加少数民族良知负担的危险。最后，伯纳姆计划和宣誓仪式都在向我们表明，爱国主义会有使批判能力短路并削弱社会理性的危险。

考虑到这些问题，很多通情达理的人都对诉诸爱国主义情感持怀疑态度。他们赞成在教育中去掉对爱国主义的强调。相反，他们认为，我们应该集中培养这样的公民，他们可以自己思考，并在理性原则的基础上慎重考虑国家的未来。从支持批判理性的角度看，
207 他们肯定没错。但是，就忽略或抛弃爱国情感而言，这些人可能没有看到为我们的历史思想家群体所牢牢把握的一个洞见：爱国情感可以成为包含为他人牺牲的有价值的规划的必要支柱。马志尼论证说，民族情感是一种可贵甚至必要的“支点”，人们最终可以利用这一支点将这种慷慨的情感扩展到全人类。孔德、密尔和泰戈尔虽然都是强烈的国际主义者，但他们扩展同情的论述都赋予了国家这一观念荣耀的地位。

马志尼是正确的，在创建一个所有人都真实地享有自由和正义的合宜社会的过程中，民族情感可以发挥宝贵的甚至必不可少的作

用。由于其与繁荣昌盛有诸多关联，国家可以抓住民众的心，激发民众的想象力：它是“我们”和“我们的”，因此，正如马志尼所说，它能使民众的情感从狭义的同情过渡到更广泛的同情。就热爱这个国家而言，如果一切进展顺利，那么民众可以接受一般的政治原则，但要采取一种有效激励的方式。因此，我们所需要的公共之爱包括对国家的热爱，以及这样一种热爱——它不仅把国家设想为一套抽象的原则，而且设想为具有特定历史、特定物理特征和特定抱负的能激发奉献精神的特定实体。但是它可以通过许多不同的方式来建构，这会给最终接受有价值的政治目标和一般原则带来不同的后果。我们还面临着一系列令人烦恼的问题，一种水妖锡拉（Scylla）和卡律布迪斯（Charybdis）类型的问题，即使再谨慎的航海家也会遭遇它们的埋伏。

锡拉是埋伏在狭窄的海峡一侧、引诱航海家的水妖，长着很多个头，每个头上都有锋利的獠牙，在这里我将从这一点来想象她。锡拉的第一个“头”是错置和排他价值观的危险。第二个“头”是通过强加仪式来增加少数民族的良心负担。第三个“头”是过度地强调团结和同质性后，可能会使批判精神被侵蚀消磨。然而，等候在海峡另一侧的是卡律布迪斯所制造的漩涡，它有可能困住或摧毁任何停泊得离锡拉太远的船只。在这场争论中，卡律布迪斯代表的是“寡淡的”（watery）动机的危险，亚里士多德认为这一问题会困扰任何试图在没有特殊爱国情感的情况下正常运作的社会。

在探讨和说明了这些危险后，我将举出美国和印度历史上的领导人的例子。这些领导人能够以一种成功通过狭窄海峡的爱国主义

208 形式来构建公共情感：乔治·华盛顿（George Washington）、亚伯拉罕·林肯、马丁·路德·金、圣雄甘地和贾瓦哈拉尔·尼赫鲁。他们的成功会有助于我们了解如何在学校传授一种有价值的爱国主义形式，以及如何给一个有抱负的国家以力量来争取正义。

二、为什么要进行爱国主义教育？

爱国主义是一种以国家为对象的强烈情感。它是爱的一种形式，因此不同于简单的认同、承诺，或对原则的接受。这种爱包含一种感受，即国家是一个人自己的国家，其仪式通常会涉及这种观念。考虑一下："我的祖国，它属于你"，其中明确地将国家接受为"我的"；《马赛曲》（*La Marseillaise*）的第一行，"前进，祖国的儿女们，快奋起"，其中复数的第一人称倡导所有法国人将法国视为父母；又或在印度国歌《人民的意志》里，"我们"这个词将我们自己确定为是由来自印度所有地理区域及其主要宗教传统的人员组成。

这种爱可能以多种不同的个人之爱为模型。如同人们对自己运动队的热爱，在这里：不同的人对国家与他们的关系有不同的看法。对某些人来讲，国家是心爱的父母，这个想法在许多象征性的爱国主义诉求中都非常突出。在其他时候，国家更像是一个心爱的小孩，民众渴望推进他的成长和发展。还有些时候，人们以更浪漫的眼光来看待这个国家，如同一个心爱的人在呼唤情人。不同的爱国仪式和歌曲会巧妙地唤起不同形式的爱，并且有时候同一首歌会诉诸多种形式。[《马赛曲》的开头把法兰西共和国想象成父母，然而其优美的结尾诗节则充满更多爱欲，因为“亲爱的自由”（liberté chérie）是以惊叹的语气来表达的。《人民的意志》诉诸一种父母的理念，将其描绘成受国家的道德原则维护和指导，但是其乐曲却相当勾魂。] 即使在同一种仪式中，或者在一种仪式的不同环节，不同的人也可能会体验到不同类型的爱，这与个人的需求和爱好保持一致。

但是，爱国之爱无论何种形式都是特殊主义的。它以某种类型的家庭或者个人之爱为模型，并且就其符合那种与原型或与之类比
而论，它聚焦于具体的事物：这种或那种美丽的地理特征，这桩或 *209*
者那桩历史事件。爱国情感在这些方面越是浓厚，就越有可能激发民众。因此，美国人更喜爱《美丽的亚美利加》（*America the Beautiful*）和伍迪·格思里（Woody Guthrie）的《这片土地是你的土地》（*This Land Is Your Land*）（尽管常常忽略后者的政治意义），而不是无聊又抽象的《我的祖国，它属于你》（*My Country'Tis of Thee*）。《人民的意志》和孟加拉国的《金色的孟加拉》中的具体性和音乐的情欲性，激发着民众的爱；而一种单薄乏味的抽象概念如加蓬的国歌《团结歌》（*La Concorde*），则可能很难让人持久关注[9]。

我们这里关注的是国家，但我们不应该忘记其他形式的爱国之爱——针对州、城市和地区的爱，这些爱可以跟国家之爱共存并能强化它。有时候，它们之间会处于紧张关系之中，例如当一个城市或某个州追求全国尚未接受的目标时。（例如，大城市支持多元价

值观，而该国的农村地区可能并不认可多元价值，此时就经常会产生这种紧张。）接下来一章我们将关注的情形是关于一些更地区化的爱。

为什么我们需要这样一种情感呢？正是爱国之爱的特殊性和情欲性，使其似乎容易被我们个性中的黑暗力量捕获。

马志尼的回答[10]是，我们的生活浸淫在贪婪和自利之中，因而我们需要一种指向普遍福利的强烈情感，来激励我们以涉及牺牲的方式支持共同利益。但是要想有足够的动机力量，这种情感就不能有一个纯粹抽象的对象，例如“人类”，而必须有更多的具体性。他认为，国家观念就是这样一种观念，它足够本土化，足够从属于我们，足够具体或者至少容易被具体化，能有力地激励我们，同时又足够强大，以使我们的心灵参与到一个超越贪婪和利己主义的对象中。

我们对同情的论述表明，马志尼是正确的。同情强烈地激发了利他主义，但它也植根于具体的叙事和具体的形象。如果利他的爱国情感要有动机力量，那么就需要将自己具化为对象：命名的个体（创始人、英雄）、物理细节（风景特征、生动的图像和隐喻），以及最重要的是涉及苦难和希望的奋斗叙事。这样一种情感赋予人们道德动机力量，但同时它也会对不偏不倚的原则造成威胁。这种紧
210 张可以通过两种方式解决：扩展同情心，以及情感和原则之间对话。我们可以通过将同情附加到代表所有民众福祉的形象和机构上来扩展它，最好包括本国之外的人。一种好形式的爱国主义就是这样的。它在人们的日常情感与更广泛、更一视同仁的关怀之间架起

了一座桥梁。但即便如此，我们仍然需要在好的道德原则与植根于具体形象的特殊情感之间进行对话。而这意味着爱国情感需要不断地进行批判性审视。

爱国情感通过丰富多彩的国家过往故事来寻求民众的奉献和忠诚，这个故事通常指向国家仍然存疑的未来。实际上，国家的观念就其真正的本质而言就是一种叙事性建构[11]。要说明一个特定的国家是什么，就是从过去所有无序的素材中选取并呈现一条故事线，强调一些东西而忽略另一些东西，所做的一切都是为了指出，人们如果充分地奉献自我的话，未来可能会拥有什么。法国哲学家欧内斯特·勒南（Ernest Renan）颇具影响且令人信服地提出，国家不仅仅是一个物理位置，它是一种观念，一个“精神原则”[12]。这个精神原则一方面涉及过去的故事，通常是一个逆境与苦难的故事，另一方面则涉及对未来的一种承诺，愿意为了共同目标而一起生活并一起面对逆境。这两个方面相互联系，因为过去的故事必须告诉人们未来值得为之奋斗的东西。勒南评论说，过去不仅必须有一些伟大或辉煌的东西，还需要有遗失与苦难：“在国家记忆方面，悲伤比胜利更有价值。因为它们给人们施加了责任，并要求他们共同努力”[13]。在沉思过去的辉煌与苦难时，人们会想：*是的，为了那些伟大的理想，我也会愿意受苦*。或者，用勒南的话讲，“一个人爱的程度与他同意为之所做牺牲的程度成比例，并且与他所受到的伤害成比例”[14]。我们可以因循巴特森的观点补充说，一个国家过去的好故事不仅涉及抽象的理想，还涉及具体的个人；它不仅是一个概念空间，还是一个物理空间。

一旦我们考虑厌恶对道德造成的威胁，对充满爱意的关怀的情感需求就变得更显而易见，它们的轮廓也变得更加清晰。厌恶会危
211 害到那些涉及为了“共同利益”而做出利他牺牲的国家规划，因为它把国家划分成按照等级来安排的、不允许彼此接触的诸多群体。那么，什么样的“共同利益”可以跨越这些界限呢？鉴于现实社会中由厌恶引发的分离是如此普遍，所有社会都需要找到克服这个问题的方法。抽象原则本身似乎不太可能完成这项工作。鉴于另一方已经以一种方式被生动地描绘为次等人，要矫正这种想象方式本身就必须通过想象，通过一种将另一方视为完整的人的体验方式来完成。假如另一方在想象中已经被非人化，那么就只有通过想象才能完成必要的转变。例如，人们已经形成了这样一种观点，即非裔美国人是令人憎恶的、性欲很强的动物，是某种无法确定的传染源，有着腐朽的身体。只有当国家向其公民提供一种描绘非裔美国人生活的不同叙事时，人们才会对他们产生不同的看法，而这种描绘是将非裔美国人作为完整的人并接近这些人自己的生活和目的来进行的。对利他主义的任何呼唤，如果没有做到以这种方式去调动想象力和情感，就会留下强大的分裂力量，这种力量很可能破坏任何共同的努力。

厌恶可能会在私人领域被抵消，而无须求助国家理想。但是，克服它的一种方法无疑在于，将对被诋毁群体的完整人性叙述与勒南意义上的民族斗争和民族承诺的故事联系起来。稍后我们将看到，马丁·路德·金的伟大成就之一就是在他的听众中促进这种情感转变。如果教育者可以将被诋毁的群体描绘为“我们”的一部

分，过去与我们一起受苦、现在与我们一起为正义的未来而努力，这就使我们很难继续将对方视为一种受污染的或被排斥的局外人。在爱国情感上，公民把彼此当成家人接受，分享共同的目标。这样一来，公民就通过想象和爱（至少在一段时间内）克服了污名。

三、锡拉：排外性价值、受强制的良知、无批判的同质性

“锡拉”代表着强烈的爱国激情背离正道的各种危险。我们如果要论证某种形式的爱国之爱可以避免这些危险，那么就必须正视它们。这些危险是多种多样的，因而多头怪锡拉是一个恰当的 212
隐喻。

第一种也是最明显的危险就是**错置的价值**。我们如果要激发强烈的激情，那么就应该确保自己不会对错误的事情产生热情。很容易看到，爱国之爱会服务于一系列不明智的事业：愚蠢与/或非正义的战争、种族或民族仇恨、宗教排斥、扭曲的导致妇女从属地位的男性化规范、对外国人的憎恶以及对其他国家的敌意。当人们表达对爱国之爱这一想法的恐惧时，通常关注的就是这些情况。

要确切地知道这个反对意见是什么，这有点儿困难。难道反对者认为爱国主义中存在某种内在倾向，这种倾向会导致人们支持坏的目的而不是好的？如果是这样，那么就需要进行分析。例如，可以设想这样一种论证：在公共生活中激发厌恶情绪一直是不明智

的，因为这种情绪有导致弱势群体被污名化和屈于从属地位的特定倾向。其实，第二部分做过这种论证。不过，我们这里正在谈论的是爱，而不是厌恶。而且，很难看出可以给出什么论证来证明如下主张：爱总有可能是不明智的，或与糟糕的政策抉择有关。

相反，或许反对意见针对的是把国家当作爱的对象的观念。有些人认为，真正的国家观念是个原始观念，它最终会被全人类普遍的爱（大概就是创建一个世界性的国家）取代。但是，这一论点本身需要说明与检验。我本人认为，即使在一个致力于追求全球正义的世界中，国家作为我们迄今为止所知的对人民充分负责并为其发声的最大单位，也发挥着宝贵的作用[15]。即使我们无法否认，对一个国家的依恋经常与对其他国家的诋毁联系在一起，似乎也没有必要这样做：我们可以并且的确经常想象各国为实现共同目标而进行合作。同样，一个人对自己家庭的爱常常与诋毁他人家庭或使之屈从的愿望联系在一起，但这一点并非必要的：我们可以认为，达到体面水准的供养是所有家庭都应得的，而家庭之爱可以牢固地与这一规范联系在一起。

213 大多数情况下，我们很有可能把错置价值的反驳解析如下：情感总是危险的，看看它们在这种或那种情况下所造成的麻烦，便可见一斑；我们可以在没有这些情感的情况下追求一些好的价值，因此，我们最好这样做。然而，这种极为常见的思维方式存在几个问题。第一，反对者通常会列出情感所支持的一些坏目标（纳粹主义、宗教迫害、非正义和不明智的战争）而不是好目标（废除奴隶制、民权运动、更大的经济正义事业、正义与明智的战争、妇女的解放）。例如，难道反对者认为，不管是英国还是美国，原本都可以在没有与自己国家的存亡相关的强烈情感的条件下击败希特勒吗？难道温斯顿·丘吉尔（Winston Churchill）所呼吁的“热血、汗水、眼泪”以及其他类似情感，与在那个艰难时期坚定英国的决心毫不相干吗？第二，正如这个例子已经表明的那样，反对者不过是假设，好目标就可以促使他们自己生存并养活他们自己，而无需任何强烈的情感动机。我认为，历史证明这种构想是错误的。当人们对某事不够关心、不愿为之吃苦时，事情往往会变糟。爱德华八世（Edward Ⅷ）不是一个称职的领导人，因为他没有展现出（或者可能不具有）对英国主权的强烈情感，他也没有鼓励他人拥有这些感情。第三，反对者似乎忘了，当我们沉着地追求好目标时，坏目标和不良情感并不会消失。因此，他们并没有提出这一问题：没有情感的好目标与充满情感的坏目标竞争时会发生什么（再次想象一下与希特勒德国的精明的宣传机器作战吧，这台机器的情感装置是如此之饱满，但却没有任何爱或情感动机的来源）？

对这组反对意见的最佳回应就是，对于那些我们鼓励民众去热爱和追求的价值，我们必须保持高度警惕。而且，我们必须通过培养批判性公共文化、以批判性模式教授历史以及在学校教授批判性思维与伦理推理，来鼓励人们保持警惕性。我们将看到，这是可以做到的。

避免这种危险的一个方法就是，确保对国家历史与目前同一性的叙事不是排他性的，也不强调单个民族、种族或者宗教团体对于 214
诋毁甚或忽视其他群体的贡献。一个国家的叙事可能且往往是基于一套可以包容所有公民（包括新移民在内）的政治理想。以这种方式构想国家（就像美国和印度所做的那样，但大多数欧洲国家都没有那样做）有助于避免种族中心主义的危险，这是错置价值之危险的一个关键方面。

一个比较棘手的问题是把国家包容的叙事与适当的世界叙事联系起来，这样民族主义就不是由好战与侵略性目标来支撑，而是由原则上可以扩展到包括其他国家利益的规划来支撑。这项任务尽管又是很棘手的，但仍然可以并且往往已经完成。

这种反对意见还有一个版本。反对者现在说，如果像提议所认为的，情感是特殊的，那么完全依靠它们，我们就不可能产生那种平等待人的无偏见的政策——即便强烈的爱的对象是整个国家亦如此。在我看来，这似乎属于错置的价值类型的最佳反对意见，因为它识别出情感中的一种真实倾向（在巴特森的研究中得到了很好的证明）。并且历史表明，诉诸国家的许多情形都是不公平甚至排外的，从而把某些群体和人民界定为不属于国家的真正组成部分。我们应该承认，这确实是个问题，而下文接着就会说明从林肯到甘地的爱国者们是如何解决这个问题的。但是，我们也应该承认，在任何一个合宜的社会中，至关重要的角色都是由一些制度来扮演的，这些制度会从人们那里接手处理一些关键方面的事务。同情不管有多么利他，都无法运作一个公平的税收体系。因此，我们把许多事情移交给制度和法律去做。尽管如此，如果缺乏对自己同胞和整个国家的爱，那么这些制度和法律将无法维持下去。美国新政的败坏就是源自某种富有想象力的情感的转变，而这种转变也促使制度和法律发生了重大变化。因此，下面这种做法是不够的：创建好的制度，然后就可以拂袖而去，不再插手而任其运作。我们必须进入令人担忧的情感地带，亲手去处理这些问题。

锡拉的第二个“头”有深厚的历史渊源，但面对它却相对容易。事实上，它已经得到了有效应对。历史上曾有段时期，我们将爱国主义的迫切重要性理解为强迫青年人做某些事情的正当理由：
正如我们所看到的，很多州要求宣誓效忠并向国旗敬礼，它们暂停 215
那些拒绝这么做的孩子入学或将他们开除。至少在一个案例——“拉塞尔·特里梅因案例”（the case of Russell Tremain）中，其父母因此失去了自己孩子的监护权，而小拉塞尔被安置在儿童之家，在那里他被迫朗诵誓言[16]。

虽然不止一个宗教团体将誓言作为一种“盲目崇拜”形式而反对，但耶和华见证会是这些团体中最有公众影响力的，因为其教徒愿意进行诉讼，而其他一些团体（包括特里梅因所属的教派）则认为，诉讼跟自己的和平主义不相容[17]。莉莲·戈比蒂斯（Lillian Gobitas）和威廉·戈比蒂斯（William Gobitas）[18]提供了有说服力而又清晰的证词[19]，证明誓言对他们来讲是违反宗教要求的[20]。然而，地方学校董事会对他们的论点毫不同情，认为他们的反对理由不是真正宗教的。最终，他们上诉到了美国最高法院，但他们败诉了。

“迈纳斯维尔诉戈比提斯案”[21]（Minersville v. Gobitis）是美国最高法院历史上最臭名昭著的案件之一。许多因素可以解释这一结果。证人组组长约瑟夫·卢瑟福（Joseph Rutherford）亲自为此案辩护，但他做得非常糟糕。更为重要的还有，菲力克斯·法兰克福特（Felix Frankfurter）强烈的爱国主义观点获得了胜利。法兰克福特一直强调，无论以他所持的多数人立场，还是以他后来在“西弗吉尼亚州教育委员会诉巴内特案”（West Virginia State Board of Education v. Barnette）中所持的不同立场[22]，他本人对戈比提斯的孩子们的处境都深表同情。他写道：“一个隶属于历史上最受诋毁和迫害的少数群体的人，不太可能对宪法所保障的自由无动于衷。”当时他是法庭上唯一的犹太人[23]。尽管如此，对限制司法权的强烈看法，加上他炽热的爱国情怀，让他得出了这一结论：要求朗诵誓言的规定并不违宪。比起对他的两种观点的争议，他的爱国热情[24]更为持久：1944 年，作为哥伦比亚特区“我是美国人节日”（I Am an American Day）庆祝活动的演讲者，他把对国家的爱比作浪漫的爱。他说，这种感情太过亲密，只有在诗歌中才能公开表达。然后，他朗诵了富兰克林·K. 莱恩（Franklin K. Lane）对国旗的一首多愁善感的颂歌，其中有这样一行诗句：“我不是那面国旗，一点儿也不是。我不过是它的影子”[25]。法兰克福特由此表明胁迫是存在危险的，这种危险有时内在于某种真诚而热烈的爱国主
216 义之中。1939 年的世界形势使得他的热情有些过火，但这即使不值得赞扬，也是可以理解的。

在“迈纳斯维尔案”中，法兰克福特承认，《第一修正案》（*the First Amendment*）对表达宗教信仰行为的限制只能通过“政府的特定权力”来证成，“立法机构认为，这些权力对于保障与维持有序、安宁和自由的社会至关重要，没有这些权力，宗教宽容本

身是无法实现的”[26]。他接着提出，民族团结和凝聚为国家提供了“一种在价值等级中不低于任何事情的利益”[27]。学校董事会的观点是，要求朗诵誓言对于提升这种核心利益至关重要，这一观点似乎是合理的，因为国旗是“我们民族团结的象征，超越了所有内部分歧，无论这些分歧有多大”[28]。然而，他并没有解决此案的真正问题：坚持认为民族团结与凝聚需要对少数持真诚宗教反对理由的孩子强制实施誓言规则，这是否合理？他关注的是危难之际民族团结的总问题，而不是两个令人尊敬的十几岁青少年的良心之举，他们的行为肯定不会为嘲笑他们的同龄人所效仿。因此，法官哈伦·F. 斯通（Harlan F. Stone）在其措辞激烈的异议中指出：“为了给这些孩子的宗教信仰留出空间而对学校规章进行一些合乎情理的调整，这可能会带来一些不便，但我不可能说，这些不便所带来的问题是如此重大或紧迫，乃至胜过了人们一直认为值得由宪法来保护的、让宗教信仰免于强制性侵犯的自由”[29]。

法兰克福特是错的，而斯通是对的，因为国民很快就承认了这一点。那个判决立即遭到了人们暴风雨般的批评。与此同时，针对耶和华见证会逐步升级的暴力事件在某种程度上被归咎于法庭，仿佛那个判决认可了人们普遍认为耶和华见证会不忠诚的看法[30]。几位法官[31]表示，他们可能已经改变主意，之后法庭成员[32]的变动表明，另一方现在可能会获胜。法庭很快受理了另一起提出同样问题的案件。在“西弗吉尼亚州教育委员会诉巴内特案”中[33]，法庭做出了有利于听证会原告们的裁决。法官罗伯特·H. 杰克逊（Robert H. Jackson）的多数派观点已经成为美国政治生活中的标志性里程碑。

他把这个案子视为一个强迫发表言论案件，而不是一个归入宗教条款
217 的案件，他为持不同意见的自由提供了一个能产生共鸣的辩护：

> 在我们的宪法星系中，如果说有某颗不变的恒星，那么它就是这样的：任何官员无论其职位高低，都不能规定在政治、民族主义、宗教或其他有关意见的事务中何为正统，也不能强迫公民用语言或行为来坦承自己的信仰本身。如果说存在某些允许例外的情况，那么对我们来说这种情况如今尚未发生。[34]

他补充说，强制性的统一甚至是无效的："那些开始用强迫手段消除异见的人很快就会发现，自己是在灭绝持异见者。意见的强制统一性只能实现墓地式的全体一致"[35]。

"巴内特案"对我们的第二种反对意见做出了正确回复。爱国主义和尊重不同意见并非不相容。的确，我们特殊的传统强调发表不同意见的自由，我们应该为捍卫自由而感到骄傲。对于某种特殊类型的、强调个人自由与良知权利的价值，我们可以直截了当地回答第二种反对意见：我们的价值观阻止给良心增加这种负担，除非要获得的国家安全利益比这个案件中的更强大、更直接。一般而言，学校举行的必要的爱国仪式可能不会让孩子们背负良心的负担。

今天，人们对非强制这一观念有了很好的理解，甚至该观念中较微妙的诸多方面也得到了同情的关注。例如，在"李诉韦斯曼案"（Lee v. Weisman）中[36]，法庭明白，如果要求一个学生在中学毕业典礼祈祷时站着，特别是唯一可替代的选择是不参加自己的毕业典礼，那么就可能会出现微妙的胁迫。法官安东尼·肯尼迪（Anthony Kennedy）的意见集中于在学校中给学生强加良心负担

的危险以及强制实施正统观念的危险[37]。

反对强迫不再是一个严重的问题。觉得自己在学校背负良心负担的年轻人，肯定会被免除这种仪式。尽管如此，学校中还有许多其他方式使少数群体因信仰而承受负担，特别是来自同龄人的压力。莉莲·戈比蒂斯回忆说，当校车经过他们家时，孩子们嘲笑他们并朝他们乱扔东西[38]。因此，我们不仅要在学校担心法律强制的一致性，而且还要担心同龄人的暴行，我们已经看到，这种倾向 218 是合宜社会的一个主要问题。因此，教师和学校的其他行政人员需要在保护少数群体方面保持警惕，这些少数群体包括宗教的、政治的以及种族的和性别的群体。但是，恃强凌弱问题并不是爱国主义议题所独有的，它不会给不教导爱国主义提供理由，而爱国主义同时也不会给根本不以群体的方式来教育孩子提供理由。

同龄人压力问题把我们带到了锡拉的头所代表的第三种反对意见上：一种以爱国情感为主题的文化会不会太过团结、太过同质，缺乏个人表达与持不同意见的自由空间？与第二个问题一样，我们首先应该说，这并非爱国主义特有的问题。如我们所见，像阿西和米尔格拉姆表明的那样，人类都太容易屈从于同龄人的压力，服从权威。自从民主政治开始存在以来，这个问题就一直困扰着它。可以肯定的是，在强烈的爱国情感领域中人们可能会试图压制批判的声音。怎样才能防止发生这种危险呢？

杰克逊法官给我们提供了最好的路径：我们必须坚持，真正的爱国是这样一种态度，即拒绝接受正统和强制性压力、赞美言论自由和良心自由。他激动人心的辞藻是爱国声明的一个例子，能够有力地感染民众，甚至能够让他们思考并认可不同意见的价值。一般而言，我们必须尽早且持续地培养批判的能力，并对这些能力表示钦佩。坚持批判自由而不是像羊群般顺从，这是真正的爱国主义者的标志。有许多方法可以做到这一点，其中一些方法涉及强烈的情感。孩子是群居动物，但在其他时候，他们也是持不同意见的人。我们从儿童生活一开始就鼓励他们体会自由与持批判性异议的乐趣。有一广受欢迎的儿童刊物的长篇连载是关于西比尔·卢丁顿（Sybil Ludington）的迷人故事，她在自由这一事业中骑得比保罗·里维尔（Paul Revere）还远；按照我本人的看法，这一长篇连载挖掘了一个小孩对打破传统与追求自由之思想的热爱，并将这种思想与这个国家的立国理想联系起来。在我看来，由于正义的缘故，美国观念从一开始就具有一种浓烈的异议性、实验性甚至反抗性气息——在当时和现在对独立战争（the Revolution）的诸多叙述中，以及在从《十二怒汉》（*Twelve Angry Men*）到《杀死一只知更鸟》（*To Kill a Mock-*
219 *ingbird*）等美国经典文学和电影中的许多其他受人爱戴的部分，这种气息都是扣人心弦的。在印度，情况同样如此，因为甘地把许多反抗的象征物变成民族的象征物，尤其是泰戈尔的歌曲《自在独行》。

正确的爱国主义似乎可以避免锡拉所代表的三种危险。但还是有人会问：为什么要玩火呢？

四、卡律布迪斯：寡淡的动机

考虑到这些危险，有人可能会想：完全放弃爱国之爱，而去支持更依赖原则、更冷静因而似乎更为可靠的情感，是不是更好？尤尔根·哈贝马斯（Jürgen Habermas）就采取了这条路线，有人可能会认为约翰·罗尔斯也采取了这一路线，尽管我认为他的建议最终与我的完全一致。由于对“寡淡的动机”（watery motivation）问题不够警觉，哈贝马斯的“卡律布迪斯”提案未能为培养强烈而又持续的情感提供蓝图。

“寡淡的动机”这个短语源于亚里士多德对柏拉图理想城邦的批判。柏拉图试图通过消除家庭纽带、要求所有公民平等地关怀其他所有公民来消除偏倚性。亚里士多德说，这一策略的困难之处在于，“有两件最重要的事情使人们热爱和关心某个事物，一是认为它完全属于他们，二是认为它是他们所拥有的唯一事物。这两者都不会在那个城邦中出现”（*Politics*，1262b22－23）。他说，公民不会认为任何孩子都是他们所有人的，完全属于他们自己的责任，这个城邦就像一个房子，里面有太多仆人；因此，没有任何人会为任何工作负责。因为公民不会认为任何一个孩子或孩子们是他们所唯一拥有的，所以那种为真正家庭所特有的具有一定强度的关怀根本不会出现，并且他说，他们将得到一种各方面都“寡淡的”关怀（1262b15）。简而言之，要让人们爱上某物，就需要让他们将其视为“自己的”，并且最好还是“他们唯一拥有的东西”。当然，这一点是我们一直强调的：主要情感都是“幸福主义的”，系附于人的繁荣观念以及任何一种此类观念所涉及的关注圈。要让人们关怀，你就必须让他们将潜在的关心对象视为“他们的”和“他们本身”。

现在，我们来审视两种高度基于原则的爱国情感的论述，即约 220

翰·罗尔斯和尤尔根·哈贝马斯的爱国情感论述。虽然两种论述都很有前景，但它们都促使我们提出亚里士多德的问题，因为有人可能会怀疑，他们所培养的情感是否会被证明是冷淡的与没有活力的。

约翰·罗尔斯的政治情感论述不是机械的：和我的论述一样，它也依赖于想象和一个关于对象的故事。罗尔斯也认识到利他情感的狭隘性给普遍关怀所造成的阻碍[39]。他的解决方案采取了这样一种形式，即一种详细地描述家庭之爱随着时间的推移可能被扩展为一种更广泛的相互关联的爱，而这种爱转而如何可以被扩展为塑造国家的政治原则。基本的心理原则是那种相互性原则：我们有一种倾向，即去爱和关怀那些显然爱且关怀我们的人。罗尔斯将这一心理法则视为“一个深刻的心理事实”[40]。首先，这种法则发生在家庭中：孩子们认识到父母对他们的爱和关怀之后，就开始回报父母以爱。其次，假定社会联合的外部体系是“正义的并且所有人都知道是正义的”，那么人们随着遵循自己的义务和职责的明显意向以及践行关于其身份的观念，就会“在这种联合中”发展出“对他人的友好情感与信任的纽带”[41]。最后，假如人们已经历经了前两个阶段，并且明白治理社会的基本制度是正义的，那么他们就会培养出一种正义感以及支持这些制度的各种情感。

罗尔斯的论述是丰富的，特别是在它的时代背景下，这一论述以一种大胆的方式面对了哲学家通常没有解决的心理问题。然而，它引发了三个问题：第一，我们是否迫切需要一种关于人们如何在非理想条件下去爱和奋斗的论述？当然，这并不是罗尔斯的规划，但即便是正义的社会也总有变得不正义的危险，因此，即便是维系这一社会的情感也必须至少包含一些在非理想情形下的特征，如对正义的未来的希望，对不正义的现在和过去的批判，以及对远方之人的想象的爱。在现实世界中，在我自己的聚焦于抱负而非实现正义的规划背景中，正确类型的爱国主义的两个关键作用将是，促使人们矫正历史上的不正义，并持续一场争取更大的经济正义的斗争。鉴于人类的利己力量，经济正义对人类而言一直难以得到支 221
持。因此，即使罗尔斯并不需要这样一种非理想的论述，我也是需要的。

第二，是一个相关的问题：罗尔斯的论述在描绘“人们是怎样的”方面是不是太单薄了？罗尔斯试图在对“人类是什么样的”这种争议问题不采取任何立场的情况下概括出一种政治心理学，而这只在某种程度上起作用。因而，我们从中完全看不到任何一种好的政治心理学都必须处理的一些问题，比如厌恶和污名问题，而这些问题即使在良序社会也很可能出现，这种良序社会拥有禁止排外的正义制度，因为即便在那种社会肯定也有现实的与不完美的人。更充分地填补这一描绘与罗尔斯的规划完全相容；出于各种原因，他觉得最好还是避免有可能引发大量争议的细节，但这一细节在某些领域似乎是至关重要的。

第三，同时也是卡律布迪斯漩涡真正让航行者陷入之处——如其所阐发的，罗尔斯的提议是高度抽象的。罗尔斯认识到了这一点，他试图向我们保证，他的提议不仅包含抽象的原则，还包含“积极的爱和友谊的情感”[42]。例如，很明显，在他的想象中，孩子们爱的是真实的、特定的父母，而不是抽象的为人父母的准则。罗尔斯不是柏拉图，他真的不易受到亚里士多德的反对意见的攻击。但是，他并没有说这些爱的特性实际上会如何引导人们对一般原则有把握。如果没有许多其他以隐喻、象征物、节奏、旋律、具体的地理特征等形式运行的手段，人们真的不会爱上这种抽象的观念。精明的领导者非常了解这一点。如果马丁·路德·金以罗尔斯的方式书写，世界历史就会截然不同。生动性和特殊性是情感反应的重要决定因素，由此也是利他行为的重要决定因素。在其关于“功利主义过于抽象”的批判性评论中，罗尔斯似乎同样承认了这一点。但是，由于忽略了打动现实生活中人们的那种奇特方式，罗尔斯既忽略了可用的资源，也忽略了潜在的危险。他的规划只是为了表明有关何为可能的一般形态，而到目前为止这个规划是成功的。然而，即使在良序社会，如果要让我们相信这些方式可以打动
222 真正的人，也需要对这些观念进行大量的补充，不过我要说的，当然是我们正在考虑的有抱负且至今仍不完美的社会。

罗尔斯的论述虽然存在缺口，但可以通过卓有成效地发展进行弥补。尤尔根·哈贝马斯在为一种“宪政爱国主义”（constitutional patriotism）[43]辩护时提供了一种支持情感的道德化论述，这一论述似乎确实容易受到亚里士多德的反对意见的攻击。哈贝马斯看到好的政治原则需要某些类型的情感支持并提出要解决这个问题，这仍然值得大加赞扬。不过，与罗尔斯不同，他甚至没有提供一个关于“这些情感是什么样的”和“它们怎么起作用”的描绘，他的愿景是如此之道德化、如此之抽象，以至于人们对其能否在现实生活

中发挥作用没有任何信心。他在这个方面的缄默无疑是可理解的[44]。德国过去使人们对政治领域中的任何强烈的情感诉求都特别敏感，因此，在那里谈论爱国情感的话题特别困难。然而，德国的历史表明，捍卫自由价值的人们一定不能把情感培养地带让给法西斯主义者，否则从长远看，他们肯定会付出更多[45]。（有人可能会想起哈贝马斯联系欧盟最近出现的问题而向该实体提出的建议。思考本书论点的一种方式就是思考一下欧盟迄今为止所缺乏的东西。）

哈贝马斯的过度抽象性可能源于其对不偏不倚的坚定承诺。由于哈贝马斯很少谈论"这一承诺是如何在情感上表现出来的"，所以以下做法将被证明是有益的，即看看它是如何将一位令人钦佩的思想家和政治领导人引入卡律布迪斯漩涡的：马可·奥勒留（Marcus Aurelius）是斯多亚学派哲学家和罗马皇帝，他的《沉思录》（*Meditations*）是西方哲学经典中被最广泛阅读的作品之一，此书写于帕提亚战役期间，因而是他正积极地领导自己的人民从事军事努力期间所作[46]。马可告诉我们，他从导师那里学到的第一课是："不要成为竞赛中绿方或蓝方的粉丝，或马戏团中持轻武器或重武器的角斗士的粉丝"（I. 5）。他的想象不得不抛却偏倚性与地方主义。值得注意的是，道德想象的负面形象是那种运动迷的形象，或许在所有时代，这种运动迷的形象一直都是人类所设想的对家庭、城邦和国家的其他类型的忠诚的一种如此自然而然的方式。

问题是，这负面的一课是否为个性留下了足够资源以激励人们 223
对无论何地的人都强烈地关怀。对马可来说，抛却偏倚性需要一个精心设计的、系统的计划，根除对这个世界上所有人和所有事物的关怀。他告诉大家，他经常冥想是为了不断提醒自己，他不在乎人类的不同和差异。他向我们讲述了他经常进行的冥思练习，这个练习是为了使他自己达到这种境界，即那些将人们彼此分离的东西对他而言并不重要。

但是达到这种境界——我们可以将这种关怀不偏不倚地给予所有人——如马可非常清楚地表明的那样，需要系统地根除指向本地人的强烈的关怀与依恋：一个人的家庭、一个人的城邦、一个人爱与欲的对象。因此，马可不但需要学习不成为一个运动迷，而且还要学习不成为一个爱人。考虑一下以下这段非同寻常的话：

> 当人们谈到花哨的菜肴和其他此类食物时，这样向自己表述是多么重要："这盘菜是一条鱼的尸体，另外那盘是一只鸟或一头猪的尸体。"同样，"这瓶法勒尼白葡萄酒（Falernian wine）只是一些葡萄汁"，而"这件紫色法衣是一些蘸了贝类动物血液的绵羊毛"。谈到性交时，我们必须说："这是薄膜在一起摩擦，伴随着一种黏稠液体的痉挛性射精。"这些表述是多么重要，它们触及事物本身并看透了它，以使人们明白它实际上到底是什么。[47]

抛却偏倚性，意味着学会把性看作只不过是薄膜的摩擦活动，也就是说，它需要我们学会不在某一特定行为中找寻特殊的价值或乐趣。不成为蓝方的粉丝也就意味着不成为这具或那具肉体、这个或那个灵魂、这个或那个城邦的粉丝。这是完全而又认真地执行柏拉图的规划，这一规划为亚里士多德所批判。

但是摆脱他对身体、运动队、家庭、国家的情爱式投入——所有这一切将马可带入一个奇怪的世界，一个温和且没有攻击性的世界，但它也是一个孤独而空虚的世界。要抛却运动迷的习性，我们必须抛却自己对这个世界的情爱式投入，抛却我们对自己的团队、自己的爱人、自己的孩子、自己的生命的依恋[48]。

这意味着生命中的某种像死亡一样的东西。因为事实上，人只 224
有在濒死状态下才有可能道德上正直。马可反复地思考生命，仿佛它已经是一种死亡状态，一种无意义事件的列进：

> 故作庄重的行进队伍，舞台上表演的戏剧，成群结队的绵羊或山羊，执着于用长矛打斗，给狗扔一小块骨头，将一大块面包扔进鱼塘，蚂蚁必须承受的辛苦劳作和沉重负担，疯狂躲避的老鼠，牵着线的木偶……（Ⅶ.3）[49]

对这一惨淡结论的最好慰藉也是对死亡的思考：

> 时常要思考一下，各种各样的人、各行各业的人以及所有的人是如何死去的……我们一定会达到很多聪明的演说家最终达到的状态，达到很多严肃的哲学家赫拉克利特（Heraclitus）、毕达哥拉斯（Pythagoras）、苏格拉底（Socrates），以及很多昔日的英雄、很多新近的将军和暴君最终达到的状态。除了这些人，还有欧多克索斯（Eudoxus）、希帕克斯（Hipparchus）、阿基米德（Archimedes），其他高智商的大脑，有着广博思想的思想家，辛勤的劳动者，多才多艺的人，胆大勇敢的人，甚至像梅尼普斯（Menippus）那样对人类生命的易腐和短暂易逝特征进行嘲笑的人。想想所有这些早已埋入地下的人

吧……那些其姓名已被遗忘的人又怎么样呢？因此，有一件事是非常值得的，即以真理和正义的方式活着，用宽厚来对待那些说谎者与做坏事的人。（Ⅵ.47）

因为我们会有一死，所以必须认识到，我们身上所有特别之物最终都会被抹去。家庭、城邦、性、孩子都将被忘却。因此，放弃对这些事物的依恋真的不是什么大事。能够留下并且唯一能够留下的事物就是真理和正义、世界的道德秩序。面对逐渐迫近的不可避免的死亡，我们不应该介意已经逝去。只有真正的城邦才需要我们效忠。

马可是令人震惊的，因为他已经深入不偏不倚的“爱国主义”
225 的基础，一种纯粹基于抽象原则的爱国之爱。他所看到的是，充分且一贯地培养出来的不偏不倚性，需要根除这种使人类生活成为我们所熟知的生活的情爱倾向。我们所熟知的生活是不公平的、不均衡的、充满战争的、充满以“我为第一”的民族主义和分裂性忠诚的。但他明白，我们不可能在保留人性的同时非常轻易地去除这些依恋[50]。

爱国之爱可以很崇高，它在某种意义上可以通过要求人们爱作为一个整体的国家从而爱其所有民众，来培养一种利他主义。但它要做到这一点，最好是让人们去爱某种完全属于他们自己的且最好是他们唯一拥有的东西[51]。罗尔斯的论述可以而且应该朝这个方向发展。

五、历史：华盛顿、林肯、金、甘地、尼赫鲁

现在让我们回到历史中[52]。有许多建构爱国主义的方式可以

成功地越过锡拉和卡律布迪斯之间的狭窄海峡，在促进特殊之爱的同时，并不压制人们的批判能力。我们来看看两种完全不同的情况：试图建立一个由平等的人组成的国家，然后终结美国的奴隶制和种族歧视的不正义，以及试图铸造一个致力于反对贫困与不平等的新印度国家。在每一种情况下我都将聚焦于政治言辞、领导者的个人行为和着装，以及国歌和象征物的选择，这不是因为其他方面不重要，而是因为这些特定方面对于将爱国主义纳入儿童教育（以及成人继续教育）来说尤为重要。

我们在考虑这些方面时，必须记住勒南的话：国家不是一个简单地赋予其本质的实体，而是一个由许多可能要素构成的"精神原则"。因此，与其说这些演讲者是在暗示一种先在的民族特性，不如说他们是在用历史和记忆所提供的材料来构建民族特性；有些现实被突出了，另一些则被淡化或省略了。我们的任务将是，看看这些人如何以一种能够使自己避免锡拉和卡律布迪斯的方式来完成这项任务，在没有强迫的同质性或错置的价值的情况下激发人们对某个特定事物的强烈的爱。

华盛顿的着装：一个由平等的人组成的国家

独立战争后，美国的爱国者面临着一项艰巨任务：建立一个基于共和理想的新国家。尽管许多公民在地方政府和州政府的背景下体验过平等与非支配地位，但当时还没有一个由平等公民组成的国家的构架。虽然独立战争让刚获自由的美国人体验到了团结起来反抗暴政的意义，但他们仍然必须想办法想象一种没有国王的共同生 226

活。这是一件难事，因为历史上比比皆是君主情感的例子，包括对一个好父亲的忠诚与服从，而不是充满共和情感的象征和隐喻，虽然罗马共和国不断地为爱国者们提供能产生共鸣的象征物、名字和言辞。

特别有争议的是总统制，有人认为它与共和主义的自治不相容。法律和制度（权力分立、司法监督）对打造一个总统职位非常重要，这个职位非常强大，足以将国家团结在一起，而不会成为一个王位或一个潜在的独裁者职位。同样重要的还有这个官职的第一个占有者的象征与行为。尽管乔治·华盛顿常常被认为是一个军事领袖，而不是政治领袖，但他迎接这一挑战的方式证明他非常有思想。

美国独立战争的许多故事在战争结束时已经家喻户晓（今天仍然被用来教育孩子），这些故事用公民平等对抗暴政的思想来激发人们的想象力。士兵（与他们的军官）在福吉谷（Valley Forge）著名的血迹斑斑的脚，是爱国者们追求自由事业的勇气和决心的标志[①]。在特伦顿（Trenton）遭到奇袭的醉醺醺的黑森人则是君主制腐化的象征，因为这种腐化必须始终（据故事所说）被爱国者的机灵和足智多谋击垮。在伊曼纽尔·戈特利布·洛伊策（Emanuel Gottlieb Leutze）的著名油画《华盛顿横渡特拉华河》（*Washington Crossing the Delaware*）中，虽然华盛顿在船的前面，但这幅

---

① 美国独立战争期间，华盛顿曾于1777年冬率领残兵在福吉谷修整，这是整个独立战争里最艰难的时光。由于缺衣少食，士兵们没有鞋穿，走过之处常常血迹斑斑。然而，华盛顿利用这段时间重新训练军队，过冬之后，又杀出谷来重新和英军较量，最终赢得了独立战争的胜利。

画以及常见的与之相伴的叙事仍然在讲述一个爱国者的故事、一个自由的故事，而不是一个关于普通人被动地依赖慈父般的统治者关爱的故事①。

华盛顿很有魅力（身材高大、风度翩翩，是一个出色的骑手）， 227
他也作为一个军事英雄而著名且受人爱戴。但他也早已成为一名爱国英雄，首先是在平等的公民之中的爱国英雄，然后是他由此很有能力在一种君主家长制式的过度与一种无情的例行程序式的过度之间进行微妙的调和。多亏罗恩·切尔诺（Ron Chernow）的开创性（获得普利策奖的）传记，我们现在可以清楚地看到，华盛顿是以非同寻常的微妙方式思考这些问题的[53]。对于华盛顿以总统身份做出的任何选择，诸如著名的历史学家和剧作家梅西·奥蒂斯·沃伦（ Mercy Otis Warren）之类的反联邦主义者原本很可能会感到不快，因为他们将这一官职当作准君主式职位来反对。沃伦喜爱罗马共和国以及布鲁图（Brutus）的形象[54]，她更希望没有一个强有力的执政官。在许多人怀疑总统制能否与共和主义的美德和自由相容的情况下，我们可以领略到华盛顿所做选择的精明之处。

作为指挥官，他早已强调他与士兵所共有的脆弱的人性。有一个著名的故事描述说，在一次演讲中，他突然戴上老花镜，并解释说："在你们服役的过程中，我头发已经变白，现在我发现自己看不见了"[55]。他朴素的衣着令外国游客感到惊讶："一件蓝色软皮

① 《华盛顿横渡特拉华河》这幅画描写的是美国独立战争中著名的特伦顿之战。1776 年 12 月 25 日，华盛顿率兵渡过特拉华河，突袭特伦顿市的英国驻军。驻扎在那里的是 3 个黑森雇佣兵团。这场战争的胜利唤起了处于低谷中的美国民众的斗志。

旧外套，马甲和裤子……看上去与他的年龄一样久远，他的衣服上没有任何饰带”[56]。后来他当选为美国第一任总统之后，他承认了打造这一新职位的困难以及他的判断对这个国家未来的重要性：“我应该把自己当作进入了一个未经探索的领域，四周笼罩着乌云和黑暗”[57]。

如反联邦主义者所关注的，最大的危险之一在于总统制将成为世袭的。对于已让他们感到不快的是华盛顿在辛辛那提协会（the Society of the Cincinnati）的会员资格（这是一个爱国俱乐部，其会员资格最初是世袭的），这些反联邦主义者虽然已经感到失望，但让他们的这种情绪得以缓解的是，华盛顿本人强烈反对世袭的会员资格，很快便让他人予以终止。而最棒的是，华盛顿和玛莎（Martha）没有孩子，这虽然不是华盛顿的选择，但他的确在某种
228 程度上强调了这一点，使其成为他象征的一部分。华盛顿很清楚，这一原本令人不快的情况使他格外适合成为第一任总统，并且这个事实可能影响了他的决定，即让自己的名字流传下去[58]。

到策划第一届美国总统就职典礼时，他的尊贵与朴素相结合的品位表现得非常明显。他做出一个重大决定，即拒绝在就职典礼上（或自那之后）穿军装（尽管他在正式典礼上的确佩了剑）。相反，他以带有爱国主义象征的服饰来装扮自己。为了鼓励美国工业，他选择了“一套双排扣棕色西装，它是由康涅狄格州哈特福德羊毛厂（the Woolen Manufactory of Hartford, Connecticut）梭织的绒面呢制成。这套西服的镀金纽扣上有老鹰徽章”[59]。于是，我们看到了军人的智慧，色彩和裁剪的谦逊与对国货的偏爱结合在一起。华

盛顿说，美国人应该效仿自己的总统并支持国内产业。在整个就职典礼期，尽管他一直因帅气的外表和六英尺的身材而显得仪表堂堂，尽管他仍然喜欢那些皮毛已经用闪亮的涂料处理的白马，但他还是像普通市民那样注意要在纽约街道旁步行，友好地同人们打招呼。正如一个反君主政体的记者所评论的，“听到人们对你的每一个行为都大加赞许，这让我非常高兴，尤其是你偶尔不拘虚礼，在街上步行，而亚当斯（Adams）除了在他的六驾马车中，我们从未见过他”[60]。

长期以来，华盛顿一直被人们视为一个英雄领袖，而不是一个思想家。但现在很明显，无论是在独有的姿态（老花镜）中，还是在象征性行为（他在纽约街道上行走、其穿着）的整体模式中，他都极好地运用了判断力——他知道自己的英雄特质对于国家的第一任领导人而言是有益的，能传达一种力量和命令的信息，但如果要证明人们对君主式总统制的畏惧是毫无根据的，那就必须通过一种更为平等的姿态来平衡并在某种程度上削弱它们。华盛顿青睐的象征物（鹰、本土毛织品、眼镜）团结了民众，坚定了民众的忠诚，它们将民心引向而不是使之偏离国家的核心理想。

这是十分恰当的，也是一个有效地表达他关于公共象征的想法的标志，即华盛顿纪念碑不是一个个人的肖像，更不是一个诱发个人崇拜的神龛。相反，它是一个抽象的象征物，是一个方尖碑—— 229
暗指华盛顿与共济会的联系。同时，它也不像经典的方尖碑那样是整块巨石，而是由不同的石块组成。其献辞上说，这一设计象征着各州的团结，并且其优雅的上升象征着国家的最高目标[61]。

值得注意的是，如今一场关于另一位军事英雄/总统——德怀特·D. 艾森豪威尔（Dwight D. Eisenhower）的纪念碑的相关争议正进行得如火如荼[62]。计划中的纪念碑就位于国家广场（National Mall）的南面，由建筑师弗兰克·盖里设计[63]，其特色是以一个无屋顶的古典庙宇为中心；廊柱支撑着一个有堪萨斯风景图像（金属挂毯）的金属屏风，它将包含一幅表现艾森豪威尔孩童时期在堪萨斯的玉米地里的画面，以及两幅艾森豪威尔成年时期的巨大浮雕，一幅是作为将军的艾森豪威尔，另一幅是作为总统的艾森豪威尔。艾森豪威尔的两个孙子反对这个设计，认为它太过谦卑，不够英勇。

公共纪念碑最初时常引起争议，包括越战老兵纪念碑、林肯纪念堂，以及现在位于芝加哥戴利广场的标志性的毕加索雕塑[64]，毕加索雕塑的抽象性最初引来了人们的嘲笑，但它的幽默和热情现在却受到了人们的喜爱。就提议修建艾森豪威尔纪念碑的情况而言，孙子们的特别反对似乎严重错置了。一个成为总统的军事英雄首先需要提防的是被奉若神明。艾森豪威尔倾向于自称为“堪萨斯农场男孩”，就像华盛顿的棕色西服一样，这是一种转移偶像崇拜的方式，并且是在纪念他时应予以尊重的方式。

林肯的葛底斯堡演说和第二次就职演讲：一种指向正义的国家叙事

葛底斯堡演说（1863 年 11 月 19 日）是美国决定性的教育文献之一。它为孩子们所耳熟能详，且从中得知他们应当为之献身的理想。它很简短，这虽然在当时被认为是不光彩的，但现在却被证明是一笔巨大的财富，可以在一代又一代人中间塑造情感。在这个演说中，林肯力图使人们愿意继续承担一场极其痛苦和难以预测的战争所带来的情感和身体负担，而这场战争的胜利对国家的未来及其理想无疑是至关重要的；我们研究这个演说就可以看出，一个国家的叙事——包括其历史、建国理想及其可能走向的未来——如何在林肯的这一努力中发挥核心作用。这里是演说词的全文： 230

> 八十七年前，我们的先辈在这片大陆上创建了一个新的国家，它孕育于自由之中，并致力于人人生而平等这一主张。
>
> 现在我们正在进行一场伟大的内战，以考验这个国家或任何一个孕育于自由与致力于平等的国家是否能够长久地存在下去。我们相会于这场战争中的一个伟大战场。我们来到这里，是为了献出这片战场的部分土地，作为那些为使这个国家能够生存而献出自己生命的人的最后安息之地。我们这样做是完全合适且恰当的。
>
> 但是，从更广泛的意义上说，我们不能奉献这块土地，不能将它神圣化，不能膜拜它。那些曾在这里战斗过的勇士，无论是活着的还是逝去的，已经将其神圣化了，这远非我们的力量所能增减的。虽然世界既不会注意也不会长久地记住我们在这里所说的话，但它却永远不会忘记勇士们在这里做过的事。倒是我们这些还活着的人，应该献身于那些曾在此作战的人已如此崇高地推进但尚未完成的事业。我们更应该献身于留在我们面前的这项伟大任务——我们要从这些光荣的逝者身上汲取

> 更多的献身精神，投身于他们为之费尽最后一切力量的事业——我们在此要下定决心，不让这些逝者白白牺牲——我们要使这个上帝福佑下的国家获得一种自由的新生——不要让这个民有、民治、民享的政府从尘世中消失。[65]

将林肯的简单风格跟爱德华·埃弗里特（Edward Everett）的复杂修辞相比，人们有时候会错误地认为他是一个天真而自己又没有意识到这一点的演说家，但没有什么比这更偏离事实的了。林肯的笔记、草稿、信件都证明了他对修辞包括对古典希腊语规范的浓厚兴趣[66]。在他整个职业生涯中，他越来越努力地追求简洁、古典的简约以及简练，力求运用排比和对偶来述说，并力求运用丰
231 富的意象模式。此外，在这次演讲中，他模仿了古典希腊文的墓志铭或葬礼演说的结构［例如，伯里克利（Periclēs）在修昔底德（Thucydidēs）葬礼上的演讲给出的范例］，包括模仿它的概括性（没有出现特有人名）、它对逝者的赞扬、它对他们为之牺牲的理想的赞扬活动，以及它对活着的人去承担逝者的事业的劝诫[67]。通过这些正规手法，并巧妙地运用生与死的意象模式，林肯展开了一项激动人心的、大胆的规划：将美国完全重塑为一个致力于人类平等的国家[68]。通过将这些抽象的理想系附于具体的哀悼场合，他在对“我们”的狭隘关怀与对这些抽象原则的接受之间架起了一座桥梁。

林肯的演讲以提及多年历史的回忆开始。但这种提法也与《圣经》有着共鸣，呼应了《诗篇》中的一段话（*Psalm* 90），在这段话中，80 年被视为人类寿命的外部极限：由此提醒听众人类生命

的短暂，以及一个人类国家在充满极大不确定性的战争中的脆弱性[69]。通过影射《独立宣言》(*The Declaration of Independence*)，林肯提醒听众，这个国家尽管目前面临这样的危机，但有了一个起点。它是一个拥有一套聚焦于自由和平等的独特理念的“新国家”。通过省略宪法及其对奴隶制的保障，并回归《独立宣言》中的平等理想（通过含蓄地提及奴隶制的终结来开始一个新的视角），林肯事实上重新认识了这个国家：它是一个致力于这一简单而又困难的理想的国家[70]。林肯当时注意到，当下的战争考验着任何一个这样的国家是否“能够长久地存在下去”。因此，他把内战定位为这样一场战争，即为这些最深远、最令人珍视的理想而战，为这些理想在全世界而不仅仅是在美国的命运而战（暗示了一种马志尼风格的联系，即将对国家的爱与对全世界的关怀联系在一起）。

林肯对建国理想的描述显然是在勒南和霍布斯鲍姆（Hobsbaum）的意义上解释的。他重新解读了《独立宣言》，并且含蓄地纠正了宪法的一个关键方面。通过强调对国家抱负及其失败的批判性叙事，他不仅避免了错置价值的锡拉之头，也避免了过度团结与顺从的锡拉之头。演讲本身不会导致任何事情发生，因而其语气不可避免地具有祈愿色彩，并且其修辞围绕它所赞扬的这些理想而产生了一种情感上的强烈感受[71]。

在赞扬那些（在一场最血腥的战斗中）逝者所做的牺牲之后， 232
他说，活着的人不能把这块土地奉为神圣：只有阵亡者的勇气才能做到这一点。因此，活着的人就被引向去产生一种虔诚地效法逝者牺牲的态度。接下来，林肯提出了那一著名的要求，要求活着的人做出奉献：我们所有人都应该致力于这一任务，即维护美国的民主并赋予它“一种自由的新生”。他在自始至终听上去都急迫的调子中结束了演讲：这场斗争实际上是一场关于这种民主本身能否继续存在的斗争。

林肯的演讲有诉诸宪政爱国主义的成分，这会让罗尔斯和哈贝马斯这样的抽象原则捍卫者感到高兴。但它的作用远不止这些。在生动地借用建国历程之中，在对阵亡士兵的由衷哀悼之中，在发出重新献身的呼吁之中，它把历史和当代的血肉赋予了这些道德的骨架。如果缺乏这些赐福式的（eudaimonistic）元素，这篇演讲就不会成功地让人们接受这些原则。正是其语言的节奏及其所产生的共鸣，才深入原则之下，从而触及情感依附的源泉。

林肯在 1865 年 3 月 4 日发表第二次就职演讲时进一步阐发了这一国家观念。由于此次演讲比葛底斯堡演说要长得多，我只引用几个关键段落：

> ……四年前在与此类似的场合，所有人的关切都忧虑地集中于即将来临的内战。所有人都害怕它，都设法避免它。当时我正在这里发表就职演说，一心一意地要在没有战争的情况下挽救联邦，而这座城市却有人迫切地想在没有战争的情况下摧毁联邦，他们试图通过谈判瓦解联邦并达到分裂联邦的目的。双方都反对战争，但其中一方宁愿发动战争也不让联邦存活，而另一方宁肯接受战争也不想让它灭亡，于是战争就来临了。
>
> 我国总人口的八分之一是黑奴，他们并非遍布整个联邦，而是局限于它的南部。这些黑奴构成了一种特殊而强大的利

> 益。所有人都知道这种利益会以某种方式成为战争的起因……双方诵读的是同样的《圣经》，向同一位上帝祈祷，每一方都祈求以上帝的援助来对抗对方。这似乎很奇怪，有人竟敢请求 233
> 公正的上帝帮助自己从他人的血汗中榨取面包，但是我们不要评判吧，以免别人评判我们……我们对任何人都没有恶意，我们有着对所有人的仁慈，有着对正确之事的坚定性，因为上帝让我们明白何为正确之事，让我们努力去完成我们所从事的事业，努力去包扎这个国家的创伤，努力去关怀将要承受这场战争的人，照顾他的遗孀和孤儿，做一切可以在我们之间和所有国家之间实现与珍惜正义的、持久的和平之事。

葛底斯堡演说的一个关键特征是强调了这个国家的单一性：它是一个单一的“人民”，而不是一个各州的集合[72]。第二次就职演讲继续进行这项再想象（reimagination）的任务，用铿锵有力的排比结构小心而又微妙地构建这个国家。虽然它将南方和北方都计入国家的完整元素，但却将联邦定位于想要并且拼命避免分裂的一方。单一国家（“国家”跟“联邦”可互换使用）的生存是起点：南方宁愿发动战争也不愿看到它存活，而北方宁愿接受战争也不愿看到它消亡。因此，双方在与国家的关系上是不对称的：南方的分裂主义斗争被描绘成一场对抗国家主体的侵略战争，而联邦的回应则被描绘为一次正义的回应。这场演讲激发了人们对国家整体的热爱，也激起了人们保护它不受侵略的决心。

这时，奴隶的境况进入情景，南方为贪婪所驱使这一事实得以强调，因为林肯构想了一种超越狭隘的自我利益的爱国主义。于是，一方面我们有这样的人，他们受自我利益的驱使，“从他人的血汗中榨取面包”（响亮的类似圣经式语言），甚至请求上帝帮助他们这样做；另一方面，我们发现，有些人将奴隶计为人类并算作公民，这样的公民占总人口的八分之一。这个国家现在的结盟伙伴是尊重、平等、包容，以及一种对狭隘自我利益的超越；分离主义运动的结盟伙伴则是利己主义和虚假的宗教。林肯觉察到了厌恶和污
234 名在种族主义中所起的作用：对厌恶的严厉反击就是坚持认为奴隶有完全的、平等的人性，他们是有着和我们自己一样“面孔”的“他者”。（请注意，在此说“身体”一词会更容易一些，但林肯却将强调点放在人性上。）

然而众所周知的是，最后，这篇演讲诉诸怜悯和宽恕，因为这个国家受伤了，必须“包扎”它的伤口。通过将国家拟人化为一个受伤的士兵，他唤起了人们对所有人的同情。怜悯不是宣告无罪——它并没有向“右翼的强硬立场”妥协——而是为我们提供了一条共同走向一个不确定的未来的道路。

对和解的迫切需要可能导致林肯过早地强调了一种不加评判的宽恕态度。批评家可能争辩说，对罪犯的怜悯与谴责是相容的，而宽恕则是不恰当的——除非他们首先道歉且内心已有改变——而林肯的“不评判”模糊了这两种态度之间的区别[73]。另外，有人可能会回应说，这篇演讲实际上是精明且宽宏大量的，它超越了党派之争，并寻求和解，在继续指责南方的同时，试图再次创造一个统一的“我们”[74]。尽管演讲的这些方面还是引起了争议，但毫无疑问的是，当时迫切需要这种治愈创伤的情感，这种情感至少有助于

尚在进行中的第一阶段的和解。

演讲的修辞仍然是其意义的一部分。其情感不仅仅是指向宪法原则的抽象情感。它对形象和叙事的运用，其有节奏韵律的语言及精辟而令人难忘的措辞，使那些道德原则生动起来。有人观察到，这篇演讲偶尔近乎音乐剧，其节奏接近于赞美诗[75]。和葛底斯堡演说一样，孩子们很容易记住它，以此锻造自己心目中最深刻的形象和后来关于自己国家的回忆。黑人孩子和白人孩子在学校一起诵读这篇演讲，这不仅让他们想起痛苦和奋斗的历史，而且也提醒他们，有证据表明，尊重、爱和纯粹的忍耐可以战胜痛苦。它再一次构建了一种解释性的爱国主义，支撑普遍的理想并用这些理想来批判历史错误。

和葛底斯堡演说一样，这篇演讲也以一种强烈的普遍主义论调 235
结尾：“做一切可以在我们之间和所有国家之间实现与珍惜正义的、持久的和平之事。”林肯再一次构建了一种国家之爱，它不是指向对其他国家的好战，而是寻求一种普遍和平与正义的未来。这很容易实现，因为当国家之爱聚焦于包容和人类尊严的理想时，这种爱就很容易将世界各地的人引向为这些理想而奋斗。尊重和包容的确是正义与永久和平的条件。

马丁·路德·金：从愤怒到希望，从承诺到正义

《解放奴隶宣言》(*The Emancipation Proclamation*) 于 1863 年签署。一百年之后，其承诺并没有兑现。马丁·路德·金 1963 年 8 月 28 日于华盛顿特区发表的《我有一个梦想》(“I Have a

Dream"）的伟大演讲，是美国教育的另一个形成性文献，所有年轻的美国人都聆听过它数千次，在纪念他的全国假日中以金的非凡声音抑扬顿挫地有节奏地背诵它。没有人会怀疑它是修辞学的杰作，其成就远远超过了它所传达的抽象情感。它高耸的自由和天启形象，它音乐般的节奏，都赋予了自由、尊严、包容和非暴力这些一般观念翅膀，可以这么说，因为它高明地让人们认为这些观念是关于他们的，是他们自己的，这种方式可以让现实的人将这些一般观念奉为理想。

现在，让我们来审视一下金诉诸这个国家的历史与传统的方式，从而建构与一种美国观念相关的情感——这种观念仍然是批判与解释性的，从过去［的叙事中］提出一些有价值的普遍理想，并用这些理想去发现不公正的现实的错误：

> 一百年前，一位伟大的美国人签署了《解放奴隶宣言》，今天我们就站在他那有象征意义的身影之下。对于数百万一直
> 236 在令人枯萎的不正义之火上灼烤的黑奴来说，这一重大法令犹如一盏给人以希望的巨大的灯塔之光……
>
> 但是一百年后，黑人仍然没有获得自由，一百年后，在种族隔离的镣铐和种族歧视的枷锁下，黑人的生活仍然举步维艰……所以我们今天来到这里，就是为了渲染这种可耻的状况。
>
> 从某种意义上说，我们来到国家首都是为了兑现一张支票。当我们共和国的缔造者们写下《宪法》和《独立宣言》的壮丽话语时，他们是在签署一张每一个美国人都将继承的期

票。这张期票向所有人承诺，确保所有人——不论是白人还是黑人——都享有“不可剥夺的生命、自由和追求幸福的权利”。就其有色公民而言，显然美国今天并没有兑现这张期票。美国没有履行这一神圣的义务，反而给了黑人一张空头支票，这张支票标注着“资金不足”而被退了回来。

但我们拒绝相信正义的银行已经破产，我们拒绝相信这个国家巨大的机会宝库会资金不足……

但是，对于站在通向正义之宫温暖的门槛上的我的人民，有一些话我必须要说：在获取我们合法地位的过程中，我们绝不能从事错误的行为。我们不要为了满足自己对自由的渴望而试图饮下悲苦与仇恨之酒。我们必须永远在有尊严和有纪律的高度上进行斗争。我们绝不容许我们富有创造性的抗议活动沦为肢体暴力。我们必须一次次地上升到以灵魂力量对付肉体力量的雄伟高度。

（在《我有一个梦想》这一预见性部分之后）①：

这将会是这样的一天——这将会是上帝所有的儿女都以新的含义唱这支歌的一天：

甜美的自由之乡，我的祖国，它属于你，我为你歌唱。

你是我父辈逝去的地方，你是早期移民自豪的地方，让自由之声响彻每一座山岗……

---

① 上一段引文之后，就是金的演讲中著名的“我有一个梦想……”的几个气势磅礴的排比句，由于努斯鲍姆没有引用这几段话，所以她在这里插入了这一说明。

237 如果美国要成为一个伟大的国家，这就必须成为现实。

因此，让自由之声从新罕布什尔州的奇妙山顶响起；

让自由之声从纽约州的崇山响起；

让自由之声从宾夕法尼亚州高耸的阿勒格尼山脉响起；

让自由之声从科罗拉多州冰雪皑皑的落基山脉响起；

让自由之声从加利福尼亚州曲线优美的斜坡响起；

但不仅如此；

让自由之声从佐治亚州的石山响起；

让自由之声从田纳西州的瞭望山响起；

让自由之声从密西西比州的每一座山丘响起；

让自由之声，从每一个山腰响起吧！

当这一切发生时，当我们让自由之声响起，让自由之声从每一个大小村庄、每一个州和每一个城市响起来时，我们就能够加速这一天的到来，届时，上帝的所有儿女，黑人和白人，犹太人和外邦人，新教徒和天主教徒，都将能够携起手来，用那首古老的黑人圣歌中的话唱：

终于自由啦！终于自由啦！

感谢全能的上帝，我们终于自由啦！

这篇演讲以暗指葛底斯堡演说开始，并将自己定位为葛底斯堡演说的下一篇章。林肯之回顾建国，是将建国那一刻视为对一些理想做出承诺的一刻，他重释了这些理想并认为它们受到了严重威胁，与林肯一样，金回顾林肯的解放奴隶［宣言］，也是将其视为承诺的一刻，而林肯的承诺仍然没有兑现。他用了一个非常通俗而又非常美国化的比喻来形容这种失败：国家给了黑人一张空头支票，这张支票被标上“资金不足”退了回来。这种坚决诉诸财政清廉的方式同样是一种暗指美国的方式，因为美国人非常喜欢将财政清廉这种美德视为他们自己的特征。这是一种将其听众中的白人成员纳入在内的方法，即通过提及一种期望他们可以分享的价值来将其纳入在内。他们也是美国的一部分。这样一来，金在创造一个统一的“我们”的同时，也鼓励他听众中的不同成员以有微妙差别的方式做出反应。

在整个演讲中，金的语调听上去很急迫：“充满黑人合法不满 238
的闷热难耐的夏天”意味着在正义得以实现之前，美国将不会有和平。通过对查理三世（Richard Ⅲ）邪恶计划的这一暗示，他唤起了他所描述的：人们对美国种族主义所犯的错误抱有合法且有正当理由的愤怒。同时，他也在其追随者中培养出一种抑制和批判暴力的爱国主义：他们必须以甘地的方式，通过放弃暴力行为来获得道德上的优势。甘地是启发他灵感的主要人物，和甘地一样，金也让非暴力看上去很崇高、“庄重”，而让暴力看上去很肮脏。同时，和林肯一样，金也呼吁各种族之间相互信任，他提醒他的追随者，许多白种人也在场并加入了为正义而斗争的活动：“我们不能孤军奋战。”通过培养希望和信任，加上合法的愤怒以及坚持进行批判，金减少了使用暴力的冲动。

演讲中有前瞻性的“我有一个梦想”这个部分非常出名，是这篇演讲建构一个美国未来景象的核心，在这一景象中，所有人都可以按照平等的条件而结合在一起。但是，说了这个新美国愿景之后，金紧接着通过完整地引用那首著名歌曲《美国》或《我的祖国，它属于你》又回到国家记忆和国家传统中。至关重要的是，他现在说：“如果美国要成为一个伟大的国家，这就必须成为现实。”换句话说，这首人们常常洋洋得意地唱着的歌，作为一种对现实的描述，其本身就是预言性的，它的自由话语必须通过致力于追求正义才能**成为**现实。这样一来，即使是那首洋洋得意的歌，也变成了一种对批判能力的锻炼。

演讲的下一部分可以用爵士乐的语言来很好地描述，当要求自由之声从美国的一系列地区响起时，就像那首歌中的一连串即兴重复的乐句。这是怎么回事呢？这部分有几个非常有趣的内容。第一，通过将美国形象与几个众所周知的地理特征联系起来，使之变得具体而有形。第二，地理本身就被道德化了：纽约的山脉现在不仅是山脉，也是自由的场地。第三，这个国家的身体正以一种感性的、实际上是性感的方式被人格化：“高耸的阿勒格尼山脉”和“曲线优美的斜坡”（由此，在恶性爱国主义中如此普遍的招致厌恶的东西，被沃尔特·惠特曼式感性怀旧的怀抱取代）。但同时，内
239 战的最终结束已近在眼前，因为要求自由从南方的一系列地点响起。金以一种让人想起林肯第二次就职演讲的方式，做出对任何人都没有恶意的表达，并表达了对所有人的仁慈。在挖苦密西西比州时（“让自由之声从密西西比州的每一座山丘响起”），他以狡黠幽默的语气提醒人们，错误的行为并未被遗忘：金因而避免了林肯在指责那些坏行为问题上的模棱两可。然而，有充分理由的怨恨已经被一股以未来国家为目标的喜悦潮流超越了。

和林肯一样，金也以一种全球性注解作为演讲的结尾：美国一体化的成功会“加速那一天的到来，即所有上帝的孩子”都将享受自由。批判性的爱国主义由此自然地融入一种追求全球正义和一种包容性的人类之爱中。

林肯和金的演讲都表达并激发了他人对美国的一种深深的爱，以及对其最高理想的一种自豪。然而，他们这么做的同时，构建了一种美国叙事，这种美国叙事充满了抱负，突出了可能被认为是美国要致力的最好价值，这种叙事也带有深刻而清晰的批判性，从而表明美国未能实现其理想。两者听上去都是一种批判却又充满希望的再次奉献的语气。这两次演讲似乎都是为批判性教育所做的，因为它们都自然而然地引起了课堂讨论：美国哪里出错了？实现内在于国家理想中的梦想的好途径有哪些？甚至是关于今天的问题，今天我们怎么就远未兑现建国文件中的承诺？

六、印度：两首国歌、两面国旗

印度的例子关乎一个国家的建立。印度没有正规的记载或传统，没有可以博取所有人一致同意以及博取所有人的情感的长期奋斗的回忆——至少没有共有的、正规的回忆。事实上，直到今天，关于这个国家及其历史的适当形象的斗争还在继续，因为印度教右翼党派竭力将那一历史刻画为本土印度教的和平以及外来者的统治——先是受穆斯林的统治，然后又受（英国）基督教徒的统治[76]。甘地和

尼赫鲁着手打造一个多元化的印度形象，人们因致力于一个真正共
240 有的自治斗争历史和一个对国家人民的共享承诺而团结在一起，他们经历了一场艰苦的战斗，这是因为殖民压迫使许多人滋生了一种强烈欲望，即实施男子汉的进攻行为，以硬汉的统治来还击所感知到的耻辱。因此，这一场抗争不仅涉及一套理想，这套理想被其他更为排斥性的理想驳斥，还涉及一种真正的男子汉气概和强烈的爱国主义的观念，这种爱国主义观念为一种更好战的爱国主义形式所驳斥。

正在进行中的关于两首歌曲中哪一首应该成为印度国歌的争论，可以贴切地成为这场关于理想较量的例证。印度教右翼拒绝接受《人民的意志》，因为它太过包容，不够好战；他们更喜欢般金的《向母亲致敬》，它极力主张好战的进攻性、不加批判的奉献以及印度教的印度同一性观念。正如我在第四章所提出的，《人民的意志》培养了一种爱国主义，这种爱国主义不但是感性与激情的，同时又是道德的、高度包容的、对批判精神友好的[77]。

关于印度的国旗也有类似的争论。印度官方国旗由甘地和尼赫鲁设计，并于 1947 年 7 月，即独立前不久的一次制宪会议上通过，它是以印度国大党早期的一面旗帜为基础的。它的中心是法律之轮，一个与佛教皇帝阿育王（Ashoka）有关的象征。阿育王是尼赫鲁最喜欢的历史人物，因为他培养了宗教宽容和一种兄弟情谊精神。因此，法律之轮是一个宗教宽容、非暴力以及法律凌驾于派系和教派之上的象征。如果说旗帜可以暗示批判精神的话，那么这面旗帜就做到了这一点。这面旗帜的颜色也有重大意义。橙黄色代表

勇气，白色代表真理和纯洁（对甘地重塑印度教至关重要），绿色意味着和平与繁荣。三种颜色的关联表明，勇气和牺牲的追求应该以一种与甘地的真理（即包容所有作为平等的人的公民）一致、与实现所有人和平和繁荣的目标一致的方式进行。同样意义重大的还有，关于这面旗帜原材料构成的法律［规定］：是用卡迪手工棉布（khadi）造成，或是手纺纱线制造。因此，这是甘地对种姓与阶级批判的一个结果，因为在他的运动中，手工纺纱线象征着对精英主义和特权的放弃以及对穷人日常生活的一种接受。（当尼赫鲁的女儿英迪拉身着卡迪手工棉布的莎丽结婚时，这是一个巨大的物质平等的象征。）国旗的制作权属于印度土布发展和乡村工业委员会 241
（the Khadi Development and Village Industries Commission）。这些法律进一步彰显了旗帜中心的那个轮子：除了法律和权利外，法轮还暗指甘地的手纺车（charka）或纺车，并且还暗示其有力地象征着平等的人类尊严。

印度教右翼所喜欢的国旗是 18 世纪马哈拉施特拉的（Maharashtrian）英雄希瓦吉（Shivaji）的橙黄色旗帜，希瓦吉曾对穆斯林的统治实施过短暂的成功反抗。这面国旗是纯橙黄色的，没有其他颜色或图像，因此，国旗中只有勇气部分，而没有其真理、和平、法律和平等部分。它是一种攻击性和排他性的象征，据说它象征着印度教将反击几个世纪以来的屈辱并为自己夺取权力，使他人服从。它与民族卫队（the Rashtriya Swayamsevak Sangh，RSS）成员每天举起橙黄色旗帜时所做的忠诚宣誓紧密相关：“我宣誓，为了印度教国家的最大进步，我将永远捍卫印度教的纯洁性和印度教文化的纯洁性。我已经成为民族卫队的一员，我将以最大的诚意和无私精神，用我所有的身心和资源来完成民族卫队的工作。我将终生遵守这个诺言。祝印度母亲胜利”[78]。由这面橙黄色旗帜引发的爱国主义有意压制人们的批判能力。年轻的团队领导人告诉电影制作人拉利特·瓦切尼（Lalit Vachani），“我们把这面橙黄色旗帜当作领袖来崇拜”，他们对着国旗说：“我们向您鞠躬，我们准备好为您的事业服务。”

国旗通常被人们理所当然地接受，但它们却有一种强烈的情感共鸣，虽然这种共鸣常常无法清楚地表达。印度教右翼成员明确且激昂地将这面橙黄色国旗与一个由不平等的人所组成的国家联系在一起，与一种不受“外来”宗教、文化玷污的“纯洁的”印度教文化观念联系在一起，并且与在一种服从和同侪团结精神下的拒绝批判精神联系在一起。现行的印度国旗虽然其情感特征要柔和得多，但它却是一种完全不同的强有力的象征。当公民为其自豪时（尤其是同时唱国歌时），他们是在成为这样一个国家的成员，这个国家是一个包容的宗教多元化国家，它从许多文化、地区和种族资源中汲取力量，所有这一切都由政治原则和法律规则结合在一起。

甘地的身体：一个正义的形象

242 没有比莫汉达斯·甘地更高明的批判性爱国主义的缔造者了。甘地对爱国情感的看法与马志尼的非常接近：他认为，以国旗和国歌这种象征物为介导的对国家的爱，是通往真正有效的国际主义道路的重要组成部分[79]。同时，他也力主批判性思维，并选择一些能表明其中心地位的象征物，如《自在独行》。正如拉杰莫汉·甘地（Rajmohan Gandhi）在他关于外祖父的传记中强调的，甘地经常用低沉而悦耳的声音唱这首歌。“泰戈尔是这首歌的作者，但是甘地……已变成了这首歌”[80]。

甘地的作品非常丰富，但他成功地为这个新国家打造了一种积极又具批判性的爱国主义，这个新国家的绝大多数居民都没有读写能力，很少从他的作品中受益。甘地做出的辉煌之事是，他使自己的身体成为国家观念的一个活生生的象征，这一国家观念既是传统的，同时又是修正的，既是鼓舞人心的，同时又是高度批判性的。为了与他的这一观念相符，即民族斗争的关键点在于每一个人的内心，这是一场战胜贪婪和控制他人的迫切欲望、支持人们同情关怀的斗争，他把自己描绘成一个一生都致力于与贪婪欲望做斗争的人。他消瘦而又精力充沛的身体形象，是通过数百英里的跋涉而形成的，向人们显示了一具致力于追求所有人的正义而非致力于个人的满足、当然也不是攻击性的身体。对他简朴的个人习惯（不含奶制品的素食，独身主义的誓言）的了解，改变了人们看到甘地身体时的反应。他为了政治目的再三绝食，戏剧化地利用弃绝身体来追求真理。

甘地并没有脱离现实地塑造自身形象：他非常依赖传统印度教的苦行托钵僧形象，这些形象有力地唤起了人们的回忆，但在国家同一性方面却存在支持一种排他性的“印度教第一”观念的风险。因此，他必须非常小心，以免他的民族形象以任何一种排他性方式看上去像印度教徒。因此，他一生都小心翼翼地将穆斯林置于其自

由运动的中心位置，并在那种我们可以称之为关键仪式的时刻求助
243 于他们。因此，1947 年他在打破自己著名的“绝食至死”运动时，是求助于穆斯林牧师、国大党领袖毛拉纳·阿扎德，向他要了一些橙汁和面包。他这么做，彻底打破了在种姓和宗教路线上都带有排他性的传统印度教的纯洁观念。他在利用传统禁欲主义的巨大力量的同时，又将这种力量转向了一个全新的事业。正如拉杰莫汉·甘地所总结的那样，“总之，好奇和热情是穆斯林对甘地产生的最强烈的本能反应，他们注意到了他对穆斯林的敏感性的尊重”[81]。对于甘地，穆斯林最强烈的本能反应就是好奇和温情，并且他们注意到，甘地尊重穆斯林的敏感性。

在我看来，比较成问题的是，甘地试图将自己的身体当成一个性别平等的象征。他创造了一个形象，让许多见过他的人都觉得他是男女同体的。人们在讨论他给人的印象时，常常会出现“孩子般的”和“母性的”这些词。当然，他也常常把禁欲或独身誓言描绘成一种亲女性之举（pro-women），是一种使女性摆脱男性的性需求的手段。尤为明显的是，他将女性纳入了自己的圈子。对甘地来讲，反抗侵略的斗争只有通过暴力地断绝与这具身体及其情爱渴望的关系才能获胜。在《甘地的真理》（*Gandhi's Truth*）一书中，心理学家爱利克·埃里克森（Erik Erikson）与这位已故的领袖进行了一次想象中的奇妙谈话，他对甘地说：“你应该停止恐吓自己，要以非暴力的方式接近自己的身体”[82]。他认为，只有当我们可以不带有道学家般的拒绝暴力来接受自己的身体及其性欲时，我们才能真正克服潜藏于每一个社会中的暴力统治他人的倾向。

与之相比，泰戈尔试图将女性作为完整（包括性爱行为）的行为者而赋予其权利。他接受母子关系和许多深层成人关系中的深刻的性爱倾向。他认为，包含性爱在内的个人之爱是全世界人文宗教的基础。几个世纪以来，女性一直被教导要放弃与克制欲望，泰戈尔释放她们去追求自己的激情历程。他为阿米塔·森的婚礼写了一首诗，将她描绘为“一股舞动的激流……沉浸在你嬉戏的步调中/在内心深处，面对宇宙亦无所惧”[83]。她去世后，这首诗仍挂在她桑蒂尼盖登的家中。这是泰戈尔对所有女性的愿望。和埃里克森一样，泰戈尔也认为，不是性爱而是对性爱的否认才是毁灭性攻击的主要来源。包尔人是通过对身体的接受而非置之不理来实施性别平等和不侵犯的。

不过，尽管有以上指出的过失，但在有史以来上演的最具独创性的有关国家建设的戏剧中，甘地用自己的身体担当了主角。这出剧的核心表演是 1930 年抗议英国关于盐的生产和销售税额的进军活动。在“食盐进军”（the Salt March）活动中，数以万计的人在 23 天的时间里，从甘地的萨巴尔马蒂修道院（Sabarmati ashram）到丹地（Dandi）的海边，行进了 240 英里，这次进军并不是一场偶然的大规模抗议。每个方面都经过了精心筹划[84]。甘地为聚集在一起的记者事先准备的声明说得很简单：“我需要在这场正义对强权的斗争中得到全世界的同情。”首先是这个问题本身的戏剧性：正如甘地所说，“除了空气和水，盐或许是生命中最重要的必需品”[85]。它是那种把富人和穷人联结到一起的东西。接下来是演员的着装和演出：所有的进军者都穿着卡迪手工棉（土布）服，所有 244

男性都戴着一顶简单的白色帽子。［队伍中］领先的是印度 15 个省、三大主要宗教（印度教、伊斯兰教、基督教）选出的代表，以及“贱民”种姓的成员。与此同时，最重要的是导演对演员的规定。甘地以独断坚定的态度坚决宣告了一系列指令：禁止暴力，禁止侮辱英国官员，禁止诅咒与谩骂——但也禁止向英国国旗敬礼。最后，我们在舞台的中心找到了主角。用贾瓦哈拉尔·尼赫鲁的话说，他深刻的情感在下面这段描述中表达得很清楚：

> 今天，朝圣者在长途跋涉中继续前行。他手里拿着权杖，行走在古吉拉特邦尘土飞扬的道路上，目光清晰，步履坚定，在他身后，他忠诚的队友随他一起艰难前行。过去，他历经了许多旅程，穿过了许多令人疲惫的道路。但他的最后这段旅程，比以往走过的任何一段都要长，路上有许多障碍。但他心中燃烧着伟大的决心之火，以及对自己苦难同胞的无比热爱。对真理的热爱灼烧着他，对自由的热爱鼓舞着他。[86]

我们在此发现了公共诗歌的两个层次：首先是甘地的自我展示，然后是尼赫鲁富有诗意的记录，其古老而又抽象的风格营造出一种虚拟的崇高而又遥远的感觉，随时可用于教导一代又一代的印度年轻
245 人了解他们国家的历史。他们能从中学到什么呢？他们的国家建立于一场反抗野蛮势力的正义斗争，它诞生于所有需要生命必需品的人的团结，它囊括了所有宗教、阶级和种姓。真理和自由是它的双重理想。甘地的身体因此在人们对自己生活叙事的感觉和抽象原则之间搭建了一座桥梁。

该剧的高潮时刻是，甘地在海中沐浴，非法制盐，让水分自他

手中蒸发，这时，一个国家就诞生了。

甘地既具有至高的德性，又具备高度的战略眼光；他知道，一旦这个世界上人们的目光投向印度，有尊严的非暴力行为就既看上去也实际上是强大且自治的。就像在达拉萨纳盐厂（Dharasana Salt Works）的著名抗议中一样，他仍然懂得如何戏剧化地演绎印度事业的道德优越性，安排民间抵抗这些情节，他知道这种抵抗肯定会导致无数印度人被英国士兵殴打。在印度人以尊严和非暴力的方式进行抵抗的同时，英国士兵的暴力看上去却越来越绝望与渺小[87]。在这个过程中，他让自己的追随者和无数其他人以一种新的方式看到了男子汉气概：这个有尊严地站立着、百折不挠的身体，看上去强大而自豪。这具不停地挥舞着拳头的身体，看上去非常迷茫，无望虚弱，触摸不到它试图掌控的东西。这些抵抗行为常常伴随着泰戈尔的歌曲，提醒着人们，真正的国家之爱需要时刻保有批判性的警觉和公然反抗习俗的意愿。

甘地的爱国主义是否有足够的批判性？有人可能存疑，泰戈尔对此肯定存疑，他对甘地在回应争论时不愿改变心意表示忧虑[88]。但是，甘地不是《家与世界》中的桑迪普。他温和、恭敬有礼、善于接受。特别是在他的通信和他与贾瓦哈拉尔·尼赫鲁的终身友谊中，我们看到了热烈的批判性交流，这些批判性交流为新民主主义创造了一个有吸引力的、尊重对话的形象。这一点也时常在公众场合展示。

甘地的爱国主义向民众提出了许多要求。它要求富人与穷人团结一致，在个人舒适上做出巨大牺牲。它要求所有男性接受一种新

型的非暴力的男子汉气概，而这种气概本身就需要做出大量牺牲，
246 因为报复是令人愉快的。甘地反复说，只有利用那些象征物，才能成功地让人们愿意承担这些艰巨的任务。幸运的是，他是一个杰出的象征物打造者：这些象征物是感人的，因为它们是古老的；它们又是包容性的，因为它们是全新的。

尼赫鲁的《与命运有约》演讲：工作和奋斗

甘地是一个革命家。他不是一个政治家，也无法日常领导一个国家，与立法机关、法院和外国领导人打交道。他本来也没有能治理国家的经济政策：他在这一点上的想法天真又浪漫。因此，印度的创建实际上是一种复杂的合作关系。在国家成立时，阐明其目标的任务落到了贾瓦哈拉尔·尼赫鲁这位老练的政治家身上，他于1947年到1964年领导印度。他在独立前夕发表的演讲是批判性爱国主义的另一个里程碑。

通过兴高采烈地猛烈抨击英国来庆祝这个吉庆的时刻，或者直接用刚刚取得的胜利来庆祝，都会是容易的事，但尼赫鲁采取了一条完全不同的路径。这次演讲已是这个国家的（因此也是“我们的”）公共建设故事的又一例证，它既鼓舞人心又具有批判性，既致力于人类的包容和平等，也致力于满足远近所有人的基本人类需求。尼赫鲁所想象的印度公民不是好斗的勇士，而是努力创造一个新的正义国家的母亲们，他借用甘地的男女同体绘制了一张情感地图，将适当的爱国主义与扩展的同情和对经济正义的承诺联系起来。事实上，他所构建的国家观念，其核心就是为一个长远的目标

而努力。

> 很久以前，我们与命运订过一个约会，现在时辰已到，是我们履行自己誓言的时候了。不是全部或最大限度地兑现，而是实质性地兑现。当午夜钟声敲响时，当世界沉睡时，印度将醒悟到生命和自由……在这个庄严的时刻，我们宣誓要献身于为印度和印度人民服务，献身于更宏大的人类事业，时机非常恰当……
>
> ……在自由诞生之前，我们忍受了所有劳作的痛苦，一想起这些苦难我们就心情沉重。有些痛苦至今仍在持续。不过， 247
> 过去的已经过去，现在是未来在向我们招手。
>
> 这个未来不是一种安逸和休息的未来，而是一种不断奋斗的未来，以使我们能够履行自己经常发出的誓言以及今天将要发出的誓言。为印度服务意味着为数百万受苦的人服务，意味着终止贫穷、无知、疾病和机会的不平等。我们这一代最伟大的人的夙愿就是擦去每一个人眼中的每一滴泪水。这可能离我们很远，但只要还有眼泪和痛苦，我们的努力就不会停止。
>
> 因此，我们必须劳动和工作，努力奋斗，让我们的梦想变为现实。这些梦想不仅是为了印度，也是为了世界，因为今天所有的国家和人民都紧密地联结在一起，任何一个国家和人民都无法想象他们可以与世隔绝地生活。据说和平是不可分割的，自由和如今的繁荣也是不可分割的，在这个不再能分割成孤立碎片的世界中，灾难也是不可分割的……

如果有人听到这篇伟大演讲的录音，那么他就会立刻觉得有件事情令人惊讶，那就是没有欢呼。除了在“醒悟到生命和自由”这句话时有热情的欢呼，在接下来的演讲中观众都是沉默的，而尼赫鲁的声音一如既往地严肃和庄重。这种情况出现在一个国家的新生庆典中是异乎寻常的（即便是葛底斯堡演说那种悼念场合，演讲也屡屡被掌声打断[89]）。尼赫鲁在起草讲稿时所做的基本决定是把独立描绘成一个挑战，而不是一项成就。因此，演讲的基调不是庆祝，而是对未来工作的认真思考。

正如尼赫鲁所构想的新国家故事，独立也不是坚持好战性自我主张的理由。尼赫鲁的许多同胞都怀有一种在排他性、好战观念下塑造的印度形象，而尼赫鲁则用“工作中的印度”观念代替了这一观念，印度被刻画为不停地劳动、向消除人类苦难（不仅是印度的，还包括世界各地的）这一目标而努力奋斗的形象。他提及了甘地富有同情心的愿望，即拭去每一个人眼中的每一滴泪水，并将这
248 一目标作为印度未来的工作。这里没有史诗般的战斗英雄主义，而是一种新的甘地式的英雄主义观念：与最贫穷的人团结在一起，共同努力与牺牲。这篇演讲当然是极富情感的，但其所构建的情感并不包括（对英国统治的）愤恨、（对欧洲帝国主义的）憎恨，甚或（对再次丧失主权的）恐惧。它的主调是同情与决心，因为它要求所有印度人都从自己的自我中出来，去关注那些最不幸者所遭受的苦难，团结起来、下定决心消除贫困。这篇演讲既包含希望，又包含挑战，但由于意识到这一任务的艰巨性，所以它所包含的希望是一种被谨慎限制的希望。希望只有在人们非常努力工作并有强烈献身精神的条件下才是现实的。

尼赫鲁的国家叙事既是回顾的，也是展望的。他悲伤地提到了分裂的暴力，将分裂和独立斗争的综合创伤比作新国家诞生中的阵痛，并指出其中一些痛苦仍在继续。然而，和林肯一样，他坚持认为过去的内部斗争已经结束。国家已经存在，并且它就是我们所呼唤的未来——一个团结所有印度人（无论宗教、种姓与阶级）的未来。尼赫鲁将印度视为一个整体并且拒绝区分宗教团体，这样他就明确表明了对印度教右翼的宗派爱国主义的拒绝。极为重要的是，无论在演讲开头还是在演讲结尾，他都把印度界定为一场涵盖整个世界的根除贫困运动的一部分。

尼赫鲁曾是有教养的上层种姓和上层阶级的一员，他有着这个阶层的人所具备的文学和修辞风格[90]。他能够在其声音和话语中表达出强烈的情感，尤其是甘地离世后他所做的那个有说服力的演讲，人们可以从他的声音中听出哭泣的感觉。但他说起话来仍然像一个受过英国教育的、享有特权的人，并且他是用英语讲话。这些品质对于在世界舞台上建立印度是有价值的，但需要用甘地的技能来补足。甘地出生于一个卑微（较低的中产阶级零售商或商人）的环境中，他通常用古吉拉特语（Gujarati）而不是英语写作，并且他有一种变色龙的能力，能将自己重塑为一个最低下和最贫穷的人。但是，尽管尼赫鲁出身于精英阶层，他本人却是一个热情地拥护平等的人，他坚持节约和朴素，这标示了他作为印度首任领导人——或者，如他在一次著名演讲中所说的，“印度人民的第一仆人”——的选择。和乔治·华盛顿一样，尼赫鲁也以其生活方式表 249
明了这种对平等的承诺，他创造了一个“我们”，即一个将领导者和公民都纳入唯一关注圈的“我们”。他的住宅提·穆尔蒂（Teen Murti，保存为一个国家博物馆）展示了这种简朴品味，他通过自己一生的着装展示了这种品味，其服装灵感来自甘地的卡迪手工棉布运动。尼赫鲁更喜欢更为简朴的小小的私人住宅，但出于安全的考虑，他的同事们劝他搬到更大的楼里去。即便如此，对游客来说，提·穆尔蒂也是一种简朴模式，没有华丽的装饰，设计清爽，坐落于宽敞而简单的花园中。虽然政府会为公务执行付费，但是尼赫鲁却坚持为自己家人和私人宾客支付所有费用，他甚至谢绝了为所有内阁大臣提供的娱乐津贴[91]。在一次削减成本措施中，他去掉了空调费用[92]。他向公众开放了庭院。正如历史学家朱迪斯·布朗（Judith Brown）总结的那样：“他的整个生活方式在某种意义上是这个新国家的象征，也是政府和人民之间新关系的象征，与帝国主义政体的做作炫耀和英国人作为一小群外国人对社会隔离和安全的关注形成了鲜明对比”[93]。

这些事例向我们表明，爱国主义可以鼓舞人心，可以使国家成为爱的对象并培养人们扩展的同情心，同时还可以激活而不是压制人们的批判能力。这样的成就始终是不稳定的，因为爱需要在每一代人中重新培养，并在人们一生中都保持活力。现在我们来问一问：学校怎样才能为这一使命做出贡献？

七、学校中的爱国主义：内容和教学法

在学校里教授爱国主义这一主题是另一个更大主题的一部分，

即学校如何塑造公民，这个主题要求我们谈及人文和艺术对于一种合宜的公共文化的重要性[94]。关于塑造既有爱也具批判性的公民这个更大的问题，我们需要对如下诸问题有一个完整的论说：如何在不同年龄段教授批判性思维？苏格拉底式教学法如何补充这一内容？接受不同于自我的他人视角所需要的那种想象能力如何能在不同年龄段得以提炼和培养出来？所有这些我已经在其他地方论述过 250
了[95]，因此在此我将只涉及对我的主题的一种非常狭义的理解，只谈及明确指向国家及其故事的情感的形成。我将提出一个应该用于指导爱国主义教学的准则清单，而不是一个综合性论述。这些准则不过是对上述历史事例的补充，它们对"一种批判性的却充满爱的爱国主义是如何运作的"提供了一个不错的想法。对于这两个国家中学校的爱国主义教育来说，这些事例都很著名。

1. **从爱开始**。除非孩子们首先关心一个国家及其历史，否则他们就不会成为这个国家的优秀的持不同意见者或批评者。我所受的教育在这个方面做得很好，西比尔·卢丁顿在独立战争中的戏剧性传说吸引了我，这个人物与我对冒险的热爱和成为大胆之人的雄心产生了共鸣，她做了女孩通常不会做的事情。我在 7 岁的时候就已经爱上了美国的建国故事并置身其中，不过从某种程度上说，这为我后来的许多批评奠定了基础，而这一点很重要，因为我把美国故事看作一个不同意见的故事，一个拒绝错误价值观、寻求自由的故事。某种像政治自由那样的抽象事物，通过化身到这个人物角色中而获得了动机力量，这个角色是一个我想成为的小女孩，她骑着马，正在进行一场非比寻常的冒险。她是一个蔑视一切的女孩，而不是一个顺从的因循守旧者，所以我把对国家的爱和这种自主精神联系在一起。我们可以说，自由和个人主义这种抽象价值被情爱化了，与我对父亲的爱和崇拜以及骑马的感觉等事物联系在一起。这是我们进行深入调查研究的一个极好的起点。因此，我们要从爱开始，但重要的是，从一开始就应该将爱与好的价值联系在一起，这些价值以后会成为批判错误价值的基本依据，而且更为可取的是将爱与批判性精神本身联系在一起。

2. 在早期就引入批判性思维，并不断地教授这种思维。大量有关批判性推理的教育研究表明，如果以适合年龄的方式将批判性推理巧妙地展现给幼儿，他们就会高兴地甚至怀着热爱来学习这些
251 推理技能。因此，危险始于在这里发生的偏离。最初，任何内容都可用于教授批判性思维，但是等到了某一时刻，就最好进入爱国主义叙事本身这个阶段，让学生思考关于爱国者进行战斗的原因，思考内战期间的艰苦斗争，等等。人们自然地会将这两部分的课程混合在一起。因此，当参观林肯纪念堂时，当被林肯的悲伤和谦卑深深感动时，人们可以研究葛底斯堡演说，并就其论点、战争期间及战争前后双方的推理提出问题。

很明显，批判性思维不仅是一个主题，而且对教育学来说是一种整体的方法。如果教育是以死记硬背为基础，那么批判性地教授爱国主义就没有什么希望了，因为孩子们的批判能力被整个体制扼杀了，死记硬背这种情况在印度的公立学校极为常见，并且很可悲，由于国家测试的缘故，这种情况在美国也逐渐增长。

3. 运用一种能包容差异的方式来进行换位想象。由于错置价

值这一区域的一大危险在于包容性不足（underinclusiveness），而另一大危险是污名与厌恶，所以重要的是要以一种不断让学生积极想象的方式来教授爱国主义，让他们想象各种不同少数群体的处境——奴隶和曾经的奴隶、新移民、持不同宗教意见者（比如莉莲·戈比蒂斯，她的故事对小学生来说非常好）——甚至在课堂戏剧表演时扮演这些角色。孩子们一旦亲身体会到被污名和排斥的痛苦，就会产生一种无法自别处获得的理解。如果某人的想象力被某件事吸引，他自然就想要上演这件事。但是，孩子们常常因某些角色太困难而退缩，并且重要的是，他们所有人都有可能成为被排斥的人、被污名的人，成为公共汽车后排的罗莎·帕克斯。

在印度，孩子们部分是通过自己的体力劳动来学习批判性爱国主义的，这是一种非常甘地式的学习方式。例如，他们所从事的手工劳动，以前是种姓划分和污名的一个根源。因此，一个特权阶层的婆罗门女孩在告诉我们关于她的皮革制作方案时，没有任何对于种姓的自我意识，当我问她从事这个工作是否有任何不情愿
时，她看上去非常惊讶。这或许是因为她的学校与桑蒂尼盖登挨 252
得很近。但她向我保证，这是所有学校都有的公共教育的一个主要内容。

教师应该把“争取将自己国家的历史纳入教育”与“不断努力在教室里正视污名与欺凌问题”联系起来，因为每个教室都有这样的问题。班上有没有孩子正在经历一点儿罗莎·帕克斯遭受过的痛苦？达利特人（dalit）① 过去常常（或许现在仍然）遭受什么痛苦？

① 达利特人是传统印度种姓制度中地位最低、最弱势的人。

如果根据进化后的美国概念，罗莎·帕克斯的待遇是非美国的（un-America），如果根据印度的建国价值，达利特孩子的待遇是非印度的，我们给予其他人（男女同性恋者、残疾人）的待遇又怎么样呢？

当孩子们开始热爱一个真正支持包容性［阅读像爱玛·拉扎露丝（Emma Lazarus）的《新巨人》（*The New Colossus*）这样的诗歌，诗中有一句“将你的疲惫给我，将你的贫穷给我”，或者唱《人民的意志》或者《自在独行》］的美国或印度时，他们最好也问一些令人不安的问题：他们国家针对贫困今天在做什么？根据课堂上学到的一些关于爱国主义的解释，目前关于美国的一些事情是否可能并不是非美国的。关于这一点，自然会有许多争议，并且应该继续这种争论。并非所有立场都能迎合所有学生与父母的志趣（当我回家为罗斯福和新政辩护时，我父亲威胁要让我退学。他说我已经被老师洗脑了）。

以一种特殊方式融入换位想象这一建议再一次预设，教师从一开始就已经运用剧场、叙事和其他艺术来发展孩子们从他人视角看待世界的能力，以此来培养他们的换位想象力。我们不能将这种预设视为理所当然。

4. **说明过去战争的原因，而不将其妖魔化。**从现代国家诞生以来，人们对爱国主义情感一直有一个严重的保留意见，那就是爱国主义情感会导致人们妖魔化其他国家和人民，然后不明智地向他们发动战争。我们回想一下，赫尔德极力主张一种“纯净的爱国主义”，它会教给人们一种对战争的憎恶，以及一种对会导致战争的

“错误的治国之道”的憎恶。

这里，我们来到了我们主题中最微妙的领域之一。一方面，爱国主义情感的目的之一是，在人们必须忍耐战争的艰辛时增强他们的忍耐力。因此，我们不希望让人们认为战争总是错误的。这里我们必须拒绝甘地的指引，他提出，如果轴心国入侵印度，印度人不应该还击。他建议以一种非暴力方式与纳粹党讲道理。尼赫鲁非常了解法西斯主义的恐怖，对甘地关于二战的和平主义主张提出了深刻的反对意见，尼赫鲁是正确的。另一方面，我们不希望孩子们学着匆匆忙忙地加入战争，仿佛战争是追求荣誉的机会，而不是痛苦的斗争。因此，了解战争的恐怖与痛苦是完全适当的，尽管事实是，这样做并不总是受家长的欢迎。 253

了解对他人造成的伤害，也是适当的。因此，就 1994 年史密森学会（the Smithsonian Institution）举办的关于广岛和长崎的那个批判性展览而言，人们对该展览的反对意见就是错置的（不幸的是，该博物馆做出了退让[96]，由此改变了展览的内容，并且其所导致的不容置疑的陈述是对历史记录的错误表达[97]）。对于支持和反对使用核武器的论据，老师和学生应该在课堂上展开有活力的辩论，但是我们必须先承认核武器带来的可怕伤亡。不把异族污蔑为下等人从而以这种方式为针对他们的战争辩护，这完全是轻而易举就可以做到的。在战争与和平这一领域，任何明智的政策都首先要承认，对方的人民是十足的人类。就印度而言，缺乏与分裂（Partition）恐怖事件相关联的公共纪念碑和仪式，是很不幸的；这可能已经传递出延伸至未来的不断滋长的怨恨，从而激化宗教间的暴力。近来诸如1984年反锡克教徒在德里的暴乱、2002年古吉拉特邦屠杀2 000多名穆斯林平民之类的惨剧，也是值得以极其强烈的批判精神来开展公共纪念仪式的；尽管如此，但鉴于这两起案件中的许多罪犯甚至还没有被绳之以法，这样的仪式不太可能开展。

最后，如甘地和尼赫鲁的例子所表明的，重要的是要强调，世界各国都共享某些目标，比如说消除贫困等，它们是我们能够且必
254 须为之做出共同努力的。对这些合作目标的强调，会大为有益于建构有关国家目标和理想的叙事，而这种叙事不会是错误的穷兵黩武和对抗。

5. **教导对历史真相的热爱**，以及**对其如实之国家的热爱**。爱国主义的问题之一在于扭曲历史，这可能常常导致错置的价值、教唆对少数群体的污蔑、支持不加批判的同质性。因此，在学校里教导爱国主义的一个极其重要方面是要教导如何评价历史证据，如何建构、批判，进而捍卫历史叙事。学生必须得知：过去并不是不证自明的，而必须从那些有待诠释的历史材料中一点一滴地整理出来。然而，他们还必须得知：并非所有的国家叙事都是同等的，其中一些是可怕的扭曲和逃避，并且意识形态与一点一滴的历史重建不是一回事。

不幸的是，为了美化其充满失误与过错的故事，如今的政治团体时而力图利用对历史真相的后现代攻击。对于教授印度教历史，无论在印度还是在美国的论战中，印度教右翼都已经变得尤其擅长这种做法[98]。因此，我们应该让学生警惕这样的事实：任

何历史叙事都是由处在某个阶层的人们创造的，并且常常带有利益的动机。但是，我们还必须防止学生得出这样的结论：怎么样都行，只不过你的叙事与我的叙事是对立的，并且根本没有真实的历史事件这回事。对于印度教右翼试图否认2002年发生在古吉拉特邦的强奸和杀戮穆斯林事件，历史学家坦尼卡·萨卡（Tanika Sarkar）说：

> 如果我们否认这些施虐史的真相，如果我们……把寻找真相贬低为纯粹的实证主义或者伪科学主义，那么就不可能存在任何政治的蕴含，也不可能存在任何斗争的资源。因为政治议程的生死攸关之处，取决于坚持真相……坚决地反对他们这样的宣告，宣告他们将根据信仰的裁决来制造和抹去事实与历史……我们必须如堡垒一般对此予以抵制，不仅需要我们的故事与他们的故事对抗，而且需要关于确凿无疑之事件的故事。[99]

这一点尤为急迫。爱国者往往讨厌真实情况，从而宁愿选取关于过去和现在的美化版。他们担心，如实地描述国家的状况会削弱对国家的热爱。但他们的观点无异于在说，人心无法接受真实：情侣无法接受其所爱者的真实躯体，家长无法接受辜负其期望、未实现理想图景的孩子。尽管在悲伤之事中有时如此，但对于一个国家的儿童教育来说，这是一个可怕的起点。事实上，如果个别孩子一旦看到他人身体上的某些实际情况就难以爱上这些人，那么学校就应该为这样的孩子感到担忧并予以干预。一味追求完美的心灵是注定要绝望的。 255

八、制度性的支持结构

学校的存在，并非隔绝于社会和政治。教导某种既免于锡拉也避免卡律布迪斯的爱国主义，这样的努力在带有制度保障体系的教育环境中成功的可能性要大得多。鉴于大多数情感的不可靠性，我们要维持优良爱国主义传统的延续性，明智的做法就不应该是完全指望当地校董事会甚至是州立法机构的善良意愿。对于发挥爱国主义的益处来说，法律和制度的结构是基本支柱；接下来可以提出三个方面的因素，它们有助于我们在避免爱国主义教育之害处的同时发挥其益处。

1. **宪法权利和独立司法权**。宪法权利所提供的保障，可以让少数群体抵制多数群体造成的过度恐慌。少数群体（如戈比蒂斯的孩子们）总是面临来自爱国主义的危险，这种爱国主义可能不时地煽动多数群体对少数群体的反感，因而与爱国主义携手共进的，必须包括一套保护一切公民的、坚固而整全的宪法权利体系，还必须包括某种独立的司法权，这种权利如其诠释者所指出的，是超然于公共偏见和恐慌之上的。

2. **保护移民的权利**。爱国主义往往会陷入排外的危险，而这
256 种排外针对的对象通常是新来的移民群体。除了要保护少数民族已经享有的公民权利之外，还有必要教导，合宜的爱国主义应该辅之以对并非（或尚未成为）公民的合法移民的权益予以强有力的保

护，以及有关非法移民的合理且一贯的政策法规。

3. 新闻和言论的自由。在一切因素中或许最重要的因素，就是康德在其有关国际社会和平的所有著作中所强调的：对于言论和表达异议的自由、新闻自由予以强有力的法律保护；更一般地说，是要保护那些在塑造批判性公共文化中发挥领导作用的知识分子的言论。直到国家成功地建立这样一种文化：它在每一个城镇和地方都已建有坚固的防御机制，能够防范偏激爱国主义的胡作非为。对于相对圆满地终结迈纳斯维尔案偏激的爱国主义事件来说，“巴内特案”向我们表明了新闻及其批判性自由的重要性。

对自己民族国家的热爱，其本身不是件好事，在很多情况下反而是极坏之事。对国家的叙事可能建构得很糟糕，并且即使大体上不错的叙事也可能被不当地教授。这样的教导可能造成严重的损害。尽管如此，一个追求一些需要牺牲自我利益的目标的国家，需要像华盛顿、林肯、金、甘地和尼赫鲁成功地做的那样，能够运用象征、言辞、情感记忆和历史的方法诉诸国家之爱。如果那些对消除贫困、少数群体的正义、政治与宗教自由、民主以及全球正义感兴趣的人不考虑象征与言辞，害怕所有诉诸情感和想象力的方法本身都是危险的和不理性的，那么，那些抱有一些让人不太有胃口的目标的人就会独占这些力量，不利于民主，不利于人民。

注释：

[1] 按照这首诗的标签和日期，它是我6岁半时所写，由我的母亲打印出来（我认得她的纸张和字体），我在她的家庭相簿里找到了它。我不能确定我在这首诗的创作上到底有什么贡献，也不确定它是否与一次学校作业有关。

但它显然是一次合作练习，一次我母亲认为我可以有所收获的练习。当然是我自己对独立革命有着普遍的热忱。那个时候，我痴迷于一本名为《驰向自由》(*Ride for Freedom*)的儿童读物，它讲述了一个叫西比尔·卢丁顿(1761—1839)的女孩于1777年4月26日，在艰难的丘陵地带骑行40英里去警告殖民势力，英国军队已经逼近，这个年仅16岁的女孩所骑行的距离比保罗·里维尔[骑行的距离]远得多。我记得我要求父母在地下室表演这个故事，用储存的各种物品放在那里当作马。

[2] 因为它是为了庆祝哥伦比亚发现新大陆400周年。世博园于1893年向公众开放。

[3] 本章借鉴了我以前发表的下列论文：Nussbaum (2012b)、Nussbaum (2010b)、Nussbaum (2008d)。

[4] 所有这些都在埃里克·拉森(Erik Larson)2003年出版的小说《白城的发展》(*The Devil in The White City*)中得到了极好描述。这是一部半虚构的大众作品，它含有一个非常严肃的历史命题。

[5] 引自 Explore Chicago (2012)。

[6] 这一誓言的整个历史在 Ellis (2005) 中有详尽记录。在1954年冷战期间，誓言中增加了"在上帝的庇护下"。

[7] "迈纳斯维尔诉戈比提斯案"[310 U.S. 586 (1940)] 被"西弗吉尼亚州教育委员会诉巴内特案"[319 U.S. 624 (1943)] 推翻。参见我在本章第三节中的讨论。

[8] Rousseau ([1762] 1987).

[9] 我提及这个例子是因为有过一次惨痛经历。1962年时我还是个在学校集会上用钢琴表演的孩子，我被告知加蓬大使将于两天后访问我们学校，而我必须学会演奏这个新国家(1960)的国歌，在欢迎他的仪式上演奏。但是没有乐谱，只有一份录音和歌词。我在那架钢琴前度过了焦虑的几天，害

怕冒犯［大使］。但是这一事实帮助了我：这首国歌抽象、单调，而且简短。（通过谷歌搜索“加蓬国歌”，你很容易就可以在 YouTube 听到这首歌的各种不同版本。）我永远忘不了它，这表明恐惧和爱一样，都有塑造我们思想的力量。但我注意到，无论有没有好的国歌，国歌中的乐观主义话语都已被证明是正确的：加蓬有不同寻常的政治稳定性，在撒哈拉以南的非洲国家中人类发展指数最高。它也成为最近打击非法象牙贸易活动的领导者，2012 年 7 月放火焚烧了 5 吨以上的非法象牙制品。这首国歌很好，本来就足以激发出大众艺术家们的一些激动人心的诠释（在 YouTube 上可以找到）。

［10］Mazzini（［1846］2001）.

［11］参见 Hobsbawm（1990）。

［12］1882 年在巴黎大学，勒南发表了他的演讲《什么是国家?》（“What Is a Nation?”）。英文翻译版刊载于 Renan（［1882］1990）。

［13］同上书，第 19 页。

［14］同上。

［15］参见 Nussbaum（2006a，ch. 5）。

［16］更多细节，参见 Nussbaum（2008b，ch. 5）。

［17］关于耶和华见证会在这一时期所起关键作用的精彩历史，参见 Peters（2000）。

［18］这个名字在后来的法庭文件中被错拼为“Gobitis”。

［19］莉莲将她的观点写成一个有编号的清单，只按照编号提及了《圣经》文本，并强调了宪法和宗教论据。威廉写了一个很长的散漫段落，引用了相关《圣经》文本，并提及了他对国家的爱。

［20］关于案件的背景知识及详细说明，参见 Nussbaum（2008b，ch. 5）、Ellis（2005，pp. 92－101）、Peters（2000，pp. 20－36）、Irons（1988，pp. 15－35）（包括对成年莉莲的一次采访）。

［21］310 U. S. 586（1940）.

［22］W. Virginia State Bd. of Educ. v. Barnette，319 U. S. 624（1943）.

［23］Barnette，319 U. S. at 646. 尽管法兰克福特在此提及了犹太教，但是与有影响力的犹太复国主义者路易斯·布兰代斯（Louis Brandeis）相比，甚至与来自一个非常严守教规的西班牙系犹太人家庭的本杰明·卡多佐（Benjamin Cardozo）相比，法兰克福特从来都不是非常认同犹太教。尽管法兰克福特出身于犹太教祭司（rabbis）世家，但他的自传中并没有提及他的犹太教教养，也没有提及他可能遇到过的任何偏见。

［24］众所周知，他在法院大厅用哨声吹奏《星条旗永不落》（*The Stars and Stripes Forever*）。在生命弥留之际，他告诉他的传记作者："要让人们明白……我有多么热爱我的祖国"［引自 Peters（2000，p. 52)］。

［25］引自 Peters（2000，p. 53）。

［26］Minersville，310 U. S. at 595.

［27］同上。

［28］同上书，第 596 页。

［29］同上书，第 607 页。

［30］参见 Nussbaum（2008b，ch. 5）。

［31］法官弗兰克·墨菲（Frank Murphy）、雨果·布莱克（Hugo Black）和威廉·O. 道格拉斯（William O. Douglas）。

［32］查尔斯·休斯（Charles Hughes）和詹姆斯·麦克雷诺兹（James McReynolds）已退休，由詹姆斯·伯恩斯（James Byrnes）和罗伯特·杰克逊（Robert Jackson）所取代，杰克逊已经发表了对"迈纳斯维尔案"的批评。

［33］319 U. S. 624（1943）.

［34］同上书，第 642 页。

［35］同上书，第 641 页。

[36] 505 U. S. 577 (1992).

[37] 同上书，第 577 页、第 592 页、第 595 页。肯尼迪法官并没有声明强迫是违反《设立条款》(Establishment Clause) 的一个必备要素，但他的确非常专注地聚焦于强迫，以至于法官哈利·布莱克蒙 (Harry Blackmun)、大卫·苏特 (David Souter)、桑德拉·戴·奥康纳 (Sandra Day O'Connor) 和约翰·保罗·史蒂文斯 (John Paul Stevens) 写下或加入了一致意见，坚持认为一个人可以在无强迫的情况下违反《设立条款》。我在 Nussbaum (2008b, ch. 6) 中支持了他们的观点。另见 Elk Grove Unified School District v. Newdow, 542 U. S. 1 (2004)，这是一个涉及誓词中有"在上帝庇护下"这句话的一个流掉的案子（由于发现原告没有诉讼资格，所以该案没有裁决)。法官克拉伦斯·托马斯 (Clarence Thomas) 的意见表明，即使在学校公开诵读誓言是非强制性的，这种诵读也只能通过拒绝编入《设立条款》，从而放弃这一判决先例和许多其他先决条件，才能得到支持。

[38] 参见 Irons (1988, pp. 15 - 35)。

[39] Rawls (1971, p. 503).

[40] 同上书，第 494 页。

[41] 同上书，第 490 页。

[42] 同上书，第 494 页。

[43] Habermas (1992, pp. 1 - 19).

[44] 在他的特殊情形下，他描述了这样一种方式：作为希特勒青年团 (Hitler Jugend) 的一员，尽管他因残疾而遭到其他男孩的嘲笑，但他学会了将自己从群体中分离出来，在孤独中培养自己，阅读康德的作品。

[45] 关于魏玛社会民主党在 1932 年围绕自由和平等的象征物调动公众情感的姗姗来迟的努力，参见 Evans (2003)。正如理查德·埃文斯 (Richard Evans) 简洁评论的那样，"他们本该更早开始"。

[46] 对于马可·奥勒留最好的解释，参见 Hadot (1998)。

[47] 根据迈克尔·蔡斯 (Michael Chase) 在 Hadot (1998) 中的译文，并做了一些修改。

[48] 值得注意的是，正如电影《斛士》(*Gladiator*) 向我们展示的那样，这个被领养的孩子没有做出合理的理性选择，即选择最佳人选来统治帝国。在现实生活中，马可选择了自己不成器的儿子康茂德 (Commodus)，但由于对亲近之人的爱再次被绊倒。

[49] Hadot (1998).

[50] 关于在政治情感背景下对斯多亚学派的进一步讨论，参见 Nussbaum (2003)。

[51] 另见 Miller (1995) 中有价值的论证。

[52] 这一节与 Nussbaum (2007b) 最后一节中的论点密切相关，但那一节并没有聚焦于国家观念，所以它对金的解读强调的点不同。

[53] Chernow (2010).

[54] 在她写于波士顿倾茶事件 (the Boston Tea Party) 时期的戏剧《献媚者》(*The Adulateur*) 中，她将英国人描绘为颓废的君主，而将美国人描绘为共和罗马人。布鲁图是她的英雄。

[55] Chernow (2010, pp. 435 - 436).

[56] 同上。

[57] 同上书，第 549 页。

[58] 同上。

[59] 同上书，第 566 页。

[60] 同上书，第 584～585 页。

[61] 参见 Griswold (1986)。在献辞上，罗伯特·温斯洛普 (Robert Winthrop) 的致辞既提到了差异性中的统一主题，也提到了“贪慕虚荣”的

象征物的缺失（同上书，第 716 页注释 9）。

［62］关于这一争议的精彩讨论，参见 Rybczynski（2012）。

［63］包括艾森豪威尔的儿子大卫（David）在内的一个专家组选择了四名主建筑师提交的设计方案。格里（Gehry）的设计方案由国家美术委员会（the National Commission of Fine Arts）审查，里布金斯基（Rybczynski）是其成员。

［64］该雕塑于 1963 年受理查德 · J. 戴利中心（Richard J. Daley Center）的建筑师委托建造，并于 1967 年 8 月 15 日在市长理查德 · 戴利的主持下落成。

［65］我从人们所认为的“极乐文本”（Bliss Text）中引用了这篇演讲，有好的理由主张它是林肯的最终版本。关于不同版本及其主张，参见 Wills（1992，pp. 18，191 - 203，261 - 263）。

［66］Wills（1992）对林肯的修辞手法和修辞学问提供了一个详尽研究。林肯的修辞学在 Samuels（2012）的文章中得到了很好的研究。关于葛底斯堡演说和第二次就职演讲的更多信息，参见 Cushman（2012）。

［67］Wills（1992，pp. 41 - 62，148 - 175）.

［68］这是威尔斯（Wills）书中的总体论点。关于林肯运用生与死的意象模式的讨论，参见上书，第 62 页［暗指诗人罗伯特 · 洛威尔（Robert Lowel）对这些意象的强调］。另见上书，第 78 页、第 86 页、第 172 页。

［69］参见 Cushman（2012，p. 62）。

［70］参见 Wills（1992，especially pp. 145 - 174）、Cushman（2012，p. 63）。

［71］Cushman（2012，pp. 61，65）.

［72］参见 Wills（1992，p. 145）。

［73］参见 Nussbaum（2012d）。

［74］参见 Cushman（2012，pp. 68 - 69）。

[75] 参见上书，第 70 页（尤其集中于我上文没有提到的一节：“我们由衷地希望——/热诚地祈祷——/这场巨大的战争灾祸/可以很快过去”）。

[76] 参见 Nussbaum（2007a，chs. 5 - 6）。

[77] 唯一没有被列入名单的地区是前君主国，因为当时还不清楚它们是否会被纳入未来的国家。由于信德省现在是巴基斯坦的一部分，一些政治家试图将这个词改为“克什米尔”，但最高法院否决了他们，说可以隐喻地理解信德省。

[78] 参见 Nussbaum（2007a，ch. 5）中的讨论。由拉利特·瓦切尼拍摄的纪录片《树枝上的男孩》（*The Boy in a Branch*）展示了在印度国民志愿服务团的青年部（RSS shakhas）中如何将一种排外与顺从的爱国主义教授给孩子们。下一节我会回到这个主题。

[79] 参见引自 Mohandas Gandhi（1976，pp. 12 - 13）与 Nussbaum（2007a，p. 105）中与 C. F. 安德鲁斯（C. F. Andrews）关于这一主题的对话。

[80] Rajmohan Gandhi（2007，pp. 556 - 557）.

[81] 同上书，第 557 页。

[82] Erikson（1969，p. 122）.

[83] Amita Sen（1999）. 这首诗只在原孟加拉版中被引用了。

[84] 参见 Rajmohan Gandhi（2007，pp. 303 - 311）。

[85] 引自上书，第 303 页。

[86] 引自上书，第 308～309 页。

[87] 参见上书，第 313～316 页。

[88] 参见 Amita Sen（1999）。

[89] 参见 Wills（1992，p. 261）的文字记录，其中提到，在非常简短的演讲中有六次掌声，最后一次掌声“持续很长时间”。

[90] 可以从尼赫鲁纪念博物馆和图书馆中的几张 CD 上听到这次演讲的

录音。

［91］参见 Brown（2003，p. 191）。

［92］同上。

［93］同上书，第 192 页。

［94］参见 Nussbaum（1997）、Nussbaum（2010c）、Nussbaum（2012b）。

［95］参见 Nussbaum（2010c）。

［96］"Smithsonian Alters Plans for Its Exhibit on Hiroshima," *New York Times*. August 30，1994. 可在以下网点找到：www. nytimes. com/1994/08/30/us/smithsonian-alters-plans-for-its-exhibit-on-hiroshima-bomb. html。

［97］Bird and Sherwin（1995）.

［98］参见 Nanda（2003）。关于加州学校的争议，参见 Nussbaum（2007a，ch. 9）。

［99］Sarkar（2003，p. 159）.

第九章　悲剧节日与喜剧节日：塑造同情、超越厌恶

勇敢的人因自身能量的输出而高兴，他们创造自己的节日。那些没有能力自得其乐的懦弱者只能依赖别人剩下的部分。担心将来这个世界缺乏节日，他们将前人留下的残羹冷炙存贮起来，以备日后使用。他们满足于赞美他们的祖先，因为他们不知道怎么创造自己的节日。

——包尔歌手，摘自泰戈尔《人的宗教》[1]

一、身体的剧场

257 在前往特洛伊与希腊作战的途中，菲罗克忒忒斯（Philoctetes）

误闯利姆诺斯岛（Island of Lemnos）的圣地。他的双脚被守护圣地的毒蛇咬伤，伤口开始流出恶臭的脓液。他的痛哭哀号扰乱了军心，搅扰了他们对保护神的虔敬之心。因此，军队的指挥官把他遗弃在岛上，没有同伴，没有资源，只有他的弓和剑。不同于其他写这一主题悲剧的人，古希腊悲剧诗人索福克勒斯（Sophoclēs）把利姆诺斯岛描绘成一个荒无人烟的岛屿，借此他着力强调菲罗克忒忒斯在这个岛上无人陪伴、无人交谈的与世隔绝状态。只有动物才能看到他，听到他的声音，而这些动物只能成为它的食物。

十年之后，希腊人开始明白，没有菲罗克忒忒斯的魔法之弓，他们无法赢得战争。于是，希腊人折返回去，试图诱骗他返回特洛 258
伊。这次远征的首领们对作为一个人的菲罗克忒忒斯没有表现出任何兴趣，谈起他只把他当作实现他们目的的工具。由普通士兵们充任的歌队则有着完全不同的反应。他们即使在还没有见到菲罗克忒忒斯本人之前，就想象他会是什么样子，并开始抗议首领们对菲罗克忒忒斯的麻木不仁：

> 就我而言，我同情他，
> 一想起
> 他无人陪伴、无人关怀，
> 看不到一张友好的脸庞，
> 可怜的，一直孤单的，
> 他被那残酷的疾病折磨着，
> 怎样都无法满足他的日常需求。
> 怎样，到底这个可怜的人是怎样生存下来？[2]

他们描绘他的饥饿、他身体的疼痛、他的孤立、他悲痛的呼号，所有他能得到的回应不过是回声。

歌队的士兵们生动地想象了他的人生。他在十年的时间里，见不到一个人。他的人性已经被放逐和污名侵蚀殆尽。这些士兵代表观众，并且指向观众们的精神生活。所有人都被引导着去想象一种贫困而又无家可归的生活，那些生活富足的人很少关注这种生活，他们一再被告知，这种生活甚至可能成为幸运儿的命运。悲剧的观看培养了对人类共有的可能性的情感意识，这种意识源自我们身体的脆弱性。

过了几天，同样的观众来观看这场剧，他们笑着观看两种不同风格的男子汉气概的对抗。拉马库斯（Lamachus）是一个具有进攻性男子汉气概的男人，是英雄的将领。他从战场回来之后，心灵破碎，饱受折磨，痛苦哭泣。反对战争的乡村农夫狄开俄波利斯（Dikaiopolis），心满意足地颂扬着吃、喝以及即将发生的性行为的乐趣。他的“勃起”（由他的服装生动体现）不是他大男子主义进攻性的一个标志，而是他成功地拒绝战争的标志。同时，这幕剧通
259 过展示为自己的命运而烦恼的拉马库斯提醒我们早应该知道的道理：战争的伤害。坚韧的战士性格可以通过一再地教诲深深地灌输给人们，但是这种教诲并不能经受住人的血肉考验，更不用说在缺失生命快乐的境况下仍然持有了。拉马库斯是真实的历史人物，但他的名字也有象征意义，暗指马谢战争（machê）。狄开俄波利斯是虚构人物，他的名字意为“正义的城市”。

拉马库斯此时希望他是狄开俄波利斯。他并不是，至少他已经

变成一个悲剧英雄，在痛苦蔓延时，他像一个真正的菲罗克忒忒斯一样大哭，承认他拥有一副脆弱的躯体。拉马库斯说："抓住我的腿，抓住它们，啊！啊！（这是菲罗克忒忒斯在痛苦的时候使用的相同的不常见感叹词），请你紧紧地抓住它们，兄弟们。"狄开俄波利斯却说："至于我，握住我的'利器'，握着中间，紧紧地握住它，亲爱的姑娘们。"拉马库斯说："我的头摇摇欲坠，我感觉就像有个石头在击打我的头，我想在黑暗中沉沉地睡去。"狄开俄波利斯说："至于我啊，我渴望床第之欢。我箭在弦上了，我要在黑暗中狂放不羁"[3]。每一句悲剧语言都被滑稽地应答，这个喜剧英雄的放纵和耻辱就像一种治疗：他想要正常的生活，想要所有人都渴望的生活乐趣，而不是战争的残忍破坏，例如，他想要的是交欢之床，而不是疗伤之床。拉马库斯鲁莽地奔赴战争，他受到了惩罚——因为事实证明，喜剧的身体也是士兵的身体。可惜的是，他直到痛苦地回家才意识到这一点。

阿里斯托芬（Aristophanes）的《阿卡奈人》（*Acharnians*，公元前 425 年）的结局是在一群公民面前发布的，他们在伯罗奔尼撒战争中投入了大量［时间、精力或资金］。该喜剧是官方认可的神圣城邦节日庆祝的一部分。那个时候他们的城邦处于长期战争状态。但是这个戏剧使他们想起了和平的终极目标。任何一个理智的观众都不会真的因拉马库斯的命运本身之故，而选择将这种命运当作一种表现勇敢的方式。所有人都会承认他们渴望狄开俄波利斯所象征的那种生活中的美好事物。这种认同是短时间内的一种转变方式，转变到人们可能不会难以置信地称其为事物的"柔软"一面，转变到热爱娱乐、惧怕死亡，并对“男子汉气概的”进攻性[4]持怀疑态度的一面。观众们因狄开俄波利斯的胜利和拉马库斯所受折磨
260 的并列而发笑，即使最崇尚武力的观众也接受自己内心的部分灵魂。（我们回想起凯鲁比诺对“有男子汉气概的”战争的恐惧，以及他对音乐和爱情的青睐。）

古代雅典的民主政体在公民教育方面给予悲剧和喜剧中心地位。在这些戏剧上演的节日时期，其他事项都停止。在城市酒神狂欢节（一个重要的市民节日）期间，三位悲剧作家分别写出三部悲剧来竞争，再加一部羊人剧（satyr play）①。公民（包括女人和一些外国游客）都来观看这所有的剧目，之后决定哪个剧作家将会得到奖励。他们也各有分工：合唱队的训练者是富裕的公民，所有合唱队的成员都是男性公民，而且通常是年轻人[5]，主演通常也是受人尊敬的公民。在例纳节（Lenaia）② ——冬季一个小规模的节日到来时，悲剧再次上演，通常会同时上演五部喜剧。这五部喜剧相互竞争。这些戏剧也是相当重要的市民集会场合的一部分。

人们会根据戏剧（不管悲剧还是喜剧）所表达的信息以及风格

---

① 萨蒂尔（Satyr）是古希腊神话中的半人半兽的森林之神，是长有公羊角、腿和尾巴的怪物。他耽于淫欲，性喜欢乐，常常是色情狂或者性欲无度的男子的标志，也是一个无赖式的神话形象。在古希腊神话中，半人半兽的牧神是创造力、音乐、诗歌与性爱的象征，同时也是恐慌与噩梦的标志。亚里士多德在他的《诗学》中说：“希腊悲剧的诞生要早于羊人剧和喜剧，而悲剧则由颂扬狄俄尼索斯的酒神赞美诗演变而来。”古希腊戏剧又分为悲剧、羊人剧、喜剧、模拟剧。羊人剧在三个悲剧表演完后演出，轻薄短小，语气调笑或讽刺。

② 例纳节是希腊提洛历的第一天，是纪念酒神狄俄尼索斯被女祭司美娜德撕碎并吃掉又转生成婴儿的节日。

来评价戏剧，其重点是公民的反思和教导[6]。即便是剧场的设置也强调这一重点：观众并不像很多现代戏剧的观演那样，坐在黑暗中，仿佛一个个隔绝开来，凝视着前方被照亮的场面；观众们坐在阳光下，观看舞台表演时可以看到他们同胞的脸。

这些表演就是能引发深沉情感的场合；这些是能够激发观众强烈情感的故事，甚至有孕妇会被这些悲剧行动诱发分娩。然而，这种情感并不被认为是与基于深思熟虑和争论的民主理念背道而驰；实则恰恰相反，它们被认作政治讨论的重要意见。

通常，这些意见是极具批判性的，譬如说，欧里庇得斯（Euripidēs）的《特洛亚妇女》（*Trojan Women*）就诱使观众质疑最近屠杀米洛斯反叛殖民地的男性、奴役（和强暴）妇女儿童的这一决定的正确性。人们常常深思他人的命运，对他们自己的现实生活却没有任何清晰而富有想象力的感受。像这样的戏剧可以增进一 *261*
种体验，这种体验有可能渗入人们迟钝的感官，影响他们未来的选择。没有这种想象力，就不可能很好地论证。单单理性推论并不能告诉我们女性是不是充分发展了的人类，或者强奸是不是真的造成伤害。很容易构建一个逻辑上有效的论证来得出这样的结论：奴役米洛斯的女性是正确的。只有论证的出发点好，论证才能好，像这样的悲剧提升了一种情感上的洞悉，让人们与现实相联系，不仅将他们与其自身正在遭受的痛苦联系起来，而且也将他们与他们对别人所做之事联系起来。

所有社会都需要以某些不使社会抱负受挫的方式来应对公共悲情，并以适当的方式将同情从局部扩展到整体。所有社会也都需要产生一种人们对待他人身体的态度，以帮助公民克服一种容易让人变得有攻击性的身体厌恶。现代大国无法准确地复制古雅典的戏剧节日，但是他们可以试着理解这些节日的政治作用并找出他们各自的类似物：使用政治言辞、公共赞助的视觉艺术、公园及纪念碑的设计、公共书籍讨论，以及公共假日与庆典活动的选择和内容。但是，首先他们需要更深入地理解悲剧节日和喜剧节日所取得的成就。这个例子在本质上、理论上是有趣的，而且也碰巧在历史上很有影响，因为古希腊经典在美国，实际上在全世界都占据着中心地位[7]。正如我们所看到的，悲剧节日聚焦于同情的发展，但并没有忽略厌恶；阿里斯托芬式的喜剧主要面对的是厌恶，但也培养了一种友谊精神。

二、悲剧的观看与适当的同情

悲剧的观看所激起的主要情感是同情，这是一种对他人的不幸做出反应的情感。我在第六章按照亚里士多德和卢梭的论述对同情进行了定义，认为同情主要包含三个元素：其一，一种认为这种苦难很严重的看法；其二，认为受苦者本身并不是他或者她遭受苦难
262 的主要原因；其三，（通常情况下，即使不是完全的）认为这种苦难涉及那些在人的生命中“可能会发生的”事情，因此，发生这种事情的可能性对观众和受难人物是相同的。最后，我们需要增加一点“幸福主义的想法”：认为受苦者也是自己关注圈的一部分。

我认为，这种“类似可能性的看法”对同情来说并不是绝对必要的，因为我们可以对跟我们自身有完全不同可能性的生物产生同情。但是，这种类似可能性的想法对于防止一种常见类型的道德迟钝极为有用，在这种道德迟钝状况下，人们认为他人都是遥远而冷漠的存在，其［受难的］可能性与脆弱性完全不同于他们自身。

在按阶级、种族、性别和其他身份划分的社会中，这种距离是一种持续存在的可能性，特别是当涉及厌恶和耻辱时。正如我们所看到的，厌恶是通过将他者比作低级动物来运作的，完全不同于（据称）纯粹且超然的自我。实际上，厌恶经常否认（主导群体的）身体现实，将身体的脆弱投射到从属群体中（他们有雅虎的身体，我们没有①），然后用这种投射作为进一步使其屈从的借口。如果没有想到类似的可能性，就会导致幸福主义想法的失败：他者因为思想不相似或者动物本性被驱逐出自身的关注圈。

悲剧的观看，强调人类的共同脆弱性，消除了由厌恶和我们所谓的“人类否认倾向”[8]产生的分裂所涉及的谎言，使关怀范围有可能延伸到主导群体之外[9]。把“悲剧”和“悲剧的”做出笼统概括是很危险的，有些悲剧也包含着道德迟钝。尽管如此，如果进一步地思考《菲罗克忒忒斯》（*Philoctetes*）（聚焦于长期的反思悲剧、肉体疼痛以及人类共性的理论传统），将有助于我们辨明这类文学体裁本身固有的反转结构和内在哀悼。它们正是用其特有的形态消

① 原文是 Yahoo Bodies（雅虎的身体），参见乔纳森·斯威夫特的《格列佛游记》（*Gulliver's Travels*），慧骃（Houyhnhnms）虽然是马的外形，但却理性有礼貌，是高贵的物种；雅虎（Yahoo）有着人形，却肮脏、贪婪，是低劣的物种。

除这些道德错误。甄别这些一般结构将使我们能够很好地思考如何在不同的环境中产生类似效果。

《菲罗克忒忒斯》无疑是一出让它的观众承认肉体痛楚和与之
263 相伴的社会隔离的戏剧。通过让观众贴近极致的肉体痛楚，不过却有着足够的距离不使观众排斥（疼痛的侵袭被正式地描述为有韵律的呼喊，而不是尖叫），它推进了一种最高意义上的民主体验，这种体验承认全人类同等脆弱，并承认他们对菲罗克忒忒斯极度匮乏的生活必需品有完全相同的需求：食物、住所、解除痛苦、交谈、可靠的友谊以及政治发言权。

在《修辞学》（*Rhetoric*）中，亚里士多德对产生悲剧性同情的一般场合提出了一份非常有影响力的清单。出乎意料的是，这份清单不受时间的影响：它与当代美国人自发产生同情心的场合清单很相似[10]，读起来就像索福克勒斯戏剧的情节大纲一样。这份清单分为两大类：痛苦和破坏性的事情以及由运气导致的坏事（划分理由尚不明确）。第一类事情包括死亡、身体损伤、身体病痛、老年、疾病和食物匮乏。第二类事情包括无亲无故、没有朋友、与亲朋好友分离、丑陋、软弱、畸形、欲益反损、多次欲益反损、苦尽甘来、命桀数奇或者福至却不能享。除了老年，菲罗克忒忒斯具备这份清单上的所有事情：包括最不寻常的几项（欲益反损、好运姗姗来迟而无福消受）。亚里士多德似乎很清楚这部剧［因为他在《尼各马可伦理学》（*Nicomachean Ethics*）中提到了这一点］，他把这个剧作为自己讨论的范例。无论怎样，我们都可以从这份清单中看到，这部剧在多大程度上为我们提供了一份关于同情及其场合，还有构成这种情感结构的潜在理由（严重性、无过错与相似性）的图谱。这部剧展示了这些事件的严重程度，使人很难否认它们真的很重要。我们被赋予动机去与这些坏事斗争：疏解痛苦，延长寿命，等等。但这些斗争不是人类否认倾向：它并不表示对人类生活基本条件的拒绝。

这部剧也在某种程度上向我们展示了褫夺影响精神生活本身，毒害言论和思想。菲罗克忒忒斯所有时间都在思考如何获取食物： 264
生存的努力如此艰巨而持续，以至于有可能吞噬其他思想。“他的疼痛和饥饿都同样令人怜悯，他总是忧心忡忡”（185－187）①。另外，这种生存努力不是一个平和的过程：它把焦虑不安和困惑迷茫的情绪引入内心世界。菲罗克忒忒斯“一有需要就手足无措”（174－175）。他的痛苦是“吞噬灵魂的”。他就像一个没有奶妈的孩子一样无助。疼痛使幼儿的状态延长。疼痛和孤独也使思想变得粗浅。菲罗克忒忒斯已经很多年都不用语言了，并且他知道他已变成“成年野蛮人”（226）。当疼痛无以复加时，正如这部剧的中心场景所描述的那样，它几近抹去人类思想和语言。菲罗克忒忒斯有韵律地呼喊：“啊啪啪啪噫——啪啪——啪啪——啪啪——啪啪噫”（746）。这让我们看到人类与其他动物的区分，因为他的哭喊声仍然持有韵律与人类秩序的表象，但又没有词法和句法这些人类语言的特征[11]。疼痛会使我们的生活与人类尊严不相称。

借此，这部剧纠正了严重性判断中的潜在缺陷：这些事件影响

---

① 此处页码为《菲罗克忒忒斯》原剧作中的页码，是努斯鲍姆的直接引用。本页描绘菲罗克忒忒斯的引用均出于一处。

深远，且对我们所有人都很重要。同时这部剧也不断地纠正着我们做出错误判断时所产生的失误，恰如菲罗克忒忒斯反复声称自己并没有过错——他的痛苦之源只是一个意外事件。这部剧也以这种方式强调了类似的可能性，既然这种事情可以发生在这个心地善良、无过错的人身上，那么也可能发生在我们任何一个人身上。

菲罗克忒忒斯的身体令人恶心。他被孤立是污名化的结果。厌恶是这部戏剧的暗流：就像尼奥普托列墨斯（Neoptolemus）发现菲罗克忒忒斯住处边沾满脓血的破布时所发出的反感；也正如［害怕引起反感］，菲罗克忒忒斯他自己也希望避开人群。因此，这部戏剧有进一步的作用：它使观众更接近这个被放逐之人的生活，一个被发现时并不完全是人类的人，并且它使观众们确信——就如歌队和最后的尼奥普托列墨斯一样——菲罗克忒忒斯人格健全，拥有平等的人性。悲剧处理的是难以面对的问题，但是剧作家们运用了诗歌、节奏、韵律的魅力，这样就使悲剧能以一种愉悦的方式呈现在神经敏感的观众面前。在现实生活中，对自身的恐惧可能会导致
265 自我关注的涣散，并且生理上的厌恶可能会导致疏远和排斥。通过处理这些没有引起感官厌恶和可能引起恐惧的真实生活的场景，悲剧逐步减少排斥。

许多同情的谬误源于我们构建关注圈的狭隘性，这是我们与生俱来的动物性遗传的一部分，这些动物性遗传被人类独特的厌恶和人类否认倾向的反应弄得更糟糕。尽管如此，我们也看到（如巴特森的实验表明）关注圈的扩展可以通过生动的叙事跳跃式开始。悲剧以大量的技巧完成巴特森的任务，运用诗歌、音乐和舞蹈资源让

剧中人物的困境生动且感人。一个被逐出剧中人物关注圈的人，也会由于艺术的魅力而得以恢复并重新入圈。

简而言之，由于悲剧一直以来的关注点都是身体的脆弱性，悲剧观演成为一种克服社会生活隔离的有效工具[12]。即便是现如今，特权阶层所拥有的机会和可能性也与那些没有特权的人所拥有的非常不同。悲剧（常常以那些拥有特权的人作为主角）提醒他们，那些可怕的困境是每个人——即使是那些最有特权的人——都有可能遭遇到的。这些宝贵的趋向在如《菲罗克忒忒斯》这样的剧作中非常突出，即使这些剧在很多方面沿袭了这一文类的传统：通过特定情节结构强调人类共同的脆弱性。

由于它对人类共同困境的强调，悲剧也有了一种外向型或普遍性的运动，试图纠正巴特森研究所表明的同情中过于普遍的关注狭隘的问题。我们由于这种狭隘性，情感体验需要始终与良好的道德原则进行对话，但是我们也说，如果感情体验自身能够自制桥梁通向普适性，那么这是好事。悲剧提供了这样一座桥梁。我们仍然需要与原则对话，但是悲剧帮助我们从自身更狭隘和更具体的自我关注实现并到达普遍化的同情[13]。事实上，它能引导我们产生在罗尔斯看来依赖于原则的情感，并保有艺术的能量和象征的准确性。

最后，悲剧会引发一场关于过错和社会变革的有价值的对话。为什么菲罗克忒忒斯要受苦？因为那些将他遗弃的人冷酷无情。为什么特洛亚的妇女要受苦？因为强奸和奴役是被征服民族的共同命运。尽管有些哲学家认为悲剧宣扬顺从，或生成一种不可避免的必 266

然性的感觉，古代雅典的悲剧则往往在人群中激发一种批判的骚动，人们问自己：他们所看到的苦难有多少实际上是一些无法改变的事物所导致的结果？有多少是人类不良行为所造成的结果？[14]悲剧确实表达了人类雄心抱负的有限性，但并不是以麻痹人类自由意志的方式引导，也不是以对指责、责任和改变的可能性等棘手问题闭口不谈的方式引导。

三、悲剧困境和基本权利

所有社会，不管多体面、多有抱负，都依然面临着艰难的抉择。因为我们所在的社会考虑到保护所有公民权利的多元性，考虑到每个人都具有内在价值和值得关注，他们有时会碰到那些多元价值观相互冲突的情况[15]。观看悲剧已经让公民学会辨识那些应该为所有人保护起来的关键机遇，因为这些机遇的缺席对与人类尊严相配的生活构成特别严重的障碍。同时，观看悲剧还有另外一个重要贡献：悲剧也促进了人们对这些冲突以及一些常见的解决这些冲突的方法的局限性的理解。价值冲突的观念在古希腊悲剧中十分突出，在印度悲剧中也同样存在——位于印度伟大史诗《摩诃婆罗多》（*Mahabharata*）的核心。让我们来看看这部史诗中的关键案例。

阿朱那（Arjuna）站在他的军队前，大战即将开始。他代表的是般度族（the Pandavas）的阵营，阿朱那的长兄是王位的合法继承人，同时也领导着般度族皇族。敌对的是考拉瓦阵营（the Kauravas），这个阵营的人是阿朱那的堂亲，他们篡夺了权力。几乎大部分人都加入了这两大阵营，阿朱那知道敌对阵营中的许多人都是无辜的，他对他们有很深的感情。在接下来的战争中，阿朱那必将尽可能多地杀死他们。走上一条试图杀死如此多亲戚和朋友的道路，怎么可能是正确的？另外，放弃自己这方的立场和对自己家庭的责任，又怎么可能是正确的？

> 阿朱那在敌对的两个阵营里看到了与他最亲近的亲戚，他
> 的父辈或者祖父辈、叔伯或兄弟、儿孙辈、导师、伙伴或朋
> 友。被这景象挫败，他带着悲伤和同情说：“啊！黑天神，当 *267*
> 我看到我自己的子民准备战斗，渴望战斗，我的四肢发抖，嘴
> 唇发干，身体颤抖，头发都竖起来。而且，我看到了邪恶的征
> 兆，杀害自己的亲戚会遭到报应的。我们杀死自己的亲友俱卢
> 族人，是不对的，也是不合适的。如果我们屠杀自己的人民，
> 我们怎么能快乐呢？……啊！黑天神啊！我怎么能用我的弓箭
> 去刺杀像祖父一般的毗湿摩（Bhisma）和德罗纳（Drona）老
> 师这样备受尊崇的人呢？”……说完这些话之后，阿朱那扔掉
> 了他的箭与弓，无比悲伤地坐到了车座上。[16]

阿朱那向自己提出了两个问题，而不是一个。第一个问题——我将第一个问题称为显在的难题——是他应当怎么做的问题。这个问题很难回答，也很难找出回答这个问题的最好方法。在这种情况下，阿朱那和他的导师黑天神有着截然不同的看法。黑天神建议阿朱那一心一意地履行其职责，不要考虑那些令人不快的后果；而阿

朱那则建议仔细考虑所有可预见的后果[17]。然而，不难看出，这是一个必须回答的问题，因为必须要采取一些行动。在这种情况下，即使不采取行动也是一种行动。就此意义而言，这个问题是显在的难题，为形势所迫。阿朱那不可能既是他自己家族尽忠职守的领导者，同时又在另外一面是亲戚、朋友生命的保护者。他必须做出抉择。

阿朱那面临的第二个问题就不那么明显了，也没有受形势所迫。它有可能很容易就避开阿朱那。我将其称为“悲剧问题”。这个问题是：对于这种处境下的阿朱那而言，是否有任何替代方法是道德上可接受的？阿朱那觉得这个问题必须要面对并且当面对这个问题时，其答案是否定的。相比之下，黑天神要么根本没有看到这个问题的压力所在，要么推荐一种有意不去面对的策略，旨在更好地履行自己的职责。

这个悲剧问题并不是简单地表达这样一个事实，即很难回答这
268 个显在的难题。抉择的困难与选择的两个对立面是否存在道德不当完全无关。事实上，这个境况如同很多悲剧中的两难处境一样，阿朱那应该怎么做非常清楚：虽然他很想扔掉弓箭，但是这于事无补，只会导致他这方的阵营里更多的死亡，甚至可能会导致他们正义事业的失败，同时敌方阵营里仍会有无数人丧生。因此，他应该战斗。悲剧问题引人注意的并不是解决这个显在问题的困难，而是说这是一个明显的困境：事实就是，所有可能的显在问题的答案，即使是最好的答案，都是恶，涉及严重的道德不当行为。从这个意义上讲，不存在“正确答案”[18]。

那么，提出这个悲剧问题的意义又何在呢？当我们思考阿朱那的两难处境时，黑天神似乎是有道理的：真正的问题是这个显在问题本身，而悲剧问题则是一个无用的干扰项。“噢！阿朱那！”他问：“你为什么在关键时刻如此沮丧呢？高贵的人是不知道这种沮丧的；这种沮丧并不能带你通向天堂的高度，只能在地上造成耻辱。”当然，有人也会认为，当人们看到自己的职责所在之后，他就应该去履行自己的职责，而不是悲伤地呻吟。我们不希望军队将领沉溺在自我情感之中，为着将要抛洒热血而扭动双手，或者扔掉弓箭，悲伤地坐回车内。这样想对他们没有什么好处，还可能有害，会削弱他们和士兵的斗志。

从另一方面来讲，有人可能认为阿朱那的思考模式比黑天神的好：即使在这种情况下，如果悲剧看起来不像是可以通过更好的政治策略来避免发生的话，悲剧问题依然有其意义。它使做抉择的人牢记这一个事实：他的行为是不道德的行为，选择总是错误的。认识到自己“肮脏的手”不仅仅是一种自我沉溺的行为，这种认知对未来行为也具有意义。它让做选择的人明白自身对被征服人群的亏欠，并在战后竭尽全力为他们重建家园。当这种认知被公开后，它就构成了对道德罪责的承认，这在国内和国际政治上经常具有重要意义[19]。最重要的是，它提醒选择者，他（和我们）从今以后再也不能做类似的事情，除非在像他所面临的这种非常特殊的悲剧性境遇。屠杀自己的亲属是一件可怕的事情，干这样的事总是一场悲剧。这样，面对这种悲剧问题就会强化应该强化的道德承诺，战争时期尤其如此。 269

阿朱那是要做出悲剧性选择的人，也是提出和解答悲剧问题的人。当然情况并非总是如此。任何了解此事的人都可能会提出这个问题。因此，悲剧的困境不仅仅是当事人深思的场合：它们是公众慎思的场合，作为悲剧观者的公民，力求对可能产生重大公共影响的处境做出最好的阐释。

悲剧问题还以另一种方式为我们带来了启示：看到重要价值的悲剧性冲突时，我们自然而然会问事情是如何发生的，以及是否可以通过更好的规划来避免悲剧发生。例如索福克勒斯的《安提戈涅》（*Antigone*）这部戏剧[20]。克瑞翁（Creon）向全城下令，任何一个埋葬叛国贼波吕涅克斯（Polynices）的人都是城邦的叛徒，将被处以死刑。安提戈涅（Antigone）不能接受这条法令，因为这条法令让她违背一项基本宗教义务：让亲人入土为安。正如黑格尔所指出的那样，每个主角都是狭隘的，只考虑一个价值领域而忽略另一个领域的要求。克瑞翁只考虑了城邦的兴旺，忽略了家庭义务的“不成文法律”。安提戈涅只考虑了家庭，忽略了城邦的危机。我们也许可以就此补充，正是由于这个原因，每个人不仅对一般价值观，而且对他或者她自己所珍视的价值领域都只有一个贫乏的概念。正如海蒙（Haemon）所指出的，克瑞翁没有认识到城邦子民也是家庭成员，因此无视家庭的城邦守护者根本不可能保护城邦。安提戈涅没有注意到家族也生活于城邦之中，要确保家族的存续，首先要确保城邦的存续。任何人只要仔细探究安提戈涅的抉择，都会认为这是真正的悲剧：尽管或许存在更好的抉择，但是不存在正确的答案，因为这两种做法都含有严重的不义之处。埋葬叛国者对城邦来说罪不可恕。但是对于安提戈涅来说，不安葬他严重违反了宗教道义。由于这两者都没有看到这个情境所固有的悲剧性，因为两者都没有提出悲剧问题，所以两者虽然截然相反，但却都是贫瘠的政治角色。

这对政治未来会产生巨大影响。这部戏剧描绘了一种不太可能 270
经常发生的极端情境。在这种极端情境下，城邦被自己统治家族的成员侵袭，因此不可能避免责任的悲剧性冲突。正视这种悲剧问题的主角会被激发出一套关于总体治理的非常有用的想法。特别是，关注城邦的福祉和“不成文法”的宗教义务职责，都具有核心的伦理价值，他或她其实可以希冀某种城邦，即它给民众充分的空间，让他们在其行为不与城邦法令相冲突的条件下，继续履行他们的家族宗教义务。换句话说，他或她想要一个这样的城邦，即当伯里克利吹嘘说公共政策体现了对不成文法的尊重时，他声称在民主雅典中找到的那种城邦。正如美国人和印度人相信他们能创建一种公共秩序，为自由践行宗教搭建空间，在这种秩序下，个人并不总是悲惨地在城邦法令和宗教命令之间挣扎，正如古雅典有一个类似的反悲剧思想：这很有可能是观看类似索福克勒斯《安提戈涅》等悲剧之后产生的直接后果。

事实上，黑格尔正是在这里可靠地确定了悲剧的政治意义。他说，悲剧提醒我们，在戏剧中相互冲突的生活诸方面是极其重要的，并且提醒我们，一旦它们相互对立，而我们又不得不在它们之间做出选择时，就会产生可怕的后果。因此，它激发我们去想象：一个人们不用去面对这些艰难抉择的世界会是怎么样的，这样的世界中两种对立的价值是否可以“协调行动”？就此而言，戏剧的结局在台下书写，由那些公民从自身富有建设性的政治反思中实施这些洞见。“戏剧真正发展的过程在于消解诸如此类的矛盾、协调人类行为，而这两者在相互冲突中也交替地相互否定”[21]。

如果政治领域明智地决定承认多元价值领域的存在，那么这就会由此在这些领域之间造成永久存在悲剧性冲突的可能性。尽管如此，黑格尔还是给我们指出了最好的实施策略，尤其是在政治生活中。因为我们真的不知道，两种截然不同的价值能否实现和谐共
271 育——除非我们试图实现它。很多地方的很多人都认为，宗教和国家的和谐共存是不可能的。雅典试图证明他们是错的。现代自由主义国家也在努力解决一个更棘手的问题，即如何调和拥有广泛宗教多元化国家的迫切利益和世俗的关于良善生活的观点之间的矛盾：它们都在用各自的方式试图证明对方是错误的。在很大程度上，现代进步的民主制度确实使公民能够避免类似安提戈涅那样的悲剧。比如，他们会说政府也许不会在没有“令人信服的国家利益”[22]的情况下，对个人自由的宗教实践施加“巨大负担”。政治原则尽其所能地避免悲剧，因为公民很清楚悲剧问题的力量。

我们常常不知道我们有能力做出什么样的安排，直到面对黑格尔所认为的悲剧问题。直到最近，大多数国家都没有正视它们每天给妇女提出的悲剧性抉择：这些妇女既想履行她们的家庭义务，又想寻求有薪资的工作。许多公共政策可以缓解这种张力：灵活的工作时间、带薪休假、鼓励男人分担家务劳动。但是因为那一代的大多数男性从未意识到，一个人应该能够既成为一个好的主要照顾孩

子的父母，也成为一个好的工作伙伴，他们从未费心去想，在安排上做哪些非常简单的改变就有可能消除这个问题。人们只是认为，有时候说说，两者不可兼得就是生活。生活不可能是其他样子。每当我们想象中的公民倾向于谈论任何关于价值的冲突时，他们都应该停下来回忆观看悲剧时所产生的情感，提出黑格尔的问题：有没有一种对我们习俗的重新安排能够消除悲剧呢？悲剧几乎不可能只是悲剧。在大多数情况下，这种阴暗的背后是愚蠢、自私、懒惰或恶意。

简而言之，悲剧性的两难境地在政治生活中有两个相关的角色。首先，它们将情感和想象的关注力转到基本权利以及没有这些权利时所造成的伤害上。经过深思熟虑，它们塑造了同情并纠正了一些可能的错误。其次，通过悲剧性两难境地的艰难情感体验，公民明白有些代价，有些损失，都有各自的特性：它们都各有各的坏。任何公民都不应该承受这些。人们于是被激励去运用他们的想 272
象力，思考他们如何构建一个不会让公民面对这些冲突或让他们尽可能少地面对这些冲突的世界。这样的心境本身就是进步。

四、喜剧和生活中的幸事

古代喜剧节日的世界似乎迥异于古代悲剧节日的世界，就像它们各自的英雄人物的服装一样。穿着高筒靴、戴着表情凝重的面具的悲剧英雄是人类尊严的化身。喜剧人物穿着有填充物的戏服，身形浑圆，他的不断勃起意味着一种缺乏自控的可耻行径，他在公共场合胡吃海喝，毫无礼仪[23]；喜剧人物常常放屁，甚至拉屎，即使最没有尊严的人也会感到尴尬，他们代表着凌乱、腥臭、令人难受的身体以及能带给观众的笑料。当然，这两类人物也非相去甚远。苏格拉底的视线专注于成为“神一般的”，而超越我们仅仅为人类的状态，他在《会饮篇》（*Symposium*）的结尾处正确地提出，悲剧诗人和喜剧诗人都具有单一的天性[24]。我们说，悲剧强调身体的脆弱，鼓励同情并借此克服傲慢的否认纯粹人性的倾向。阿里斯托芬式的喜剧以其一贯的直白而愉悦的方式提及身体的功能，让所有观众陶醉于他们的身体本性[25]。所以，这正如同一枚硬币的两面一样。排泄、性交、流汗都被呈现为非常脆弱的表征，阿里斯托芬的很多笑话都说明了一个雄心勃勃的计划因需要拉屎、因在错误时刻放屁的尴尬或因不被接受的勃起而脱轨。但是，脆弱性是所有人都普遍接受的，只是活着的一部分，与生活的乐趣相连。并且，喜剧赞美这种脆弱的愉悦，同时也否定了那种非常常见的、认为人无懈可击的虚伪。不仅是阿里斯托芬，还有喜剧节本身的精神，都站在和平一边而争论，因为正是在和平中，人们才可以享受美食、佳酿和性爱（甚至是放屁和拉屎）。军事上的侵略性将这一切置于危险之中——常常没有正当的理由。

同悲剧节日一样，喜剧节日也涉及痛苦的事物：如身体的有限
273 性、对侮辱的屈从以及死亡的迫近。但是喜剧精神以及旧喜剧作为一种文学体裁结构本身，把这些阴郁的事情都转变成了快乐的源泉。如果明智的话，民主政体有很好的理由去推动喜剧人物的那种

胜利。恰如狄开俄波利斯所言，“喜剧也知道正义是什么”——为喜剧起一个名字，“山羊之歌”（trugôidia）或“酒糟之歌”（song of the wine lees），会使喜剧与悲剧的亲缘关系显而易见。喜剧同悲剧一样，在政治上都不完美，可能都包含正义社会所不赞成的元素。我的要点并不是关于每一部喜剧的每一句话，而是关于喜剧体裁本身，一种构建于这种戏剧形式与其观众相连的方式之中的生活感知。

正如你很早就注意到的，喜剧有时会涉及一些让人觉得厌恶的素材。但喜剧并没有博取厌恶，而是消除它。过分拘谨的观众有时的确有厌恶反应，但那是因为他们所受的教育难以让他们见融于喜剧的这种对身体的赞美[26]。[这也是一般人对乔伊斯（Joyce）的《尤利西斯》（*Ulysses*）[27]和兰尼·布鲁斯（Lenny Bruce）喜剧的反应。] 但是，古希腊观众不但认为喜剧的表现形式是合适的，而且，恰如狄开俄波利斯所言，它与公民的思想密切相关。那么，他们会有什么样的想法呢？

在喜剧《阿卡奈人》的开场，农民狄开俄波利斯早早来到民主集会，为和平而辩论。在开场白中，他告诉了我们很多关于他自己的事情。他喜欢什么呢？民主政治、悲剧诗歌、和平与田野。当他早早来到民主集会时，他做了很多事情来打发时间：“我叹息、打哈欠、伸懒腰、放屁、思考、写作、拔头发、构思论点。”不体面的肢体活动例如放屁和拔头发奇怪地与有良好的民主公民特征的活动结合在一起：思考、写作、构思论点。整部戏剧以其试图通过经济抵制来终结伯罗奔尼撒战争的荒谬计划暗示，植根于身体功能的政治很可能会提出一些好的论点，这些论点充分地注意到和平与福利的重要性。拉马库斯和他的追随者们发动侵略性的、不负责任的战争，完全忽视了在战争中受苦最深的普通民众。即使这部戏剧的观众最终支持战争，他们也需要像狄开俄波利斯那样去思考，以理性的方式估量战争的代价。即使是正义的，战争的目标也始终是和平与生活中的美好事物。

274 一个更为生动地体现出喜剧与民主成功之间显著关联的例子，乃是阿里斯托芬最著名的戏剧《利西翠妲》（*Lysistrata*，公元前411年）[28]。该剧的时间设在雅典战争时期（剧中战争的发生时期相较于《阿卡奈人》中提及的战争时期略晚，战争惨烈程度要更甚），剧中的男人已经全然忘记了生活中的美好事物[29]。他们只爱挥剑舞盾，或者四处拿铁锹撬东西。利西翠妲抱怨男人不喜欢听到不同的观点，或听取争论。当女人问男人关于战争的问题时，男人总是让她们闭嘴，甚至扇她们耳光（510－516）。如果女人问别的问题表达出对战争计划的怀疑，男人就会说："织你的布去吧，不然，小心我暴打你一顿。战争是男人的事"（519－520）。暴力威胁取代了好的辩论。

请注意，男人的世界既没有悲剧的同情，也没有幽默。它缺乏一种悲剧感，因为它对自身的弱点和脆弱性缺乏感知。而其缺乏幽默感与下列原因有关：男人看不到任何可笑的地方，甚至看不到自身有任何诡异的地方。他们想成为完美无缺的英雄，并且他们不能将身体作为取乐的基点和人性脆弱的明证。

剧中的女人远非英雄：她们钟爱酗酒，也热衷于床笫之欢。她们也爱争论。阿里斯托芬把她们良好的感知及对身体的专注联系起来。她们知道战争中什么是危险的：人们失去他们的家园（101ff.）；战争中的死伤（524），尤其是她们辛苦生育并抚养长大的孩子的死亡（588－589）；女人会在孤独中老去，无法再嫁，浪费女人能找到丈夫的稀少空间（591－597）。与之相反，和平常常如阿里斯托芬喜剧所想象的那样，是一段感官快乐的时期，包括：食物、美酒、性爱、宗教庆典以及诗意的庆祝。

在与雅典官员交流的过程中，利西翠妲论证的核心观点逐渐形成，她提出，女性编织的技艺为这场冲突所急需的好感觉提供了一个好模式：编织的第一步是清洗和梳理，女性要祛除羊毛上的污渍和寄生虫；接下来是编织，女性把所有分散的线条连接在一起，分散的线条就好像城市里分散的居民，如移民工人、外国友人和外邦人等等，他们可以按照良好意愿组合在一起，编织成城市的新外套（574－586）。编织是指向共同善的建构性政治谈话的一个意象：每 275
根线都必须被考虑进去，所有的线条都必须连接在一起，形成连贯的整体。

男性的“勃起”是女性世界借之赢得胜利的工具。女性通过拒绝意图征服她们身体的男性，将他们置于荒诞和屈辱的境地[30]。男人们按捺不住那胯下之物，带着它四处招摇，这正是对自我和他人缺乏控制的可耻表现。只有放下男子的雄性气概和权威之后，男人才最终变得理性。正如利西翠妲所说，想让男人妥协其实很容易——只要在他急不可耐的时候精心伺候他就可以了，千万不要在他跟外人激烈竞争的时候，试图让他妥协（1112－1113）。大地女神特鲁斯（Truce）有着不容置疑的美丽外表，她掌握男性身体的任一凸起部位，与之结合。男性器官原本是男性耻辱和投降的象征，现在却成了和解、希望与和平的象征。“即便我是女人，”利西翠妲在这一点上评论说，就像斯巴达人加入雅典人一样，“我很有判断力，并且我不会做错误的判断”（1124－1125）。

这部剧的结尾突然庄重地将身体的快乐与民主的胜利结合起来。雅典和斯巴达的男人手握对方私处，加入了女人的舞蹈狂欢中，大声呼喊着美惠三女神（Graces）、医神阿波罗（Apollo）、酒神狄俄尼索斯以及其他神明。在一个暗示古代传统的祈祷中，雅典人召唤赫绪咯亚（Hêsuchia，意为稳定），这是一位与公民的安宁和行动自由有关的女神[31]。在挥舞盾牌的男性最后一次失败时，斯巴达人先赞美了酒神狄俄尼索斯和女祭司。然后，他们跳舞狂欢，歌颂了保护他们之前敌人的无名女神和雅典的民主女神雅典娜（Athena）[32]。在喜剧结尾的节日舞蹈中，这几股线被如此有效地交织在一起，以至于消解了民族的差异。

阿里斯托芬认为，城市的和平稳定（甚至是与对手的和平相处）是由一种专注于身体愉悦的戏剧精神来促进的。这种喜剧节日和悲剧节日一样，发掘了一种巧妙的方法来庆祝和激发这种精神，诱使我们询问：在大型现代社会中我们如何才能发挥这些同样的功能？

五、现代民主国家的悲剧观演

276 现代社会没有让所有公民聚集、所有生意歇业的悲剧节日或喜剧节日。那么，要如何促进悲剧与喜剧的观演活动呢？

跟其他事物一样，悲剧观演始于人的孩提时期，从家庭内部开始。孩子们听有关冒险、痛苦和失去的故事。故事的主角，无论是人还是动物，常常都痛失所爱：比如，小鹿斑比和大象巴巴的母亲都丧生于猎人的子弹下，而大象之国的国王死于服食有毒植物。与此同时，孩子们在现实生活中常常因经历挚爱宠物死亡而首次遭遇失去。这种失去通常为他们日后面对人类死亡做准备。

孩子们逐渐长大，他们也准备好去面对家庭及其困境的更现实的描述。广为流传的宫崎骏（Hayao Miyazaki）电影《龙猫》（*My Neighbor Totoro*）对只有三四岁的小朋友也有吸引力。这部电影讲述的是两姐妹的冒险故事。她们的妈妈患了重病，一直住在医院里，而她们的爸爸总是满腹焦虑地去医院照顾妈妈，经常不能陪伴姐妹俩。在劳拉·英格尔斯·怀尔德（Laura Ingalls Wilder）创作的描写美国边境生活的自传性系列小说（这也是我儿时最爱的读物之一）中，英格尔斯一家（Ingalls family）面临着饥饿、严寒与酷暑、疾病以及来自动物和敌人的威胁。最终，劳拉的姐姐玛丽因疾病而双目失明；她们的父亲几乎丧生在一场暴风雪中。这一系列的高潮是北达科他州一整个小镇濒临死亡。《漫漫长冬》（*The Long Winter*）一书讲述了史无前例的大雪切断了这个小镇的粮食供给。这些只是受孩子们欢迎的作品的几个例子，它们既能让孩子们接触到人类的脆弱性，又能促使孩子们在家庭和小学进行有价值的讨论。一个合宜的社会所能做的一件事就是，确保让这种类型和质量的作品成为公立学校课程的一部分，并不确保那些为孩子们提供优质作品的作家、视觉艺术家、电影制作人得到应有的公众关注和关怀。

不过，也有其他策略。不幸的是，所有社会都不得不面对各种不同的灾难，而且公共领域展现这些灾难的方式起到了重要作用。277 接下来，让我们思考来自美国的三个案例，我们所描述的那种悲剧观演情态在其中得以成功而深刻的体现：林肯的演讲所促发的对美国内战的哀悼、林肯纪念堂以及沃尔特·惠特曼的诗歌，富兰克林·德兰诺·罗斯福在新政中使用的摄影作品，林璎的越战老兵纪念碑。然后我们将考虑一个不同类型的案例，在这个案例中，公众对虚构性作品的讨论可以激发公众对不正义社会每天给弱势群体的能力和精神造成的无声悲剧的辩论。

悲剧通过诗歌、音乐和视觉场面的不同而得到情感上的效果。我们可以说，悲剧不仅激发了同情，也激发了**好奇**，这种好奇是一种强烈而愉快的对于沉思对象的专注[33]。索福克勒斯是一位伟大的艺术家，这一事实与他作品打动我们的力量不无关系。因此，现代社会想要效仿希腊人，就需要真正的艺术家和真正的艺术才能，它需要允许艺术家以令人惊奇的方式创作，而不是以孔德的方式将他们视为哲学家研究院的顺从仆人。

林肯和惠特曼：哀悼与再奉献

美国内战是一场巨大的悲剧。大家都清楚，国家要从这场灾难中恢复过来是很困难的。也许它还没有完全恢复。这场悲剧呼吁民众的悲痛、悼念、同情；它还呼吁人们对合乎情理的愤怒和怨恨做出回应，如果不将它们引向仁慈和疗愈，就会妨碍［国家的］痊愈。林肯作为总统的最重要贡献之一就是描绘了从哀悼到和解的道路。我们已将他的两篇演讲作为一种新爱国主义的建构探讨过。我们重温一下这两篇演讲，以研究其所包含的悼念意象。

葛底斯堡演说谈到了国家悲剧的严重性，并把阵亡士兵的牺牲与国家最深沉的理想联系起来。这篇演说以这个国家的起源的典故开始。这是“一个新的国家”，有一套独特的理念，专注于自由和平等。因此，这个国家本身就显得脆弱：国家历史并不悠久，也并不清楚它是否“能够长久地存在”。因此，他将美国内战定位为一 278
场为了最深沉和最珍贵的理想，为了全世界而不仅仅是美国的命运的战争。合宜的社会本身就是一个脆弱的躯体。

林肯并未试图减轻发生在将士身上的悲剧。在赞扬了那些阵亡士兵所做的牺牲（在战争中最血腥的战斗之一）后他说，活着的人不能使这片土地神圣化：只有倒下的勇士才能做到这一点。换句话说，没有什么可以弥补死亡或者安抚我们对逝者的缅怀，但是死亡不能毁掉人类的德性和尊严。然后众所周知，林肯向那些听他演讲的人提出了那个奉献请求：我们所有人都应该献身于保护美国民主，并赋予它“自由的新生”。他以贯穿始终的紧迫声调结束了演讲：这场斗争实则是一场关于民主自身能否存在的斗争。

林肯的演说使得阵亡士兵的悲剧更加庄严，并且将这个悲剧作为合宜国家脆弱性的暗喻。只有当那些听到他演讲的人效仿他们的意愿去冒险和牺牲时，这个国家才会生存下来。借此，这篇演讲使观众贴近逝者的牺牲，敦促他们在悼念的同时，将自己的未来用于争取民主和自由的斗争。在它自己的时代，它激励它的听众为胜利与和解而努力。现在听这篇演说，它既告诉我们建立一个真正民主和包容的国家所涉及的痛苦牺牲，也提醒我们必须要做出这样的牺牲，因为民主太宝贵了，不能因为利己主义、懒惰和恐惧而失去它。

在他的第二次就职演讲中，林肯转而谈及了过错。他以一种最微妙的方式试着把战争描绘成一个悲剧，而不是试图掩盖一方有更多过错的事实。他指出了“从他人的血汗中榨取面包”的严重道德过错。然而，悲剧性痛苦的调子压倒了指责和憎恨：他呼吁人民参与到慈善和有建设性的工作中来，“包扎这个国家的创伤”。这场悲剧的范围和广度超越了对过错的衡量，使美国人有共同的悲伤。悲剧将人民的思想和行动引向“在我们之间和所有国家之间实现与珍惜正义的、持久的和平之事”。

国家广场上的林肯纪念堂落成于 1922 年，是这些伟大讲演的恰当的视觉模拟。事实上，这座爱奥尼亚柱式神庙（the Ionic tem-
279 ple）包含了两篇演讲文稿，以及一个巨大的已故总统坐着的雕像。它还有所有州（目前所有 50 个州）的名字与它们加入联邦的日期。因此，林肯纪念碑是联邦事业成功的纪念碑，但却非常庄严和低调。由丹尼尔·切斯特·法兰奇设计的林肯雕像，在纪念伟大领袖的纪念碑中是很不寻常的，因为它是一个悲剧的形象。它展示了林肯痛苦地低着头，筋疲力尽。（事实上，当时因为对这位伟大领袖的非英雄化描述而饱受批评。早期的计划是英雄模式：林肯的雕塑被巨大的骑马雕像所环绕。）它庄严地提醒我们，不应把这场战争看作可恨的侵略，而首先应看作一个悲剧，一个我们大家都必须承担、以某种方式应对并最终放下的负担。在林肯雕像的头顶［石壁上］有一段简单的铭文："在这个殿堂里，如同在那些他为之拯救联邦的人们心中一样，亚伯拉罕·林肯永垂不朽。"

一个领导者的话语，一个领导者塑造的形象——这些都描绘了未来的道路。公共诗歌也在塑造国家对这场悲剧的反应及其未来方面发挥了重要作用。沃尔特·惠特曼曾在战争中当过护理人员，他是描绘美国南北战争的大诗人，也是林肯的深切缅怀者。在他的诗歌《当丁香花最后在庭院盛开》中，他开始承担林肯的工作：构建一种新的国家之爱，这种爱在正确之事上公正且坚定，然而也能够宽恕与和解。阅读这首诗的每一个节点，我们如果问出这样的问题，那么就没有离题：这些短语、意象如何承担创建一个新的且焕发荣光的美国的任务——一个真正践行平等和包容、不受外来者恶毒仇恨的美国？而且，这种诗意的策略如何承担起这一更为紧迫的任务，即将因战争的糟践和恐怖而四分五裂的美国连为一体，这是一场为最基本和最初级的正义起点而进行的战争，它已摧毁了几代公民，以确定什么是最不应当受到质疑的？

> 我看见了战斗后的尸体，成千上万
> 年轻人的白骨我也看见了。
> 我看见了废墟和阵亡士兵的残肢断骸……
> 活着的却留下来忍受着痛苦，做母亲的在痛苦
> 妻子、孩儿和那心事重重的伙伴在痛苦， 280

余下的军队在痛苦。

(摘自《当丁香花最后在庭院盛开》第 177 - 184 行)①

我们被告知，这首诗是一系列“图片”，“挂在林肯墓的房间墙上”，“装饰我爱的他的墓地”。带着痛苦的柔情和对视觉美的情爱反应，惠特曼给林肯——给他的读者——带来了美国的画面，一个没有蓄奴州和自由州界限的美国，一个没有南北分裂的、和平而美丽的国家：

日深一日的春天，农田和房舍的图画，
图画里是四月间日落时的黄昏，灰色的烟雾清澈又明亮，
艳丽、慵懒而缓缓沉落的太阳的万道金光在燃烧，在使天空更加开阔，
清新而甜美的萋萋芳草在脚下，树木的浅绿色叶片正繁茂，
远方是流动着的釉彩，河水的胸膛，这里那里是微风吹皱了的河面，
两岸绵亘着山岭，许多线条印刻在天上，又有阴影，
附近的城市里则是房屋密集，烟囱林立，
到处是生活的场景，工厂和正在回家的工人。

看哪，身体和灵魂——看着这地方，

① 此处惠特曼诗歌翻译参见：惠特曼．草叶集．赵萝蕤，译．重庆：重庆出版社，2008：482 - 486。

这是我的曼哈顿，这里有教堂的尖顶，有波光粼粼的汹涌海潮，还有那渡船。
这片丰饶的大地，南北都沐浴着阳光，有俄亥俄的海岸和密苏里的水乡，
最后还有那一望无际的草原，铺满青草和稻粱。

看哪，那骄阳，多么壮丽，多么安详，
那清晨，弥漫着蓝紫色的薄雾，和着拂面的清风，
那新生的光辉，无尽无量，温柔清爽，
那正午的太阳，多么神奇，普照无遗，充满力量，
那美妙的黄昏即将来到，还有那令人神往的夜晚与星光， 281
它们都在我的城市闪耀，把人们和大地拥入怀抱。

（第 81－98 行）

在一场巨大的悲剧中存活需要爱。尊重人类的尊严非常重要，但如果人们被要求在巨大的灾难之后治愈彼此的创伤，他们就需要一些更强有力的理由。他们需要移到彼此之间的爱以及对共同事业的热爱上。回到我们在第一章讨论过的惠特曼的诗歌，回顾一下该诗产生的诗歌和历史背景，作为对一场巨大的国家悲剧的回应，我们可以更充分地理解惠特曼一如既往地坚持诗歌是公共事业的必要部分的理由。政治辞藻本身就能够接近诗歌，通过涌动的节奏和唤起共同任务的意象来影响民众。林肯和金拥有这种引发情感的能力。惠特曼的诗歌则添加了一些至关重要的东西：对美国的具体感性的把握，它的美以及它的人民的美——带着只有伟大的诗歌意象

才能激起的脊梁的颤抖。这位诗人演说家站在美国的立场上吟唱："现在，当我在白天坐而眺望时……我的国土里有着湖泊和森林，是一片广阔的自己并未意识到的美景……在天堂般的空灵挺秀中（在恼人的狂风暴雨之后）"（第 108－111 行）①。因此，他成为一种民族之光或眼，从战争中看到和平，看到这片土地之美，并使人们愿意为其和平而奋斗。

正如林肯的演讲稿和林肯纪念堂一样，惠特曼的诗歌包含沉重的国家悲剧情怀，如同读者跟随林肯的灵柩穿越美国的城镇与村庄。同时，他的诗歌也包含更多的东西，它是一个生动的体现，告诉我们为什么这些精疲力竭的奋斗是值得的——因为美国是一个值得投入激情的对象。连诗歌中神秘和象征性的元素，如丁香花、哀悼的花，以及"那颗巨星又老早在夜空的西方陨落"、它们的光芒被夜的阴影覆盖、鸟儿独自在沼泽里唱着挽歌，这些都以各种感性的形式描绘出了美国的美丽。甚至连画眉鸟也成了诗人，它也问："啊，我该怎样为我所敬爱的亡魂婉转歌唱呢？我又该怎样为那已经逝世的宽宏而甜蜜的灵魂修饰我这首歌呢？"（第 71－72 行）② 所有这些都是林肯死亡的象征，这些也是他为之献身的部分原因，这是"嘹亮的人类之歌"继续吟唱并超越了林肯的生死（第 103 行）。

282 如果要对一个国家悲剧做出回应并超越它，一个国家就同时需要林肯和惠特曼所提供的精神：牢牢铭记国家理想信条，以及更吸

① 此处惠特曼诗歌翻译参见：惠特曼．草叶集．赵萝蕤，译．重庆：重庆出版社，2008：483。

② 同①.

引人、类似于情爱感觉的国家之爱。

罗斯福和公共影像：为新政建立支持

在经济大萧条期间，富兰克林·德兰诺·罗斯福总统面临着一个措辞上的严峻挑战：在一个以往从未支持过这些社会福利措施的美国，怎么调动民众支持新政政策。这项任务是复杂的，因为一直以来，除了自然灾害的情况，美国人没有向人民提供经济救助的传统。美国人一直也不倾向于同情那些存在贫困问题的人，因为他们认为这些人懒惰且不负责任。并且，新政计划需要牺牲：需要所有美国人一起来承担这些计划的税收负担。

正如法律社会学家米歇尔·兰迪斯·道贝尔（Michele Landis Dauber）所述[34]，罗斯福明白这些态度，他有意使美国人相信经济灾难具有自然灾害的所有特征，而这些特征与同情这种情感的关切之处最为相关。运用和我们的同情类似的分析，道贝尔指出，要为经济灾难的受害者赢得同情，就要说服美国公众他们遭受的灾难是严重的，他们不应该受到指责（就像地震或者洪水这种灾难的受害者一样，无可指责），并且这是任何人都有可能遭受的事情[35]。简而言之，罗斯福对同情和动机用了一种含蓄理解，这种理解模仿了经典的亚里士多德以及希腊悲剧的模式，这并不奇怪，因为这种相同的理解模式深深植根于美国传统[36]。

道贝尔分析了许多与新政有关的公共言论和艺术作品，包括约翰·斯坦贝克（John Steinbeck）的伟大小说《愤怒的葡萄》（*The Grapes of Wrath*）[37]。在这里，我只聚焦于她对各种新政机构特别

是移垦管理局委托拍摄的照片的分析。政府雇用了一些极有天分的
283 摄影师，包括多萝西娅·兰格（Dorothea Lange）、沃克·埃文斯（Walker Evans）、本·沙恩（Ben Shahn）、罗塞尔·李（Russell Lee）和阿瑟·罗思坦（Arthur Rothstein），并给他们下达了关于拍什么、怎么拍的特定指令；之后，政府也选择打印哪些照片，“灭掉”哪些照片[38]。这些选好的照片被寄送到全国各地的报社和杂志社，包括递交给国会的报告书，并在社会工作者大会上展出，因此这些照片很快就代表了大萧条本身。

这些照片是如何让持怀疑态度的美国公众构建起同情心的呢？描述穷人困境的严重性是最简单不过的事情了。图片展示人们排队申请各种救济——失业支票、面包、汤——生动地展示了受经济大萧条重创的人们缺乏基本生活必需品的情况。大萧条导致经济形势逆转的幅度也可以从一些申请人的服装上看出来，服装显示了他们之前的职业。其他图片则展示了农村贫苦人口的住所以及农民工被迫生活于其中的更为恶劣的条件。

更难以构建的是同情的其他元素。无可指责和类似可能性的想法实际上紧密地结合在一起，因为只有清楚地表明痛苦的根源不是受苦者的懒惰或者恶劣造成的，人们可能就会想，“我自己或许也会遭受那样的痛苦”。罗斯福的下属部门很谨慎地思量过这个问题。首先，他们禁止摄影师拍摄罢工题材的照片（尽管这类题材是萝西娅·兰格之前的最爱），因为罢工的照片会引起民众的恐慌，使他们认为这些穷苦人都是闹事者，他们的苦难都是自作自受。相反，人们默默排队领面包的照片获得首选。道贝尔指出，在这些照片

中，“穷人无可指责的品格”体现在他们的秩序和耐心上[39]。

其次，挑选出来的照片去掉了传记的内容，以免观众的思维受到对其个人道德品质以及可能的指责扰乱。我们被允许关注的痛苦的唯一原因就是经济大萧条本身。在一组被挑选出来的照片（与那些被“灭掉”的照片相比）中，“通过帽子、阴影、模糊聚焦的处理模糊了面部细节，使观众无法从图片中辨别出那些人作为个人的身份。这些人所遭受的损失是一样的”。另外一些彰显个体苦难的照片，表面清晰而具有吸引力，但同时也拒绝透露任何拍摄对象之 284
具体个人的信息。道贝尔总结说：“这样，我们有了大萧条时期一些最持久的视觉图像，移民妇女哺育婴儿的生动画面。除此之外，她们完全是匿名的，没有门第、地点或历史环境的线索”[40]。

从这个意义上讲，新政照片比斯坦贝克的小说《愤怒的葡萄》更胜一筹。在这本书中，斯坦贝克将他笔下的移民定位为从北欧迁徙来的，并且他仔细地描述了他们家族的故事来说明他们已经在美国生活了好几代。的确，他有时会让读者注意到这些事实，因为这些事情使得乔德（Joads）一家人作为“真正的美国人”获得了特别的同情。在这种情况下，悲剧的代表性远远没有达到人类的普遍性，它带有引起令人憎恶的污名的风险，尽管小说其他方面对经济危机的描写非常珍贵[41]。

罗斯福通过精心设计的艺术运用来调动公众情感，这似乎是他新政计划成功的一个重要特征。如今没有人对这些问题考虑太多，这一事实至少在某种程度上解释了为什么人们又回到了这样一个观点，即穷人们的贫困是自己造成的，进而导致了美国福利体制的衰落。

越战老兵纪念碑：哀悼与质疑

前两个案例都跟悲剧有关，但它们在政治上却很简单。每个案例的目的都是所谓对国家自我理解至关重要的价值提供支持。即使每个案例都涉及困难和斗争，却没有招惹公民对所包含的基本价值进行辩论或者质疑，反而要求他们投身于积极推进这些价值。在林肯的例子中，对阵亡士兵的哀悼不应该导致对他们为之战斗的事业的质疑，相反，应该是对民主事业的全心全意的再奉献。那篇演说强调了这样一个事实，即它所宣扬的价值是建国理想——当然是被重新解释过的，以便平等地对待以前作为奴隶的公民。这是一个根本性的转变，但它被框定为是对应该如何真正实现这些价值的唯一可靠的理解。

285 从某种意义上说，罗斯福的新政政策也激进，但罗斯福也将其定位为平等尊重和平等尊严的建国理想的延续。政府官员所挑选的照片强调了这一想法。政治领域肯定在忙着质疑罗斯福的新政，但他对艺术的使用是片面的；它促进了对再分配的情感支持，而不是关于再分配是否公平的平衡性讨论。最终，新政政策被证明非常受欢迎，尽管自罗纳德·里根（Ronald Reagan）时期以来，公共情感就发生了巨变，但是新政的大部分政策仍然被沿用到了今天。即使是现在，当就某些具体事宜（如社会保障的未来）进行重要谈话时，这种谈话也会在罗斯福的选择所肯定并加强的对平等尊严的承诺这一背景中进行。

然而，我们想象中的国家坚持一种充满活力的批判性文化。如果某些时候某些价值有着非常迫切的重要性与根本性，乃至对一个领导人来说，要求人们信奉而不是冷静的批判性谈话似乎是正确的——葛底斯堡战场就不是适合冷静讨论奴隶制是否正义的地方。不过，应该随时待命进行批判性的对话，与这场艰难对话相关的矛盾情感也具有巨大的政治价值。在公共艺术的许多功能中，如果它不能以支持这种苏格拉底式的、审慎的方式来运行，那么就值得怀疑了。越战老兵纪念碑就是这样一种苏格拉底式的作品[42]。

纪念碑是持久抱负的象征，而纪念馆却是对痛失亲人的提醒。正如亚瑟·丹托（Arthur Danto）所说："我们为了永远记住而竖起纪念碑，为了永不忘却而建造纪念馆。"越战老兵纪念碑坐落于华盛顿纪念碑和林肯纪念堂之间。它黑色的墙面以125度角铰接，像翅膀一样向这两边延伸。

华盛顿纪念碑是抽象的、非个人的、有抱负的。一座很常见的方尖碑，各个方面看都是一样的，其埃及血统暗示了华盛顿与共济会的联系，因此有光征服黑暗的意象。然而，跟古典方尖碑不同，它不是一整块石料，而是由许多单独的小石块组成的。因此，它也象征着联邦各州的统一，并以其优雅的上升象征着联邦的崇高目标及其启蒙起源。它刻意地避开了反对意见，完全抽象和非个人，回 286
避了伟大领袖的英雄主义形象，甚至任何提及他成就的文字[43]。与此相反，林肯纪念堂则展示了林肯小心翼翼地低下头及受难的形象。它提醒我们战争的痛苦和悲惨的损失，以及为产生人类平等和尊重的政治共识而持续进行的斗争。因此，越战老兵纪念碑既指向了美国的最高理想，也指向了其最沉重的损失。

纪念碑的设计比赛有明确的限制，纪念碑必须：(1) 具有反思性和沉思性；(2) 与选址和周围环境相和谐；(3) 碑身上提供所有(差不多 58 000 名) 阵亡或仍然失踪者的姓名；(4) 不就战争发表任何政治声明；并且，(5) 占地两英亩。因此，后来许多对设计的反对意见实际上是反对设计竞赛的标准。由八名专家组成的评审小组从 1 421 件参赛作品中一致选出了来自俄亥俄州的阿萨森的亚裔美国女性林瓔的作品，当时她是耶鲁大学的一名 21 岁的学生。起初，该设计备受争议：有些退伍老兵团体认为黑色的墙面是“耻辱”之墙，“可耻的沟渠”或者“自由主义者的哀号墙”[44]。很多人对没有任何典型的士兵及其高贵精神代表而愤愤不平。结果，后来在纪念碑对面增加了一座由弗雷德里克·哈特 (Frederick Hart) 创作的四名士兵的平淡无奇的青铜雕像。然而，很快，这座纪念碑就变得非常受欢迎。它的设计纯朴高贵，它对所有在战争中逝去的个人直截了当和朴实无华的哀悼吸引了人们。如今，它是全国最热门的公共艺术品之一，也是唯一一个在国家广场的生动的纪念馆，人们可以在这里与它互动，改变这份艺术品来表达他们对特定亲人的哀悼。这一切都符合林瓔的计划：她说过，她就是想通过纪念碑让人们“意识到失去和一个宣泄的愈合过程”[45]。她特别提请注意纪念碑的沉思性与个人性。在提交比赛的官方申明中，她写道：“对这种损失有强烈的意识，才会使每个人能解决或者接受这种损
287 失。因为死亡最终是一件个人的私密事情。纪念碑内的区域就是一个安静地方，以供个人反思和内心审判。”2009 年林瓔被授予美国

国家艺术奖章。

从远处看，这座建筑是不太显眼的。如果不身在其中，你就无法与其互动。你也不能随便使用它，就像公园里的一件家具。人们会在广场上玩飞盘，孩子们竞相追逐。相比之下，纪念碑是一个庄重的、近乎充满仪式感的空间。当你走下坡进去，它就像在地上开了一道裂缝[46]。你在行走的时候，仿佛置身于死亡阴影笼罩的山谷中，然而这个空间并不像墓碑，也不是封闭的。你依然可以仰望头顶的天空，看到远处的华盛顿纪念碑和林肯纪念堂。

纪念碑由两块抛光的黑色石板组成，铰接在一起像一本书，一本死亡之书[47]。阵亡士兵的名字以时间的顺序从头到尾地雕刻在了纪念碑的中心位置。没有非个人的象征物，没有国旗，没有信息，有的只是个人的名字。这与华盛顿纪念碑对比非常明显：在那里我们看不到任何个人的痕迹，只有国家的最高理想，而在这里只有个人是真实的。当你仔细研究墓碑上的名字时，你会看到它们背后自己的脸。这也是林璎设计方案的一部分：她挑选的碑石是高度反射的，所以你所看到的不仅是死者的名字，同时还看到你自己，模糊地徘徊在他们姓名之后。纪念碑以这种方式对你自己与这次战争的关系提出了疑问：你也参战了吗？你在战争中失去了挚爱的人吗？你怎么看待这些损失？战争的结果值得吗？纪念碑不仅是沉思的，而且也是质询的[48]。有人觉得它是苏格拉底式的，但质问的过程是通过悲痛和失落的情感来进行的[49]。正如亚瑟·丹托所说，“准备好哭泣。即使你不知道死者是谁，眼泪是全人类普遍的经验”[50]。仔细观察这些姓名，你会发现有人把鲜花、家庭照片、奖章放在某个特定名字边上，或者某人的名字会被擦得特别亮。（在纪念碑旁边就是碑文上姓名的目录，供民众攀爬高处的梯子，以及擦亮碑文的材料。）尽管这座纪念碑是关于个人的，但在这个意义上它却是普遍的：它把所有游客都纳入悲伤的体验中，无论他们如何看待战争都将他们团结在一起。这也就是为什么纪念碑起初备受
288 争议，但很快就非常受欢迎的原因：就像林瓔所说的那样，它确实通过将人们聚集在一个沉思的空间，促进了越战导致的裂痕的弥合。它代表着耻辱这一想法很快就被游客们的共同看法驱散，即游客们普遍认为纪念碑使牺牲士兵们和他们的奉献受到尊重，使他们的命运成为全国关注的问题[51]。

纪念碑是审慎的，在很多方面同雅典悲剧的审慎相似。通过唤起民众强烈的情感，同时提出跟这些情感相联系的事件的问题，使民众检视自己过去及当下的生活，而在日常生活的干扰下，人们通常不会这么做。不像教堂和庙宇，那里是不同宗教信仰的人相互隔离开进行集中哀悼的场所，纪念碑的空间更像古代雅典的悲剧剧场，召集所有公民在露天哀悼故人，使游客一度与其他景象和活动隔离开来——跟庙宇教堂的处理方式有一点儿相似——但是露天的开放气氛以及国家广场其他雕塑的共同映衬，强化了壮志豪情中共同的国家悲剧信息。

关于日常悲剧的艰难对话：《土生子》和《葛莉巴拉》

越南战争结束了，但是其后遗症还在。我们关于战争的公开对话是回溯且类比的：我们寻找症结在哪里，以及如何思考未来可能

发生的战争。到目前为止，我们仍然在寻找我们参与伊拉克和阿富汗战争的记述，参观越战老兵纪念碑引发了有关这些冲突的难以回答的问题。然而，有些贯穿在国家日常生活中的悲剧是永远无法终结的，它们往往很少受到关注，因为它们涉及无名的穷人们，他们过着沉默的穷困生活。它们提出一些非常难的问题，常常涉及一些基本的政治疑问，比如：平权行动适当的立场是什么？政府以何种形式干预家庭以促进妇女和女孩的公平的平等机会是可以接受的吗？什么是体面的福利计划？

此类问题应当在很多场合以很多方式被讨论。其中一些辩论正
确地几乎不涉及情感，而是集中关注收集最好的数据以及尽可能地 289
了解问题。即使这样，涉及情感的政治艺术也发挥作用。如果人们谈话时没有深入了解他们自身情感的话，他们往往不能真正理解问题的深度，或者在沟通时充分考虑到他者。

因此，公共书籍对话作为一种促发审慎性公共对话的手段而出现就不足为奇了，它涉及情感材料以及人们对它的反应。读书俱乐部和读书会的公共活动安排有助于民主，这种观念有着很长的历史。在某种意义上，它可以追溯到古代雅典，那时悲剧被观众讨论和评价——但最终还是出版了，并且以书籍的形式被再次讨论。阿里斯托芬的《蛙》(*Frogs*) 描述了一个带着这样的文本到处游走的人物，尽管背景很滑稽，观众们必须熟悉这种习惯，才能理解它的意义。令现代民主国家感到羞愧的是，直到最近它们都没有像古代雅典那样高的识字率，然而德国魏玛（Weimar Germany）却为了鼓励公民讨论而为工人们公开组织读书会[52]。

在美国，读书会一直主要是城市和小镇的活动。例如，芝加哥就非常成功地在 2011 年举办了“一本书一个芝加哥”（One Book One Chicago）的活动来庆祝它的十周年纪念。由市长理查德·M. 戴利（Richard M. Daley）发起，由芝加哥公共图书馆来运行的这个读书项目鼓励芝加哥市民都来看书。每年组织者会选定两本书供全市人民探讨研究。同时也有可能举办一些与选定之书有关的讲座，书的作者也会出席，而且是免费的。所选定的书目包括：哈波·李（Harper Lee）的《杀死一只知更鸟》、埃利·威塞尔（Elie Wiesel）的《夜》（*Night*）、洛琳·汉斯伯里（Lorraine Hansberry）的《阳光下的葡萄干》（*A Raisin in the Sun*）、亚历山大·索尔仁尼琴（Aleksandr Solzhenitsyn）的《伊凡·杰尼索维奇的一天》（*One Day in the Life of Ivan Denisovich*）、詹姆斯·鲍德温（James Baldwin）的《向苍天呼吁》（*Go Tell It on the Mountain*）、阿瑟·米勒（Arthur Miller）的《萨勒姆的女巫》（*The Crucible*）、桑德拉·希斯内罗丝（ Sandra Cisneros）的《芒果街上的小屋》（*The House on Mango Street*）、卡尔·史密斯（Carl Smith）的《芝加哥规划：丹尼尔·伯翰与美国城市的再造》（*The Plan of Chicago*：*Daniel Burnham and the Remaking of the American City*）、托妮·莫里森（Toni Morrison）的《恩惠》（*A Mercy*）等。很明显，这些选定的书籍都关乎城市所面临的难题，诸如人种、民族以及城市规划的问题。

读书俱乐部能够做而城市公园和纪念碑不能做的就是，促进每
290 个人积极参与到一种充满活力的批判文化中。读书俱乐部所挑选出

的这些著作并不像政治哲学：这些著作促进读者在事件中的情感参与，鼓励由其衍生的对话，并且关注这些情感经验。读书带来的益处之一在于与不同群体或者阶级的人们生活产生一种亲密感，考虑到现存的隔阂，单靠社会科学数据很难做到这一点。通过想象的认同，读者可以估量现有政策和分配的人力成本。

正如芝加哥的经验所表明的那样，不确定数量的书籍［阅读］可以促进良好的公民讨论（同时也促进了对阅读的热爱，这是该项目宣布的一个目标）。为了说明这种开放式的讨论是如何激发强烈的情感并对现存的问题产生富有成效的思考的，我选择了两部我确实教过的作品来阐释，一部来自美国，另一部来自印度。

理查德·赖特（Richard Wright）的《土生子》（*Native Son*，1940）并不属于芝加哥项目里的选定书单，但是这本书本该被选上的，因为它讲述的是芝加哥历史上的一个丑陋时代，提出了一些难以启齿但又需要提出的问题。直到 1993 年，这本书才以未删节的形式出版：书中一幕描述两个黑人男孩在电影院看到迷人的白人女演员时自慰的场景，被其原始出版商“月书俱乐部”（Book-of-the-Month Club）认为太耸人听闻。这是一本晦涩难懂的小说，因为它故意排斥移情。小说的主人公充满敌意、愤怒和恐惧——赖特说，以这种方式，他排斥了一种肤浅的同情，这种同情认为经历过可怕的穷困和种族歧视的人，很容易为白人读者所同情。和菲罗克忒忒斯一样，别格·托马斯（Bigger Thomas）也被自己的生活伤害了，他们的人生都是一种既贫困又耻辱的人生。

小说开篇，读者进入了一个肮脏的、只有一间屋子的公寓，这里住着别格·托马斯和他的妈妈、妹妹、弟弟一家四口。“灯光照亮了房间，照出一个黑人男孩站在两张铁床中间的狭窄地带”①。别格已经进了监狱。就像很快被他杀死的老鼠一样，他陷入了无助的境地。读者会明白，当你没有换衣服的隐私时，当你可怜的“反对羞耻的阴谋”——当四个人必须没有隐私地穿衣和脱衣而又努力维持尊严时——可能在任何时候被一只跑过地板的老鼠打断时，试
291 图维持自尊和秩序是什么意思。他们注意到老鼠被逼得走投无路时，还会恶狠狠地回击，他们也能感觉到从那时起别格与周围世界将产生怎样的关系。他的希望和恐惧，他的性渴望，他的自我意识，每一点都为他生活的肮脏环境所限制和制约。

不仅是肮脏，还有仇恨和厌恶。别格是通过白人世界对他的诋毁来感受自我的：他认为自己一文不值，因为他们就是这样定义他的。然而，他知道自己并非一无是处，所以他痛恨白人的诋毁。并且他也痛恨他们的同情，因为那建立在一个肤浅的假设上，即我们本质上都是兄弟。当他开车载着芝加哥大学的学生玛丽·道尔顿（Mary Dalton）和她男朋友扬（Jan）去她想去的一家黑人餐厅时，他们开车去了印第安纳州，路过了别格居住的地方。

> “你知道，别格，我早就想要到这些公寓里去”，她指着隐现在他们两旁的又高又黑的公寓房子说，“只是想*看看*你们的人是怎样生活的。你懂得我的意思吗？我去过英国、法国和墨西哥，可我不知道离我十条街的人们是怎样生活的。我们彼此

① 此部分翻译参见：理查·赖特．土生子．施咸荣，译．南京：译林出版社，2003：3。

知之甚少。我只是想看看。我想要了解这些人。我这一辈子从来没到一个黑人家里去过。不过他们肯定像我们一样生活。他们是人……他们有1 200万人口……他们生活在我们国家里……跟我们在同一个城市里……”她的声音若有所思地拖得很长。

一片沉默。汽车驰过黑人地带，经过一些住着黑人的高大建筑物。别格知道，他们正在想他的生活和他的人民的生活。突然，他想要把某种沉重的家伙操在手里，用尽全身之力把它紧紧握住，然后神奇地升起，站在飞驰的汽车上空，以最后的一击，把汽车砸个粉碎——连他自己和他们在内。[53]①

从某种意义上说，如果读者不试着从别格的眼睛去看世界，就无法跟随小说的节奏。然而，当他们这样做的时候，他们发现玛丽关于什么是知道和什么是理解的概念实在太过于简单了。一个人成长的环境决定了其心理。他没有“像我们一样的生活”，所以他不 292
仅仅是一个普通人类，有着和其他任何人一样的头脑。种族歧视使他与众不同，然而，在玛丽表达的那种肤浅的同情下，隐藏着更深层次同情的可能性，可以这么说：“这是一个人，有着导向美好生活的设备。看看他的个人的抉择还有他的情感和智识能力是如何被种族仇恨及其体制化的表述所扭曲的。”排斥容易识别的不同性成为关注的对象。读者们感受到更深远范围的情感——对别格困境的更深层次的同情，对美国社会种族主义的原则性愤怒，也许是对事情会有所改变的一点儿希望。

① 此部分翻译参见：理查·赖特．土生子．施咸荣，译．南京：译林出版社，2003：76。

“他站在那儿，心里知道他再也说不明白他为什么杀人。倒不是他有意不说，而是说的时候必须对他的整个生活做一番解释”①。这部小说依然在继续，别格犯过两次罪。一次是由于严重的过失，意外地杀死了玛丽·道尔顿。然而，对他情人贝西（Bessie）的谋杀是蓄谋的谋杀。（这部小说的讽刺之一在于：读者的反应通常跟小说中的白人社会所做出的反应完全一样，他们完全忘记了贝西，把别格视作一个十恶不赦的怪物，因为他杀了玛丽。这部小说的电影版总是将焦点放在玛丽的情节上，无视贝西的部分。）这部小说是别格在法庭上永远不会给出的“解释”——因为刑事司法系统就像他周遭的白人世界一样，不可能把他看作一个个体。事实上，小说对别格个人生活的仔细“解释”包含了一种在这部小说所描绘的世界中似乎是不可能的思想。

对个体性的否认是对称的：在肤色线的两边，种族愤怒掩盖了个人身份。对别格来说，白人是一座“仇恨之山”。一想到个别的人站在线的另一边他就害怕地无法忍受。这部小说因别格律师的演讲而闻名，他借用了弗朗茨·法农（Frantz Fanon）的话，认为暴力是别格对压迫的必然回应，这的确是一种有价值的自我主张。但这并不是小说结局的基调。律师跟其他白人角色一样，对别格的个体性视而不见。相反，小说以个人友谊的可能性结束。在漫长的监禁期间，别格被扬的勇气和正派打动。扬是一个年轻的共产主义
293 者，他有充分的理由恨别格（他是玛丽的未婚夫），但是似乎只有

① 此部分翻译参见：理查·赖特．土生子．施咸荣，译．南京：译林出版社，2003：384。

他一个人把别格当作一个有着自己权利的人。被扬打动的别格开始以小说读者一开始就被鼓励的方式去思考。也就是说，他开始思考存在于肤色线两边的人类目标和能力，尽管这些目标和能力被社会制度塑造得完全不同。最后，别格很快就能看到另一边的个体性了：

> 他心里暗忖，归根到底是不是有可能世界上每个人都有同样的感觉？难道那些仇恨他的人内心中也有麦克斯（他的律师）从他内心中看到的同样东西，就是这东西促使麦克斯问了他那些问题？他这辈子破题儿第一遭取得了一个感情上的立足点，使他能够站着观看他从未梦想过的那些模糊关系。要是那座隐现的白色仇恨之山根本不是一座山，而是人，像他一样的人，像扬一样的人——那么他就面对着一个很大的希望，像这样的希望他是从来不敢想象的，同时他也面临着一种绝望，它的全部深度他知道他是无法忍受的……他在牢房地板中央站直了身子，想要看清自己和其他人的关系，这件事是他过去一直不敢做的，因为他自己的脑子里深深地沾上了别人对他的仇恨。①

这部小说的结局似乎超越了马克思主义基于阶级的政治，表明即使是那种把人视为类别的政治立场，也是一种压迫的产物。如果分界线真的被擦除了，那么就可能会有友谊。别格的最后一句话

---

① 此部分翻译参见：理查·赖特．土生子．施咸荣，译．南京：译林出版社，2003：327。

是，“跟扬问一声好……”然后就是“再见！”

在奥巴马执政期间读这本小说的话，芝加哥的读书俱乐部会谈论些什么呢？其中最重要的肯定是我们的社会是否真的进步了，如果进步了，进步到了何种程度？奥巴马当选为总统，再加上2011年以非裔和拉丁裔为主的选区以及“白人”选区选择拉姆·伊曼纽尔（Rahm Emanuel）（犹太裔）为市长，这是否意味着我们正在进入一个后种族政治时代？有什么理由反对这些结论呢？在市中心又
294 发生了什么呢？又有多少年轻人往好了说，还没有开化，往坏了说，已经沾染上了“他者的仇恨”？现存的刑事司法系统真的足够关心少数群体和弱势群体吗？应该考虑哪些改革？可怜的黑人女性受害者仍在被忽视吗？像道尔顿先生（Mr. Dalton）这样的恶劣房东在种族污名的延续中扮演了什么角色？种族跟阶级有什么关系？有些读者肯定会说，种族主义是次要的，阶级才是真正重要的问题。

我们也必须谈谈“大学：学校就在大道乐园”（university-school out there on the Midway）。自赖特时代以来，芝加哥大学无疑已经改善了它与周边社区的关系，正如第十章将表明，芝加哥是一个比过去更加种族多元化的地方。但这已经做得足够多了吗？芝加哥大学真的足够关心社区吗？在内部，它是否对结束长期以来的种族排斥表达了充足的关注呢？这意味着什么政策呢？

比如说，我们如何看待平权行动呢？平权行动冒着什么风险，完成了什么目标？我们愿意为此做出什么样的权衡呢？这些问题都不是遥远的历史问题。争论这些问题时带着痛苦，有时是愤怒，还

有造成疏离的风险。

有些书籍的讨论会聚焦于情感的描述和对它们的社会塑造。此时的讨论可以广泛地展开，思考厌恶、羞耻、污名、女性、男同性恋和女同性恋以及其他弱势群体的情感。在这个时候，我们必须解决最为困难的一个问题：理解另一个人是什么？这可能导致对以群体身份为基础的政治与以个人尊严和分离性为基础的政治这两者之间关系的讨论。

进一步研究美学和政治学之间更广义的关系，思考是什么让一部话题性作品经得起时间的检验，心理深度和人类洞察力有什么样的品质，这些都是不会错的。

印度目前的识字率还不够高，无法建立像芝加哥那样的公众读书俱乐部计划：这样的计划只会促进阶级分化，而不是阶级包容。电影是当地讨论小组更好的选择。并且许多团体已经通过音乐和舞蹈引发公众讨论，正如对泰戈尔还有现在对孟加拉的包尔人的讨论。然而，对于狭义的中产阶级读者而言，最近印度文学为公众讨 295
论提供了许多珍贵的读本。比如玛哈丝维塔·黛维（Mahasweta Devi）、阿兰达蒂·罗伊（Arundhati Roy）、罗尹登·米斯崔（Rohinton Mistry）以及其他许多用英语和和本国语言写作的作家，他们都会促进种姓、阶级、性别问题的公众讨论。就像我想象赖特小说在芝加哥所起到的作用那样，产生相似的扩展的同情，以及在情感上对国家的一些核心政治原则有着丰富的把握。玛哈丝维塔·黛维所创作的一个小故事《葛莉巴拉》（“Giribala”）[54]描述了一个非常贫穷的女人所面对的日常悲剧。这个短篇小说常常可以在很多地方起到和其他悲剧故事一样的作用。（比如，它与欧里庇得斯的《特洛亚妇女》非常接近。）它公开讨论女性的主体性和脆弱性，更重要的是，悲剧是人类“命运”的一部分，由有缺陷的社会安排所导致的悲剧是可以被改变的[55]。

当然，人们可以在没有高度情感化的艺术作品的情况下争论所有这些问题。而且，任何完整的讨论都需要大量数据的支持，因为一个故事有可能描绘了一幅扭曲的印度农村生活的图景，尽管这个故事没有这样描绘。但是，跟数据不一样，这个故事有力地使读者接近了这个可怜女人的生活，帮助读者理解极端逆境下的女性的主体性所拥有的力量和能量，并运用更超脱的描述所做不到的方式使她成为他们“幸福主义”关注圈的一部分，从而帮助他们理解印度民主形式的关键原则，使这些原则成为他们自己关于繁荣的思考的一部分。这种作品所激发的同情原则上与帮助行为是高度相关的。对于这本书的读者，就如对巴特森的大学生一样，有用的帮助行为已经准备就绪，这种讨论的一个可能结论将会是一个行动议程。

六、喜剧庆典

阿里斯托芬似乎比索福克勒斯离我们更为遥远，因为好的幽默通常都是亲密的、和情境相关的。因此，想象一个现代的类似于喜剧节日的功能似乎有点儿奇怪。但是它们的精神，就像悲剧精神一样，使许多公共艺术品都充满了生气。

芝加哥千禧公园：身体的愉悦和包容

大城市的诗歌是美国公众情感的一个特别强大的来源。尤其是 296
纽约和芝加哥产生了城市艺术，这种城市艺术表达了对差异的热爱，颂扬了在它们受到尊重而不是恐惧时所带来的巨大能量。在这里，我们必须回到惠特曼。在恐怖的美国内战期间及之后，惠特曼的诗歌有着对所有美国人的包容，这些诗歌的原型就是他对纽约的热爱以及他对纽约所代表的意义的理解。“沃尔特·惠特曼，一个宇宙，曼哈顿的儿子”（24），他在《自我之歌》中如是形容自己，他马上把纽约的理念和他理想中美国的核心价值观放在一起；“谁污蔑别人就是污蔑我，不论什么言行最终都归结到我……天啊！如果不是所有人也能相应地在同样的条件下得到的东西，我决不接受”（《自我之歌》，24）。① 纽约象征着惠特曼笔下美国动荡的多样性，象征着这种多样性的大胆和活力，也象征着敢于拒绝厌恶和耻辱——所有被禁言的人和事物都敢于在这里说出自己的名字。随着这首诗歌的继续，惠特曼不断地触及羞耻和厌恶的根源，并将它们与偏狭联系在一起。他建议，如果我们学会喜爱和赞美那些嘈杂、混乱和喧嚣的事物——包括我们自己明显的、混乱的性欲——那么我们就不太可能憎恨和压迫别人。

> 借助我的渠道发出的是许多长期以来喑哑的声音，
> 历代囚犯和奴隶的声音，

---

① 此处惠特曼诗歌引自：惠特曼．草叶集．赵萝蕤，译．重庆：重庆出版社，2008：93-94。

…………

被别人践踏的人们要求权利的声音，

畸形的、渺小的、平板的、愚蠢的、受人鄙视的人们的声音……

通过我的渠道发出的是被禁止的声音，

两性和情欲的声音，被遮掩着的声音而我却揭开了遮掩……（《自我之歌》，24）

因此，不足为奇的是，在惠特曼为悼念亚伯拉罕·林肯所写的挽歌中，纽约占据了高潮诗句的中心位置，因为纽约是唯一一个被诗人称为“自己的”地方：“看哪，身体和灵魂——看看这地方，这是我的曼哈顿，这里有教堂的尖顶，有波光粼粼的汹涌海潮，还
297 有那渡船……”[56]很明显，纽约不仅是一个特别的城市，还是美国多样性、包容性和抱负的象征。

这种多元化的诗歌并不能摆脱困难。生活的阴暗面是阴暗的，但是有一种爱可以从底层支撑着整个事业，并且它喻示着这种爱从根本上说是对人体的爱，可以推动我们前进。即使我们不喜欢我们的同胞，不赞成他们的做法，我们依然可以爱他们，因为他们是我们所歌颂的伟大城市的一部分，是我们的一部分。包容的诗意向我们招手，当我们探究那些我们可能持有疑虑的生活角落时，它给我们带来了快乐。正如惠特曼所熟知的，这些包括我们经常当作禁区而隔离开来的身体生活（bodily life）的各个方面，我们告诉自己，让我们不舒服的是外界和“他者”。

但纽约并不是美国城市诗歌的垄断者。现在我们可以看看芝加

哥的千禧公园，它创建了一个公共空间，这是它自己的诗歌的多样性。芝加哥有一段身体自信（bodily self-assertion）的历史。与人们可能几乎忘记自己拥有身体的（芝加哥照片中的）纯净东方相比，芝加哥为自己所散发出来的气味和汗水感到无比自豪：

> 供应全世界肉类的屠夫，
> 工具制造商，小麦囤积者，
> 铁路和全国运输枢纽的操纵者，
> 暴躁的，健壮的，喧嚣的，
> 宽阔肩膀的城市：
> 他们告诉我你是邪恶的，我相信他们，因为我看见涂脂抹粉的女人在煤气灯下引诱着农家少年。
> 他们还告诉我你为非作歹，我答道，对，这是真的，我看到强盗杀人后逍遥法外，又去杀人。
> 他们还告诉我你是残忍的，我的回答是：在妇女和儿童的脸上我看到了饥饿肆虐的痕迹。
> 做了这些回答后，我再次转向那些嘲讽我的这座城市的人，回敬他们以嘲讽，并对他们说：
> 来，指给我看还有别的什么城市像他这样骄傲地昂首高歌，这样生气勃勃，粗犷、强壮而灵敏。
> 这儿是一个高大勇敢的拳击家，他和那些娇小温柔的城市形成鲜明的对比，在堆积如山的劳累工作中飞来魅人的咒骂，
> 凶猛得像一条舔着舌头咬人的狗，灵敏得像一个跟荒原搏斗的野蛮人，

298 光着头，

挥着铲子，

毁坏着，

规划着，

建筑，拆毁，再建筑，

在烟雾下，满嘴尘土，露出白牙笑着，

在可怕的命运重负下，像一个年轻人那样笑着，

甚至像一个从未打过败仗的无知士兵那样笑着，

吹嘘和笑，在他的手腕下是脉搏，在肋骨下跳动的是人民的心脏，笑着！

笑出了暴躁的，健壮的，喧嚣的，年轻人的笑，裸着上身，挥汗如雨，由于做屠夫、工具制造商、小麦囤积者、铁路和全国运输枢纽的操纵者而骄傲。[57]①

卡尔·桑德堡（Carl Sandburg）以一种惠特曼式的风格写作，他笔下的芝加哥是惠特曼笔下的纽约的对应物：一个刻意讨故作正经的人和想成为天使的人反感甚至厌恶的地方。它愉悦地炫耀着自己的身体。它乌黑、汗臭、难闻，但也充满了生命和乐趣。正如H. L. 门肯（H. L. Mencken）的名言："我给你芝加哥。它不是伦敦和哈佛，也不是巴黎和酪乳，而是存在于每一块猪肠和排骨中的美国，它从鼻孔到尾巴都是生动鲜活的。"

并不是所有的芝加哥人都喜欢这种意象。在 19 世纪晚期的时

① 此处卡尔·桑德堡的长诗《芝加哥》翻译引自：卡尔·桑德堡．桑德堡诗选．赵毅衡，译．北京：人民文学出版社，1987：121－122。

候，公共建筑和公园反而开始强调仿欧式的原始纯净主题——我们可以说，人为地雕刻石头开始盛行。格兰特公园（Grant Park）的建筑风格就模仿了欧洲正式花园的风格，尤其是作为核心的白金汉喷泉（Buckingham Fountain，1927），其色调是纯净、雪白，且拒绝游客参观。难怪人们不去格兰特公园，因为公园不欢迎他们进入。其实，就算格兰特公园允许游客入内，游客在公园内也无事可做。当芝加哥在 1892 年的哥伦比亚博览会上迎接全世界时，它选择将自己描绘成纯洁的白色。这正如我们在第八章中看到的，当时博览会的临时建筑被称为“白城”（White City），构建了一个如童话故事般的世界，掩盖了其外部的多元世界[58]，这座建筑缺乏主体，当然也缺乏幽默。因此，水牛比尔的狂野西部秀和各种各样的民族展览等娱乐活动不得不被搬到展览馆外的大道乐园去表演，这就是现在穿过芝加哥大学中央的中途街。 *299*

“白城”宣称芝加哥和欧洲伟大的君主制的首都一样具有帝都的气派。如同那些曾经的首都一样，芝加哥指望的并不是真正的流汗的、终有一死的、平凡的人类。下层社会的人在那里并不受欢迎——比他们在（周围的）芝加哥大学更不受欢迎。

幸运的是，芝加哥关于公园和公共艺术的观念已经发生了变化。我们将在第十章回到对中途街的讨论。但是在这个经过修改的桑德堡式城市概念中，最吸引人的地方是市中心，紧邻颠覆性的格兰特公园：千禧公园。该公园在市长理查德·M. 戴利的支持下，于 2004 年对外开放[59]。当你从密歇根大道走向公园的时候，首先映入你眼帘的是由西班牙艺术家乔米·普伦萨设计的皇冠喷泉。在两块 50 英尺高、约 25 码远的巨大屏幕上，人们可以看到投射出来的不同年龄、种族、阶层的芝加哥市民面孔的照片。在任意特定时间，这两块屏幕上都展示两张面孔，表情都会发生缓慢变化，达到一种惊人的喜剧效果。每隔 5 分钟左右，就在两张新面孔取代旧面孔之前，屏幕中的这些脸就开始喷水，仿佛从他们嘴里喷出来，喷到孩子们身上。孩子们在屏幕下方的浅池中嬉戏玩耍，期待着突然的惊喜。这些孩子的父母甚至祖父母一开始也会害羞地、小心翼翼地加入他们的行列。被淋湿会让人看起来傻乎乎的，也会让人失去尊严。人们喜欢它，而这种不拘泥形式的共享使空间民主化。它还对过去为区分种族而分设单独游泳池和饮水喷头的耻辱说不，也对认为女性的身体易变和有黏性的耻辱性观点说不。随着液体喷出的滑稽的爆裂声，它也向禁止异族通婚的清规戒律和更普遍的清教主义说不。惠特曼描述了一个年轻的女子，害怕被清教主义谴责而隐藏自己的身体，想象着和年轻男子一起出去游泳。就如他对他们所说的，屏幕上的巨大面孔也是如此："他们不会想到他们激起的水雾喷射到了谁身上。"

如果你从某个角度观看这一切，你还会看到弗兰克·盖里所设计的建筑顶棚就像一对向上卷曲的贝壳形羽翼，旁边是一顶银色头盔，战争的遗迹让它决定放弃侵略，变成一只鸟。优美的曲线造型
300 让人联想到尚武之美，但它又能把它拆开，变得柔软优雅。在这里听免费的音乐会，你会觉得置身于一座回荡着和平之声的神殿。

继续往坡上走，你就到达了云门。这是由安妮施·卡普尔设计的巨型不锈钢雕塑，它特别像一个巨大的倒置的芸豆。它的造型本

身就有一种引人注目的美。反映在它的表面上，你可以看到一幅壮丽的景象：密歇根大道的摩天大楼、云朵和天空。这些建筑笔直得令人敬畏，但它们的曲线看起来更令人愉快。形色各异的人躺在雕塑下面的地上看。但随后他们也研究了自己被扭曲的映像，从不同的角度发现了不同的漫画似的扭曲，他们哈哈大笑。“豆子”（芝加哥人给它的名字）延续了皇冠喷泉的喜剧节。卡普尔的雕塑跟林瓔的越战老兵纪念碑有着相似之处，它们都强调了自我意识：两者都反射观众的脸和身体，都在某种意义上是关于观众的——每个人都有自己不同的方式和精神。在死者的名字中间，林瓔的黑色花岗岩反射出一张注视着那些名字的脸，这是一张充满悲伤和未解之谜的脸。卡普尔采用明亮的不锈钢材质以喜剧的扭曲形式展示了游客自身和其他游客的整个身体——但将它们与美丽和奇迹的意象并置，产生了一种庆祝和肆无忌惮的感觉。

与此同时，在高速公路上盖里的那座令人难以置信的弯曲桥——一座似乎无处可去的桥梁——上，人们在这里漫步、停留、与陌生人交谈。这种互动式的公共空间在赞美多样性的同时，也在思考美的问题，这两者都与身体的愉悦同在，就像老少皆宜的划桨或凝视反射的云彩。

这个神奇的地方构建了什么样的态度和情感呢？好吧，当然是一种对同胞多样性的热爱，以及一种多样性是快乐的而不是焦虑的来源的感觉。此外，还可以享受淋湿的乐趣，因为这个公园的设计师万万没有想到的一个特点是，淋湿的乐趣不仅在孩子们身上，所有年龄层的人都想要站在喷涌而出的喷泉前，与不同种族、性别、年龄的芝加哥人共同享受一种奇怪的感觉，即使不完全是性方面的。同样重要的是，阿里斯托芬式的个人和他者荒谬感的体会，一种当液体喷泉突然从某个地方喷射而出，人们的样子看起来古怪有
301 趣的感觉。这种感觉是好的而不是坏的。还有同样重要的是一种平静，愿意四处躺着，愿意慢慢走，或者漫步，或者停下来和人们打招呼的随意。（这样，公园就重建了阿里斯托芬式身体的快乐与平静的联系。）

《拉嘎安》：国家认同的运动

一直以来，《拉嘎安》（*Lagaan*）［也叫《土地税》（*Land Taxes*）］是宝莱坞（Bollywood）最受欢迎和推崇的电影之一。这部电影在国际上拥有庞大的追随者；这部影片获得了许多荣誉，被印度提名去获取奥斯卡奖，并且在2001年原版影片票房大卖数年之后，仍是DVD销量最高的影片。这部影片由阿米尔·汗（Aamir Khan，他也是明星）制作，阿舒托什·哥瓦力克（Ashutosh Gowariker）担任编剧和导演。虽然它的起源是私人的，但已经被公认为是一种国家身份形象。它实际上是在国家困难时期，对这种身份的一种特殊看法的颂扬。它被官方提名为最佳外语影片，就像A. R. 拉赫曼1997年在印度成立50周年的庆典上，选择了《人民的意志》这首歌作为印度国歌，使它成为一份关于民族价值的官方公开声明——无论这份声明（这是印度人民党在联合政府占据优势时发表的）是否被看作真诚的或熟练的公共关系。

《拉嘎安》还有另外一个名字：《印度往事》（*Once upon a*

Time in India）。这个片名显得很古怪，显然，任何一部宝莱坞历史系列的电影都可以被称为曾经发生在印度的事情。更奇怪的是，严格来讲，“印度”这个国家在故事发生时，也就是在19世纪晚期，还没有真正地建立起来。因此，尽管声称在现代国家没有形成之前就承认“印度”这样的国家实体是错误的，但该命名确实提出了一个问题：印度是什么？何时的印度？谁是印度？谁在印度？它还表明，它将讲述的故事，虽然在某种意义上很遥远，但在另一种意义上是“在印度”，处于这个国家和它目前的困境中。对神话的引用也很重要，暗示着电影渴望塑造一个关于起源的故事，也许是一个关于国家身份的故事。通过给小孩讲故事这种熟悉的形式来叙述，“很久很久以前”也暗指叙述想象①，表明讲故事本身也在国家计划中扮演着重要角色。

《拉嘎安》讲述的是在甘地之前，印度人民以非暴力形式成功反抗英国殖民者的故事。故事发生在维多利亚晚期，讲述的是一个穷困村庄的印度农民受到英国政府的压迫，他们被迫要付高额的税收。管辖当地军营的指挥官是上尉罗素（Captain Russell），他残忍又傲慢。这部电影的喜剧色彩体现在这个人物角色上，他似乎很有威慑力，但最终变得滑稽可笑，他的红色皮肤使他看起来就像煮得过久的、令人毫无食欲的午餐肉，而村民们呈现出来的深浅不一的黑色皮肤看起来很讨人喜欢。布凡（Bhuvan，阿米尔·汗扮演的角 *302*

① 此处，作者着重指出影片名中“Once upon a time”作为故事叙述的常见开端所蕴含的叙事性和想象性。结合该电影的故事情节，似乎要强调国家/民族身份建构可以通过叙述的想象性来进行。

色）是村里的领导者。由于长期干旱，布凡不得不去请求减免税收。罗素对此完全不接受。在他去拜访殖民地官员的时候，布凡目睹了一场板球比赛，并取笑他们。罗素被村民的反抗激怒，寻求报复，于是他提出给布凡一个赌注：如果村民们能在几个月之后的板球比赛中打败他的队伍，那么他就自动减免三年的税收；如果输了，村民们则要支付三倍的税。令村民们惊讶的是，布凡接受了这个赌局。

但是，村民们对板球一无所知。幸运的是，他们得到了罗素的妹妹的帮助，她对布凡一见倾心。她偷偷溜出来组织练习。但是，在练习之前，他们必须要组成一个团队。国家建设就是在这里开始的。团队成员自然本该是当地的印度教徒，但布凡坚持招募迪瓦（Deva）加入团队。这位锡克教徒曾经在英国军队当过印度兵，对这项运动了如指掌。布凡还要招募名叫伊斯梅尔（Ismail）的穆斯林，他有着一身击球的好本领。每次招募纳新最初都受到了其他人的抵制。特别是当他选定具有非凡转球天赋的喀拉（Kachra）作为球员的时候，村民和团队成员的反应可谓惊恐万分，因为他们觉得喀拉是一个“贱民”或达利特人。布凡严责了村民，球队最终接受了喀拉。同时，这部电影的妇女赋权不仅通过女教练的主题得以戏剧化，更确切地说，也通过这整个故事中坚定自信的人物角色布凡的女朋友高莉（Gauri）得以体现，布凡一直对她忠贞不贰。所有这些“少数派”保持着对整个团队的绝对忠诚，并且为团队的成功做出了巨大贡献。实际上，一个上等种姓的印度人，因为他爱高莉，出于对情敌布凡的嫉妒，跟英国官员勾结泄密，让他们几乎输了比赛。因此，这部电影也是在告诫世人，背叛不仅仅存在于“他者”中（正如印度教右翼的宣传一直都在暗示，那些圣地在别处的人不可能忠诚的那样），尽管这种看法可能存在于大部分人心里。 303

这部四个小时的电影整个后半段都在关注比赛本身，我不想在这里再总结一遍。我只想说明它的前提是国民对这项运动有着强烈的兴趣，并表明这项运动本身就是国民自我定义的一种行为。最后，村民们赢了——尤其要感谢他们旋转扔球手的表现，同时也要感谢这个团队有能力揭穿背叛者的欺骗，并把他拉到自己这边来。他们赢得了比赛之后，大雨倾盆而下，结束了干旱。这样，这个村庄就获得了双倍救赎：没有了税收，庄稼也会大丰收。电影的结局皆大欢喜，所有的人都在雨中跳舞狂欢。

《拉嘎安》的基本讯息就是：只有包容和尊重每一个人，印度才能强大，才能解决好她的政治和经济问题。的确，只有这样，它才能超越其屈从历史。当时的印度教右翼一直都在给世人传递这样一种信息：必须坚决主张印度教优先的身份，并将其他群体边缘化，才能克服耻辱的遗留问题。《拉嘎安》颠覆了这种宣传。在《拉嘎安》中，英国人代表的是歧视不同宗教的种族主义者。真正的印度价值是多元的。村民打败英国军官的地方，不仅仅在于他们赢得了比赛，更在于他们秉持了一种更高的行为标准（甘地独立运动的永恒主题）。西方的价值观是侵略和占领，而印度的价值观是相互尊重、团结合作、宽容以及多元的爱。

选择板球很重要，因为它是一项与礼貌有关的运动，印度人的举止，就像他们的运动一样，超越了他们的统治者。然而，板球运动之所以重要，还有另外一个原因：印度板球运动的世界确实非常包容，来自不同宗教信仰的球员很容易联合起来，不同背景的球员都受到公众喜爱。这部电影暗示印度板球的价值对整个印度都有意义。当然，另一个以包容著称的世界是印度的宝莱坞电影世界，在这个世界中，宗教身份没有什么意义，跨宗教的婚姻已经见怪不怪
304 了，电影一直都是以宝莱坞的方式将人们融合在一起。这里有一对浪漫的印度情侣，布凡和高莉，布凡这个角色的扮演者阿米尔·汗在真实生活中是一个穆斯林，他却娶了一个印度教徒[60]，电影的女主角高莉的扮演者格蕾丝·辛格（Gracy Singh）是一个锡克教徒。然而，在那个宗教局势特别紧张的时代，没有人认为穆斯林象征着英雄主义和性感——一个穆斯林在虚构世界中娶了一个由现实生活中的锡克教女教徒扮演的印度教徒——一切都是非常美好和正常的。众所周知，阿米尔·汗是毛拉纳·阿扎德的后裔。毛拉纳·阿扎德是一名虔诚的穆斯林，也是甘地运动的领导者之一。当甘地绝食濒临死亡的时候，第一次接受的食物就是毛拉纳·阿扎德亲手奉上的。因此，这部电影也在暗指一个真正甘地式的印度的目标是克服身体的厌恶感和耻辱感。

随着 1984 年德里反锡克教徒暴乱的苦难场景依然鲜活，随着法庭上的起诉不断进行，谁也不会认为一个叫辛格的人不应该扮演电影的浪漫女主角。电影中虚构的人物随着音乐唱歌、跳舞，仿佛为彼此而生，每个人都爱他们。这部电影大胆地表明，一个名叫辛格的人可以做任何事情——三年前，曼莫汉·辛格（Manmohan Singh）作为第一位少数民族总理登上国家领导人宝座。如果整个

印度能够像板球和宝莱坞那样包容，并且植根于身体的优雅和快乐，那么整个国家将会前所未有地繁荣。

演员里的异族通婚更为普遍：穆斯林人物伊斯梅尔由一个印度教徒瑞德让纳·组特希（Rajendranath Zutschi）扮演。在现实中，他娶了穆斯林阿米尔·汗的妹妹。锡克教的印度兵德瓦是由印度教上等种姓（拉其普特）的普拉迪普·拉瓦特（Pradeep Rawat）扮演。另一个锡克教徒角色，罗姆·辛格（Ram Singh）由穆斯林扎维德·汗（Javed Khan）扮演。低种姓的人也在其中：非低种姓的布拉（Bhura）这个家禽农户的角色是由“后种姓”的拉格胡维尔·亚达夫（Raghuvir Yadav）扮演。贱民喀拉是一个例外，但却是最有趣的类型，因为他由阿迪蒂亚·拉卡亚（ Aditya Lakhia）饰演，他实际上是一个达利特，来自比哈尔邦（Bihar）的种姓，一个既定的种姓。但是他的名字阿迪蒂亚并不是底层社会常见的姓名，这表明他的家庭接受过一定的教育，且他们的阶层在向上提升[61]。因此，电影里面贫困又无知的达利特是由一个最有前途的所有因素 305
的混合体，一个中等阶级的达利特扮演的。

2001 年，每一个观众都清楚，印度不是电影《拉嘎安》中所描述的那样。特别是在 1992 年阿约提亚巴布里清真寺（Babri Masjid at Ayodhya）被摧毁，印度人民党上台后，对穆斯林的歧视和敌对仍在继续，执政党默默地鼓励穆斯林（和基督教徒）的边缘化，导致了 2002 年的古吉拉特邦暴乱。1984 年德里的反锡克教暴乱的正义没有得到伸张，有罪的政府官员也没有被绳之以法。至于在册种姓，尽管种种平权行动依然在实施当中，针对它的歧视在过去，即使是现在，仍然是日常现实。因此，电影《拉嘎安》有着悲剧的暗流，就像阿里斯托芬的《阿卡奈人》和《利西翠妲》一样，都是在真正的战争和痛苦中创作的。乃至十年之后，电影中想象的统一也没有在印度社会实现，或者只存在于印度社会的一小部分。然而，幻想和真正的希望是，印度可以像板球一样，像宝莱坞一样，成为一个通过比赛团结在一起的国度。在 2004 年，至少部分愿景变成了现实。称曼莫汉·辛格是通过运动实现团结的源泉，这很荒谬。他至少看起来是印度历史上最严肃的领导人之一。但这个玩笑本身或许就是一种治疗。尽管它不真实，这部电影依然充满希望，确实充满节日气氛——它颂扬那些多元化的小区域，因此颂扬印度能够做最好的而不是最坏的自己的能力：尊重每个作为平等的人的公民，动用所有的人力资本来提高所有人的生活水平。因为这部电影是一部关于福利的电影。它的标题暗指经济生存，并以一场缓解干旱的甘霖结束。

在《拉嘎安》的结尾部分，所有种姓和宗教的人都欢快地在雨中嬉戏，这让人想起了阿里斯托芬式的结局：肉体上的快乐战胜了敌意和分离。它是印度的类似皇冠喷泉的喜剧类似物，因为异族通婚的水流淌而过的时候，厌恶就被驱赶了。

比尔·莫尔丁的漫画：战争中的身体

战争中的身体依然是一个人类的身体，虽然背负着痛苦和疲劳，但是仍然渴望生命中的美好事物。因此，正如阿里斯托芬所见，战争是喜剧的中心场所。《阿卡奈人》提醒我们，军事领导人
306 见，战争是喜剧的中心场所。

有一种忘记普通士兵尸体的方式。但这在现代战争中尤其如此，因为军官本身与拉马库斯不同，可能不在战场上。从古代雅典到现在，精英们进行的战前宣传，不断地把参战的士兵描绘成纯粹、高尚的形象——获得至高无上荣誉的勇敢的小伙子们[62]。但是生活并非如此，普通士兵希望承认他们生活中的肉体现实，作为尊重他们牺牲的一部分，作为公开承认战争的目标必须始终是和平与享受生命的一部分。

比尔·莫尔丁（Bill Mauldin）是一位具有争议性的美国漫画家。在二战期间，他以他的传奇人物威利（Willie）和乔（Joe）创造了自己的喜剧节——如此成功以至于他成为战争努力的正式部分，并得到了德怀特·D. 艾森豪威尔的肯定[63]，虽然被小乔治·史密斯·巴顿（George S. Patton Jr.）将军斥责为颠覆分子。他2010年5月获得为其发行的一张美国邮票为纪念。邮票上描绘着他的传奇人物威利和乔，还有莫尔丁本人穿着制服站在他俩旁边，手里拿着钢笔和草绘垫。

1940年，莫尔丁（1921—2003）参军，加入亚利桑那州国民警卫队，被编入第45步兵师。由于之前在芝加哥艺术学院学习过，他自愿申请为该单位的报纸工作。也就是在这里，他创造出了威利和乔这两个角色。1943年7月，随同部队登陆侵入西西里的时候，他继续创作漫画，并于1944年转到官方军人报社《星条旗报》（*Stars and Stripes*）工作。很快，就给他配备了吉普车，以便他能到前线寻找素材。他的漫画士兵们都很爱看，在整个欧洲和美国都大受欢迎[64]。

军队高层不喜欢他的藐视，也不喜欢他对军纪的讽刺描写（比如说一幅漫画嘲笑巴顿命令士兵不许留胡子的规定。士兵必须始终保持刮净胡子，即使在战争期间也要刮干净）。巴顿将军试图以在军中“散播异议”为由把他从前线调离。巴顿将军还威胁说，如果该报不停止刊登“莫尔丁恶俗下流地企图败坏军纪”的漫画，他就要封禁报社。但是艾森豪威尔站出来为莫尔丁辩护，因为艾森豪威
307 尔明白，莫尔丁的漫画给了普通士兵们一种支持，一个发泄挫折情绪的出口，帮助他们在战时的情感和身体苦难中生存下去。他为巴顿和莫尔丁安排了一次见面。莫尔丁告诉《时代》（*Time*）杂志：“我去赴约的时候伪装着自己，我们分开时很友好，但是我想我们并没有改变彼此的想法。”巴顿被这种公开评论激怒了。他说：如果再让他碰到莫尔丁，他一定会把莫尔丁送进监狱。之后，莫尔丁评论说：“我一直很佩服巴顿将军。哦，当然，那个愚蠢的混蛋疯了。他是疯了。他以为自己生活在黑暗时代。士兵们都是他的农民。即使我不喜欢他的态度，我仍然欣赏他把士兵们从散兵坑里救出来的那套理论和技巧”[65]。莫尔丁在访问蒙特卡西诺附近的一个机枪小队的时候，肩膀负伤，这使他人气大增。1945 年，莫尔丁获得了美国陆军的荣誉军团勋章。之后不久，他又因“以漫画家的身份为军队做出了杰出贡献”而获得普利策奖。死后，他被安葬在阿灵顿国家公墓（Arlington National Cemetery）。

威利和乔是二战中阿里斯托芬式的英雄[66]。与狄开俄波利斯一样，他们引起人们对日常身体功能和身体脆弱性的关注。皱巴巴的、松垮着，嘴角叼着一根烟，他们甚至同古代喜剧人物一样，穿

着宽松的、有衬垫的服装。也像这些人物一样，他们关心的是生活中的美好事物，而非抽象的事物，例如荣誉。威利筋疲力尽，邋里邋遢，扁平足，弯腰去找军医——他自己是个可怜的家伙，被忧虑击倒。医生一只手拿着一罐阿司匹林，另一只手拿着一个装着奖章的盒子。威利却说："给我阿司匹林就可以了，我已经有一枚紫心勋章了"[67]。重要的是，威利是一个爱国者，而不是懦夫或逃兵：他已经有了一枚紫心勋章。但是他又累又酸痛，漫画调侃了奖章能够缓解脚和背部疼痛的想法。什么样的医生会给你这样一个无用的东西呢？

漫画的其他部分嘲笑了高等军官对普通士兵经历的漠视。比如说，有一节漫画画的是，筋疲力尽、胡子拉碴、脏乱不堪的威利和乔坐在吉普车里，停在一家高档俱乐部前面，那里写着："非军官，请勿入内""必须打领带"。莫尔丁说："我为士兵画画，画的是关于士兵的事情，因为我知道军人真实的生活，理解他们的埋怨"[00]。漫画中的军官通常不了解士兵：一幅漫画中，一名军官高高站着，干净而傲慢，威利和乔则蹲在灌木丛后的泥潭中。画面字 308
幕配文："长官，当你激励我们的时候一定要吸引火力吗？"[69]不知怎么的，我们知道军官肯定会开着他停在附近的车继续前进（我们就是知道会这样，即使在画页中没有画出），让士兵们留在因他的出现而带来的风险中。

漫画一次又一次地再现意大利场景中身体的需要和不适的主题：雨水、泥泞和寒冷，伴随着水泡、睡眠缺乏和疼痛，但是他们也聚焦于尝试活得有最低限度的尊严和体面，这是一个严肃的目标，即使他们的尝试有点儿滑稽。当一个士兵在处理垃圾的时候，乔在一个可能是垃圾坑也可能是散兵坑的洞里竖起了一块牌子："这是我们居住的地方"[70]。在一个布满碎石的战场上，威利和乔在一棵光秃秃的树上发现了一朵花，字幕写道："春天来了"[71]。这既是对战时环境中感伤的嘲笑，同时也是真实的，也是在痛苦和疲惫中的一丝快乐。他们甚至有能力在丑陋中进行隐喻。他们站在齐脖子深的泥潭里，雨水敲打在他们的头盔上。威利说："既然你提起它，它确实听起来就像'铁皮屋顶上的雨'"[72]。即使是在混乱无序的情况下，他们也会寻找自己的快乐。当雨过天晴时，威利对乔说："袜子还没有晒干，但是我们可以吸香烟"——事实上，他们把香烟可爱地挂在线上，排得整整齐齐，井井有条[73]。漫画更为谨慎地表现了他们的无处发泄的性欲，但它显然是存在的。当威利对特别邋遢又凌乱的乔说："你为什么不生下来就是一个漂亮的女人呢？"[74]乔开车去了一座被称为"怀特小姐女子大学"的大楼，但是却没有发现一个女人。她们都被他的一群同事抢走了，只留下年迈的老板娘来问他："上尉，您是不是在找步兵连？"[75]

有时候，喜剧也接近悲剧。当这两名士兵在沼泽地里挣扎时，威利跟乔说："乔，昨天你救了我的命，我发誓今天会报答你。这是我最后一双干袜子了"[76]。

巴顿是错的，艾森豪威尔是对的。莫尔丁并没有颠覆传统，他
309 没有看不起威利和乔，他显然尊重他们的勇气和耐力。有必要指出的是，他自己就是他们中的一员，承担着同样的风险和弱点。但是通过提醒军队和公众，战争是由人类身体进行的，他为普通士兵发

声，促使人们更好地考虑这些普通军人的需求和牺牲。

有趣的是，莫尔丁曾经有一个想法，威利和乔会在战争结束时死去。但是他被说服了。毕竟，这是一个喜剧节日，喜剧赞美生活。相反，他们回家后，嘲笑“战争是光荣的”想法。在回家的航班上，乔不知怎么就坐在一位高级将领旁边（当然，这是一种幻想），他模仿这位高级将领的傲慢态度说：“我和我的同伴一致认为这些跨大西洋的航班非常乏味”[77]。后来，一个记者采访了他，乔头顶上挂着一个写有“公共关系”的牌子，乔坐在那里，浑身疲惫又麻木，一名军官替他发言：“他认为那边的食物好吃极了。他很高兴能回家，但是他依然怀念战斗的刺激。你可以引用他的这些话”[78]。与此同时，威利站在讲台上，在一个写着“正确填写表格”的正式房间里，向一群返乡的士兵讲话。很明显，他在读一篇复员的问卷，“下一个问题：你希望一直留在军队里面吗？这里写着，我要问”。房间里没有一个人笑，除了威利逗乐的脸[79]。

他们永远不会逝去。事实上，有一幅莫尔丁风格的漫画，署名汉克·斯坦尔（Hank Stair），漫画的标题是《安息吧，比尔》（*R. I. P. Bill*），在漫画中，威利和乔在2003年仍穿着第二次世界大战时的军装，在莫尔丁的墓前哀悼[80]。

艰难的对话？

我们可以看到，读书俱乐部可以为悲剧节日提供宝贵的延伸，因为它们促进了一种情感体验和交流，这种经历比起看电影或者参观纪念碑的经历更酷，更细心。批判性的对话与情感参与以一种有价值的方式携手合作。有没有类似的漫画呢？当然，一个读书俱乐部可以阅读有趣的书——但令人吃惊的是，芝加哥书单里并没有包括一流的漫画作品，而我们可以想象为什么。像《波特诺伊的抱怨》（*Portnoy's Complaint*）这样的喜剧小说非常“火爆”，充满了
310 对许多人种和群体潜在冒犯性的种族素材。此外，喜剧与复仇不同，不是“十年不晚”①。如果你开始在一个读书俱乐部里分析一部喜剧小说，它的一半乐趣很可能会消失，并且谈论为什么有些事有趣是出了名的困难，远比讨论为什么某些事悲伤难得多。此外，笑话不像悲剧的困境，它需要一个亲密的环境，共同的背景假设[81]。因此，幽默从一个时代到另一个时代，从一个国家到另一个国家，甚至从一种亚文化到另一种亚文化，都不是一件容易的事。几个世纪后，《波特诺伊的抱怨》这本书很可能和今天的阿里斯托芬戏剧一样难以理解，即使是现在，它也可能成为芝加哥的墨西哥裔美国人社区和非裔美国人社区里糟糕的读书话题。即使这种书目可以被列入读书俱乐部的清单，也只有在一些经验丰富的版面主编的引导下人们才会去阅读它们，而城市读书计划的发展需要的是人民的自发性。

尽管如此，现场喜剧仍能发挥读书会的一些作用，引发一场关于社会面临的最棘手问题的艰难对话。兰尼·布鲁斯的喜剧就是一个绝佳的反例[82]。想想他用N开头的词语和其他各种令人无法接

① Revenge is a（dish）best served Cold（君子报仇十年不晚），此处作者将喜剧与此习语中的“dish”进行比拟，同做主语，意为喜剧与复仇不一样，不能经历长久的等待。

受的种族侮辱性字眼构成的著名的震惊大众的惯用语，直到大家清楚地知道这些标签包含了房间里的每一个人。这是一个观念的展示——最初是可怕的，最终是治愈的——我们在第七章探讨过它的根源：那种污名不是那些不同于你我的下层阶级人士的特性，而是人类身体的特性，是每个愿意承认自己有这样一个身体的人的特性。认识到污名无处不在，有助于克服污名对日常生活的有害影响。

一个社会该如何安排，才能从这些伤人情感、令人担忧但最终统一的体验中获益呢？

如果兰尼·布鲁斯一直得到市长戴利（不论是理查德·J. 戴利还是他的儿子理查德·M. 戴利）的聘用，那么他是不可能取得这样的成就的。看来重要的是，这种挑衅性的戏剧处在边缘，是非正式的、非官方的。所以，这就是喜剧节日和悲剧节日之间的不对称。这也是为什么官方的喜剧节日，就像我们举的三个例子，总是包含温和类型的喜剧，缺乏批判性的优势，未能使得一些喜剧深入地剖析令人烦扰的社会问题。那么，一个合宜的社会应该如何支持这种更激进的喜剧，并意识到将其驯化会扼杀它呢？

好吧，首先，社会可能拒绝迫害它。兰尼·布鲁斯的悲惨生活 311
现在成了公众愚昧无知的纪念碑。他被法律以一种现在看来完全荒唐的方式追捕，他所做的比他原本可能做的要少得多。因此，对前卫艺术家的言论予以有力的保护是社会培育喜剧的显著方式之一。

不过，显然，还可以做得更多。通过某种像样的同行评审制度向前卫艺术家提供资助，曾是我们政治景观中熟悉的一部分，直到国家艺术基金会成为政治目标（现在它面临着彻底消亡的威胁）。让国会来决定选择拨款给哪些喜剧艺术家是最糟糕的。但国会可以像过去那样，适当地拨款并保护同行评审制度的自由——就像现在州立大学的教职员工招聘是由同行完成的，而不受欢迎的教师的言论标准化地受到保护，不受侵犯。

国家颁发的奖项能够半官方地肯定艺术家的地位。林璎获得了国家艺术奖章，为什么布鲁斯就不能呢？比尔·科斯比（Bill Cosby）实际上赢得了总统自由勋章以及肯尼迪中心的荣誉，而他的喜剧虽然令人钦佩，但却是一种温和与谨慎类型的。阿米尔·汗和拉赫曼都曾获得过印度的民主贡献奖（许多板球运动员和演员都获得过这个奖项）。所以，为什么不做一些更具试验性和情感挑战性的工作呢？这种情况现在不会在美国发生，所有联邦政府为艺术提供的资金都被削减，这是一个巨大的错误。

谈到联邦政府的资金时，我们就有了一个微妙的问题：这些公共艺术项目是如何获得资助的？如何才能避免明显的陈词滥调，避免真正有挑战的艺术家被排除在外？既然我选择了高质量的项目，那么就可以问问它们是如何产生的。起初，有一些项目是私人的（电影《拉嘎安》、比尔·莫尔丁的漫画，以及某种意义上惠特曼的诗歌），但后来因为它们的品质而被赋予了官方角色。有一些是个别领导人的报告。在其他情况下，精明的政治领导人为了提高艺术质量，主动安排项目任务：罗斯福并没有把所有的艺术项目都提交给国会，尽管公共事业振兴署为它们支付费用。戴利市长并没有要
312 求市议会就修建芝加哥千禧公园进行多数票表决，事实上，它的资

金来源主要是私人捐款。盖里是由市政府直接联系的，也是通过私人捐赠者联系的，没有任何竞争——尽管芝加哥的公众和建筑批评家总是喜欢评价与庆贺他的参与。芝加哥的公众和媒体目前正在讨论另一个重大项目，即海军码头的返修工程，尽管是以一种咨询顾问的方式进行的。越战老兵纪念碑的设计是以公开竞赛的方式进行的，而这实际上相对罕见[83]。没有规则规定委托和资助公共文化的最佳方式，但是这些例子表明，立法直接批准对特定项目的资助是例外，也应该是例外。以其他方式创作的高质量公共艺术的长期记录向我们表明，这些其他方式并非天生就不民主。

所有的国家都面临着需要扩展的同情精神的悲剧。所有的国家都在与一种污名化和排斥的厌恶做斗争。思考以下悲剧节日和喜剧节日的作品，我们看到了各种各样的实验，使它们在现代成为现实，因为现代社会找到了从巨大的多元性中锻造一种融贯的统一——正如利西翠妲所说，将不同的丝线编织成一幅一般福利的挂毯。

至此，凯鲁比诺作为公民的形象已得到了充分发展。我们首先增加了他的相互性原则的兴趣，即一种本着 J. S. 密尔精神对自由和批判的真诚的政治承诺（第三章），以及一种秉持包尔人精神克服身体厌恶的决心（第四章）。接下来，我们提出了一个心理学理论，该理论将他的这些人格特征定位于人类发展的合理解释中，它表明了关怀和同情是如何延伸的，厌恶是如何被克服的，以及玩耍和想象力是如何作为关键要素在这个规划中发挥作用的（第六章和第七章）。在第二部分，我们还明确了政治结构和一套独特的政治抱负，可以这么说，给了他一个家园（第五章）。

然后，我们转向了一个棘手的问题，即他的国家所追求的正义
313 的政治原则如何能在具有强大动机的情感中得到体现。我们展示了对政治家园的爱如何被构建成一种扩展的同情的形式，作为一个公民，凯鲁比诺爱他自己的东西，拥有强大的幸福主义情感，同时掌握正义的一般原则，并在这些非常情感化的体验中掌握它们。（因此，罗尔斯对依赖于原则的情感的要求得到了满足，但却是以一种幸福主义的因而个人力量强大的方式——此外，也是一种涉及某种爱的方式，我们发现这种爱是超越自恋所必需的——得到了满足。）我们认为，对国家的爱，只要以适当的方式构建，就与古怪的个性和对自由的承诺完全兼容。现在，在本章中，我们以一种更为普遍的方式表明，不仅是对国家之爱本身，还有一种充满爱的同情如何能够成为或者扩展为一种政治原则的载体，而又不阻挠公民追寻自己热爱的事物；笑声如何能够在保持轻松和质朴的同时——的确，正是因为有了这些东西——克服厌恶，促进共同善。

注释：

［1］在本章中，我将借鉴以下我之前发表的论文："The Morality of Pity'：Sophocles' Philoctetes，" Nussbaum（2008c）；"The Comic Soul：Or，This Phallus That Is Not One，" Nussbaum（2005）；"The Costs of Tragedy：Some Moral Limits of Cost-Benefit Analysis，" Nussbaum（2000a）；"Bernard Williams：Tragedies，Hope，Justice，" Nussbaum（2009a）；"Radical Evil in the Lockean State，" Nussbaum（2006b），更长的版本发布为"Radical Evil in Liberal Democracies：The Neglect of the Political Emotions，" Nussbaum（2007b）。

［2］除非另有说明，否则《菲罗克忒忒斯》和《阿卡奈人》的所有译本

均为我本人所有。

[3] *Acharnians*, lines 1215 - 1220. Cf. lines 1085 ff（狄开俄波利斯正在准备宴会，而拉马库斯正在准备战斗）。

[4] 因此，埃里奇·西格尔（Erich Segal）在认为对勃起的滑稽强调意味着男性侵略的胜利时，犯了严重的错误［Erich Segal（2001）］。正如我在 Nussbaum（2005）中所论述的，对希腊人来说，可见的勃起象征着缺乏自我控制和对恳求的过分放纵。有男子汉气概的男人应该有一个明确的性控制和释放计划，这样他就不会受欲望的支配。

[5] 其中一个著名的花瓶展示了歌队的演员摘下有胡须的面具，露出下面没有胡须的脸。

[6] 在阿里斯托芬的《蛙》一书中，我们可以看到这一点。酒神狄俄尼索斯是这些节日的主神，他去冥王那里请了一位诗人给城市出谋献策。尽管这是一部喜剧，但如果寻求建议的想法本身并不严肃，那么它就不会如此成功。

[7] 泰戈尔 10 岁时就把莎士比亚的《麦克白》（*Macbeth*）译成了孟加拉语。我对许多发展中国家的希腊悲剧非常熟悉，并且可以在无数世界文学作品中看到它们的结构影响。

[8] 参见第五章。

[9] 在 Nussbaum（2008c）中，我讨论了早些时候莱辛（Lessing）和其他启蒙思想家作品中关于戏剧的哲学思考。

[10] 参见 Clark（1997，p. 83）、Nussbaum（2001，ch. 6）。

[11] 这是莱辛在《拉奥孔》（*Laocoon*）中对戏剧的精彩处理得出的结论［Lessing（[1766] 1962）］。

[12] 类似的思考，参见 Rousseau（[1762] 1979，p. 224）。

[13] 悲剧所表现的泛化类型极不可能与基于种族、人种、性别或残疾而

对群体进行污名化的刻板印象互换——尽管在一部特定的戏剧中，这种情况当然可能发生。尽管如此，强调人类的普遍脆弱性有助于大多数这类作品避免这种错误，也有助于在周围社会中消除这种错误。

[14] 叔本华认为，悲剧通过向我们展示存在的恐惧，使我们对生存意志产生形而上的屈从；Bernard Williams（[1996] 2006）中的观点与此惊人地相似。对于我的批评，参见 Nussbaum（2009a）。

[15] 我在 Nussbaum（1986，chs. 2 - 3）、Nussbaum（1989）、Nussbaum（1990，especially "Flawed Crystals"）中写了很多有关这些困境的文章。要详细了解埃斯库罗斯（Aeschylos）的《阿伽门农》（*Agamemmon*）和《七将攻忒拜》（*Seven Against Thebes*）以及索福克勒斯的《安提戈涅》中的悲剧困境，其中既有关于这些作品的学术研究，也有关于道德困境的当代哲学文学的参考书，参见 Nussbaum（1986）。以下这些是我发现的最有帮助的哲学文学，参见 Marcus（1980）、Williams（1993a）、Searle（1980）、Stocker（1990）、Walzer（1973）。

[16]《摩诃婆罗多》（约公元前 3 世纪）此篇章摘自查克拉瓦蒂·V. 纳拉辛汉（Chakravarthi V. Narasimhan）的翻译（纽约：哥伦比亚大学出版社，1965），该译本仅翻译了该作品中的部分选集，并且完整呈现了它所选择翻译的篇章（尽管许多删减的译本还在对这些选译的篇章进行再译）。范·布特宁（Van Buitencen）其去世没有完工的译本未经编辑，却仍然是最权威的译本。他的译本也是译到此篇为止。引用的篇章摘自第六篇第二十三章。

[17] 自从变得和《薄伽梵歌》一样有名以来，黑天神建议阿朱那说，他"只有行动的权力，不拥有行动的果实"。在选择行为的过程中，一点儿都不要考虑后果。"人们通过不执拗于结局的行为来获取至高善。"

[18] 在这个方面，我在 Nussbaum（2000a）中讨论了悲剧文本下成本效益分析的局限性。

[19] 的确，我们可以说，赔款的主要重要性也在于表达。显然，我的外祖母从德国政府那里得到了一笔固定的收入，这一事实并不能把大屠杀中死去的家庭成员找回来。虽然财政上的资助是不容忽视的，但它的主要意义在于其作为不道德行为的公开表述以及在未来做不同事情的决心。

[20] 我的解释以大量的文本细节和 Nussbaum（1986，ch. 3）中学术文献的全面讨论作为论证。

[21] Hegel（1975，pp. 68，71）.

[22] 我对此类案件的讨论，参见 Nussbaum（2008b，ch. 4）。

[23] 希腊人强烈反对在公共场所进餐。“像狗的人们”，这个犬儒学派的名字是给那所学校的哲学家们起的，因为他们在集市上进餐，而只有狗才会这样。在审查犬儒学派哲学家第欧根尼（Diogenēs）时，古代传记作者说：“他习惯于在公共场所做所有的事情，做德墨忒耳（Demeter）和阿弗洛狄忒（Ahrodite）一起做的事”——换言之，在公共场合进餐和做爱。犬儒学派所讲的故事中对在公共场所撒尿和排便只字未提——很有可能是因为在一个没有室内管道的文化中，这种行为并不被认为是不可接受的。

[24] 参见我在 Nussbaum（1986，ch. 6）中对柏拉图《会饮篇》的讨论。

[25] 参见我在 Nussbaum（2005）中关于阿里斯托芬的长篇讨论。

[26] 我曾经在美国密歇根州的一个专业话剧团里，与已故的伯特·拉尔（Bert Lahr）一起表演阿里斯托芬的《鸟》（*Birds*）。拉尔由于担心丢掉他与乐事薯片的电视广告的合同，把脚本删除了。

[27] 我将这本小说比作“恶行的秘密下水道”，大多是由于其中所谓的令人作呕的角色。参见 Nussbaum（2004a，ch. 3）。

[28] 所有来自《利西翠妲》的翻译都出自我。

[29] 这一剧本在灾难性的西西里远征结束两年之后被创作出来。

[30] Foucault（1984）对此进行了较充分的讨论。

［31］参见 Jeffrey Henderson（1987）对第 1289 行的评论。

［32］*Lysistrata*，line 1321. 雅典娜的名字出现在其中一个手稿的注释中，并且是对其作为战争女神这一迂回说法的有逻辑的解释。

［33］在这一话题上我对比尔·沃森（Bill Watson）的一篇未发表的论文表示感激。

［34］Dauber（1999）；Dauber（2003）. 亦参见关于这一话题的主要作品：*The Sympathetic State：Disaster Relief and the Origins of the American Welfare State*，*Dauber*（2013）。

［35］参见 Dauber（2013，pp. 90ff. ）。

［36］参见 Clark（1997）。

［37］参见 Dauber（2013，ch. 4）。

［38］Dauber（2013，p. 90）（"摄影师们正在细心地进行'自我审查'，并集中关注那些描写庞大的无辜受害者，以及描写有助于激进社会政策的潜力的事物"）。

［39］参见 Dauber（2013，p. 91）。

［40］除特别备注以外，其他所有引用都来自 Dauber（2003，ch. 4）。针对实质上相似的讨论，参见 Dauber（2013，ch. 4）。

［41］我对此问题的理解受益于莫兰·萨德（Moran Sadeh）未发表的作品，在此表示感谢。

［42］有两篇优秀的哲学论文——Danto（1987）和 Griswold（1986）影响着我的理解。

［43］在落成典礼上，罗伯特·温斯洛普的演讲既提到了多样性的统一主题，也提到了"自负的话语"的缺失。引自 Griswold（1986，p. 716n9）。

［44］参见 Danto（1987，p. 114）。

［45］*U. S. News and World Report*，November 21，1983，p. 68，引自

Griswold（1986，p. 718）。

［46］参见 Griswold（1986，p. 705）。

［47］参见 Danto（1987）。

［48］在这里，我同意格里斯沃尔德（Griswold）的观点［Griswold（1986，p. 711）］。

［49］格里斯沃尔德认为，这种质疑从根本上讲是孤立的、非感情性的；这似乎是错误的。

［50］Danto（1987，p. 117）. 他的文章最后恰如其分地以两个不知名但却吸引了他的注意的人的名字结尾。

［51］正如 Griswold（1986）所指出的，在通常情况下，这样的姓名列表会出现在士兵家乡的纪念碑上，而不是国家首都的中心。

［52］我对这些的了解都归功于雷切尔·努斯鲍姆·维歇特（Rachel Nussbaum Wichert）。

［53］Wright（［1940］1991，pp. 79 - 80）.

［54］翻译自 Tagore（1990）中的孟加拉语。

［55］参见 Nussbaum（2009a）中联系希腊悲剧对这个故事所做的讨论。

［56］"When Lilacs Last in the Dooryard Bloom'd," sec. 12，lines 89 - 90，in Whitman（［1855］1973）. 另一首伟大的纽约诗是《百老汇街上一支壮丽的行列》（"A Broadway Pageant"），它描绘了庆祝美国和日本之间的和平条约签订而举行的游行。正如诗人想象自己融入密集而多样的人群中去观看日本游客一样，纽约成了整个国家的象征："漂亮的脸！曼哈顿！/美国同志！对我们来说，东方终于来了。"

［57］"Chicago," in Sandburg（［1916］1994）.

［58］参见埃里克·拉森的《白城的发展》，这是一部包含了令人印象深刻的建筑历史的流行惊悚片，并将其应用于"新效应"等。

［59］戴利运用盖里可能的贡献吸引转赠人，建立了一个公私合作的模式来资助这个公园。

［60］实际上是对两个印度教徒：他与［莉拉·杜塔（Reena Dutta）］的第一次婚姻2002年结束，2005年与基兰·拉奥（Kiran Rao）结婚；拉奥是《拉嘎安》的助理导演。

［61］我把这个观察归功于迪佩什·查克拉巴蒂。

［62］为了在第一次世界大战的背景下对这些材料进行很好的收集，参见Fussell（1975，especially ch. 1）。

［63］杰弗里·伊斯雷尔（Jeffrey Israel）的一篇未发表的研讨会论文引起了我对莫尔丁的关注，我对杰弗里的想法表示感谢（尽管与古代喜剧节日相提并论是我自己的想法）。

［64］关于许多漫画，请访问billmauldin网站，以及国会图书馆网站www. loc. gov/rr/print/swann/mauldin。许多其他网站展示了这些漫画。

［65］Mauldin（1972）.

［66］参见Mauldin（1944）。

［67］同上书，第209页。

［68］参见莫尔丁的简介，可在以下网站查阅：www. spartacus. schoolnet. co. uk/AR Tmauldin. htm。

［69］Mauldin（1944，p. 303）.

［70］同上书，第95页。

［71］同上书，第133页。

［72］同上书，第113页。

［73］同上书，第114页。

［74］同上书，第229页。

［75］同上书，第232页。

［76］同上书，第 118 页。

［77］同上书，第 376 页。

［78］同上书，第 378 页。

［79］同上书，第 374 页。

［80］网址：www. oldhickory 30th. com/Photo %20 Page %203. htm。这幅漫画也可以通过谷歌的图片搜索“Mauldin”找到。

［81］Cohen（1999）.

［82］布鲁斯是杰弗里·伊斯雷尔未出版的论文之第一章的主题。

［83］参见 Rybczynski（2012）（认为它应该保持罕见）。

第十章　同情的敌人：恐惧、妒忌、羞耻

我要培植同伴关系，
就如同树林般茂密，
沿着美洲所有的河流，
沿着所有的大湖岸边和草原之地，
我要以同志的爱，
用城市的胳膊搂着彼此的脖子，
造出不可分割的城市。

——沃尔特·惠特曼，《为了你啊，民主》
（*For You O Democracy*）

我很乐意留意到，花园之特权能够平等地被所有阶级的人享受。

——弗雷德里克·劳·奥姆斯特德（Frederick Law Olmsted）

一、被围攻的同情

创造公民同情需要我们知道它所面临的威胁是什么。我们的整个规划始于一个不幸的事实：人们在同情心方面倾向于狭隘与贪婪，而对于一些旨在某种公共善的规划，一旦这些规划要求牺牲，人们便不愿意支持。他们也倾向于种种丑恶实践，包括将厌恶属性投射到那些在大多数意识形态中作为准动物角色的从属群体。对于如何通过各种市政规划来使同情心得以加强和普遍化，并使投射性厌恶最小化，至此我们已经有了一些了解。 314

但是，同情还有其他敌人。这些其他敌对势力与使同情狭隘化的自恋情结或产生投射性厌恶的身体性恐惧并非完全无关。但是，在它们的特定情感内容方面，和由此所需的阻止它们造成公共损害的种种策略方面，它们是不同的——既不同于厌恶又不同于彼此。恐惧、妒忌以及羞耻便是这样的三个敌人。每种情感都至少有某个好的方面或者某个好的相对物，但是这三种情感都具有侵蚀对良好政治事业的支持力度的有害倾向。那么，为了想出将这些情感的潜在危害降到最少的策略，所有这些情感都需要被尽可能地理解。因此，我们的规划变得更为复杂：我们不仅需要对同情心、爱以及厌 315

恶的有效理解，这可以为我们的爱国主义研究以及新的悲剧节日和喜剧节日的建议提供信息，我们还需要一些政治规划，旨在控制通常这三种情感会造成的损坏，即使在基本稳定的民主社会中也是如此。因为这三种情感都（或者，就妒忌的情况而言，一种相似的情感［嫉妒］）能够发挥某些积极的作用，因此对于每种情感以及它们的不同种类进行细致了解是十分必要的：我们不想在防止公民受伤害的同时失去公民利益。

在以上三种情感中，防止伤害的最佳方法之一就是对扩展同情本身的加强。所以，我们可能很容易犯这样的错误，即认为旨在遏制这三种潜在有害情感的具体策略是不必要的，以及我们需要做的只是建立足够的同胞感（fellow feeling），就像惠特曼所说的浓密如林的友谊。这种看法并非完全错误，但它忽略了一些重要的事情。这三种不良情感以非常具体的方式与同情的不同元素相互作用，从不同的方向危害同情。尽管全面加强［同情］的确可以提供一个总体防御，但任何一支运作精良的军队，如果不首先尽可能地设法了解敌人的进军方向与进攻计划，就无法自我防卫。有了这样的理解之后，领导者们才能部署更为有效的防御，巩固具体的薄弱地带而不是随意地散布资源。

当然，法律是至关重要的。法律和制度保护我们免受不良公民激情的伤害，而法律通常先于并引领合宜情感的产生。我们当然不
316 希望等到大多数人彼此相爱之后才去保护弱势群体的公民权利。汉娜·阿伦特错误地以为，要等到社会中的种族和谐之后才去颁布非歧视法律[1]。然而，对于开始一种仍在进行中的情感转变过程而

言，无论这一过程是多么的痛苦和缓慢，法律的力量都是至关重要的。在南方诸州的情感转变之前，联邦武装卫队便对团结南方各大学的青年男女进行保护。而他们是一座希望的灯塔以及一种对被压迫者的保护，通过这种方式，他们促成了一种情感的逐渐转变。这一切似乎已经足够明显。

然而，我们的规划并不是一种关于好法律的情感结果的研究，而是一种更为精细和具有扩散性的研究，即弄清公共策略怎样才能通过影响公共文化的情感氛围来帮助好的法律。其所依靠的是这一想法，即如果没有情感的支持，那么就几乎无法形成好的法律，或者无法使其历时性地保持稳定。因此，我们在想出如何通过法律来保障少数群体权益的同时（并期待着这本身将会影响指向他们的公共情感），也该考虑塑造情感氛围，以支持和维持良好的法律与机制。因此，马丁·路德·金在激发希望并描绘一幅关于历史与国家本质的新图景方面所做的高度成功的努力，为林登·约翰逊（Lyndon Johnson）总统以及其他人的种种策略提供了至关重要的补充，这些策略最终出台了 1964 年《民权法案》。纪念马丁·路德·金的全国性节日是在这一领域培育和进一步发展好的法律的一种策略，尽管它同许多这类策略一样很容易疲倦和过度使用，因而它将需要不断更新。（这种危险是我们用以培养情感的大多数策略的通病。它与好奇在点燃这种爱时所发挥的作用有关。基于这一理由，正如泰戈尔和惠特曼所理解的那样，我们需要让一代又一代富有创造力的艺术家参与进来，他们有能力形成新的且引人注目的图景。但是我们也应该承认，一件真正伟大的艺术品，就像一段珍贵的友谊，可以因一个新的背景而不断地被重温，并且在其中能够发现新的可能性，或者以新鲜视角看待同样的事物。）

二、同情与其自身的对抗

在开始研究这三种敌对情感之前，我们需要清楚地意识到，同
317 情有时就是自己最大的敌人。巴特森的研究表明：那种典型地由个人苦难叙事所产生的同情，常常会通过这种特殊主义而动摇好的原则[2]。因此（在他的研究中），一旦对需要器官移植的人的困境有了同情性的理解，这就会让我们接受该领域的好政策，而一旦听到一个生动的、有关潜在器官接受者的困境的故事，这又会让人们放弃好的政策和程序，不公平地把这个人提前到名单的首位。对这一个人的同情阻碍了对许多人的同情。

这种巴特森现象是如此常见，几乎没必要去阐释它。父母可能会支持对于一个学校体系而言的一系列包容性目标——接着因为自己孩子的特定斗争而变得完全偏斜。公民可能会支持对所有人都公平的政策——直到临近家门的坏运气引发了人们对自身家庭或群体的强烈共情（sympathy），使得整体的利益黯然失色。但这不是一个仅在自私的个人利益发挥作用时才产生的问题：当某种个别情况是显著的并因此而被意识到时，任何这样的情况都会受它影响[3]。当维护少数群体权益的新法律颁布出来时，我们往往会听到许多个人证词，这些证词促使立法者支持该项措施。然而，正是这种关于

参照点的个人主义表现，有时会成为真正公平政策的阻碍。

在我们关于悲剧节日的讨论中，我们以两种方式解决这一问题。其一，我们坚持认为，以稍微一般化和抽象化的形式呈现悲剧性困境是好的，这能自然地使得人心选择一般性的公平政策，而不是对特定个人的救济。（罗斯福非常懂得这一点，他审查而挑选的便是那些看起来代表了经济困境，而非代表特定个体的照片[4]。）这种一般化的同情经验创造了一条通往好原则的桥梁，并且在其自身中便是具有原则的情感，这些情感是其内容的一部分——比如，马丁·路德·金充满希望的情感和对一个公正美国的渴望，以及林肯对同情亡兵的呼唤也体现了一种对他们为之牺牲的原则的爱。一般化亦有其风险，因为它可以让人铭记充满敌意的刻板印象，但当它聚焦于人类的共同目标和弱点时，就可以避免这一问题，并在事实上破坏那些充满敌意的刻板印象。其二，我们说同情永远都不应成为政策的一种未经批判的基础：它应该一直处于与种种原则和一 318
般道德规范的对话中。此外，一种充满活力的批判性文化应该防止同情退化为一种宗派主义的、不平等的共情。

这些保障措施很重要，并且会在一定程度上缓解人们的担忧。尽管如此，巴特森的实验结果提醒我们，即使建立了好的原则，对特定个体的生动同情依然是公平运作这些原则的威胁，因此我们必须意识到这种危险并准备好阻止它，以免失去情感的力量和这种情感的洞察力。

而当我们回想，我们跟随的不仅仅是不温不火的或超然的共情，更是某些更接近于且定期阐发于爱的事情，这时候巴特森难题就更严峻了。我们认为，在发展过程中对厌恶的克服和对信任的培养需要爱，并且，如果要避免信任变成一种无生命的幻象，一个成年人成熟的共情也需要由充满激情的、准爱欲的（quasi-erotic）情感激活并保持与之接触。泰戈尔的人文主义宗教把孟加拉的包尔人视为公民计划的核心，这与我们的发展研究的结论是相协调的，在该研究中，一种被温尼科特称作“微妙的相互作用”的爱的互动占据了中心地位。因此，看起来真正能够超越狭隘性和利己主义的那种爱国主义具有了那一爱的要素——无论是在马丁·路德·金那充满力量的诗意修辞中，还是在甘地对泰戈尔歌曲的借用中——爱的要素都见诸历史、地理、人文以及国家的制度之中。因为这种爱并不是一种抽象的罗尔斯式或哈贝马斯式的奠基于原则的爱，它尤其容易受到狭隘和偏差的影响。因此，我们需要努力思考，如何防止这一问题，以使我们规划的最核心处免受其影响。这一问题并不全是自私的问题：它也是关于个别如何吸引眼球而使注意力离开整体的问题。

一个显而易见的答案就是法治。但是，那些支持包括促进国际关系和推进和平希望的公平法律与政策的情感，应如何产生呢？让我们再次考虑我们的两种调节剂。其一，我们产生的那种富有同情的爱，在某种意义上是生动而具体的，见诸国家的历史、地理、文化的具体特征，然而正如罗尔斯所提议的，为了能够涵盖该国家的
319 所有成员，这种爱还应具有包容性和某种程度的抽象性。这并不矛盾。罗斯福新政的照片是生动且高度个人化的（就像索福克勒斯塑造的角色菲罗克忒忒斯，是由真实且特定的人来扮演的），它们展

示了经济危机对令人难忘的特定人群的影响——然而同时，它们是有代表性的，而不仅仅是特殊的。《拉嘎安》（就像阿里斯托芬的《利西翠妲》一样）塑造了一系列观众喜爱的个人角色，但同时［这些角色也被观众］视为印度阶层的典型代表。甘地的肉身是鼓舞人心的，因为那是他的肉身，而他是一个独一无二的个人；然而，它始终代表着普遍的政治价值。跟惠特曼的诗歌风格截然相反，马丁·路德·金的诗歌慷慨激昂，能够激发听众的激情，同时鼓舞他们思考美国的整个历史，包括过去、现在与未来[5]。

实际上，如果我们接受泰戈尔的观点以及我在本书第二部分的重述，那么我们便知道，正是因为那类触碰人心的诗歌，心灵才能够被引导，才可以去考虑一个庞大而具有涵盖性的集体，就如同千禧公园那座蜿蜒的长桥。产生一种介于特殊与一般之间的正确类型的情感是一项挑战，但并非不可能。

然而，由于这种平衡是如此关键和如此难以实现，即使是精心筛选过的象征物，仍需要成为对话的一部分，这种对话同样包括了解决公平性和涵盖性议题的论证——尤其是在我们非理想的社会中，这些目标并没有完全实现。情感再一次被证明不是基础性的，而是一种对话的组成部分。事实上，这是巴特森自己对其所发现问题的解决方案。他总结说，不要拒绝情感反应的洞察力，因为如果没有这种洞察力，我们与他人的伦理关联将缺失很大一部分。但也要重视原则，并相应地约束种种情感。

那么请注意，我们所谓“爱对于正义很重要”到底意味着什么以及不意味着什么。我们的意思当然不是说，爱是政治原则的一种不受批判的基础。我们的意思也不是说，爱可以独自实现任何好的事情而无需论证和一般规范。我们甚至也不会主张，所有公民都必须被政治之爱感动，而且我们肯定不认为（我们最好不要认为）它必定是一种恒定的经验。（爱永远不会被很好地设想为一种恒定的
320 经验；它是一种包含着众多千变万化的感受、行为和反应的关系，它包含了对其他人的强烈关注，也包含了对一个人自身个人兴趣的单独养成，甚至还包含睡觉。）相反，这种想法是认为，如果好的原则和制度要维持下去的话，那么公共文化就不能是温和而冷淡的：它必须包含足够的具有包容性的爱的内容，足够的诗歌和音乐，足够的机会去接触一种喜爱和玩乐的精神，只有这样，人们对于彼此以及对于其所在国家的态度才不只是无生命的例程。惠特曼和泰戈尔描绘了一种影响整体的组成部分。

特定类型的恐惧、妒忌、耻辱情感形成了对共同追求的威胁，同时那些相同情感中的其他类型又发挥了良好作用，所以，一种明智的公共文化要如何做到既消除威胁又保持良好作用呢？

三、恐惧：一种狭隘的情感

恐惧非常有用，事实上是必不可少的。它引导我们远离危险。如果没有它的提示，那么我们都将死去。即使在政治和法律领域，在良好的引导下，恐惧也可以是合情合理的。英美的刑法在自我防卫领域的信条正是“合理的恐惧”（reasonable fear），主张对死亡

和严重身体伤害的恐惧是自我防御性行为的合法动机。不过，这种“合理的恐惧”目标对应的当然是刑法已经规定的核心部分；设想我们合理恐惧的事物是一种良好的立法指南。并且，正如一名宪法理论家，欧洲宪法法庭前任法官安德拉什·绍约（András Sajó）已经有力论证了的，恐惧在宪法中也发挥了重要作用：考虑到人们合理恐惧权威手中的危险，社会制定了对不容侵犯的基本权利的解释[6]。

然而，为了和法律联结起来，恐惧必须和一般的关心相结合。通过反思我们自己所恐惧的事物，我们就能了解那一类所有人都应避免的事情。但是它需要共情以扩展对他人的关心，而恐惧并不总是伴随着共情。事实上，恐惧时常会在一般的共情中干扰我们。为了明白为何如此，让我们考虑一下我们对恐惧的了解[7]。

恐惧是一种非常原始的情感。所有哺乳动物身上都能发现恐惧，但是大多数哺乳动物缺乏（需要换位思考的）共情、（需要缘由和责备观念的）愧疚和愤怒以及（需要评估个人损失的价值的） 321
悲伤的认知前提条件。现在我们知道，像鼠类那样“简单的”动物都可以把对象评估为对自身好或不好的。恐惧只需要针对生存和福祉的基本判断。约瑟夫·勒杜克斯（Joseph LeDoux）的重要研究已经表明：恐惧信号的传递涉及大脑的一些不同部位，而杏仁体组织（amygdala）发挥着最重要的作用，大脑的这一部分是所有脊椎动物共有的[8]，并且没有与高阶认知相连。勒杜克斯解释说，他并没有证明恐惧源于杏仁体。他所研究的是恐惧行为，要么是鼠类的，要么是人类的，而不是恐惧情感。他相信恐惧本身是一种主观的意识状态，其与恐惧行为的相关性需要进一步研究。他认为，尽管涉及恐惧行为，它也是整个［大脑］网络的一种功能，而不仅仅是杏仁体的功能[9]，不过，勒杜克斯确实表明了人类的恐惧涉及根深蒂固的进化趋势：比如说，蛇的形状会引起人的恐惧行为，即使这个人之前没有任何与蛇相关的经验。而且，习惯性的恐惧会对有机体产生长期影响，并且这种影响是难以消除的。

所以，恐惧是敏锐洞察力（heightened awareness）的某种形式，但具有一种十分狭隘的框架，起码在最初是狭隘的：［其所涉及的是］一个人自己的身体，或者扩展到一个人的生活以及与之相关的人和事物。它由一种机制触发，这种机制植根于真正的进化而来的有用性，但对学习和道德思维而言也是十分顽抗的（recalcitrant）。以具有充分依据的利弊观点为基础，恐惧可以是合理的，并且正如绍约所描述的制定宪法的案例那样，它也可以被扩展至涵盖整个社群，但是这种情感有一种内在倾向，会抵制这些良好的发展趋势。

我们的恐惧反应会在许多不同的方面被误导。自然的恐惧（包括对一个蛇状物的恐惧，以及对突发声响和吓人外貌的恐惧）可以是有益的，但它们也可以被利用。人们可以通过联想而学会恐惧某些群体，而文化把这些群体和鬼祟、隐秘或者狡猾、不正直联系在一起——这些都是用来妖魔化少数群体的刻板印象。不过，自然的恐惧反应对人类的影响当然只有一点儿程度：我们必须以远远超出进化生物学的方式，从我们的社会中学习什么是有益的和有害的，
322 然后我们会把我们的恐惧机制与那些概念结合起来。最终，我们必

须形成一种关于我们自身福祉及其威胁的概念，这一概念指明了我们复杂世界中的种种危险。

这里存在着许多潜在的问题。在每一个社会中，修辞学和政治学都在处理“何为危险”的概念，使得危险在其真实存在之处更为明显，但也在其并不存在之处建构出对危险的感知。亚里士多德的《修辞学》解析了政治修辞创造或消除危险感知的过程，向我们清晰地呈现了一些可能出错的地方。我们可能会错误地辨别威胁，或者错误地评判其规模。或者，我们可能正确地认识到威胁，但是错误地理解其原因。又或者，我们可能会具有一种关于我们自身福祉的错误概念，导致我们惧怕某些根本一点儿坏处都没有的东西（比如，新种族在我们国家的融入）[10]。

恐惧在只关怀一个有限的关注圈时是“合理的”，即使在这种最可靠的情况下，恐惧往往也是过于狭隘的。由于源自其生物学根源的强烈自我关注倾向，恐惧经常强有力地劫持思维，只要强烈的焦虑持续，人们就难以思考除了自己和自己身边圈子以外的任何事情。因此，一种想要鼓励扩展同情的公共文化也需要考虑限制且恰当地引导恐惧，因为一旦任其发展，他人的利益就都很可能消逝在背景之中。

恐惧不管是好是坏，都无处不在。社会可以在不同的场所和模式中塑造它。在此，两个对比鲜明的例子就足以说明这一点：其一，为了缓和及控制一种具有潜在危险水平的公众恐惧，富兰克林·德兰诺·罗斯福对政治修辞的运用；其二，是在德里和芝加哥那里，为了在先前有共情的地方制造恐惧，或者逆转这一过程，通过控制恐惧来创造共情基础时对城市建筑的使用。

用乐观与努力来缓解恐惧：罗斯福的第一次就职演讲（1933）

有时候，正在发生的事件确实令人担忧。收拾好自己的行李搬去其他地方、放弃［挣扎］或者干脆逃走将会是理性的——首先要
323 做的是保全自身和家人免受那看起来迫在眉睫的损害。战争就是这样的一种事件，不过这时领导人需要让民众重新振作，以带着勇气和情谊去面对侵略者。恐惧是具有离心力的，它驱散了人们联合起来的潜能。领导者所说的话可以带来很大的改变，能使民众围绕一个共同的规划而团结起来。

一个可被我们作为对恐惧进行明智政治管理范例而研究的显著案例，是温斯顿·丘吉尔于 1940 年 5 月 13 日第一次以首相身份向下议院发表的著名演讲。当时英国人民正面临着在恐惧和疲倦中崩溃的真正危险。丘吉尔的目标是要准确地描述需要付出的巨大努力，并且要驱散失败主义者的恐惧，以发扬一种希望和团结的精神。以下是该演讲的关键部分：

> 我会向国会表明，一如我向入阁的大臣们所表明的："我所能奉献的唯有热血、辛劳、眼泪和汗水。"我们所面临的是一场极其严酷的考验。我们所面临的是许多许多个月的斗争和苦难。若问我们的政策是什么？我可以回答的是：那就是竭尽全力、竭尽上帝赋予我们的全部力量在海上、陆地上以及空中发动战争；向人类黑暗的、可悲的、罪恶史上从未有过的一个凶残暴政发动战争。这就是我们的政策。若问我们的目标是什

> 么？我可以用一个词来回答：那就是胜利，不惜一切代价去赢得胜利，不惧一切恐惧去赢得胜利，不论前路多么漫长、艰苦，都要赢得胜利；因为没有胜利就无法生存。我们务必认识到，没有胜利就没有大英帝国的生存空间，就没有大英帝国所象征的一切，就没有时代的进步和脉动，人类也不可能朝其目标前进。但是，我怀着乐观和充满希望的心去承担起我的任务。我确信我们的事业不会在人民中间被挫败。此时我觉得我有权要求来自所有人的支持，我要说："来吧，让我们群策群力，并肩前进！"

从纯粹技术性修辞的角度来看，这篇演讲——带着它那引起共鸣的圣经词句、咒语般的反复以及巧妙的重复和渐进——是精心设计的，就如同西塞罗（Cicero）的任何作品一样，毫无疑问他的演 324
说的确受到了西塞罗的启发。（尽管事实上丘吉尔本人是一位较弱的古典学者！）从情感的角度来讲，它描绘了一种最能令人关注的计划。实际上，丘吉尔开始于人民的恐惧——并且他直面了恐惧而非逃避它："**是的**，**这是如此糟糕**，**这是一种可怕的折磨**。"但正是在那一刻，这项任务开始呈现出英勇的部分，从这个意义上说，它是吸引人的，并在某种程度上是迷人的，正如丘吉尔所描绘的一系列画面——赫拉克勒斯（Hercules）抗击怪物的努力，这是一个关于斗争与危险的经典儿童寓言，以及英国在过去反抗暴政的画面［纳尔逊勋爵（Lord Nelson）并不遥远］。随后，丘吉尔回到了选择的问题上。它是与德国上层集团友好同盟的拒绝［就像爱德华八世与辛普森夫人（Mrs. Simpson）可能设想的那样］。它是对一切将英国置身事外之事的终止——而在这里丘吉尔发出了他想要发出的声音，即认为大英帝国是世界文明和发展的必要条件。他让听众充分地感到恐惧，因为他把这种恐惧的对象呈现为不亚于随着大英帝国价值观的消失而导致的全人类灭绝。[在该演讲中]帝国被塑造为如此必要而且如此美丽，以至于为之牺牲也是充分合理的——而这时候丘吉尔转而谈到“希望”甚至“乐观”。实际上，他从橄榄球队的汤姆·布朗（Tom Brown）① 变成了哈利·波特（Harry Potter），变成了一个与黑暗势力做斗争的无所畏惧的超级英雄，一个受英国大众喜爱的角色。然后，他就形成了一个围绕他的团体：其演讲的情感弧光已经使他有资格讲出“我们的团结力量”。

现在，让我们转至罗斯福的早期演讲。从严格意义上说，当时战争还没有到来，但是罗斯福对经济危机的处理方式类似于丘吉尔对军事突发事件的处理。跟丘吉尔一样，罗斯福也沿着从恐惧到希望和团结的路线［进行演说］——但是以一种典型的美国模式，即以自强自立精神和基督教道德来取代帝国的位置[11]。

跟丘吉尔一样，罗斯福也是从一个坦诚的声明开始：美国人期待他能“如美国现状所需要的那样，坦率而果断地向他们发表演说”。纵观罗斯福的全篇演讲，他坚定地把美国的现状描述为一场战争，表明人们必须对待“该任务就像对待一种战争的突发事件那样”。他的政策就是“进攻纲领”，美国人就是“一支训练有素而忠

---

① 英国作家托马斯·休斯（Thomas Hughes）小说《橄榄队里的汤姆·布朗》（*Tom Brown at Rugby*）的主人公，是一个十分淘气、鲁莽的小男生。

诚的军队”。他将领导起“我们这支人民的伟大军队，致力于对我们共同的问题进行纪律井然的进攻”。[为此] 他只需要广泛的行政权力“去发动一场应对突发事件的战争”。不过，他接着说出了另一种主要的声音：这个问题还没有严重到无法通过美国人的才智和自强去解决。比起“我们的先辈用信念和无畏去战胜的险境”，它并没有更严重。的确，他最初对经济危机的描述既有消极的一面，又在积极地提醒民众，它并不是一个触及美国核心特性的问题。 325

> 我和你们都要以这样一种精神来面对共同的困难。感谢上帝，这些困难都只是物质方面的。货币价值已经收缩到难以想象的程度；赋税增加了；我们的支付能力下降了；各级政府都面临着严重的收入短缺；交换手段在贸易过程中遭到了冻结，工业企业的枯枝残叶到处可见；农场主的产品找不到市场；千家万户的多年积蓄付之东流。更重要的是，大批失业公民面临着严峻的生存问题，还有大批公民正以艰辛的劳动换取微薄的报酬。只有愚蠢的乐天派才会否认当前这些阴暗的现实。

跟丘吉尔一样的是，罗斯福以深沉的坦率列举了他所处时代的问题，表明恐惧是必要且合理的。但是，他同时也说出了“感谢上帝，这些困难都只是物质方面的”，来指出超越这些问题的方法。因为，尽管罗斯福演讲的主要论点关注的是信心和团结工作，但演讲的次主题关注的是追究责任。罗斯福回应了一个（不言而喻的）急切难题，即美国的金融体系本身，甚至整个美国的民主生活方式，应就当前金融危机而受责备。社会主义正在拐角处等待着，而该演讲随后总结说：“我们并不怀疑基本民主的未来。合众国的人

民并未失败。”这与演说开头类似，罗斯福坚持认为并没有“实质性的失败”，美国人及其历史悠久的传统并没有缺陷，该传统包括
326 （一般意义上的）经济传统。具有包容性的同情不应该被认为美国自身存在缺陷的思想所阻碍。因此，他把他所提议的新政定位为保障美国忠于其自身事业的细微修正，而非巨变。

正是在这样的背景下，我们听到了该演讲最著名的部分，就在其开篇附近：“让我申明我的坚定信念，我们唯一需要恐惧的事情就是恐惧本身——莫名其妙的、丧失理智的、毫无根据的恐惧会使转退为进所需的努力化作泡影。”就如同丘吉尔所面临的危险是英国人放弃战争努力，罗斯福也面临着美国人抛弃美国的危险。那将意味着什么呢？它意味着，在美国经济体系（有待改革）的大背景下放弃解决金融问题的共同努力。它将意味着放弃，或寻求一种彻底的改革。它将意味着涣散和退缩，而不是团结努力。

丘吉尔塑造了一个反派形象，而他所描绘的那个坚定讨伐怪物的活泼学童形象，正是基于他对存在于另一面的真实邪恶的生动感知。相比之下，罗斯福所塑造的反派形象并不是邪恶的，但是他们犯了严重的错误而“陷入过时的传统模式”。事实上，他们多少有些荒谬。他们是金融世界的“无能”统治者，他们只懂得“放弃”，当形势变得艰难时便离开他们的岗位。那么他们“放弃”之后所留下的是什么呢？是一个古老的圣经式王国，同时也是一个完全美国式的王国。

> 货币兑换商已经从我们文明殿堂中的崇高席位上逃离。我们现在可以重建那殿堂，让它重现古老的真理。能够恢复到什

> 么程度，则取决于我们运用比金钱利润更高尚的社会价值的程度。幸福并不在于单单金钱的拥有；而在于获得成就的喜悦，在于创造性工作的激情。在对瞬息即逝的利润的疯狂追求过程中，一定不能再忘记工作的欢乐和道德鼓舞。如果这些暗淡的日子能让我们认识到我们真正的使命不是被别人侍奉，而是为我们自己和我们的同胞服务，那么，我们在此付出的所有代价就都是值得的。

关于新教式职业道德意识的“古老真理”和兄弟之爱的基督教义，给予了罗斯福与丘吉尔演讲中的英雄类似的精彩。货币兑换商 327
是错误的，因为他们没有起到一天的有效作用，反而参与到对“瞬息即逝的利润”的“疯狂追求”中。也因为他们不爱其邻人而只为了一己之私，所以他们是错误的。真正的事业是美国式的且道德的，并且代表着他人的事业，比起为了一个人自己的事业，要更加美国式且更加道德。恐惧和失败主义现在被确定为既是非基督式的，也是非美国式的。

在演讲的结尾部分，当罗斯福转而谈到他关于经济复苏的想法时，他遵循了同样的思路，认为复苏的努力尤其需要“美国先锋精神”以及“睦邻政策——做一个决心自重并因此而尊重他国权利的邻国——一个履行自身义务并尊重与他国协约之神圣义务的邻国”。通过演讲中的这一点，金融方面的敌人被视为一个无用的角色，既轻狂又自私，而真正的美国人则会参与到共同努力之中，成为一个先锋和一个好的邻人而帮助其他人，这将被视为一种负责任的生活方式。

罗斯福还有另外一个对手，在其筹划中他刻意不去面对。在向美国主流人群发表演讲时，他鼓励他的听众不要担心美国制度本质上的可靠性。但是，通过他那虽负面但亦坚决的指责，他背叛了左翼反对派的存在［包括休伊·朗（Huey Long），他已经成为一种威胁］，他们在事实上确实把国家的弊病归咎到美国制度上。他聪明的做法是把这个对手从一个有良心的国家批评者贬低为一个懦夫：因为并不存在真正归咎的空间，消极的反应只能是恐惧。这是一种修辞上的障眼法，与他的社会主义对手的论点相比，这当然不是一种合乎逻辑的对抗。他以这种方式蔑视他们，我们可以批评他——或者，从另一方面来看，如果我们跟他目标一致，我们就可能会觉得他有理由告诉他的主要听众，即不确定的主流人群，那里并不存在合法的有原则的反对，而只有恐惧。

罗斯福和丘吉尔的演讲都是情绪鼓动方面的杰作，通过对比我们可以看到，优秀的修辞者对其听众了如指掌，知道什么样的形象可以引起共鸣，什么样的诉求会激起强烈的情感。英国民众希望不
328 惜一切代价的胜利，希望帝国的光辉精神永存。而美国人则是道德主义者：他想变得有责任感并有勇气，想要呈现出其自我独立性并尽到自己对他人的责任。罗斯福想要描绘出美国和美国人，但现实肯定是变幻莫测的。他的介入建构了一种情绪，这种情绪对于新政所需要的那种团结至关重要，在这一方面，一个主要的障碍确实是恐惧本身。鉴于罗斯福的具体目标，我们并不需要因为他在演讲中找到了合适策略去满足目标而认为他对恐惧的认识是毫无偏差的（后来日裔美国人被拘留就是一个过度［恐惧］的明显例子）。

德里的城市建筑和海德公园：如何构建恐惧以及如何开始抑制它？

城市把不同民族、种族、经济和宗教背景的人们聚集在一起。根深蒂固的猜疑常常使他们产生分歧，而这些猜疑会因城市空间的布局而增加或减少。城市建筑形成了种种生活方式，有时促进了友谊，有时强化了恐惧。城市里总有产生恐惧的基础：犯罪、就业率不稳定、群体和语言多样性。但是，建筑可以在很大程度上将恐惧加剧为公开的敌意，或者缓和这种敌意，而鼓励人们以友爱的精神来解决问题。

印度旧德里和新德里的悲伤故事警示我们，恐惧和分裂的种子是多么容易被散播，惠特曼式的“同伴关系”一旦遗失是多么难以修复。我们可以从这一事实说起，所有关于德里建筑和布局的当代印度著作几乎都是充满敌意的或者充满怀旧的（nostalgic）。从其他地方被迫到德里生活的人，在他们的故事中，敌意占据了主导地位。一个典型的例子就是阿维德·阿迪加（Aravind Adiga）[①] 的《白虎》（*The White Tiger*）。阿迪加笔下的英雄巴尔拉姆（Balram）是一个来自比哈尔邦的农村人，他成为一个富有地主的司机；他的大部分时间都花费在环形道路的无尽迷宫中，这些环形道路有着与日常生活毫无关联的浮夸名字，这些名字取自关于世界史的英式想象，这给予了新德里那几乎无法理解的结构。其他人的繁荣从

---

① 阿维德·阿迪加出生于1974年，是一名记者职业出身的印度作家，曾于纽约的哥伦比亚大学和英国的牛津大学求学，其处女座《白虎》于2008年获得英国布克奖。

329 四面八方包围着巴尔拉姆，他感受到的仅仅是迷失和疏离，并且他永远都无法知道他要往哪个方向走，这几乎是一种不可避免的德里体验。在他看来，华丽的白色住宅没有提供任何美感，而只有悲伤和疏离。新德里似乎是一座只关乎设计而不注重人的城市，一个除了最有钱的人之外其他人难以日常生活的地方。没有通向市场的地方，没有聊天的地方，也没有与各行各业、各种姓和阶层的人交流的地方。只有那看起来哪儿都去不了的无尽道路，除了一个高速公路环岛的中心，人们甚至连个打牌的地方都没有，他们与他人和日常活动隔绝，并且被呼啸而过的车流包围：

> 德里的每一条路都有一个名字，比如奥朗则布路（Aurangazeb Road），或者胡马雍路（Humayun Road），或者大主教马克里斯路（Archbishop Makarios Road）。然而，不管主人还是仆人，都不知道路的名称。如果你问一个人“尼古拉·哥白尼·玛格路（Nikolai Copernicus Marg）在哪儿?”
>
> 他还是会开口说：“啊?”并且他可能是一个一生都住在尼古拉·哥白尼·玛格路的人……
>
> 而且所有的道路看起来都一样，都是围绕着长满草的圆圈转来转去，人们在这些草地上睡觉、吃东西、玩纸牌，然后以这片圆形的草地为中心，四条道路从四个方向延伸。如果你沿着其中的一条路走下去，你会看到另一片圆形的草地，在那里人们也是在睡觉或者玩纸牌。然后又有另外四条路由此延伸。所以，你将在德里不断迷路、迷路、迷路。[12]

与之相反，旧德里几乎被所有写其故事的人深爱着，从 18 世纪到

19 世纪的那些住在其街道上的诗人，到现代的历史学家、建筑家。“谁愿意离开德里的街道呢?”乌尔都（Urdu）诗人扎乌克（Zauq）在 19 世纪中期这样写到，而当代的作者，从研究印度的英国史学家威廉·达尔林普（William Dalrymple），到当前印度国家档案馆的主任穆沙哈尔·哈桑（Mushirul Hasan），都在判断和情感上认同扎乌克[13]。但是，这种爱是充满怀旧的，其所钟爱的是某些自 1857 年以来就不再存在于现实的事物，虽然这些事物仍然存在于画作和诗歌中。

旧德里是连标新立异的建筑评论家简·雅各布（Jane Jacobs）都会喜欢的那种城市：也就是说，与一座被规划的城市相反，它是一座围绕着人们日常生活和互动而有机发展起来的城市[14]。旧德 330
里比任何一个城市都更能证实雅各布在写到城市时所表达的人类自由概念，“它们复杂的秩序——体现了无数人们制定和执行无数计划的自由——在很多方面都是一个伟大的奇迹”[15]。许多幸存下来的 18 世纪和 19 世纪[16]德里艺术效果图显示了它在建筑方面的辉煌及其特别不拘一格的风格，在这种风格中印度文化和伊斯兰文化相遇而创造出一种完全属于它自己的混合风格。基于书信和日记，关于叙事的历史讲述着同样的故事：印度教徒、穆斯林、基督教徒、商人以及莫卧儿王朝的皇室，都在一张关系网中互动，甚至英国的占有者也在其中起了合作的作用。

德里对军事侵略一点儿都不陌生，而即便是在 18 世纪，德里的诗歌也表现出了一种断裂感和相应的怀旧感。伟大的 18 世纪乌尔都诗人密尔（Mir Taqi Mir）写道：“这种习俗现在已经基本消失了——不过在过去的日子里，朋友们愿意坐下来夜以继日地相互畅谈”[17]。在一场特别激烈的战争后，密尔感叹：“德里，这座世界挑选来给时代精英居住的城市；被命运所掠夺和摧毁。我属于那座非常荒凉的城市”[18]。一直到 19 世纪中期，这座古老的城市依然完好无损，各种各样的活动——从购物的喧闹到通宵达旦的诗歌派对——把人民聚集在一起。正如达尔林普极其详细的叙述所呈现的，英国居民和印度居民对白昼的概念有着可笑的不同：英国人凌晨 4 点起床，晚上 8 点结束一天的工作；印度人下午 2 点左右起床，黎明时分上床睡觉。尽管如此，在那个我们很快就要提及的可悲的分裂时代之前，仍有足够多的互动而产生许多在服饰和艺术方面的借用，甚至还产生了不少英印婚姻[19]。你并不需要信奉任何特定的信条就可以充分融入那个城市——虽然你可能确实要热爱诗歌和音乐。

1857 年，当英国人在印度兵变（the Sepoy Rebellion）结束而入侵这座城市时，已经足以俘获莫卧儿王朝最后一位皇帝并控制红堡（Red Fort）。但是，他们决定以真正的荷马式风格来糟蹋这座城市，以一种此后令各方都感到遗憾的野蛮行径，熄灭了其从前辉
331 煌的余烬，以免莫卧儿王朝复辟。我们从一些残存的部分——比如红堡和贾玛清真寺（Jama Masjid）的一部分——知道德里是什么样子的，但更多是通过 1857 年以前的照片和叙述。正如达尔林普所呈现的，新的英国统治风格是好战的、福音主义的，且对印度文化和穆斯林文化都不宽容。他们的目的并非像前几代人那样尊重德里的文化遗产，而是进行文化灭绝。没有进行任何重建工作，德里

成为一座废墟之城。为了结束莫卧儿王朝，所有的穆斯林公民都被流亡多年——因此造成了以前没有的宗教分裂，直到英国人离开之前这种分裂仍不断被英国所鼓励。“对于整整一代人，”历史学家沙尔曼·库什德（Salman Kurshid）写道，“德里成为一座遥远的故乡之城，混杂着苦涩和悲伤的记忆，以及帝国时代破碎的纪念碑与遗迹”[20]。

因此，英国人的蓄意目的就是创造恐惧，粉碎团结。但是，他们当然无法在一堆瓦砾中进行统治，所以他们的下个任务就是创建一个他们可以统治的德里：帝国的德里。为了实现这个目标，他们聘请了建筑师爱德华·鲁琴斯（Edward Lutyens）以及他的同事赫伯特·贝克（Herbert Baker）建造了新德里——正如我们现在所知的那样[21]。他们的目标是表达优越性并产生敬畏——而敬畏之心，并不像惊叹，它是一种内在等级制的情感，表达的是对强权的屈服[22]。因此，就如我们所能设想的那样，新德里被远远地搬离了旧德里：搬到了遥远的南部地区，而不是在原城市之中。原始的白色代替了彩色马赛克的精致铺排；[这种白色] 在日常生活中无法被接纳，以至于普通人都不敢去那里；并且一部分在芮希那（Raisina）山丘上，以便统治者能够俯视他们所统治的居民们。鲁琴斯是一位有其自身风格的天才建筑师，他试图把印度主题注入基本的欧式建筑中，这确实导致了一些有趣的结果。提·穆尔蒂后来作为尼赫鲁的房屋以及如今尼赫鲁博物馆与图书馆的建筑而闻名，是令人印象深刻的古典简约风格。尽管如此，新的城市是巨大的、沉重的、不可触及的，而不是活跃的且被居住的。它产生了一种人们不

应靠近的感觉，并且正是它那白色色调，连同它那几何形的但仍难被理解的街道所形成的迷宫，令人恐惧。美国人就比较少这种麻
332 烦。新德里跟华盛顿特区以及（今天的）一些公共公园区域和私人马球场、板球场所预留的开阔绿色空间之间的细微相似之处，使得新德里对于非印度裔人士而言是一种宽心的安慰——尽管对于那些德里的穷人而言并非这样，因为他们住得太远而无法使用这些相对较少的美丽的公共空间。

德里迅速地从一座诗一般的城市变成了一座充满恐惧的城市。如同历史学家马尔维卡·辛格（Malvika Singh）所写的，“德里变成了‘他们’与‘我们’，变成了政府与世隔绝的所在地与那活跃的、日益增长的、根深蒂固的文化中心”[23]。但是这一中心从一开始就经历了伤痛。莫卧儿王朝的最后一位宫廷诗人米尔扎·迦利布（Mirza Ghalib）（他以书信和日记详细地记载了他逃离达尔林普这座城市的过程），总结说：“有四件事物让德里保持生机：堡垒、每天在贾玛清真寺前的人群、每周一次到亚穆纳河大桥的步行以及一年一度的花会。这些都不复存在了，那么德里如何能幸存呢？是啊，在这片印度土地上，曾经有一个叫德里的城市”[24]。简·雅各布描述美国大城市的“死亡”时，她所指的是热心而善意的城市规划者对生活模式的无意破坏。而德里的毁灭不只是死亡，那更是一场谋杀。

今天已无法挽回失去的一切。如今一个新的本土精英统治着新德里，但这个“中心”已不是任何其曾是的东西。它的大部分都被商业化和丑化了，或许，它产生的恐惧，甚至比鲁琴斯那就算遥

远、沉重但仍优雅的建设还多——尽管德里大学附近的地区让人有一些往日的感觉。对更南部回忆的一个简单开始是一群建筑家的新规划，他们被授权重建 16—17 世纪莫卧儿王朝卢迪花园中的陵墓，那是旧德里的一部分，由于在地理位置上和灾难离得足够远而免于毁灭。其他修复规划也在推进中，但是失去的实在太多，很难重建任何像旧城一样的东西。在群体关系方面，19 世纪印度教和伊斯兰教的共存，除了在上层社会，从未被完整重建过。城市的特定区域现在成为“穆斯林社区”，一旦存在恐怖主义威胁，那里就很容易受警察的侵扰[25]。新德里和英国人所创造的精英与其他人之间的鸿沟依然存在，尽管有了一些新的特性。

德里的故事并没有表明规划是一件坏事。简·雅各布笼统地反 333
对它是错误的。特别是当城市人口飞速增长的时候，如果城市要为人民服务，集中规划就是必要的，就如中央公园的故事所展示的那样。发展中国家的许多城市（如班加罗尔、达卡、雅加达等）已经变得不适合居住，这并不是因为存心的恶意，而是因为未加规划且混乱的扩张。德里的故事所表明的是，刻意制造恐惧的计划会毁坏长达几个世纪的城市生活风貌，尤其在刻意打造一个除了精英阶层不适合任何人居住的权力中心时则更是如此。

德里的悲惨故事向我们展示了城市建筑与群体间的同胞关系（fellowship）是多么紧密地联系在一起——播下恐惧的种子是多么容易，而一旦毁坏已经完成，改变恐惧的结构又是多么困难。分离会滋生恐惧，武力的形象会增强恐惧；没有任何同胞关系可以轻易地包容这种建筑所产生的裂痕。

但在建筑方面制造的恐惧有时可以被逆转。我现在要转向一个非常现实的故事，事实上就在我家那边。自 20 世纪 90 年代中期以来，芝加哥大学经常与市政府合作采取一些富有创造性的举措，以解决在芝加哥时常紧绷的南区出现的种族恐惧，用以扭转已经持续了几十年的充满恐惧的隔离政策。

正如别格·托马斯——理查德·赖特的《土生子》里的一个角色——所说的，“大道乐园上的大学学校”[26]，长期以来它一直将自身——也被其他人——视为白人的特权堡垒，这一堡垒处于令人惊恐和丧失体面的危险之中。大学的早期本质概念是一个只关注自身的学术社区。在建筑方面，这种概念通过被封闭庭院环绕的哥特式复古建筑呈现出。选择哥特式而非其他风格是为了刻意营造一种年代感，而方形的庭院则是为了传达一种准修道院式本质的概念。（罗马式建筑之所以被拒绝，是因为它似乎没有正确的修道院式痕迹。）正如前校长唐·兰德尔（Don Randel）所写的那样，“哥特式
334 的冲动创造了一个朝向内部而远离外部世界的社区，在中世纪和 20 世纪的某些地方，这个社区被视为危险的”[27]。1915 年，作为主要捐赠者的约翰·D. 洛克菲勒（John D. Rockefeller）写了一篇题为《美妙的校园》（“A Wonderful Campus”）的社论，在那里他赞同这些选择。他指出哈佛就没有那么成功地传达出“古老尊严”的印象：“哈佛校园里有许多红砖建筑。红砖可能会变旧，但它很难获得一种古朴和庄重的气质”[28]。威廉·雷尼·哈珀（William Rainey Harper）校长有着强烈的愿望去强调年代感，所以他实际上并不打算举行任何就职典礼，他宣称大学的第一天（即 1892 年 10 月

1 日）似乎应该是“一项已经进行了千年的工作的延续”[29]。

随着时间的推移，大学对古老尊严的追求与种族主义和阶级排斥紧密地联系在一起。在共同体中存在着一些自由主义的声音：例如，推动了种族融合的奥德曼·利昂·德斯普莱斯（Alderman Leon Despres，1908—2009）和他的妻子玛丽安·阿尔舒勒·德斯普莱斯（Marian Alschuler Despres，1909—2007）——在 1942 年首次招收非裔美国人的芝加哥大学实验学校的种族融合过程中，他们也是主导力量[30]。当时由德斯普莱斯夫妇和另外两个人所写的一封信中写道：“按照目前的做法，我们正在把一种陈旧的偏见渗入我们孩子的学校生活和个人品性中，而剥夺了他们所能受到的民主的好处。在我们自己替孩子们拒绝了民主之后，我们怎么能有效地敦促他们考虑民主的优越性呢？”[31]

然而，尽管有这样的进步，在前后几十年的时间里情况都是如赖特在 1940 年的小说中所描述的那样：一个拥有黑色皮肤的人（除非经过精心培养的中产阶级的某个例外）总被视为不得其所，就像别格那样，他自己也经历了不得其所的情况，即在那隐含于海德公园边界附近的肤色“边界”的错误一边。记者布伦特·斯台普斯（Brent Staples）在 1986 年的一篇文章中回忆说，1972 年午夜时分，因为他出现在海德公园的一条街道上（当时他还是芝加哥大学的研究生）而使得一位衣着光鲜的年轻白人女子开始奔逃。他悲哀地写道，这个女人是他的第一个“受害者”，也是他第一次体验到自己“以丑陋的方式改变公共空间的能力”[32]。对白人空间出现黑人的这种反应当然并不罕见，但在海德公园，无形的肤色线 335

（color line）事实上肯定了这种反应必然会发生，这条肤色线在大学领导的刻意设计下将大学社区与周围的社区隔离开来。

那时候的海德公园犯罪率很高——高到让大学一度要考虑搬到某个“不那么紧迫的环境”[33]。（被考虑过的选项包括威斯康星州、杜佩奇县郊区和科罗拉多州的阿斯彭镇[34]。）但其自身在空间和建筑上的选择却助长了一种相互猜疑的氛围，并进一步增加了犯罪的机会。据说，该大学曾影响过该城市的高架公共交通系统设计，使其不进入海德公园，这是绿色线路（the Green Line）① 曾发生的情况——从而使外来因素远离这个几乎封闭的社区，也使该社区更为独立并与喧嚣的活动相隔绝，使其成员更难以自由地进入市区[35]。大量的单行道和频繁的死胡同也阻碍了交通。当时的一个典型标志是在法学院停车场后面的那高高的铁丝网（正好在海德公园和伍德朗街区之间的“边界”上），直到 1998 年它才被拆除。这道栅栏或许意在保护教授们的汽车不受 61 街的破坏者侵扰，它的竖立却是敌意和内向心态的象征——不是恶意的，就像英国人在德里一样，而是以一种无可指责的迟钝态度对邻里不屑一顾。大学里的人可能会唱着母校的校歌：“我们赞美她慈善的广度。”然而，这一慈善既始于家中，也止于家中[36]。

除了这些分隔的象征和情感重要性，这一切仅仅意味着，没有喧嚣的活动能使空地在夜晚变得更轻盈、更安全，而周围的社区——只剩下低层阶级而非混合收入的住宅区——成为犯罪的滋生

① 指芝加哥地铁绿色线路，又被称为西南线路，是芝加哥地铁的一条线路。

地，几乎和更北边臭名昭著的罗伯特·泰勒住宅区（Robert Taylor Homes）一样。耸立的大学方形庭院，它除了作为建筑的华丽和派生功能之外，也为隐秘行为，而不是一种彼此往来的邀请，创造了机会。空荡荡的大道乐园（59 街和 60 街之间的宽阔草地，1893 年哥伦比亚世博会时，第一个摩天轮和水牛比尔的狂野西部秀曾在此 336
款待了全球人民）[37]，现在是一个黑暗的无人区，它招来的是犯罪，而不是友谊，并阻止了大学的进一步南扩。正如《芝加哥论坛报》建筑评论家布莱尔·卡明（Blair Kamin）所写的那样，“多年来，绿地形成了一个非武装区域，它介于在大道乐园以北的加州大学新哥特式封闭方形庭院与南边的锋芒毕露甚至有时危险的伍德朗街区之间”[38]。新来的教员们得到的警告也由恐惧所主宰：“不要进入伍德朗，不要在下午 5 点以后穿过大道乐园，甚至不要独自在湖边散步。”

分离的策略是短视且徒劳无益的；它并不是彻底的恶意。在那个年代，一些支持穷人的人确实认为，分隔的住房规划是更有效地表示对穷人和少数族裔尊重的方式[39]。尽管如此，分离策略的大学版本并不是特别尊重其邻里，反而因对邻居的蔑视而被影响。

渐渐地，在 21 世纪初，这一切开始改变。大学管理部门在精神上的变化首先出现：从现在开始，大学应该把自己当成邻里的伙伴，要追求互动和相互联系的生活，而不仅仅是安全带来的互惠。唐·兰德尔校长特别积极地强调了方向的改变，将“大学在撤退”的旧观念与合作及伙伴关系的新观念进行了对比[40]。该大学在与城市的合作中经营了海德公园北侧的两所特许学校，与此同时，还尤其关注其南面毗邻该大学大道乐园以南部分（法学院、公共政策学院、社会管理学院）的伍德朗街区的复兴。大学的警察部队开始与城市警察合作，在伍德朗街区进行巡逻，同时大学的职员也鼓励街区的修复，并鼓励更多的研究生和教职员工搬进 60 街以南的住房。当城市花费 1 100 万美元恢复湖岸南部的活力，在南侧的湖岸大道
337 下新建了 4 条自行车地下通道，整修了位于 71 街的南岸文化中心和美丽的 65 街海滨别墅（这两座华丽的装饰艺术建筑曾一度失修），并启动了将大道本身进一步向南延伸的计划时，大学也在靠近校园的几个合作项目上进行投资。

这首先体现在 2002 年的大道乐园溜冰场，它是一个奥运规模的溜冰场，其为自带溜冰鞋的人提供免费溜冰服务（与市中心高昂的费用形成鲜明对比），溜冰鞋租金只需 6 美元，它还有一个带有屋顶观景平台的公共活动室，并且可以购买食物。这个简单的想法不仅意味着海德公园如今迎来了邻居和游客，也意味着曾经漆黑的大道乐园或多或少地在整个学年里变得灯火通明，人声鼎沸。1996 年下午 5 点，我就在那个街区被抢劫过，但这在今天几乎不可能。友谊与安全并存。

最近，大学决定将新的列娃与大卫·罗根艺术中心（Reva and David Logan Arts Center）——该建筑本身就与那些哥特式庭院的意识形态不同，在那些庭院中艺术曾因不是真正的知识而受到排斥——设在第 60 和 61 街之间的壁炉山庄（Ingleside），因此正位于海德公园的南端和西端[41]。从一开始，这个计划就考虑到了邻里。新中心与伍德朗团队合作规划了许多活动；与此同时，伍德朗社区

的零售业也在发展，而这是该社区作为一个种族和经济混合社区复兴的一个更明显的标志。这座由托德·威廉姆斯（Tod Williams）和比利·森（Billie Tsien）设计的高耸、繁华的玻璃和石头建筑并没有完全否定哥特式风格，事实上，它是通过其高耸的建筑向过去致敬。它还传递了一个富有希望和活力的信息。它的设计体现了整个大学建筑精神的变化，从往后看到往前看［我们可以说，这是从与哈珀校长和罗伯特·梅纳德·哈钦斯（Robert Maynard Hutchins）校长相关的对过去的崇拜[42]，前进到了杜威的实用主义］[43]。

最后，为了配合新的艺术中心，大学对大道乐园周围的街道和人行横道进行了大规模的升级改造，其中最核心的是詹姆斯·卡彭特（James Carpenter）[44]在伍德朗大道和埃利斯大道上设计的光桥，后来在多切斯特（Dorchester）也增加了光桥。巨大的不锈钢 338
桥轴发出戏剧性的白光——并且在白天反射太阳光——这些灯光（学生们称为“光剑”）确实创造了一座从南到北的桥梁，它们的弧光是一种邀请的姿态。卡明赞许地说，它们在大道乐园南面的现代主义建筑［密斯·凡德罗管理学院（Mies van der Rohe's School of Social Administration）、埃罗·萨里宁法学院（Eero Saarinen's Law School）以及新艺术中心］和北面的哥特式建筑之间形成了美学上的联结。它们还隐喻地实现了弗雷德里克·劳·奥姆斯特德对大道乐园的最初计划之一：他希望那里有水，并在水上架设桥梁。灯光本身的设计既考虑到安全，也考虑到美观。其中一位设计师在谈到这些桥时说：“它们在人们面部的垂直表面上提供了更多的照明。如果灯光直下，只照到人行道上，你就不会感到那么安全”[45]。

这个故事告诉了我们许多关于恐惧和友谊的事情。当恐惧主导了大学的思维并阻碍了包容的同情心，人们就会采取一些措施而使事物变得不那么安全和友好。同时，海德公园的恐惧感（真实的以及幻想的）为拒绝交往的、只关注自身的排斥态度所增强。恐惧和排斥相互滋生。而要打破这种恶性循环，人们就需要采取一些大胆的决定，至少要建立起一些信任。在我们这个种族关系持续紧张的时代，仍然需要一些大胆的思考。由于这个解决方案是地方性的而非全国性的，甚至只是全市性的（它不像越战老兵纪念碑、千禧公园或伯纳姆的湖岸计划），所以其在芝加哥和全国的更大影响难以评估。但好的解决方案通常都是地方性的，植根于对地方历史与问题的深刻理解，因此，进步很可能是许多小实验而非一个宏大计划的产物。在这种情况下，大学在世界范围内的名气使得它有能力创造一个广泛宣传的范式，从而鼓励其他努力。

这些只是对恐惧进行管理的几个好例子与坏例子。然而，它们足以表明，政府一直在做出种种决定，这些决定影响了人们恐惧的程度和性质，也影响了恐惧与共同努力的关系。政府应该深思这些情感并好好做决策。

四、妒忌与公平：一个共同的规划

339 自民主政体诞生以来，妒忌就一直威胁着它们。在君主专制政体下，人们的可能性是被限定的，他们可能会相信命运或神的审判已经把他们放置到了其所在的位置上。但是，一个避免被限定的秩序和命运而支持流动性和竞争的社会则为对他人成功的妒忌打开了大门。如果妒忌足够普遍，那么它最终会威胁正义，尤其是当一个社会（比如我们所假设的社会）一直致力于进行实质性的再分配以保护所有人的福祉的底线时。

妒忌是一种痛苦的情感，它关注于他人的好运或优势，不愉快地将自己的处境与他人的处境进行比较。它涉及一个竞争对手，以及被认为是重要的一个或多个好处。妒忌者之所以痛苦，是因为对手拥有这些好的事物而她没有。这些好的事物必须被视为重要的，并且不是以某种抽象的或超然的方式，而是因为自我和自我关于幸福的核心理解才被视为重要的[46]。通常，妒忌包含了对幸运的对手的某种敌意：妒忌者想得到对手所拥有的东西，并因此厌恶对手。妒忌因此会在社会的核心处产生仇恨和紧张，并且这最终可能会阻止社会实现它的某些目标。由于人们关于福祉的判断是高度与地位相关的（highly positional），这一点在直觉上很明显，也在实验中被证实，并且在许多社会中都是如此，所以妒忌必定仍是一种普遍的经验和造成社会困境的可能原因。

妒忌（envy）与嫉妒（jealousy）类似，都会因对某种有价值物品的拥有或享受而包含对某个对手的敌意。但是，嫉妒往往是对某种特定缺失（通常是，但不总是，个人关注与爱的缺失）的恐惧，因而是关于对自己最珍爱的事物和关系的保护。它的焦点在于竞争对手，将之视为对自己的一种威胁。它主要是在保护自己免受伤害[47]。其原型也许也是其起源，是与父母其中一方争夺另一方的爱和关注，手足之争是另一种普遍存在的原型。与之相比，妒忌的核心在于，某种被欲求地位或财产的无法占有。其关注点在于缺少了的好处，而它针对拥有［好处］者的敌意是间接的[48]。竞争
340 对手比起好处本身较为次要；事实上，对手被敌视是因为享受了种种妒忌者所缺乏的好处。

嫉妒往往是可以被平息的，比如当对手明显不再是争夺所爱之人爱意的竞争者时，或者明显不曾是一个真正的竞争者时。只有病态的嫉妒才会不断创造出新的且通常是想象出来的对手，而嫉妒并不总是病态的。普鲁斯特笔下主人公的心理——为了艾伯丁（Albertine）的喜爱而嫉妒无数想象出来的对手，并且只有当艾伯丁睡着了并因此无法行使独立意志时才不嫉妒——是完全被注定的且不幸的。马塞尔从来没有摆脱过他那强迫性的童年愿望，即独占其母亲的爱并说服她在他的房间里过夜。一个人可能有这样一种类型的嫉妒，这种嫉妒没有吞噬一切的性质，并会对证据做出反应。考虑到人类生活的不确定性，对于普鲁斯特笔下的主人公而言，任何证据都不够重要，我们太容易陷入这种状况，但是信任和慷慨可以帮助一个更幸运的人避免那种注定的、没有爱的处境。

相比之下，妒忌很少能被平息，因为通常它所关注的好处（地位、财富或者其他优势）在所有社会中都分布不均衡，并且没有任何位置能完全避免令人反感的比较。伊阿古（Iago）① 和奥赛罗（Othello）的关系是恶毒而残忍的，因为它主要是一种妒忌关系，

---

① 莎士比亚创作的四大悲剧之一《奥赛罗》中的角色。

而不是嫉妒关系。奥赛罗之所以被人憎恨，并不是因为他是某个具有特定优势的对手，而是因为他使伊阿古相形见绌并赫然在伊阿古之上。伊阿古无法成为一个主角，因此他必须毁掉这个主角。心理学家玛利亚·米瑟里（Maria Miceli）和克利斯提亚诺·科斯特弗兰奇（Cristiano Castelfranchi）简洁地指出了平息妒忌的困难，他们总结说："妒忌的对象是某个所参照的特定群体或个人的'优越感'（superiority）或'非自卑感'（non-inferiority）"[49]。当然，只要一个人在意的是社会中分配不均的物质财富，任何社会都很难做到这一点。一个人即使已经拥有了卓越的地位，也会不断受到竞争者的威胁，因此一个人可能处于"顶端"但仍受妒忌的驱使，因为永远无法保证未来的优越感。

因此，斯多亚学派建议不要在意这些事情，但是这一建议很少被重视，并且就算被重视，也可能不会对一个美好世界有所帮助。我们可能会同意斯多亚学派的观点，即如果人们更重视美德和友谊 341
这些无等级之分的善好（nonhierarchical goods），而不那么重视金钱和身份这一类地位性的善好（positional goods），那么人们会生活得更好，社会也会变得更好。不过，即便非地位性的（nonpositional）善好也会引起比较；而且，如果我们鼓励人们完全不关心金钱和地位，那么社会将变得很糟糕。（斯多亚学派哲学对西塞罗的性格提供了一些有价值的特征，但是他对政治事业、对他的女儿甚至对金钱和荣耀的执着构成了其人性魅力的很大一部分。）然而，我们如果不接受斯多亚式的清除妒忌规划，那么就需要更多地谈谈如何遏制妒忌。

妒忌有三个在构造上的近亲，区分它们很重要。效仿（emulation）就和妒忌一样，关注于自己的情况与更好情况之间的比较。但是在效仿中，好的情况被视为是可以通过某种努力而实现的，而不是被理解为一种零和博弈，因此效仿并不涉及对更幸运之人的敌意。如果高中生A看到高中生B在学校取得了好成绩而想要效仿，她通常会对自己说："只要我努力，我也可以做到。"妒忌就不一样了，因为正如心理学家们常常得出的结论，妒忌涉及了一种绝望与无助的感觉[50]。因此，心怀妒忌的高中生会说："那些受欢迎的孩子，我讨厌他们。我永远都无法像他们那样。"（注意在该例子中，通常可以通过努力而实现的"获得好成绩"已经变成了通常不能通过努力而实现的"受欢迎"。）因此，效仿和希望竞争对手好是可以兼容的，而妒忌则包含了厌恨（bitterness）和敌意。妒忌不需要包含一种特定的充满敌意的愿望。（从这个意义上说，妒忌不等同于对别人失去好东西而怀有敌意的沾沾自喜，或相关的幸灾乐祸情绪。）在我所设想的情况里，妒忌者并不一定会想象受欢迎的孩子变得不受欢迎，尽管她可能会这样想。但是她会带着某种憎恨（animosity）来看待他们，并且肯定不会希望得到一种包含他们在内的公共善（比如高中啦啦队或者足球队的成功）。

妒忌和怨恨（resentment）也不一样，怨恨是一种涉及不义感的道德情感[51]。一个对于他人的优势感到怨恨的人会相信某些事情在道德上出了错：他们优越于她是因为某些不正义。纠正这种不
342 正义将平息怨恨并消除怨恨者的痛苦。相比之下，妒忌并不要求这样的道德观念。如同罗尔斯所说："只要说明他人的较好境况会引

起我们的注意，这就足够了”[52]。怨恨是通过社会批判而表达的，并且它通常具有建设性意义，会带来消除不正义的改变（如果怨恨者正确地分析了事物）。妒忌就只是“一种仇恨（rancor）的形式，它既会伤害它的对象又会伤害它的主体”[53]。回到高中生的例子：感到怨恨的学生可能会抱怨很多，比如“我写出了最好的文章，但却因为我的大胆和不依惯例而没有拿到最高的分数”，或者“尽管我是最好的演员，但由于我的种族，我没能扮演哈姆雷特”。在所有的这些情况里，这个学生无论是对还是错，都存在着一种道德上的不满（moral grievance）以及表达出那一抱怨的情感。相比之下，心怀妒忌的学生只会对他者的优越性感到不满，而没有一种道德上的不满。（当然，妒忌常常可以通过加工出来的不满而假扮成怨恨[54]，但这并不会改变概念方面的观点。）

效仿和怨恨都是一个合宜社会中的健康情感：前者鼓励个人变得更好，后者鼓励社会变得更好。妒忌就没有这样富有建设性的功能，并且，尽管妒忌可以激励个人努力工作和获得个人成绩，事实上其仇恨仍旧被证明是有害的。

因为，即便在“他们比我们更为幸运并不会减少我们的利益”时，仍可能存在对他人的妒忌[55]，因而即使在一个最合宜和公正的社会中，妒忌仍是一个潜在的问题。

最后，妒忌还有一种无害的且通常是有益的类型，在这种妒忌中，一个人会因为别人占有了自己梦寐以求的东西而感到暂时性的痛苦——但是，由于一个人对于善好的渴望是转瞬即逝的，并且也没有被认真地认可，所以这种痛苦并不包含充满敌意的愿望。在拜访我的亲戚时，我暂时性地想到："在伊萨卡（Ithaca）生活是多么的宁清和可爱"，并感受到一种对他们生活有所渴求的折磨。但是，由于我绝对不希望住在那里，并且，如果住在那里就会讨厌那里，我那转瞬即逝的妒忌更像是对亲戚们所珍爱之事物的一种移情性欣赏（empathetic appreciation）。它所涉及的是友谊和想象性的参与，而不是敌意，因此有助于宽容。如果我不能理解为什么有人会想要
343 住在那里，那么在某种程度上，我们的友谊就会出现隔阂。但是在这里并不存在竞争。造成这种差别的，似乎是我在考虑到所有事物时所做出的评价。如果他们住在芝加哥，而我由于某种原因被困在伊萨卡，那么我在去拜访他们家的时候就可能产生一种更加有问题的情感。这是一个显而易见的例子，但是有些移情性妒忌的例子则更伤感，也不那么清晰，是关于某人自己生命"未走之路"的一种记录。在所有这样的情况里，人们都希望对方好而不是坏，因而妒忌有助于理解。

在什么条件下满怀敌意的妒忌会特别有可能爆发呢？罗尔斯提及了三种[56]。第一，有一个心理条件：人们"在他们自身的价值以及他们做任何有价值之事的能力方面"缺乏可靠的信心。第二，有一个社会条件：当这一心理条件被体验为痛苦和羞辱时，就会出现许多境况，因为社会生活的条件使得引起妒忌的种种矛盾非常明显。第三，妒忌者将自己的处境视为除了单纯的敌意外没有任何有建设性的替代选项。他们唯一能想到的解脱就是把痛苦施加给别人。

我们现在可以看到，有些社会结构比其他社会结构能在更大程

度上满足这些条件。普通高中便是真正的妒忌催生地。青少年尤其可能合乎一种对他们的价值和未来感到不安的心理条件。发生的所有事情都使排序变得突出：分数，大学入学竞争，在大多数地方都可以见到的种种运动竞技，经常让人难受地形成种种小团体和群组，以及依据魅力而对人们进行的相关排名。排名靠后的人确实常常对自己的处境感到绝望。

一所高中如何才能少一些那样的情况，或者在更大程度上控制那种敌意呢？首先，要支持学生去思考他们的未来并在一个不确定的世界中努力提高自尊心。父母是这一步的关键，但老师和辅导员也可以发挥一定的作用。每个学生都可以感受到自己能够把握住一种基本水平的成就，而这起码会减少那种考虑到他人优越的成绩而感受到的痛苦。社会的条件是难以捉摸的，因为一所好的高中不仅可以在一定程度上突出学生的成绩来鼓励效仿，而且也可以找到各种方式去奖励学生所具有的其他才能，提倡通往卓越的多种路径。当然，它也可以抑制竞技体育以及与之相关的社会声望的过度主导 344
地位。第三个条件或许是最重要的：通过提供通往成就的有建设性意义的广泛途径（非竞技性的健身活动，喜剧和其他创造性艺术，社会服务），学校可以鼓励学生们去做一些有价值的事情，这会让他们对自身感觉良好，而不只是坐在那里讨厌受欢迎的孩子。我女儿所在的中学做了两件有用的事，一是在举办体育奥运会的同时举办一场“艺术奥运会”，以使更广泛的学生（通常以群组为单位）可以获得认同；二是简单地提供一些诸如瑜伽、普拉提、健身跑等活动作为运动的替代选项。

让我们现在转而谈谈社会。罗尔斯认为，一个以他提出的两条正义原则为模型的社会仍然会存在怀有敌意的妒忌，但是其造成的损害不会达到无法容忍的程度[57]。在心理状况方面，人们知道他们的基本权利是独立于功绩而得到保障的，这至少会清除某些不安感。此外，人们具有一种“普遍的正义感”（a common sense of justice）并且“被公民友谊捆绑在一起”——这些因素再次清除了某些由不安感带来的痛苦感受[58]。在社会条件方面，罗尔斯所设想社会的经济结构使人们彼此之间的距离比许多社会中的情况更近，而这使得地位差异不那么突出。社会中各种各样的组织和职业也削弱了差异的可见程度：没有一个单一的尺度是和所有人有关的。最后，许多方面竞争的存在提供了许多具有建设性的替代妒忌的选项，至少如同其他社会一样多[59]。

罗尔斯的解释似乎基本上是正确的，而我们所设想的社会，尽管没有在所有方面都和他所设想的一样，但似乎也能够对妒忌带来的挑战给出基本相同的回应。因此，许多工作必须通过法律和制度来完成，以确保所有人的基本权利得到保障，并且通过教育和经济体系让人们感到他们拥有建设性的选项。社会的制度结构通过为竞争留下空间而支持效仿，避免产生会使努力（以及——我们可以加上——经济）瘫痪的绝望和无助感。健全的政治和法律制度也会支持建设性的义愤与怨恨，因为公民会被鼓励去提出真正的不满。

345 我们所设想的社会并不只重视金钱，这一事实也十分重要。它的政治文化发出了一个信号，即各种各样的人类成就都是有价值的：友谊、文学、艺术表达、为社会正义而奋斗，等等。设想一下，在一个只看重金钱的社会里的一次高中同学聚会：在该聚会上将会有大量怀有敌意的妒忌，因为在金钱方面人们将会处于非常不平等的位置，而聚会使这种不平等变得明显，这样的场合总是如此。富人会抢先感到妒忌以保护自身的地位，来应对未来的不安感，而不富裕的人会妒忌富人的地位。一个社会如果重视各种类型的建设性成就，就不会有线性的排序，并且人们可以在各种各样的生活方式中找到自豪感。从这个意义上说，怀有敌意的妒忌就减少了。

然而，这样一种文化仍然很容易产生怀有敌意的妒忌，因此我们还需要追问，还能再做些什么来支持一种公民友谊的文化，这种文化至少不太可能使人们以这种方式彼此不合。妒忌会以两种方式破坏同情：使人们的关注圈变得狭窄，并因此鼓励他们将“幸福主义的想法”聚焦于自己或者自己所属的群体；抑制类似可能性的感觉和与之有效相伴的移情，暗示被妒忌的人是“别人”或者“敌人”。

那么，我们所需要的解药便是一种共同命运感，以及面对共同任务时的友谊，这种友谊会把有优势的人和不那么有优势的人吸引到同一个群体里。达成这种友谊的人会意识到，不同的群体是斗争中的同盟而非对手。在一个由同种族的人构成的小型社会中，这种共同命运感，作为个人知识与关系网络的一种结果，可以自行发展起来。我在芬兰住过很长时间，那里有一套健全而完全不受反对的社会保障政策，我问过那里的人们，为何那些更富有的人，对那些有益于更不富有之人的政策，反对意见如此之少[60]。我通常听到的答案是，阶层间的妒忌之所以不存在，很大程度上是因为，这个小型社会（只有500万居民）就像一个大家庭，所有公民的前途都交织在一起。然而，芬兰社会的这一良好特征与一个更成问题的特征密切相关：它的高度同质性，以及对移民或寻求庇护者的不接纳。

346 在一个更大、更多元的社会中，一个人如何才能创造出这种共同命运感，或者，用惠特曼的话说，“培植如树林般茂密的同伴关系”？一个外部的敌人，无论是一所敌对的高中还是一个正在进攻的国家，都经常会产生这样的效果。人们在面对敌意的挑战时往往会忘记自己的差异。同样，在年轻的国家里，公民经常从他们受压迫的历史那里建立友谊：共同的苦难记忆使他们有了一个一致的目标。尽管如此，人们还是希望有一些关于公民友谊的策略，这些策略不依赖于乔治三世（George Ⅲ）或英国殖民统治而存在，更不用说希特勒和裕仁（Hirohito）了。

为了说明一个国家所能使用的广泛的更为和平的手段，我将从政治戏剧/修辞中挑选两个例子——富兰克林·德兰诺·罗斯福的《第二权利法案》（Second Bill of Rights）演讲以及甘地用他的个人生活方式改变精英行为的例子。然后我将转至一个非常不同的例子，弗雷德里克·劳·奥姆斯特德所创建的纽约中央公园（New York's Central Park），作为一个“人民公园”，它能够塑造人们与他人互动的感觉。

罗斯福与《第二权利法案》

尽管新政取得了情感上和法律上的成就，但二战期间的美国并不是一个在情感方面统一的国家。战争提供了情感上的团结和凝聚力。但随着战争努力的成功，战后时代指日可待，必须再次考虑阶级和经济安全的议题。罗斯福明白，战争在某种程度上把阶级妒忌（class envy）放在了次要的位置——虽然并不彻底，正如比尔·莫尔丁那些刻画士兵与军官之间对比的漫画所生动表现的那样[61]——但是并没有解决围绕经济议题创造情感团结的难题。就像早前经常发生的那样，他对社会保险的情感基础进行了大量思考。1944 年 1 月 11 日的国情咨文演讲，通常也被称为《第二权利法案》演讲，就是思考的结果。它制定了一些重要的政策目标，更重要的是，它也给予了人们一种隐喻性和象征性的语言，并以这种语言去谈论经济正义——并且如果这种语言具有说服力，那么它将限制敌对妒忌在新时代的影响[62]。

《第二权利法案》演讲的一个重要前兆是罗斯福的“四大自由”（Four Freedoms）演讲，即他于 1941 年 1 月 6 日所做的国情咨文演讲，该演讲精心设计了将经济安全与自由相联系的语言。罗斯福在“自由世界”的未来悬而未决之时发言，他强调了显而易见的一点，坚持了言论自由（第一自由）、宗教自由（第二自由）和免于恐惧的自由（第四自由，他指的是让德国和日本的侵略在未来变得不可能的一系列军备协议）对人类的重要性。与其顾问们的建议相悖，他坚持认为这些自由不仅仅是美国人的，而且应该流行于“世界上的任何地方”[63]。但列表上的第三自由是出乎意料的：“在世界任何地方都免于匮乏的自由——转换为世界性的话语，这意味着种种经济学解读，这些解读将确保每个国家都能为其居民提供一种 347

健康的和平生活。”罗斯福大胆地将自由的语言用于亚里士多德或英国新亚里士多德哲学家 T. H. 格林（T. H. Green）早已熟悉的某种目的，但这种目的对于美国公众而言也许并没有那么熟悉。通过坚持战争是关于自由的（这一点每个人都会同意），并且强调免于匮乏的自由是自由的一部分，他认为战争努力本身在某种程度上就是一种经济正义的努力。这一举措在修辞上取得了巨大的成功：“四大自由”的观念很快成为家喻户晓的话语，并且诺曼·洛克威尔（Norman Rockwell）首发于《周六晚报》（*Saturday Evening Post*）上的著名系列画作使其影响进一步扩大。罗斯福创造了一幅描绘典型美国人形象及其所奋斗之物的崭新图景。

对于罗斯福来说，“免于匮乏的自由”解决了所有被我们称为妒忌的首要心理条件。他说，安全感是指“一种在我们个体自我之中的感觉，这种感觉是我们在整个历史进程中始终缺乏的”[64]。但他并没有将不安全视为一种病态的状态：它是一种对缺乏政治保障的合理回应。他似乎有理由认为，合宜的政治状态会产生一种强烈抵抗妒忌的心理。

《第二权利法案》演讲更进一步地表达了“四大自由”的说辞。它处理了一系列情感，但正如我们将会看到的，妒忌是这些情感的
348 核心。整个演讲都是关于战争的，当然，这一战争当时仍在进行中——当时离诺曼底登陆日仍有六个月的时间。它开始于这一观察，美国人民参与“世界上最伟大的反人类奴役战争”刚满两年。罗斯福如今宣布，“仅仅幸存”不能成为国家的最高目标。相反，美国必须以“安全”为目标。在 1944 年，哪个美国人不会把最强

烈的情感放在这一理念上呢？因此，罗斯福直接将重点转移到了最让人不安和焦虑的领域。罗斯福现在继续说："这不仅意味着免受侵略者攻击的人身安全，也意味着在一个国际大家庭中的经济安全、社会安全和道德安全。"所有同盟国都同意我们必须促进经济发展，也同意这意味着建立工业，意味着创办教育和提供个人机会，以及提高生活水平。他现在说到，每个人都看到了军事安全今后至关重要；社会安全和经济安全也是如此。"与和平同样必不可少的是，对于所有国家的每一个男人、女人和孩子的一种合宜的生活水准。免于恐惧的自由与免于匮乏的自由永恒地联系在一起。"（"永恒"一词使他回到了首次就职演说中那崇高的圣经式语言。）

现在，罗斯福转向其经济计划的敌人们，认为他们是在战时制造危险和混乱的分裂势力。就像他在首次就职演说中说的那样，他再一次用嘲讽而非恐惧的语言来形容他们。这些"在国会大厅和华盛顿鸡尾酒会里飞来飞去的害虫"想要促进特殊群体而非国家整体的利益。他幽默地把敌人比喻成昆虫，又描绘了那些（琐碎而烦人的）昆虫在鸡尾酒吧里蜂拥而过的滑稽画面，这些都为接下来对战士尊严的赞扬提供了独特的力量。这种比喻是狡猾的：少数派被比作昆虫或其他"低等"动物而受到诋毁是太经常的事了，而且我们已经看到，罗斯福喜欢在不直接批评的情况下贬低强烈的反对意见。这是一个瑕疵，即使是一个可以理解的瑕疵。不过，我认为，演讲肯定了绝大多数美国人的尊严并嘲笑了一些似乎是这种尊严之敌人的权贵，这一事实——与另一事实一起，即这种比喻是滑稽的而非令人厌恶的，它刺穿了这些自私的精英的虚荣做作——使它摆脱了那个伦理问题。

349 罗斯福现在继续说，在战争时期，我们必须理解“美国的所有群体和各部分人口是如何相互依存的……如果说有过那么一刻要个人或团体的自私自利服从于国家利益，那么它就是现在”。对困难之人的同胞感受（fellow feeling），是罗斯福在患病之后对待生活的一个特点，这渗透在该演讲中。他一再对那些因贫穷而责备穷人的人表示不耐烦，而在这里他将提出国家本身就具有一种防止极端匮乏的责任[65]。

因此，罗斯福将战争本身定位为一场反对自私的战争，并将听众的迫切情感引向经济安全的目标。在提出一些具体建议——新的税收、农业补贴和设立食品价格上限，特别是强制性的国家服务——之后，罗斯福又提出了对基本权利的新理解[66]：

> 我们已经清楚地认识到这样的事实，没有经济安全与独立，真正的个人自由是不可能存在的。“贫困的人不是自由的人。”[67]
>
> 饥饿和失业的人是独裁政治的根源。
>
> 在我们这个时代，这些经济事实已被公认为不言而喻的。可以说，我们已经接受了《第二权利法案》，根据该法案，可以为所有人建立一个安全和繁荣的新基础，而不论其地位、种族或信仰。
>
> 其中包括：
>
> 在国家的工厂、商店、农场或矿山获得有益并有报酬的工作的权利；

> 赚取足以提供充足的食物、衣服和娱乐的收入的权利；
>
> 每个农民生产并出售其产品，其盈利能让他和他的家庭过上体面生活的权利；
>
> 每个商人，无论大小，在自由环境中交易，免于国内外的不公平竞争和寡头垄断的权利；
>
> 每个家庭享有体面的房屋的权利；
>
> 充分的医疗服务，享有健康的机会的权利； 350
>
> 得到充分的保护，免受年老、疾病、事故和失业的经济恐惧的权利；
>
> 享有良好教育的权利。
>
> 所有这些权利都意味着安全。在这场战争胜利后，我们必须准备好，在落实这些权利的过程中，向人类幸福和福祉的新目标迈进。

罗斯福间接提到了一个正在形成的国际共识，它将在不久后于《世界人权宣言》(the Universal Declaration of Human Rights) 中正式确立。然而，美国从未把这样一个《第二权利法案》接受为一种宪制问题。尽管许多州的宪法的确包含了这项纲领的主要内容[68]，尽管在 20 世纪 70 年代初期，最高法院的少数人认为受教育权隐含在宪法之中，但这从未成为信条，而仍在异议中被铭记[69]。所以，罗斯福知道他是在充满隐喻和盼望地发言；任何朝向这个方向的举措都必须通过立法来实现。通过努力将社会权利和经济权利运动与战争联系起来，并运用不言而喻的事实与《第二权利法案》的共鸣性语言，他试图为这种立法创造心理条件和情感条件。

罗斯福将矛头直指妒忌问题。他一再把美国描绘成被自私自利的派系所分裂的国家，将我们经济上的不团结与美国战士的团结相对比，并暗示这场争吵破坏了他们勇敢的努力。他的听众包括那些可能被妒忌所驱动而支持激进事业的“穷人”；他向那些人保证，他们的基本需求被国家视为基本权利，我们将为此而奋斗。听众还包括善意的“富人”，他也向他们提供了保证：他们可以保留自己在美国资本主义制度中所赢取的成果（因此甚至允许他们在一定程度上被敌对妒忌所驱使），同时仍然支持一个合宜的社会最低限度，以确保所有人的基本权利。只有可恶的贪婪者才会憎恨社会的安全网，并声称所有需要福利援助的人都是“欺骗者和诈骗者”[70]。战
351 争的形象以两种不同的方式在隐喻中被使用，也就是：作为一种考虑反匮乏斗争的方式，以及作为一种可欲的共同努力和善意的模式。实际上，他是在追随马志尼，试图引导人们走出自私和狭隘，走向他认为在战争努力中体现出来的那种共同努力。问题并不在于罗斯福的政策是对还是错（尽管我们假设的社会对基本权利也有类似说明）。重要的是，该演讲展示了一个人怎样锻造出一种令人难忘的、具有强烈感情的语言，来重新界定美国人想象中的社会问题和经济问题：这是自由的语言，是战争的语言，也是新权利法案的语言。所有这些思考和讲话的方式都重构了政治格局。他给予我们是被珍视和熟悉的美国式自由。显然，它在一段时间内起了作用，让美国人以一种新的方式来理解他们的传统和未来。

关于妒忌的政治问题，其核心在于它所鼓励与加强的团体间的敌对现象和派系主义。没有政治家可以希望消除个人妒忌，因为差

异仍然存在，它们至少会激发一些敌意；事实上，任何资本主义政治家甚至都不应该想着消除妒忌。但是，罗斯福所努力克服的基于阶级的妒忌正在失效，并且他的演讲是他为了引起一种公民友谊的精神和共同努力而做的许多修辞成就之一，他使弱势群体相信国家会支持他们的愿望，并试图使优势群体相信狭隘的私利是非美国式的。

甘地与领袖行为

20 世纪 30 年代和 40 年代的印度在教育、文化、政治和身体方面存在着各种惊人的不平等。尽管差距已经缩小，但今天仍是如此。而在今天已经有所改变的是，印度本土精英并非完全看不见绝大多数人民的生活而过着一种与世隔绝的生活。[在那个年代] 他们通常是高度西方化的，只能遇见作为其家仆的其他阶级成员。尽管印度人本身就受到英国人的种族歧视，但他们自己的社会是等级森严的，这奠基于一种准封建制的土地所有制。如果不建立一种跨 352
越种姓、地区、宗教特别是经济阶层界限的共同使命感，从而消解阶层敌意，这样的社会就很难成为一个成功的民主社会。但是，当人们的身体完全不同（营养差异影响身高，室内与室外的生活方式影响肤色）时，并且，当上层种姓的人避开了任何类型的体力劳动，而下层种姓和阶级或多或少地被完全排除在教育和社会进步之外时，当他们的生活模式是如此完全不同时，共同命运感如何才能产生呢？怨恨或许可以被一套明智的、能够确保所有人合法权利的制度和法律平息。但是妒忌仍会像一个恶性肿瘤一样，影响着共同的努力。今天的印度是一个非常成功的民主国家——并非没有严重的问题，但并没有被阶级斗争撕裂，也不是一个像巴基斯坦那样的失败国家——这个事实在很大程度上要归功于甘地解决妒忌难题的方法，他说服精英们去采取一种简单的生活方式，并与工人和农民相联合。尼赫鲁将他最重要的（在英国监狱里写就的）著作之一命名为《印度的发现》（*The Discovery of India*），这并不是偶然的，而是一种对甘地的影响的深切敬意：对一个像尼赫鲁这样的克什米尔婆罗门（Kashmiri Brahmin）来说，无论从历史的角度还是从人类的角度看，他自己的（未来）国家都是未知的领域，从那时起，他的职业生涯就是一次精神和心理探索旅程。

甘地决定到印度的许多农村地区游历，并直接参与到农民的需求中，这一决定并不是独一无二的：拉宾德拉纳特·泰戈尔和其他进步的地主长期以来对农村发展有着浓厚的个人兴趣，并且泰戈尔的桑蒂尼盖登学校在附近的斯里尼克丹（Sriniketan）有一个农村发展的姐妹项目。然而，甘地的独特之处在于他坚持和实现行为改变的方式，这一改变使精英们更接近印度未来的绝大多数公民。早在1917年，在帮助比哈尔邦帕兰县（Champaran）的农民劳动斗争时，他就组建了一个由比哈尔律师们组成的支持小组，但他坚持律师们必须放弃种姓规则，并吃公共厨房做的饭。他说，由于所有人都在“从事劳务的提供”，分开吃饭毫无意义[71]。

353 这成为他无处不在的策略。当他将自己的个人外表朝着越来越朴素的方向转变时，他的道德权威与他自己的榜样引导着他的那些最具影响力的追随者，他们效仿着甘地牺牲地位的做法——并将它看作美德而非牺牲。莫蒂拉尔·尼赫鲁（Motilal Nehru）曾经是印度最讲究衣着的人之一，有着精美的英伦风格。他的儿子贾瓦哈拉尔形容自己在剑桥大学时拥有一种昔勒尼式①享乐主义者（a Cyrenaic hedonist）的观点和生活方式，就像奥斯卡·王尔德（Oscar Wilde）② 和沃尔特·佩特（Walter Pater）③ 那样[72]。然而，在加入甘地的民主运动不久后，父子俩都彻底改变了装束，他们穿着朴素的衣服，戴着简单的帽子，这成为国会政治家的标志。他们还改变了生活方式，密切地与农村的农民一起工作。“国会的整个面貌都改变了，”尼赫鲁写道，“欧式服装消失了，很快就只看到卡迪手工棉布”[73]。在长期监禁期间，尼赫鲁经常坐在手纺车旁。后来，当他为女儿英迪拉举办婚礼时，他力劝女儿穿一件朴素的莎丽——鉴于印度婚礼的传统庆祝方式的奢华程度，这一点尤为重要[74]。

1920 年的一次农民运动经历是贾瓦哈拉尔·尼赫鲁在职业生涯中的一个关键转折点——正如传记作家朱迪斯·布朗所说的那样，这一转折点似乎改变了“他所理解的印度和政治意义的核心”，在这次斗争中，他与农村的农民们并肩工作，开始理解他们的生活方式和他们的想法[75]。他现在将印度看作“那些使他面对他们的

① 昔勒尼（Cyrēnē），古希腊在北非的殖民城邦（今利比亚格林纳），在那里的哲人们形成了昔勒尼学派，继承和发展了苏格拉底的学说，注重主观的感受与享乐，其创始人是亚里斯提卜（Aristippus）。

② 奥斯卡·王尔德出生于爱尔兰都柏林，是一位著名的作家和艺术家，是英国唯美主义的代表人物，其剧作、诗歌、童话和小说对 19 世纪 80 年代的英国美学发展和 90 年代的颓废派运动产生了重要影响。

③ 沃尔特·佩特是一位英国文艺批评家、作家，也是英国唯美主义运动的理论家和代表人物，其著作和主张对英国文学的发展产生了深远影响。

贫穷和希望的男人和女人……他在剑桥玩弄的那种随意的知识分子式的社会主义，在这种人类证据面前显得苍白无力”[76]。在《自传》(*Autobiography*) 的相应段落中，尼赫鲁说他倾听了农民“无数悲伤的故事”，并总结说：“我心里充满了羞耻与悲哀，为自己安逸舒适的生活感到羞耻……为印度的堕落和压倒性的贫困感到悲哀”[77]。他开始以个人身份而不是带着演说家的遥远姿态去跟他们交谈[78]。

尼赫鲁与甘地有许多深刻的分歧，特别是在贫穷和禁欲主义方面。“就我个人而言，”他写道，“我不喜欢对贫穷和苦难的赞美。我认为它们根本不值得赞美，并且应该被废除……我理解并欣赏简单、平等、自制，但并不是肉体的禁欲。我也丝毫不欣赏对‘简单
354 农民生活’的理想化。我几乎对它有一种恐惧感，我甚至想把农民也从中拉出来而不是让自己屈服于它，这不是要城市化，而是要把城市的文化设施传播到农村地区”[79]。在甘地那严苛圣洁的身后，这种吸引人的现实人性（完全正确！）让人松了一口气，然而，这种人性本身并不能使尼赫鲁成为印度的好领袖。鉴于他的文化背景，如果没有甘地那近乎独断专行的榜样，他就不会达到“简单、平等、自制”的精神。正是从甘地那里，他学会了衣着和举止的朴素，语言和作风的直白，甚至为了农民能直接与他联系而讲印地语的习惯[80]。并且，他对甘地人格力量的描述，毫无疑问地显示了甘地激励个人改变的不可思议的力量：

> 他很会用他最擅长的独断口吻去演说。他虽为人谦虚，但也像钻石一样棱角鲜明而坚硬；他虽说话悦耳、柔和，却也不屈不挠、极度认真。他的眼睛虽温和而深邃，却从中迸发出一

> 种凶猛的活力和决心。他说，这将是一场对手非常强大的伟大斗争。你如果想开始它，就必须做好失去一切的准备，就必须让自己服从最严格的非暴力主义和纪律……只要你选择让我当你的领袖，你就必须接受我的条件，你就必须接受专政和军事管制的纪律。但是，这种专政将永远受你的善意、你的接受和你的合作所支配。在你受够我的那一刻，就把我扔出去，践踏我，我也不会抱怨。
>
> 关于他所说的这一效果和这些军事上的类比，以及这个人执着恳切的态度，使大多数听众的身体都战栗起来。[81]

这段话揭示了甘地在尼赫鲁那里，当然还包括在其他许多人那里，所激发出的强烈的魅力，甚至是热烈的爱。对尼赫鲁来说，甘地的常识，他那全身充满热情的拥抱，以及他对人和生活的现实感受，使他成为一个奇特而令人惊讶的存在，有时他那强烈的固执几乎令人反感。然而，让尼赫鲁着迷的是这种纪律与两人共同的高远 355
目标之间相联系的方式，以及一种不屈不挠的、卓越的移情理解能力。这种理解迫使人做出改变，因为它包含了与人们建立真正个人友谊的能力[82]。

甘地在这个国家对国会精英的改造是如何改变充满妒忌的未来的呢？首先，它只是让地位和等级的区分变得不那么明显。如今的精英们以奢侈品为耻而不会炫耀奢侈品。这种情况在巴基斯坦从未发生过，这充分说明了两国不同的历史。我听过印度朋友对过度炫耀衣着或家具的评论："啊，这看起来像是你会在巴基斯坦看到的东西。"（由于签证限制，他们中的大多数人从未去过那里，所以这是一个基于新闻报道的刻板印象，但这在现实中有某种依据。）其次，它消除了为了获得社会优势而充满敌意的竞争意识。如今的精英们被认为要忍受艰苦的工作和牺牲以确保每个人的利益。如果甘地没有小心翼翼地选择成为穷人中最穷的人，并同时鼓励被压迫者的声音，那么这种服务意识就可能退化为一种自上而下的贵族义务。因此，存在着一个单一的社群，由一个共同的工作联结在一起——这是一个尼赫鲁所学会的主题，甚至在他完成了终结英国殖民统治的“工作”后，这个主题仍在延续。（我们在他那《与命运有约》演讲中回顾了这一主题的重要性[83]。）穷人将精英们视为他们的忠实代理人并信任他们，在这个意义上穷人更希望精英们成功而不是失败。而随着共同工作这个概念变得流行，妒忌的绝望和无助也被超越，以支持具有建设性的有益活动。

如果甘地忙于精彩的象征和修辞而什么都不做，那么他就不可能让事情变得更好，或许还会［让事情］变得更糟。因此，他所产生的情感和行为模式并没有取代政治行动，并且，最终也没有取代政治结构和政策。不过，在以一种共同工作建立一个团结国家方面，它们提供了关键的材料。

从某种意义上看，这个故事是个坏消息，因为这么多事情似乎都取决于一个非凡人物。然而，虽然在危机时期有这样一个人来制定路线是极度有益的，但是，一旦确定了方向，在没有魅力型权威
356 的情况下也可以维持下去，正如甘地和乔治·华盛顿带来巨变之后所呈现的那样。尽管有证据表明当今的印度存在贫富分化，新富起来的中产阶级越来越炫耀奢华，但事实上政治领袖们仍然会培养简

朴的作风和一种对普通人艰苦奋斗的认同感，甚至连印度教右翼也是如此，因而一种充满纪律和无私牺牲的意识形态是该运动最具吸引力的特征之一。与此同时，在国会那边，如今国会主席索尼娅·甘地（Sonia Gandhi）在一间地板上只有藤垫和几把简易藤椅的普通房间里，与来自社会各阶层的其他访客们坐在一起（显然她渴望与穷人、非政府组织领导人等交谈）。墙上还挂着家庭成员以及莫汉达斯·甘地的黑白照片。在这个物质主义和商品竞争日益激烈的时代，这些东西显然是安危未定的。但即便是本来会为甘地所鄙视也得不到尼赫鲁信任的市场竞争也有某些平等的东西，因为它取代了人们被种姓制度所赋予的对命运一成不变和职业不可改变的感觉，这长期以来一直都是几乎所有印度人民的生活方式。

中央公园

长期以来，在美国大城市生活是一种得不到缓解的嘈杂和混乱体验。精英们可以躲进他们宽敞的住所。同样重要的还有，他们可以躲到海边或山上，那里有很多人的周末度假屋。然而，工薪阶层却很少有这样的机会，除非去拥挤的避暑胜地旅游。在 19 世纪中期，美国的城市规划者们还没有想到要在城市中创造绿地供人们享受，这主要是由于精英们不管怎样都拥有这些机会，而其他人的需求则没有被考虑到。也许更糟糕的是，其他人仅仅被视为从事工作的躯体，精英们并没有把洁净的空气、流动的水、树林和青草的愿望归之于他们。

这种不对称显然会引起妒忌。在某种程度上，对乡郊绿地的偏

爱是文化上的。（我认识的一对芬兰/孟加拉夫妇就是因为这个原因而很难就居住地点达成一致，一方看重森林里的孤寂，另一方则看
357 重大城市的喧嚣和繁忙。）不过，这里存在着某种临界值。人们不喜欢完全没有干净空气、绿地、玩耍和散步空间的生活。他们更不喜欢肮脏、拥挤的环境，因为他们生活在一种（深受浪漫主义影响）赞扬绿地的文化中，而且他们知道精英们能够接触到这些在文化上有价值的物品，而自己却不能。此外，由于大多数新移民在城市而不是农村地区找到了工作机会，人们不能假定他们的城市生活选择反映了一种对城市生活条件的偏好。

欧洲已经开始着手解决这个问题。杜伊勒里宫（the Palace of the Tuileries）的花园最初是私人的，但在法国大革命后直接变成了一个公共公园。伦敦的海德公园是因 1851 年的博览会而建的，早期的肯辛顿花园（Kensington Gardens，原本也是私人宫殿庭院）已经对公众开放。约翰·纳什（John Nash）将摄政公园（Regent's Park）设计为一个公共公园，它从 1835 年起向公众开放，尽管一开始每周只开放两天[84]。其他英国城市也纷纷效仿，并可能更进一步，因为刚才提到的伦敦公园位于时尚区，所以吸引了以精英为主的人群，至少一开始是这样。相比之下，利物浦的伯肯海德公园（Birkenhead Park）于 1841 年开放，吸引了当时正在英国参观的年轻的美国景观设计师弗雷德里克·劳·奥姆斯特德的目光，因为社会各个阶层的人似乎都在平等地使用它[85]。奥姆斯特德发现，讽刺的是，在民主的美国没有任何东西比得上他在伯肯海德发现的“人民公园”[86]。

奥姆斯特德凭借他的文章而成名，这些文章证明了他对欧洲公共公园的了解，［因此］他是承担为纽约设计这样一个公园的新任务的主要候选人，尽管纽约的政治通常涉及政见争端，但这一想法①已逐渐成为现实。这个城市已经获得了超过 800 英亩的土地，现在需要找到一个管理人——最好是超越党派斗争的。经过其支持者的积极游说，奥姆斯特德得到了这份工作。然而，这只是其斗争的开始，因为管理人只获许提交一个设计作品参赛，而其他很多人也可以提交。最后有 33 个参赛作品。奥姆斯特德与建筑师卡尔弗特·沃克斯（Calvert Vaux）合作，最终成功赢得了比赛。

这次比赛受到了著名景观园艺师安德鲁·杰克逊·唐宁（An- 358
drew Jackson Downing）所提出的一些总体设想的启发。这个公园就是要做出唐宁所说的“一种充满绿野的宽广和美丽以及大自然的芬芳和清新的真实感受”[87]。还有一些具体要求：三个运动场、一个阅兵场、一个溜冰场、一个喷泉、一个花园、一个瞭望塔和一个音乐厅。沃克斯和奥姆斯特德决定从唐宁的一句特别的话中汲取灵感：“当行人希望独处时，他们会找一条安静而隐蔽的小路；当他们希望快乐时，宽阔的小巷里会挤满成千上万张笑脸”[88]。建筑师挑选出唐宁愿景的这个方面，把购物广场作为中心，建造出一条通往一个正式露台和喷泉的宽阔的林荫大道。这条林荫大道通向远景岩（Vista Rock），它是一个瞭望点，位于覆盖着茂密灌木丛的岩石峭壁上；因此，公园地质情况的不规则被加以利用而非被绕过，

① 指在纽约建造公共公园。

并且这一设计结合了欧式元素与本土的荒野特性。在整个设计过程中，他们淡化了建筑物，哪怕是喷泉和花园也被淡化了，以表明这些都不是公园的“必要”元素。相反，最基本的元素是“干燥的小路和车道，草地和树荫”[89]。

有些意见主张要减少该计划对现有自然景观特征的利用，为了抵制这些反对意见，奥姆斯特德做出了以下机智的预言：

> 总有一天，纽约将会建成，到时候所有的平整和填土工作都将完成，而岛上那些生动而多样的岩石地貌也将被变换为一排排单调的直街，和成堆耸立、棱角分明的建筑。除了公园这一唯一的例外，岛上现有的各种地面之上不会留有任何原来的痕迹。那么，人们就会清楚地认识到这片如画的土表轮廓的无价价值，也会更充分地意识到它在用途方面的可变性。因此，尽可能少地干扰它那舒适而起伏的轮廓和如画的岩石景观，并且在另一方面，以一切合法手段抓紧努力，明智地开发和增加这些景观效果的独特典型来源，这似乎是可取的。[90]

359 正如文件所表明的那样，奥姆斯特德并非建议什么都不做：保护自然景观需要安装一个复杂的排水系统，需要在横穿公园的道路上移走巨石，进行大量播种和种植。但奥姆斯特德提出了一个当时非常有力的论点，事后看来该论点非常有先见之明。他能想象的是，使曼哈顿成为一个独特地点的地质和地形，如果在公园里得不到保存，那么它们最终将完全在城市生活中逝去——从而在“人群”中逝去。随着工作的不断推进，奥姆斯特德一再坚持认为，［建造公园的］真正目标不是审美上的，而是公共性和人性方面的：

> 公园的一个重要目的，是为成千上万没机会在郊外度过夏日的疲惫工人，提供一个不需要花费太多金钱的上帝手艺的样本，这一样本对他们而言，就相当于对那些条件较好的人而言，花费高价在怀特山或阿迪朗达克山待上一两个月所得到的东西。[91]

今天的纽约几乎不是一个对于富人和穷人而言具有同等优点的城市。考虑到曼哈顿的住房成本，即使公园的南北跨度很大，也无法给它带来如奥姆斯特德所设想的那么多“疲惫的工人”（除了医生、律师和其他专业人士）。奥姆斯特德的另一个佳作，位于布鲁克林区（Brooklyn）的展望公园（Prospect Park），在扩大服务范围方面做得更好。芝加哥的伯纳姆计划也做得更好，保留了16英里的湖滨房产作为公用场地，并带有多条自行车通道，穿过尚未完全中产阶级化的社区。当然，创造平等机会是一件远比创建一个公园更复杂、更多层面的事情。尽管如此，公共空间仍具有真正的重要性。我们很容易就可以看到，如果没有中央公园，纽约将会是一个更加贫穷和充斥着妒忌的地方。这种慷慨的公共姿态很难消除妒忌，但或许它们提供了一个保持友谊的可能性的安全阀。

五、羞耻与污名

羞耻是社会生活中一种强大而又无处不在的情感[92]。我们每个人都有试图向别人隐藏的弱点。当这些弱点被揭露出来时，作为 360

结果的痛苦情感便是羞耻；通红的脸便是它的标志。因此，羞耻是一个人在回应自身无法表现出令人满意的特征时所产生的一种痛苦情感。因为没有人能拥有所有那些被社会评价为可取的特征，所以羞耻是我们每个人的日常伴侣。正如社会学家欧文·戈夫曼（Erving Goffman）在其经典著作《污记》（*Stigma*）中所敏锐观察到的：

> 在某种重要的意义上，在美国只有一种男人是完全不会脸红的：一个北方城市的、受过大学教育的、年轻的、已婚的、异性恋的、白人新教神父，他全职在岗，脸色、体重和身高都很好，最近还参加过体育活动。[93]

戈夫曼这一清单上的某些内容已经没那么重要了：与他在1963年所写时相比，身为南方人和非城市居民，如今已很少被污名化了；身为天主教徒，某种程度上也很少被污名化了，只要不是拉丁裔就行。但是，我们可以快速［在此清单上］补充其他特质，比如无可挑剔的英语，当然还有来自男性本身的被规定的特质。很少有人拥有所有这些特质，也没有人长时间拥有这些特质，因为被污名化的衰老名目等待着我们所有人。

尽管羞耻在某种程度上是人类的普遍体验，但有些人和群体比其他人和群体更容易被标注为羞耻的。每个社会都有自己的耻辱群体清单，在某种程度上，在不同社会中这些群体也不同，但种族、民族、宗教少数派、性少数派、下层工人、失业者和残疾人是所有清单中相当固定的成员。通常来说，在每种情况下，优势群体都会将自己描述为“正常的”，而将相异群体描述成可耻的，要求他们为自己是谁与是什么而感到羞耻。考虑到占主导地位的群体成员往往会隐瞒自身那些被社会视为可耻的东西，或者担心自己有可能会出现这样的特质，因此，对他人施加羞辱会给人一种心理上的解脱感，以避免羞耻感，并强化自己“没问题”的感觉。

羞耻在某些方面与愧疚相似：两者都是针对自我的痛苦情感。有时，我们会互换使用这两个词。然而，两者在概念上有一个重要区别[94]。愧疚是回溯性的，它涉及一个行为（或被意图的行为）； 361
羞耻针对自我目前的状态，它（通常）涉及一种特质。在愧疚中，人们通常承认自己做了（或打算做）错事。在羞耻中，人们承认自己是低人一等的，没有达到某种期望中的理想。愧疚的自然反应是道歉和赔偿，羞耻的自然反应是隐藏。愧疚通常会提议某种有建设性的未来——做出补偿，不再做那种坏事，而羞耻通常不会提供任何有建设性的提议。有时，一个人可以下定决心去改正已经感觉到的不足，但通常让人脸红的是一种关于一个人是什么以及是谁的不可改变的部分[95]。

因为羞耻与任何社会的或个人的理想有关，所以认为它完全是一种公共的或社会性的情感是错误的[96]。一个人可能有一系列很少有人共有的个人理想，而在没有实现这些理想的时候，他就会感到一种强烈的羞耻。（这种羞耻在甘地的情感生活中起了很大作用。）另外，很少有人不会内在地吸收他们所在社会对何谓善好的理解，因此，对于那些被社会视为可耻的事情，很少有人不会感到羞耻——即使这些事情在他们自己的个人价值体系中不算坏事。因此，被污名化的少数群体常常强烈地感受到占主导地位的群体强加给他们的羞耻——即使他们同时相信做他们自己其实并不可耻。这种羞耻感的转移，部分源于文化的强大力量；部分源于这一事实：占主导地位的群体为少数群体创造了真正羞辱和冒犯其尊严的条件，因此他们对那些条件会感到一种羞耻，那些条件很容易蔓延至包含其身份本身。即使没有这样的时候——即使对不正义的愤怒和内心的尊严感使少数群体免于自我仇恨——他们的生活仍然可能充满了羞耻感，这些羞耻感所针对的是他们与其他人的外在生活条件。

我们现在可以看到，羞辱是羞耻感的活跃公共表现：它是充满敌意地对他人施加羞耻感。当人们为自己未能达到个人标准而感到羞愧时，他们不会体验到被羞辱；如果引起羞耻感的方式是一种富
362 有爱和建设性的方式，就像父母（本着宽厚的精神）敦促孩子为自私或懒惰感到羞愧一样，那么这也不是羞辱。所以，正是因为公共性与敌意的结合使得一种羞耻感的产生成为一种羞辱[97]。

为什么带有敌意的羞辱如此普遍？可能是因为羞耻本身是无处不在的，它引发了保护策略。就像人们对自己体液的厌恶通过投射会转移到别人身体上一样——闻起来很臭，长得像动物的人是**他们**，而不是**我们**——对于羞耻感也是如此。如果占优势地位的群体能够成功地建立起一种“正常的”社会规范，并将其他不那么强势的群体打上“可耻的”烙印，那么他们就可以避免面对自己不足之处的痛苦经历。

心理学家在婴儿的很早期就发现了羞耻的起源：它和恐惧一

样，是最早的情感之一[98]。它似乎是对无助所带来的压倒一切的痛苦的反应——这［种无助］与全能或完满时期形成对照，［这种全能或完满］类似于婴儿出生前与母亲身体的共生关系。婴儿有时会体验到一种充满喜悦的充实或完满感，这种感觉可以用来概括其出生前的经历；然而，大多数时候，它们体验到的是它的缺失，它们也没有技能去提供它们所需要的东西。一方面，婴儿受到生命周期和父母关注的鼓励，觉得自己是无所不能的，是宇宙的中心，用弗洛伊德的话说，就是“婴儿陛下”。但同时［另一方面，］婴儿又敏锐地意识到（并且非常小的婴儿其认知成熟度也越来越被理解），自己在生理上无力带来自己渴望的喜悦，结果便是恰好对自己身为无助婴儿的状况感到羞耻。这就是人们所说的“自恋的挫败”（narcissistic defeat）的结果[99]。

一些人一辈子都会继续要求那种自恋式的对他人的控制，以及来自另一个人或其他人的特殊对待，这是婴儿们往往会在一段时间里要求的。除非完全成为宇宙的中心，否则婴儿是不会满足的。（普鲁斯特的叙述者就是这种衰退了的婴儿状态的一个可悲例子。）与此相反，有些人为了支持关心和相互性而放弃了这种需求——也为了支持个人能力，因为能力减少了奴役他人的动机[100]。但是，即使最有能力的人类在许多方面也仍然是无能为力的，而且，作为凡人，在最重要的一方面仍然是无助的，因此婴儿时期的羞耻感从 363
未完全消失。对人类生活的现实感到羞耻，这对任何一个不愚蠢的人而言都是一种永远无法完全脱离的情感——除非这样的人能使自己屈从于人类生活的现实，而需要这种屈从的现实或许有点儿太多了。虽然“人类否认倾向”[①] 是许多弊病的根源，但在承认自己的动物人性（animal humanity）的同时，一个人不会想要死亡或受苦，这就意味着，对无助性的持续羞愧并不仅仅是一种有缺陷的社会教导的产物，至少在某种程度上，也是对事物本来面目的一种合理反应。

这种潜在的羞耻感（我们可以称之为“原始羞耻感”）如何影响社会性羞辱（social shaming）呢？我们不必为了关注和谴责那无处不在的对少数群体的社会性羞辱而一定要对这个问题持有某种观点，我们可以沿着戈夫曼式的思路将这种羞辱解释为社会焦虑的产物。但思考一下这个问题是有益的。如果我们都在某种程度上渴望一种我们永远无法实现的远离无助的理想状态，并因此对我们的脆弱性感到羞耻（看起来确实如此），那么这也确实有助于解释为什么大多数社会都会对衰老和具有精神及身体残疾的人污名化，以及为什么对其他少数群体的污名化常常会把一种过于动物性的本质归咎于他们。

羞耻在几个方面阻碍了包容性的同情。首先，也是最明显的一点，它将人们分成相互敌对的群体。但敌意并不是故事的结局：羞辱并不像两派之间的争斗，因为它所打击的是人们自我意识的核心。如果我是一个辉格党人，而辉格党和保守党彼此之间存在着严重的分歧，那么双方就都可能继续将自己——以及反对派——视为

① 参见本书第六、七章，人类否认倾向是“人类拒绝承认自己的动物性以及与其他动物的亲缘性的一种倾向”，“即拒绝接受一个人自身有限的动物状态（limited animal condition），是一种非人类动物都不具备的对待世界的立场。期望完美（或不断完美）就是期望超越人类的宿命”。

平等和有用的公民。然而，羞辱带给被羞辱者的是戈夫曼所说的一种“受损的身份”，一种被贬低的地位，这种地位很可能在心理上被认为是缺乏充分的自尊。但即使被羞辱者的心理能够自我保护，其社会身份无疑也处于一种低劣而蒙羞的地位。鉴于羞辱的易变性，受辱者可能会很焦虑和很不稳定，而这也可能会抑制完整的自尊。

就我们对同情的分析而言：羞耻感和羞辱破坏了幸福主义的判断，把一些人放在一个“关注圈”，而把另一些人放在另一个“关 364
注圈”——而且是以一种特别持久的方式，这种破坏不太可能轻易地被社会治愈。基于相关原因，它影响了对相似可能性的判断和移情体验。它甚至会影响对严重性和无过错的判断：当一些不好的事情发生在被羞辱的群体身上时，如果占主导地位的群体已经把这些人看成卑贱的、准动物的话，那么它就会显得不那么糟糕，他们更有可能相信这种糟糕的命运正是那些卑贱之人应得的。因此，许多针对少数群体的可怕且怪诞的排斥和犯罪，甚至不被承认为犯罪（私刑、婚内强奸、排斥残疾人上学），因为人们认为这种待遇对于该群体的低劣本性而言是恰如其分的，甚至认为，因为他们身为他们所是之人，这些都是“自找的”。

当羞耻不会将人们分裂或污名化，而是激励他们取得更高成就时，它在社会生活中便有了一种健康的作用。回想一下尼赫鲁和农民一起工作时对自己过去所享受的奢侈生活的羞耻感。建设性的羞耻感可能是针对自我的，并且是一种自我完善规划的组成部分；因此，尼赫鲁对他的享乐主义表示羞耻，同时他也在表达对享乐主义的一定远离以及一套新的价值观。当羞耻感是集体性的时候，它尤其可能是健康的，比如当一个社会对它的一些最坏的特征感到羞耻时，如性别歧视和种族主义（无独有偶，还有其羞辱和贬低他人并对他们的痛苦无动于衷的倾向）。尽管在更多时候，羞耻破坏了社会团结，导致社会错过了被羞辱者的丰富贡献。

法律在遏制羞耻感的危害方面显然是至关重要的。当社会将所有公民的权利和特权定义为平等的，并真正投入力量去实现这种平等的时候，羞耻感的有害影响就会被削弱。并且，所有社会都可以做许多事情去开辟空间，让以前被羞辱的群体在这个空间能够充分有尊严地出现在公众场所。尽管如此，即使在一个权利平等的世界里，社会羞辱的有害作用力仍很可能会继续存在，威胁着良好的政治原则及其情感基础。因此，现在我们需要追问：公共文化可以采取哪些步骤来减轻羞耻感并阻止带有敌意的羞辱？在无数例子中，我将聚焦于印度那未完成的、反抗基于种姓的对人的污名化的斗争，以及美国残疾人所取得的进展。

安贝德卡尔与反对种姓制度的斗争

365 印度宪法的总设计师是 B. R. 安贝德卡尔（B. R. Ambedkar，1891—1956），一个来自马哈尔（Mahar）社区的**达利特贱民**(dalit，先前被称作“不可触碰者”)，在他生活的孟买管辖区(Bombay Presidency)，这是一个被认为不可接触的种姓。这个群体曾经、现在都很庞大，构成那一区域大约10%的人口。在古代，马哈尔种姓的人都是佛教徒，如今随着安贝德卡尔自己对佛教的改造，很多人已经再次成为佛教徒，不再认为自己是马哈尔种姓。在安贝德卡尔的青年时期，这个群体被迫生活在村庄的边缘地带，从事各种卑微的工作，诸如打扫、墙壁修补，也包括搬运尸体。

安贝德卡尔自己的童年相对而言没有受到污名的影响，因为他的父亲受雇于英国东印度公司的军队，并晋升到一个高级职位。无论我们对该公司有何种正当的指责，也应该提到这一积极的贡献，它使得某种卓越的法律和政治事业成为可能。通过他父亲的职位，安贝德卡尔整个童年都能在好学校学习，包括埃尔芬斯通高中（Elphinstone High School）、孟买大学（the University of Bombay）的埃尔芬斯通学院（Elphinstone College）以及伦敦经济学院（the London School of Economics）。正如他经常说的，他最得益于在美国的岁月：他在哥伦比亚大学（Columbia University）取得了法学学士、文学硕士、哲学博士学位，在那里他成为约翰·杜威的门生[101]。杜威的思想对他思想的形成产生了影响：他继续坚持杜威的观点，认为社会如果允许其自身被过去的朽木所阻碍，那么它便无法进步。在其他方面，安贝德卡尔也是美国的粉丝，他在拟定印度宪法的过程中咨询了顶尖的［美国］法学家（例如法兰克福特）。他喜欢指出，美国宪法表明，人们可以在没有粗暴的多数主义的情况下拥有民主，越过多数人投票的冲动性来保护人们的基本权利，他以这一成就为模范制定了印度宪法。在某些方面，他对美国是过分乐观的，因为他否认非裔美国人的待遇具有印度种姓制度中出现的那种污名化和分离的社会特征[102]。

然而，在他受教育的很早期，安贝德卡尔经历过“不可触碰”

366 的污名。在其去世后出版的自传片段《等待签证》(*Waiting for a Visa*）中[103]，他讲述了一件发生在他和他的兄弟姐妹们身上的极其痛苦的事情，当时他们（尽管他们是携带大量金钱、衣着得体、举止得当的中产阶级儿童）远渡去与父亲重聚，但一路上都被拒绝住宿，叙述完之后他回忆并描述了他在那之前的学校生活：

> 在此事发生之前，我知道我是不可触碰者并且不可触碰者们是特定的侮辱和歧视对象。例如，我知道根据我的阶层，我在学校不被允许坐在班级同学之中，而是自己坐在一个角落里。我知道学校那里有一块单独的黄麻布以供我蹲在教室里，并且受雇清扫学校的仆人不会触碰我用过的黄麻布。我被要求在晚上将黄麻布带回家然后第二天带回学校。尽管在学校我知道那些可触碰阶层的孩子在口渴时可以走去打开水龙头喝水止渴。只需要得到老师的允许就可以那样做。但是我的位置是分开的。我不能触碰水龙头，除非由一个可触碰的人为我打开它，否则我不可能喝水解渴。对我而言，仅仅有老师的允许是不够的。必须要有校工在场，因为他是班级老师为了这一目的①唯一能够差遣的人。如果校工没空，我就只能离开而没水喝。这种情况可以被总结为一句话——没校工就没水喝。[104]

安贝德卡尔描述这个故事是为了表达种姓制度的有力控制：即使最有特权的阶层也无法逃脱污名化。安贝德卡尔成功逃脱了这种可耻的状况，上升到了罕见的卓越地位。但他从未让人们忘记种姓

---

① 即为“我”喝水而帮忙打开水龙头。

制度的日常现实，并且他的政治演讲总是充满类似的社会现实案例[105]。例如，他在一份关于宪法的主要声明中，全面援引了来自旁遮普地区（the Punjab）① 不可接触群体的请愿书，声称他这么做是为了消除任何以为虐待只存在于过去的印象。请愿书中的一个关键部分陈述道：

> 他们甚至不允许我们的牲畜在村里的池塘喝水，也不让清 367
> 洁工打扫我们居住的街道，让成堆的灰尘和污垢累积在那里，如果没人处理，可能会引发某些疾病。我们被迫过着屈辱的生活，并且他们总是准备通过猥亵我们的妻子、姐妹、女儿们来打压我们和摧毁我们的尊严。我们遭受了许多糟糕透顶的麻烦。孩子们去上学时甚至会被狠揍一顿，并且是以最残忍的方式。[106]

安贝德卡尔是一名律师，也是一名宪法制定者。他所提倡的大多数对于羞耻和污名的纠正措施都是法律上的，他还强调对印度宗教的有害方面进行积极法律干预的重要性。不可触碰的实践 历史上印度教的一个核心方面——在宪法基础权利条款中被宣布为不合法，这一事实肯定可追溯至他的影响，尽管甘地和尼赫鲁都在这个方面支持他。但是他大胆地坚持对在册种姓阶层（the Scheduled Castes）② 采取强有力的平权措施，包括公共就业配额、公务员制度和法律制度，且他谨慎地撰写宪法，以使这种平权行动的合宪性

① 印度西北部的一个地区。

② 所谓在册种姓，即原来被认为是“不可触碰”的较低种姓，也被称为低级种姓、贱民种姓或贱民阶层。这一种姓成了列在印度宪法第八表的一个特定社会阶层，该宪法建议在教育和就业方面要对该种姓人士给予特别帮助。

清晰无疑——并精明地防止了美国宪法所引致的争论。

不过，安贝德卡尔尽管看到了法律的这一种积极作用，但绝不会对我们关于制造公众情感的问题漠不关心。如果他认为法律是自给自足的，那么他就目光极为短浅了。基于强有力的平权措施，人们可以获得工作或教育方面的职位，并且正是这些措施的存在向那些继续面临被排斥的人发出包容和尊严的信号。但是，一旦他们担任了这样的职务，大多数人就对他们怀有不屈不挠的敌意，并决心继续在屈辱的伤口上撒沙子，而如果政府不进一步支持他们，他们就不可能充分发挥自己的潜力，而他们在成功方面的匮乏就会强化带有敌意的成见。公职人员不可能在所有运行细节上都受到法律控制；只要社会态度保持不变，情况就会继续下去，正如安贝德卡尔
368 观察到的，“在册种姓遭遇的大部分苦难和骚扰都源于这一事实，即几乎在所有情况下，赋予公职人员的自由裁量权的行使都是在反对在册种姓人士的利益，并且其目的就是压制他们”[107]。他还进一步说：“毫无疑问，在很大程度上，正是公职人员的头脑决定了国家事务将采取的走向”[108]。

一个仁爱的政府可能会采取哪些措施来改变这样的头脑呢？在1942年一份长长的建议书《在册种姓人士的申诉》（*Grievances of the Scheduled Castes*）[109]中，安贝德卡尔纳入了一个极具吸引力的章节，题为“公共宣传方面的忽视”[110]。以新闻局发表的一份题为《1935—1940年印度舆论的趋势》（*The Trend of Indian Opinion between 1935 -1940*）的官方报告为出发点，安贝德卡尔指出，这份长达940页的报告虽声称兼容并包、内容详尽，但“本书最令人

恼火的部分是完全忽视了在册种姓人士的所言所行”。需要明确的是：如今在册种姓人士构成了印度总人口的15%，并且如果我们算上各个在册部落，那么数字就会上升到将近25%。在安贝德卡尔的时代，可靠数据是无法获得的，因为印度人在数字上撒谎的习惯很普遍，这正是一种他痛斥的习惯[111]。所以，这不是微不足道的少数群体。然而，他们的关切和意见仅用了3页纸来处理，并且这些页面的材料只是一个“微不足道的角色”，遗漏了一些主要的社会运动，如宗教皈依运动。（安贝德卡尔注意到，一所一流的基督教学院在一份507页的报告中撰写了同时期低种姓人士的观点和活动。）来自在册种姓的重要知识分子被完全忽略了，他们的观点未被引用，甚至连他们的名字（包括安德贝卡尔在内）都未被提及。他争论说，这种忽视影响了公职人员的想法，传达出这样一种印象：“印度政府将在册种姓人士视为不值一提的、可忽略的力量。”我们可以看到，通过暗示这些人是没有地位的人，这类事情如何加强了污名化。安贝德卡尔总结说，不管喜不喜欢，政府都是一个公共宣传者，因此它应该高明地使用其宣传机构，承认过去被歧视群体的成就。

安贝德卡尔的简单观察有广泛的适用性。政府的宣传机器有很多种：像他所批评的报告那样的种种报告，也有各种各样的奖项， 369
官方邀请，官方电影，节日和庆典。总的来说，印度的民族政党及其所组成的政府并没有把安贝德卡尔的信息放在心上。没有一个全国性的节日纪念他，或者在更普遍的意义上，纪念达利特贱民对印度身份的贡献。澳大利亚大力宣传土著在艺术方面的成就，并强调他们对澳大利亚身份的创造性贡献（同时也对他们长期遭受的不公正表示强烈的歉意），相比之下，印度做的相当少。一个人如果乘坐澳大利亚快达航空公司（Qantas Airlines）的航班，就不可能看不见飞机侧面的土著艺术。一个人如果在澳大利亚参与任何学术会议或公众会议，也不可能听不到对土著及其权利的庄严的公开承认。（在加拿大，土著民族的待遇也大抵是如此。）在印度，达利特贱民对文化的贡献并没有得到类似的公开承认。诚然，在册种姓阶层没有共同的文化，而是形成了一组在历史上异质的基于职业的群体，这一事实使这个问题具有挑战性，但想象力可以解决这个问题。举个例子，安贝德卡尔的一生更多是被外国的而不是印度本土的作家和电影制作人记述。主要政党对在册种姓阶层缺乏温情和赞扬[112]，这在很大程度上促成了基于种姓的政党形成，也因此导致沿着种姓而不是政策路线的政治巴尔干化（balkanization）①。对群体“所言所行”的适当关注会创造一种友善、团结的情感氛围，可以逐渐削弱羞耻感并为同情奠定基础。

安贝德卡尔执着地力图创造友善、互助精神的另一个领域是教育：他非常重视具有包容性的平权运动方案。但是，他对此的思考仍是不完整的，只是聚焦于在诸如高等教育和技术教育方面设立政府奖学金等这样的合法策略，这也引导我们去追问我们自己：应该采取哪些进一步的措施去创造一种本着相互性精神的在教育上充分包容的氛围？

---

① 巴尔干，即指位于东欧的巴尔干半岛；所谓巴尔干化，即指没有统一的民族国家或者政治实体，而只有四分五裂的、碎片化的地方政权。

他在自传中指出了第一个条件：在基础教育方面的充分包容，这意味着学校必须做好它们的本职工作（而这在当前并非如此），并且老师们必须着重于创造一个包容的社会环境来鼓励儿童到学校学习并发展他们的潜能。在美国，社会包容被认为是教师工作的一 370 部分，无论其做法上有多么参差不齐。那些课堂上有多种族学生或残疾学生的老师，就如何（通过戏剧和艺术，通过彰显弱势群体"言行"的阅读，等等）实现更大程度的包容而深思熟虑。阻止恶意欺凌也被认为是教师的工作——同样，无论这被履行得有多么参差不齐。但在印度，情况远非如此，那里的老师注重死记硬背的学习。所以，如果要充分解决羞耻问题，需要实现的第一件事就是：一种新的且在心理方面更敏锐的教育观念，尤其是在关键的早期教育中。

不管怎样，让我们跨越到技术教育，由于安贝德卡尔认为技术教育是一条获得就业机会的途径，因而这是他关注的核心焦点。在这里，我们有详细的实证研究的优势，我们可以清楚地看到，在缺乏支持性社会和情感氛围的情况下，在著名的政府技术机构为在册种姓人士保留职位对他们并没有什么好处。在最近一篇杰出的文章中，D. 帕塔萨拉蒂（D. Parthasarathy）这位孟买印度理工学院（the Indian Institute of Technology Mumbai）人文学科的老师，讨论了达利特学生在进入这样一所有声望的机构时所遇到的问题，在那里竞争十分激烈[113]。故事大致是这样的：机构的运行有一系列被设想为中立的日常活动、方法以及程序，但这些在事实上大大不利于低种姓学生。"一种特别反常的自我实现预测形式"弥漫在这些机构里：这些机构接收了低种姓学生但不愿意认真反思它们的种种程序，而当这些学生失败时，这似乎就证实了那些平权行动反对者的预测。该体系的非中立特征之一是缺乏补救性或预备性的培训，尤其是在英语语言方面；老师们拒绝给予基础差的学生额外帮助；而且他们不愿意以一种本土语言进行考试，尽管依照法律他们被要求这样做。更糟糕的是，当学生依据种姓选择实验搭档时，甚至当他们羞辱、欺凌低种姓学生时，老师们视而不见。也没有任何
371 制度上的讨论或反思来挑战大多数学生的这种想法，即低种姓学生是不属于这里的“搭便车者”（free riders）。大多在理工学院的学习都是集体式的，因此被排除在团体之外的影响极大。教师们不会受到社会结构的困扰，他们中的大多数人都是平权行动的坚定反对者。当帕塔萨拉蒂在 2008 年的一次会议中陈述他的论文时，他在口头发言中补充说，在以死记硬背为主的早前教育中，大多数学生并没有获得想象力培养。他们竞争力强、技术熟练，但几乎没有表现出移情的能力。必修的人文课程，虽然聊胜于无，也越来越注重解决这些问题，但无法一夜之间就改变人心。

总之，教育上的包容是一件要改变人心和头脑的事情。如果社会措施不能通过营造一种反对羞辱和支持同情的情感氛围来支持好的政策，那么它们就会破灭和失败。印度距离安贝德卡尔的目标还落后很多——与其说是因为法律上的失败，不如说是因为在政府机构的社会/情感支持结构方面的失败。

残疾与尊严：富兰克林·德兰诺·罗斯福纪念公园

有认知和生理缺陷的人，至少如历史上的任何少数群体一样，

一直被污名化[114]。通常他们被隐藏在公众视线之外的社会福利机构或者远离其他儿童的特殊教育课堂里。他们被公共教育排除在外。他们无法进入许多建筑，这些建筑是根据“正常”视野中的需要而建造的，尽管它们可以轻易被建造地适应更广范围的身体能力。他们也不能搭乘公共汽车，或者在大多数情况下，由于没有人行道切口，他们甚至不能过马路。城市“丑陋的法律”完全禁止一些残疾人士出现在公共场所[115]。在更不易察觉的另一方面，正如著名宪法学者雅各布斯·坦布鲁克（Jacobus tenBroek）在讨论自己的失明及其影响时所说的那样，他们被剥夺了“置身于世界”的权利。坦布鲁克指出，其所在时代的民法就是以这样一种方式写出来的，即因一个人的残疾而将其当作幼儿看待：如果他在没有视力 372
正常之人的陪伴下走上街头并发生事故，他将无法康复——尽管公共规范能够轻易地鼓励包容和提高街道及其他公共设施维护的标准[116]。

这种怀有敌意的羞辱会造成心理上的伤害。它也将社会分割成两个人为划分的群体，“正常的”和“残疾的”，即便每个人都存在有缺陷的时期和部位，即便有缺陷的人往往至少在一定程度上是因社会条件才是“残疾的”。有缺陷之人的天赋与贡献往往是被剥夺的。此外，社会对自己说了关于大多数人身体方面的谎言，从而剥夺了许多“正常”人想要得到的帮助。（因此，人行道切口深受推婴儿车的父母、搬运行李的人以及众多其他人的喜爱。）衰老与残疾一起被污名化了，因此所有公民都会被贬损，起码当他们的寿命足够长时会如此。一种人类能力连续统一体的现实主义概念，对于解决从教育到医疗保健等广泛社会问题而言至关重要。

在过去五十年，社会在这个宏大的主题上取得了进步，因此，这一主题对于研究情感和法律如何相互作用很有用。显然，法律在这种情况下是消除污名化过程的重要组成部分。只有通过法律强制改造公共设施和公共教育，才能使残疾人“置身于世界”，使他们的贡献显而易见，并让人们看到他们其实是完整的人类，而不是怪物或某种低于人类的生物。教育方面的主流化措施可能是唯一一种将污名化减至最少的最有效的手段。尽管如此，这样的法律也必须被通过，而这意味着残疾人必须挺身而出并讲述他们被排斥的故事，生动地展现其人性并改变人们的内心和想法。《美国残疾人法》（*The Americans with Disabilities Act*）和《残疾人教育法》（*The Individuals with Disabilities Education Act*）通过前的听证会包含了数小时的此类证词。

根据安贝德卡尔提到的“所言所行”，我们可能会认识到残疾人的杰出贡献，及其对社会包容态度与共同目标所产生的微妙作
373 用。这个主题本身就巨大，因为残疾人在全人类范围内都有所成就。比如特奥会（The Special Olympics），以及在学术生涯和专业领域中对残疾人的包容和认可——所有这些都是公共规划的一部分，以建构充满共情的情感和一种平等主义的同情心，而非一种带有羞辱的贬损式的怜悯。但是，让我们只思考一个例子，即对富兰克林·德兰诺·罗斯福的公共刻画，他是美国最著名的领导人之一，同时患有严重的残疾。

罗斯福的小儿麻痹症改变了他的生活。现在大多数人都同意，

这加深了他的理解力并使他变得更伟大。每天挣扎着行动没有削弱、反而增强了他众所周知的平静和乐观。他曾经说："如果您躺在床上花了两年时间试图扭动自己的大脚趾，那么在那之后任何其他事情看起来都很容易！"[117]然而，罗斯福一生一直试图向公众隐瞒其残疾。在公开场合，他并没有坐轮椅，而是通过巧妙使用帮手，设法让自己看上去能站起来甚至能向前移动。在他那个时代，承认残疾显然会给他带来羞辱并削弱他的工作。

那么，如何纪念他呢？罗斯福本人提到了他对纪念公园的兴趣，甚至选了地点。景观设计师劳伦斯·哈普林（Lawrence Halprin）在1974年的一次竞赛中被选为设计师，但项目基金直到20年后才到位；纪念公园最终于1997年落成[118]。与我们对残疾问题的兴趣相关的第一个决定就是，要把重点放在罗斯福的成就上，而不是残疾上。当然，这是恰当的，事实上也是至关重要的（并且与安贝德卡尔的提醒一致，即着重于"所言所行"）。纪念公园有四个室外空间，每一个都专门用于罗斯福的一届总统任期。水是起连接作用的主题，其排列方式象征着他在任期间的关键节点（一个大下泄代表经济崩溃，各个角度的混乱下泄代表第二次世界大战，一个静止的水池代表罗斯福去世）。该纪念公园还含有各种雕塑，包括雕塑家乔治·西格尔（George Segal）描绘等待救济队伍的雕像。建筑评论家本杰明·福吉（Benjamin Forgey）认为，哈普林设计目的的特征在于，反映了一种"为人们提供尽可能多选择的热情，让人们可以去走这条路，或者，去走反方向，去停顿，去重新开始，去独处，去结识其他人，并在纪念公园允许的范围内，体验各种不同的景点、气味和声音”[119]。

374 这种邀请人们深思熟虑和重新思考的做法，是对涉及残疾问题所发生事情的一种恰当隐喻。最初，纪念公园虽然被精心设计地可供各种残疾人士进入[120]，但总统自身的残疾却被隐藏起来了，就如他在生活中一样。哈普林为这种选择辩护：“他不想让人们看到他坐在轮椅上……这不是一个纪念残缺的地方”[121]。罗斯福被展现为坐在一把椅子上，他的狗法拉在他身边，那把椅子在现实生活中应该是轮椅。但是他穿了一件长斗篷遮住了椅子。人们在这一点上开始了深思。残疾人和其他一些人抱怨说，对罗斯福那（众所周知的）轮椅加以伪装加剧了附加在其残疾上的羞耻感。他们想要展示轮椅，既是为了历史准确性，又是为了暗指许多传记家将轮椅视为他对人类理解的主要来源。

我们需要的是一个解决这些问题的方案，既不破坏罗斯福自身的端庄感，又不令纪念公园过分关注于残疾而不是成就。哈普林最终在椅子的后面增加了脚轮，使它真的成为一张轮椅，尽管只能从雕像的背面看到脚轮。同时，国家残疾人组织（the National Organization on Disability）筹集了大笔资金来资助总统的第二座雕像，这座雕像清楚地表明他坐在轮椅上。2001 年，这座雕像被放置在纪念公园的入口附近。哈普林说，人们的争论表明了其设计的成功：“设计中最重要的事情在于激发人们的创造力，并要具有包容性——要涵盖人们与环境互动过程中的需求和体验，并使他们成为其创作的一部分”[122]。

因此，罗斯福纪念公园是一件深思熟虑的作品，它在邀请观众参与方面与越战老兵纪念碑相当。它以一种低调而恰到好处的方式解决了羞耻这个问题，在消除羞耻的同时将重点正确地保持在成就和罗斯福自身的包容同情心上（对此，对雕塑、水和石头姿态的使用都具有隐喻性）。通过这种方式，它质疑了长期以来残疾所引起的羞耻，同时清楚地表明，在罗斯福自己的一生中，残疾是次要的，而同情心是主要的。最重要的是，它以开放的方式邀请每个访客亲自度量这些问题的意义并对污名化有所思考。

六、培植同伴关系

惠特曼笔下的演讲者宣布，他将在美国的城市和空地上"培植 375
像树林一样茂密的同伴关系"。他并不是指字面上的每个人与所有人的个人友谊；相反，他指的是一种属于公民的爱的精神，这种精神能使人们超越猜疑和分裂，以发自内心的热情追求共同的规划。但"同志之爱"必须不仅仅是苍白的同情，否则它就没有力量把日常生活中被自我利益、传统污名化和恐惧所分裂的人们团结起来。我们发现，本章所有主人公都实现了这种相同的理念（或因其缺失而得到了证实）：富兰克林为美国的共同斗争培养了澎湃的情感；弗雷德里克·劳·奥姆斯特德设想了人们可以在一种平等基础上漫步和玩耍的地方；甘地激励他的朋友们把人的尊严和平等作为日常生活实践，而不是只作为一套高尚的言辞；安贝德卡尔寻求种种方式，以使对在册种姓阶层的包容成为人类的现实，而不仅仅是一套惰性的法律条文；甚至芝加哥大学的一系列领导人也在寻求将排斥变为伙伴关系的方式。

在所有这些事例中，政治领袖们都在一个庞大的一般类别层面上运用情感，这种情感也被一些类型非常不同的领袖带着不同的目的使用。不过，他们会根据自己的具体目标唤起这些一般情感的不同种类。以安贝德卡尔的种姓为由将其边缘化的羞耻，并不是一个正义社会的一部分，尽管这个社会仍会培养出因对他人不关心或过度贪婪而产生的羞耻感。罗斯福极力阻挡一种令人们对美国的机构失去信任并使他们抗拒为其工作的恐惧，但和丘吉尔一样，他当然认为美国人应该对轴心国有一种理性的恐惧。妒忌是所有情感中最微妙的：罗斯福实际上是在告诉人们，资本主义是好的，[尽管]
376 他们可能会继续怀有敌意的妒忌（而不只是效仿或怨恨或伤感的妒忌），只是它不至于强大到让他们不承认其他人的基本权利，而这些权利是新政的社会安全网所固有的。

在所有事例中，我们看到，如果要解决分裂和怀疑问题，就需要惠特曼和包尔人的某种精神，即一种诗性的精神，有时是鼓舞人心的，有时是充满乐趣的。有时，这种诗性要素所采取的形式是激荡人心的政治修辞——比如罗斯福的话，在其圣经式的诗性共鸣中，远远超出了其字面意思。有时，它采取的形式是想象一个地方，一个快乐的花园，在那里人们通过享受运动和美的乐趣而走到一起，在光的弧线下漫步，或与邻居一起滑冰。有时，它采取的形式是一种对过去被隐藏和被污名化的事情进行革命性的崇高化。有时，它采取的形式仅仅是放任在日常生活中有机发生的事情：不去破坏德里的共生艺术及其综合性的生活方式，也不把迦利布送进流放地。

马志尼、孔德和其他“公民宗教”的支持者们把他们的任务看得过于简单。在他们看来，他们只要引起对全人类的扩展同情，自私就会消失。密尔和泰戈尔看得更深，他们看到我们必须与人的本来面目打交道，与“世界安排中那非常不完美的状态”打交道，这一状态把一个人的效用与另一个人的效用对立起来。对泰戈尔来说，他或许是所有人当中看得最深的，“不完美”状况本身在规范意义上就有价值：所有的爱都根源于个人的特殊的爱，因此，一个合宜的社会总是包含着不均衡的种种附件，以及一种促进自己所爱之人利益的竞争，这使得人们理所当然地对全心全意支持一种公共善有所犹豫。我的论点与泰戈尔的一致，结论是：我们无法根除特殊主义，除非根除了爱本身并破坏了社会大部分的向善能量。但是，如果特殊主义依然存在，甚至会在某些方面受到一个合宜的社会的机制的重视和颂扬，那么结果就是，人们总会有理由感受到诸如恐惧和妒忌等有损于他们对公共善的承诺的情感。社会也许能够在很大程度上不产生厌恶感，因为这种情感似乎与积极的善的来源无关；社会甚至能够不产生那种抨击特定人群的羞耻感，因为那种 377
羞耻感（与厌恶感密切相关）似乎不是那种更有建设性的羞耻感所固有的，后者促使人们去实现他们及其社会所能实现的最高理想。但是，为我们所爱之人的安全而感到恐惧是我们不想丢失的东西——然而，在一个充满危险的世界，它确实会分裂人们并且破坏许多有建设性的规划。就如同我们所主张的，妒忌（而不只是它那好的近亲，效仿）也一样应该保持，因为竞争以及一种对于具有竞争性的善好的兴趣是一个好社会在不丢失向善能量时所不能放弃的。

一个合宜社会的种种制度确实可以将恐惧和妒忌控制在一定范围内，并保护公民免受充满敌意的羞辱。但还有更多的工作要做，而本章已经给出了许多关于方法的例子，通过这些方法，一个社会可以创造一种情感氛围以限制基于自利的恐惧和妒忌，并削弱那种污名化各阶层公民的羞耻感。这只是一些例子，也很少有政治家会全面思考政治情感问题（罗斯福是一个突出而显著的例外）。更多时候，关于创造情谊和限制有害激情的想法零碎地发生着——有时具有深思熟虑的意图和公共的考量（就如同在中央公园的案例中那样），有时在人们共同生活的方式中逐渐形成（就如同在旧德里那样），政治行动者需要重视和保护这些想法不被破坏。但在某种程度上，对情感有所考虑总是好的，因为好的东西如果不为人所珍惜，就会失效或遭到破坏，人们有时很难记住，政治平等并非仅仅是一个好法律和好政策的问题。它通常至少与这些事情同等重要：人们居住的建筑和行走的街道，光线呈弧线投射在邻居脸上的样子，以及被街区边上的绿地空间吸引的目光。

注释：

[1] 参见 Arendt（1959）。有关阿伦特作品的有益讨论，参见 Allen（2004，ch. 3）。

[2] 参见我在第六章对巴特森的讨论。

[3] 试想“可用性启发式教育”。关于启发式教育和风险评估的讨论，带有可供参考的心理学文献，参见 Sunstein（2002，pp. 33－35）。

[4] 参见我在第十章所做的讨论。

[5] 参见我在第九章和第十章对这些情况的讨论。

[6] 参见 Sajó（2011，ch. 3）。

[7] 关于恐惧研究的更详尽的解释以及亚里士多德的分析，参见 Nussbaum（2012a，ch. 2）。

[8] 所有脊椎动物都有恐惧吗？我只是提出了一个更窄化的主张，即所有哺乳动物都有恐惧，这一点是有实验根据的；几乎没有鱼、爬行动物和两栖动物具有恐惧的证据，尽管鸟类的稍多。

[9] 参见 LeDoux（1993）、LeDoux（1994）、LeDoux（1996）。

[10] 亚里士多德在《修辞学》第二卷第五章中讨论了恐惧。而这是我自己对其讨论的分析总结，也加上了一些当代新族裔群体的例子。更详细的解释，参见 Nussbaum（2012a，ch. 2）。

[11] 这篇演讲于 1933 年 3 月 4 日发表，并且在线上可用，网址为 www. bartleby. com/124/pres49. html。

[12] Adiga（2008，p. 99）. 街道名称是真实的，它们表明英国人确实试图尊重德里的莫卧儿历史，而用奥朗则布和胡马雍的名字来命名街道，但当他们用完其所知道的印度名字之后，他们只是去寻找他们碰巧知道的任何其他名字，即使它与印度一点儿关系都没有。

[13] 参见 Dalrymple（2006）、Hasan（2011）。有一本很棒的关于德里的多作者论文集，参见 Losty（2012）（扎乌克诗句的翻译在第 89 页）。

[14] Jacobs（1961）. 另参见 Rybczynski（2010，ch. 3）。

[15] Jacobs（1961，p. vii）.

[16] 在 Losty（2012）中可以看到很多。

[17] 引文和翻译来自 Hasan（2011）。

[18] 引自 Losty（2012，p. 142）。

［19］另参见 Dalrymple（2002）。

［20］引自 Losty（2012，p. 143）。

［21］Irving（1981）.

［22］在此，我要感谢芝加哥大学法学博士候选人比尔·沃森（Bill Watson）在他正在撰写的一篇论文中对敬畏与奇迹所做的分析。

［23］引自 Losty（2012，p. 203）。

［24］同上书，第 139 页。

［25］参见 Nussbaum（2009b）。

［26］Wright（［1940］1991，p. 70）. 另见我在第十章对《土生子》的讨论。

［27］引自 Pridmore（2006，pp. x-xi）。

［28］印于《芝加哥先驱报》（*Chicago Herald*），引自 Goodspeed（［1916］1972，p. 421）。

［29］Pridmore（2006，p. 2）.

［30］关于学校的整合，包括德斯普莱斯夫妇的作用，参见 Harms and DePencier（1996）。

［31］同上。

［32］Staples（1987）.

［33］University of Chicago Publications Office（1991，pp. 109 - 110）.

［34］关于迁往威斯康星州或杜佩奇县郊区的建议的讨论，参见 University of Chicago Publications Office（1991，pp. 109 - 110）。关于迁往阿斯彭镇的建议，参见 McHeill（1991，pp. 166 - 167）。搬迁的理由是 20 世纪 50 年代初出现的申请人数下降和教师招聘困难。参见 University of Chicago Library（1992，p. 17）。即使决定留下来，也是以一种不恰当的优越感来表达的。劳伦斯·金普顿（Lawrence Kimpton）校长谈到大学的责任是“理性行事，教育

社区，它是社区不可分割的一部分”（同上）。

［35］伍德朗街区的领导也支持拆除沿63街到大学的火车，因为高架轨道使下面的区域变暗，所以这个问题并不确定。沿着科蒂奇格罗夫（Cottage Grove）的缆车也被移除了。大学在这些发展中的作用仍然不确定，是一个传说。

［36］如果把原来校歌的歌词和现在唱的版本进行比较，就会注意到在那些修道院的辖区里，女性是多么的不受欢迎，尽管她们从一开始就是学生的一分子：原来的版本不是“她的女儿和她的儿子”，而是“她把我们当作她的儿子”。参见 University of Chicago Undergraduate Council（1921）。

［37］由莱恩·法利士（Len Ferris）设计的摩天轮高300英尺，是当时北美最大的建筑，单个车厢大到可以在里面举办婚礼！而在1921年，美国政府又将摩天轮设计成了美国最大的建筑。摩天轮计划成为美国对巴黎世博会的亮点——埃菲尔铁塔的回应，它是世博会的核心部分；狂野西部秀是一个更非正式的附属项目，在世博会的正式展览之外。参见 Larson（2003），该书为虚构作品，但有准确的历史细节。

［38］Kamin（2011）.

［39］Sennett（2004）. 理查德·桑内特（Richard Sennett），一个在臭名昭著的利尼格林（Cabrini Green）住宅项目中长大的白人，以同情的态度描述了这些项目背后的复杂思维及其失败的原因。

［40］《芝加哥大学纪事报》（*University of Chicago Chronicle*）的报道，参见 http://chronicle. uchicago. edu/040401/cityspace. shtml。《海德公园先驱报》（*Hyde Park Herald*）的报道，参见 www. hydepark. org/hpkcc/comrenewconf. htm ＃herald。

［41］关于该建筑和计划的评估，参见 Kent（2012）。

［42］我说“与之相关”，是因为哈钦斯和杜威的观点实际上远没有他们

激烈的言辞所表明的那样不同：哈钦斯也思考当代事件，而杜威也认为我们可以从过去学习。

［43］这种变化可以从里卡多·列戈瑞达（Ricardo Legorreta）设计的帕莱夫斯基公共宿舍（Palevsky Commons）（2003 年）中看到，它使用了砖和明亮的粉色；西萨·佩里（César Pelli）设计的新的拉特纳（Ratner）体育馆（2003 年），其偏离中心的形状和高耸的塔楼，戏谑地引用了哥特式塔楼，但我们可以称之为偏离中心的“包尔人”精神。还有拉斐尔·维诺利（Rafael Viñoly）的布斯学校建筑（2004 年），其玻璃和钢结构令人惊叹，它既指附近洛克菲勒教堂的哥特式尖塔，也指弗兰克·劳埃德·赖特（Frank Lloyd Wright）相邻的罗比大厦——一座伟大的但完全不是哥特式的建筑，在芝加哥神学院的倡议下，几乎被拆毁了两次，而大学却明显没有采取任何措施阻止它。在国际抗议和市政府的干预下，拆除行动才被挫败。当时已经 90 岁的赖特本人评论说：“这只是表明了将任何精神上的事情委托给神职人员的危险性。”引自 Hoffman（1984，p. 94）。

［44］参见 Kamin（2011）。

［45］引自 Kamin（2011）。我注意到，卡明的评论提出了一个批评意见：多切斯特需要第三座桥。这座桥现在已经建成，这是对话的另一个迹象。

［46］参见 Lazarus（2001，p. 254）。

［47］它通常涉及排他性这个概念。参见 Ortony，Clore，and Collins（1988，pp. 100－101）。

［48］参见 Lazarus（2001，pp. 254－255）。

［49］Miceli and Castelfranchi（2007）.

［50］参见上书，第 456 页。关于心理学文献的一项有价值的总结，参见 Protasi（2012）。

［51］许多人都做出了这一区分，包括米瑟里和科斯特弗兰奇［Miceli and

Castelfranchi（2007，pp. 461 - 465）]，但关于这一点最好的讨论，也是他们所遵循的，在罗尔斯那里，参见 Rawls（1971，pp. 530 - 534）。

[52] Rawls（1971，p. 533）.

[53] 同上。

[54] 参见 Miceli and Castelfranchi（2007，p. 464）。

[55] Rawls（1971，p. 532）.

[56] 同上书，第 534～537 页。

[57] 在一篇稍微前于讨论妒忌的切中要害的文段中，他承认不平等是家庭制度的一种自然产物。“那么要废除家庭吗？由于平等机会观念自身的原因以及人们赋予它的首要地位，这个观念会走到这个方向上”（同上书，第 511 页）。

[58] 同上书，第 536 页。

[59] 同上书，第 537 页。

[60] 对于那些通常不如自己富裕的人所获得的优势，如果一个人把这些优势看作他自己的东西，而不是政府的政策，那么他当然也可以有所妒忌。

[61] 参见我在第十章对莫尔丁的讨论。艾森豪威尔认识到莫尔丁肯定普通士兵工作的重要性，这有助于缓解妒忌带来的军事问题。

[62] 关于该演讲及其背景以及美国社会权利和经济权利的整个问题的表述，参见 Sunstein（2004）。

[63] 关于这句话的争论和罗斯福对此句的坚持，参见 Sunstein（2004，p. 83）。

[64] 引自上书，第 90～91 页。

[65] 参见上书，第 94～95 页。

[66] 这种观点即使在美国也不是完全新的：该纲领的许多内容是自由土地运动（the Free Soil movement）的一部分，甚至被左翼用来反对罗斯福。富

有特点的是，他挪用了反对派纲领的关键方面——与美国自由主义的共鸣性重申相结合。

[67] 这句话引自一例 1762 年的英国财产案，即 *Vernon v. Bethell*，28 Eng. Rep. 838（1762）。罗斯福之前就用过。

[68] 参见 Wood（2010）。

[69] *San Antonio Independent School District v. Rodriguez*，411 U. S. 1（1973）. 马歇尔（Marshall）法官写了著名的反对意见。

[70] 这是罗斯福的陈述，引自 Sunstein（2004，p. 94）。

[71] The Gandhi papers，vol. 94，p. 148，引自 Rajmohan Gandhi（2007，p. 191）。

[72] Nehru（[1936] 1985，p. 20）.

[73] 同上书，第 65 页。国会是甘地和尼赫鲁夫妇所领导的政治运动，是当今国大党的祖先。卡迪的意思是“手工土布”。

[74] 甘地对阶级特权的态度比对种姓的态度更恒久。尽管他总是否定贱民制，但他有时为种姓分离辩护，认为这是一种有价值的以职业为基础的分工，不必污名化，并且他与安贝德卡尔有很大的不同，安贝德卡尔希望对印度教进行更彻底的改造，他不会不高兴看到印度教的终结（见本章后面）。关于甘地和种姓的一个很好的处理，参见 Lelyveld（2011）。

[75] Brown（2003，p. 59）.

[76] 同上书，第 60 页。

[77] Nehru（[1936] 1985，p. 52）.

[78] Brown（2003，p. 60）.

[79] Nehru（[1936] 1985，pp. 510－511）.

[80] 参见 Brown（2003，p. 60）。当然，这只在某些地区有用——最初的农民运动在北方邦进行。据我所知，尼赫鲁并没有学习甘地的母语（古吉拉

特语），尽管他可能懂得一些孟加拉语，因为他把英迪拉送到了桑蒂尼盖登的学校，那里的教育主要是用这种语言。这三种语言密切联系在一起，但并不比多样化的罗曼斯语更能相互理解。

［81］Nehru（［1936］1985，p. 46）.

［82］尼赫鲁在个人事务上非常信任甘地，他甚至（从监狱中）建议他的女儿英迪拉就她即将与费罗兹・甘地（Feroze Gandi）结婚的问题向甘地咨询——显然觉得他的同情能力扩至了一个热情的年轻女子对婚姻生活的考虑。［费罗兹・甘地与莫汉达斯・甘地没有任何关系；事实上，他是来自孟买的帕西族人。这段婚姻并不幸福，虽然一直持续到他 1960 年去世。关于它的出色处理，参见 Frank（2002）。］

［83］参见我在第九章所做的讨论。

［84］尽管对许多穷人来说，交通便利有待于合适的公共交通建设，但我们不应忘记人们一天中例行的步行距离。大卫・科波菲尔（David Copperfield）认为从考文特花园（Covent Garden）步行到斯蒂福（Steerforth）在海格特（Highgate）的家，单程 5 英里；鲍勃・克拉奇（Bob Crachit）每天在卡姆登镇（Camden Town）和斯克鲁奇（Scrooge）在城里的办公室之间来回走，单程约 4 英里。这些都是平常的散步。鲍勃走不到 1 英里就能到达摄政公园。

［85］Olmsted，"The People's Park at Birkenhead，near Liverpool，" *The Horticulturalist*，May 1851，p. 225，引自 Rybczynski（1999，p. 93）。在同一时期，奥姆斯特德在美国南部待了一段时间，写了一些文章，后来以《棉花王国》（*The Cotton Kingdom*）一书的形式出版；他认为南方因为奴隶制和缺乏公共文化，所以是原始的和不文明的。

［86］Olmsted，"The People's Park at Birkenhead，near Liverpool，" *The Horticulturalist*，May 1851，p. 225，引自 Rybczynski（1999，p. 93）。

［87］Rybczynski（1999，p. 165）.

［88］同上。

［89］同上书，第 167 页。

［90］Letter to the Board of Commissioners，May 31，1858，引自 Rybczynski（1999，p. 174）。

［91］同上。

［92］关于羞耻的更长的讨论，参考心理学和哲学的讨论，参见 Nussbaum（2004a，ch. 6）。

［93］Goffman（1963，p. 28）. 注意，他忽略了收入，这是另一个可能会使他的论点更加有力的耻辱的来源：如果“充分就业的”大学毕业生是一个洗碗工，那么他就会脸红。

［94］参见 Taylor（1985，ch. 4）、Piers and Singer（1953，chs. 1－2）。

［95］这种区别并不总是很明显：我可以说：“我为自己的所作所为感到羞耻。”但这不仅仅是用词不当，很可能是表达了这样一个事实：我认为我的所作所为暴露了一个与我的理想不相称的弱点。

［96］关于这个问题的有力论证，参见 Williams（1993b）。

［97］羞耻与尴尬的关系，参见 Nussbaum（2004a，pp. 204－206）。我认为，尴尬总是社会性的，而羞耻则不是；它比羞愧要轻，而且常常只是因为某件事不合适，即使并不涉及严重的失败，也会令人感到尴尬（例如，当被人指出自己衣服上的标签挂在外面时，就会感到尴尬）；如果一个人对别人指出的问题感到不舒服，那么对好的事情也可能感到尴尬。

［98］参见 Tomkins（1962－1963）。

［99］精彩的讨论，参见 Morrison（1989，pp. 48－49）。

［100］这就是卢梭的《爱弥儿》（［1762］1979）的核心主题：贵族就像大婴儿，他们自己什么也做不了，因此不得不奴役他人；年轻的爱弥儿将学会照顾自己。

[101] 2012 年，哥伦比亚大学在校内落成了安贝德卡尔的雕像，并在法学院为印度宪法中的安贝德卡尔博士系列讲座举行揭幕仪式。第一次这样的讲座是在 2012 年由拉马钱德拉·古哈（Ramachandra Guha）做的，他当然是一个有趣的思想家，但绝对是上层阶级的，鉴于安贝德卡尔自己对“所言所行”的看法，这种选择似乎是有问题的。

[102] 参见 Ambedkar（1993b）中堂吉诃德式的引人入胜的文章《何者更差？奴隶或是不可触碰？》（“Which Is Worse? Slavery or Untouchability?”），这篇文章涵盖了贱民制度与罗马奴隶制和美国奴隶制之间的拓展比较。

[103] Ambedkar（1993a).

[104] 同上书，第 670～671 页。

[105] 有关这位多产作家的最重要陈述的详细资料集，参见 Ambedkar（2008)。该书的编辑之一周拉特（Sukhadeo Thorat)，是一位达利特贱民，他极具表现力地描述过自己所遭受的污名与排斥，并且他是大学教育资助委员会前负责人，是贾瓦哈拉尔·尼赫鲁大学（Jawaharlal Nehru University）经济学教授。

[106] 引自 Ambedkar（2008，pp. 319－320)。

[107] Ambedkar（2008，p. 217).

[108] 同上书，第 229 页。

[109] 同上书，第 206～234 页。

[110] 同上书，第 228～231 页。

[111] 参见上书，第 176 页。这一页引用了 1932 年的一份报告：“对于不可接触群体的人口这个问题收到的答复足以使任何人大吃一惊。证人们出面作证说，他们所在行政区域的‘不可接触者’比例很小。不乏证人说根本没有贱民!! [我们] 非同寻常地看到，印度的证人通过否认不可接触者的存在或将他们的人数减少到可以忽略的数字来自我欺骗、不顾真相。大行政区特

许经营委员会的成员也是该计划的一方。"

[112] 即使共产主义政党也是如此：西孟加拉邦共产党是由一个非常精英的上层种姓群体组成的。

[113] Parthasarathy (2012).

[114] 我在 Nussbaum（2006a，chs. 2 - 3）和 Nussbaum（2004a，ch. 5）中更详细地讨论了这些问题。

[115] 美国许多城市都有这样的法律。芝加哥 1911 年的法令禁止"改变外形，因此成为一个难看或令人作呕的物体"的人们出现在城市的公共道路或其他公共场所，直到 1974 年这项法令才被废除。(每项处罚最高罚款为 50 美元。)

[116] tenBroek (1966).

[117] 引自 Sunstein（2004，p. 93）。桑斯坦（Sunstein）反过来引自 Schlesinger（2003，p. 406）。

[118] 参见 Martin（2009）。

[119] 同上。

[120] 该项目最初执行得并不好：有些盲文安装得太高了，以至于中等身高的人都无法达到它！

[121] Martin（2009）(引自 1997 年 NPR 对哈普林的采访)。

[122] 引自 Sullivan（2009）。

第十一章　爱对于正义为何重要

啊，我骤然明白，这美国仅仅是你和我，
它的权力、武器、证明，就是你和我……
自由、语言、诗歌、职业，就是你和我，
过去、现在、未来，就是你和我。

——沃尔特·惠特曼，《在蓝色的安大略湖畔》

（*By Blue Ontario's Shore*）

一、再造"公民宗教"

法国大革命后，欧洲的政治发生了变化。博爱［精神］脱颖而 378

出。公民不再由对君主的惧怕和对其专断意志的服从而维系在一起，他们不得不设想彼此之间一起生活的新方式。因为任何成功的国家都必须能够为了某种公共善而要求牺牲，他们不得不追问：在没有君主强制的情况下，牺牲与共同努力何以可能？由此涌现了许多发展某种"公民宗教"或"人文宗教"的提议，即对同情、爱以及关心的公共培育，它们能够推动从军事防御到慈善事业（以及随着时间推移还包括依法纳税）的一系列可贵行动。随着新国家在世界各地的兴起，非欧洲人的思想使这些想法得以丰富。

［本书］第一部分审视了这一历史，揭示了这样一项事业的许多前景与陷阱。关于公民情感的思考很快分成两支。两个传统都寻求扩展的同情，反对狭隘的利己主义和贪婪。但是，以卢梭和孔德为代表的一支，认为情感的效能需要强制性的同质性，这一思想在
379 全世界有着巨大的影响。这一传统的推崇者们提出了情感团结的种种提议，却未给批判性自由创造空间。而对不同意见和批判的不在乎自然而然地影响了他们所追求的那种政治之爱。卢梭式或者孔德式的爱不是古怪的、个人的——像一个个体对另一个个体的爱那样；相反，所有一切都经过精心设计，以培养出具有爱、思想相同并能体验种种大众情感的人。

另一方面，莫扎特、达·彭特、密尔和泰戈尔都赞同卢梭和孔德关于需要扩展同情的观点，但是他们以一种更加多样甚至唯信仰论的①方式来构想这种同情。因此，他们对新型政治之爱的隐喻来

① 所谓唯信仰论的（antinomian），是指单纯依靠信仰而不必遵从道德法规就能得到拯救。

自抒情诗、异见音乐甚至戏剧，就不足为奇了。

这两个传统彼此之间的对话以及与政治领袖对这些问题的思考之间的对话，为我们研究现代思想提供了丰富的资源。我们的论证针对其对手坚决捍卫了莫扎特/密尔/泰戈尔等人的传统，因为这一传统能够创造和维系一种更具吸引力的社会类型。

无论莫扎特/密尔/泰戈尔传统多么具有吸引力，它都仍需要进一步的发展：最重要的是，它需要一个更加充实的人类心理解释。如果我们既不能理解我们可以利用的资源，也不能理解阻碍我们前进的问题，那么就很难解决社会问题。第二部分转向了这一议题，通过考虑在心理学、人类学和灵长类动物学方面的新近研究，本着莫扎特、密尔和泰戈尔的精神，为现代方案奠定基础。尤其是，第二部分主张，同情的狭隘性并不是社会的唯一挑战。普遍存在的歧视与群体屈从问题，要求我们思考对人类身体本身的厌恶和羞耻——这似乎是一个在其他物种中不存在的问题——在人类发展过程中所发挥的作用。正如沃尔特·惠特曼所见，促进社会正义需要塑造一种与人类身体更为健康的关系来解决掉人类自我厌恶的根源。本着一种密尔式精神，第二部分进一步主张，一个健康社会需要消解所有人类共有的屈从于权威与同伴压力的倾向。

第二部分所呈现的关于［人类心理］发展的解释清楚地表明，尊重并非好社会所需要的公共情感，或者至少不是唯一一种所需的 380
情感。尊重就其自身而言是冷漠且充满惰性的，不足以克服导致人类残暴对待彼此的不良倾向。厌恶否认了某些群体的基本人类尊严，反而把他们描绘成动物。因此，以人类尊严这种理念为基础的尊重，如果不能通过富有想象力地参与他人的生活并内在地把握他人充分且平等的人性来为其提供养分，将被证明无法在平等的条件下包容所有的公民。然而，充满想象力的移情可以被虐待狂利用。第二部分认为，社会所需要的那种富有想象力的接触是由爱滋养的。所以，爱对正义很重要——尤其是当正义不完满并且是一种抱负时（所有真实国家都是如此），但是即便在一个已经实现正义的人类社会中亦是如此。

但是，即使我们赞同爱对于正义很重要，我们仍未解释爱何以重要，仍未解释一个合宜的社会如何以兼容于自由主义式自由的方式做出安排，以邀请公民产生这种理论所设想的那类情感体验。因此，第三部分虽然也有进一步的理论论证，但转向了历史，展现了这一理想理论可能存在和已经成为现实的各种方式。通过对爱国主义的培养、对悲喜剧类公共节日的利用以及一系列逐渐削弱几种有害情绪的公共策略的细致反思，我们看到了各种不同的解决我们的问题的方法，也看到了在保护自由的背景下其对情感体验的促进是多么有力。

第三部分中的例子至少提供了三个一般性启示。首先，我们的预感得到了证实，培养公共情感的良好建议必须关注它们的地点、时间以及作为其目标受众的各种公民的特定文化。看到这一点的一个方法是考虑本书中的两个“英雄”之间的关系，即莫汉达斯·甘地和马丁·路德·金之间的关系。金模仿了甘地，并细致研究了甘地的职业生涯。但是他没有使用和甘地一样的策略，甚至也没有使用同样类型的自我形塑。他明白某些非常一般化的甘地主义规范或许可以在美国背景下实现，但是只能通过采取某些非常美国化的、非甘地式的自我展示修辞模式。在这样的判断之下，他再次追随甘地；因为甘地人生中的大部分时间都生活在印度之外，他能在比较中看待印度，既能沉浸其中又能超脱出来。因此，甘地认为对印度 381 而言的好战略，必须要对一系列印度传统和文化具有敏锐的感知。我们对公共修辞和公共艺术的所有提议也是如此：它们必须被置于其时空之中，即使公园和纪念碑（可能演讲也是如此），在考虑当前的同时也需要考虑未来。当涉及有国际声望和居住背景的艺术家时（例如，千禧公园的弗兰克·盖里和安妮施·卡普尔），由真正了解该城市和国家的人来配合他们的工作是极其重要的。

这种语境主义的一个有趣之处是愤世嫉俗（cynicism）的问题。某些国家［政府］已为呼吁强烈的公共情感做好准备，但其他一些事件却使民众厌恶公共领域。越南战争曾导致整整一代美国人对爱国情感的呼吁退避三舍。那些想把这样的人团结起来的艺术家需要努力应对这个问题，林璎做得十分出色，她创造了一件最初只是呼吁个人的悲伤之情和独立的批判性反思的作品——这两种态度在战后都仍存在——并且，通过这些体验，将民众引向一种和解与共同悲伤之情的体验。

我刚刚提到沃尔特·惠特曼的挑战，即与身体缔造一种更少厌恶、更健康的关系。我们面前的材料的第二个一般性洞见就在于此。第一部分一开始我们就探讨了僵化的性别角色对社会合作的可能性所造成的危害，第二部分则提出，某些十分常见的（尤其是男性的）性别概念与“投射性厌恶”和社会分层有关。通过整本书中以及第三部分所考虑的例子中无处不在的对情感的规范性分析

(normative analysis)，使得我们对男性气质和女性气质少一些刻板的思考。凯鲁比诺那有着女性声音的男性，甘地那男女同体的母性自我，惠特曼那表达女性、同性恋者和少数族裔情感的诗意人物的创作——所有这些都要求我们有创造性地、灵活地去思考自我及其具体体现，要求我们不放弃作为一名男性或女性的更为传统的方式，而同时要明白，当这些传统受到挑战和补充时，文化会更加丰富。

第三部分得出的第三个一般性洞见是：政治之爱是且应当是多
382 样的。父母对孩子的爱、同伴之间的爱还有浪漫的爱都能够以不同的方式激发某种公共文化，如果不同的公民群体以不同的情感方式对同一公共演讲或艺术品做出反应，我们不应感到惊讶或失望。一个体育迷可能把她挚爱的球队看作自己的孩子，她以其为傲并想保护它免受伤害；另一个球迷可能会认同运动员们，并想象自己是他们，爱他们所爱；然而还有一个球迷可能会对运动员怀有浪漫态度；其他球迷可能会把运动员当作朋友或同伴。这些态度自然会随年纪、性别和个性而变化。在一个国家中这种多样性将大得更多——不过所有这些都是爱的各种形式，都会以不同的方式有效促进合作和无私的行动。促成良好行为的爱可能有一些共同特征：将所爱之人作为目的而不仅仅是手段的关心（concern），对所爱之人的人类尊严的尊重（respect），为了所爱之人而限制自己贪婪欲望的意愿(willingness)。但是正如我们在最开始时看到的那样，爱的许多类型和实例都有这些特征：凯鲁比诺对伯爵夫人的爱非常不同于伯爵夫人与苏珊娜的朋友之爱，这两种爱也不同于费加罗和苏珊娜在歌剧结尾处所达到的彼此之间的浪漫之爱。但是，所有爱都是利他的，都会支持相互性和脆弱性而拒绝过分追求个人地位和荣誉。

简而言之，虽然我们所想象的社会目标和理想确实限定了那些应当鼓励公民去感受的情感，但它们却允许并积极鼓励不同公民以最适合各自年龄、性别、目标、价值观和个性的不同方式栖居于公共空间。即便最规范的作品也有这类空间。越战老兵纪念碑确实引发了一些尊重和冥思的态度，而在那里蹦跳和嬉戏——如一个人在千禧公园的皇冠喷泉处所做的那样，则是一种不恰当的反应。但游客因对该作品做出恰当反应而产生的情感包括：个人哀悼、社区式或国家式的哀悼、独立的沉思、个人的自我审视，而且毫无疑问还有其他情感。政治情感是真实的人的真实情感；因为人们是异质的，有不同的观点、历史和个性，可以期待他们以特定且个人的方式去爱、哀悼、欢笑和追求正义——尤其是在他们的表达自由受到 383
保护和珍视的条件下，正如这里所做的那样。而一些人就是不喜欢凯鲁比诺，或不想效仿他的温和态度；他们可能更喜欢打棒球或板球。即便如此，他们也可以找到自己的方式去尊重和互惠。凯鲁比诺及其后继者（包尔人、沃尔特·惠特曼）是一些具有启发性的想法，而不是一个独断的计划。

这就是我们已经走过的路。然而，还有几个一般性的理论问题仍需要更全面的评述。

二、理想与现实

我们从政治理想开始，想象一个对其所有公民的自由和福祉做出了一些繁重承诺的国家。然而，我们的示例来自历史，而因此来自现实国家的有缺陷的现实。那么，我们是在发展一种“理想的理论”，还是在与真实的人和制度打交道呢？这种二分法，在哲学上已经足够普遍了，是过于简单又有误导性的。理想是现实的：它们指导着我们的奋斗、我们的计划以及我们的法律程序。宪法并不总是得到完美实施，并且往往体现了一个国家最深切的愿望，在这些意义上，它们是理想的文件。但它们也是现实的，当它们所确保的权利没有交付给特定的个人或团体时，即会为法律行动提供一种依据。“言论自由”和“宗教活动自由”以及“平等的法律保护”都是崇高的理想，不过它们为现实世界中的行动和审判，为现实之人的教育，以及为社会问题改善的进程提供了基础。

理想在另一方面也是现实的：如果它是一个好的理想，它就会承认人类生活的本来面目，并表达出一种人们何其真实的感觉。现实的人是具有肉体和需求的。他们有各种各样的人类弱点和优点；简而言之，他们是人类，既不是机器，也不是天使。谁能说出一个天使的国家会制定什么样的宪法呢？谁能说出哪种宪法最适合一个由大象或老虎或鲸鱼组成的国家呢？我们想象中的国家是一个属于人类并且为了人类的国家（尽管人类与其他物种有着复杂的相互关
384 系），其宪法只有结合了对人类生活真实面目的理解才是一个好的宪法。（约翰·罗尔斯清楚地了解了这一点，这就是为什么尽管我的规划专注于抱负而不是实现正义，但也接近且补充了罗尔斯的理论。）

因此，理想是现实的。同时，现实也包含着理想。现实的人是

有抱负的。他们会设想比他们所认识的世界更好的可能性，并且他们会试图实现它们。有时候，当人们试图超越人性自身的界限时，他们对理想的追求可能会误入歧途。我们看到，许多政治生活中的困难都来自这种自我否认的抱负。但是，并非所有对该想法的追求都具有这种注定适得其反的特征。争取现世正义的人们通常立志于遥远的目标——显然也包括理论目标——而他们又被这些目标所感动。那是人类现实的很大一部分，因此任何拒绝理想理论的政治思想家都会拒绝很多现实。

我们的规划所关乎的就是这种现实的理想和现实的奋斗。它被实现和维系崇高目标的困难所驱使，但它将这些目标理解为现实生活中人类政治的一部分。它所描绘的情感是现实的人类情感，其心理学是非理想化的、现实的人类心理学。就像林肯、金以及尼赫鲁的演讲一样，它描绘了一个艰巨的任务和一个美好而遥远的目标——虽然是以那些被设计来感动真实之人的方式所描绘，这些人被他们自己及其世界的（现实的）理想形象，以及关于现实肉身及其特质的喜剧所感动。因此，它离现实世界并不遥远，并且它是完全相称的，因为其案例来自现实的政治，尽管在这种政治中，领导人试图使事情变得比以前更好，并纠正深刻的问题而进一步取得新成就。

换句话说，所有的爱都有理想的方面，而政治之爱［在这个方面］并不亚于父母或个人的爱。当我们爱人时，我们希望对他们好。这通常意味着希望他们比我们有时甚至通常更好。个人的爱和政治的爱一样，会受到狭隘、偏私和自恋的威胁，因此爱需要一种

持续的奋斗。理想肯定可以通过多种方式使爱扭曲：例如，如果一
个人对孩子的爱是建立在这个孩子没有一般儿童的典型缺点上，或
385 者，如果一个人对某个成人的爱是建立在这个人在某种程度上超越
了常人上，建立在这个人是一个天使或者脱离了肉体的灵魂上，便会如此。因此，理想常常可能危及现实，或表达出一种对现实的否认。把爱建立在一个人不是人类和凡人的条件上是不好的。而想要延长寿命并觉得死亡是一场悲剧，这是符合人性的抱负。（悲剧节日让我们想起死亡的终结和深深的悲伤，但它们并没有表达一种对人类基本命运的否认。）我们所设想的理想取材于人类身体与人类心理的现实，因此它们不过反映了这一无可否认的事实，即人类想要进步、美与善。任何关于现实的图景，如果遗漏了为追求更好之物的奋斗，都会给政治生活带来一种丑陋而无益的愤世嫉俗，对成人之爱或父母与孩子之间的爱也是如此。

这不是一本愤世嫉俗的书，而是一本现实主义的书。它试图直面一种现实的人类心理学向我们展示的诸问题，而它的“英雄”都是真实的人，并不是梦想。马丁·路德·金、贾瓦哈拉尔·尼赫鲁、莫汉达斯·甘地、亚伯拉罕·林肯、富兰克林·德兰诺·罗斯福——这些人当然可以被称为梦想家，但这只是部分事实。不过，他们都是具有高度战略和技能的领导者，他们将梦想变成了可行的现实，部分是通过利用理想之美来激励现实中的人们。像他们一样，这本书并不假想我们已经到达了应许之地：这是一本充满活力和奋斗的书，它植根于历史。但是，从美国的诞生、印度的民主到世界上反偏见和反仇恨的广泛斗争，历史确实包含了令人惊讶的、

富有成效的梦想实例。因此，没有必要因美丽的梦想是本书的核心这一事实而道歉，也没有理由认为美丽意味着不真实，除非因为一种丑陋的愤世嫉俗，这种愤世嫉俗违背了历史的复杂性。的确，本书所说的部分意思是，现实之物比崇高的不现实之物更美。

三、特殊与一般

本书从头到尾，尤其是在第三部分，一直在努力处理一个问题，在政治语境中对爱的任何诉求都会凸显该问题：如何在爱所固
有的特殊主义及偏倚性与形成并维系公平对待所有人的政策需求之 386
间达成平衡？如果纯粹抽象且依赖于原则的（principle-dependent）情感如我们探讨过的那样太过不温不火，缺乏激励性内容，并且，一种更深刻且更具力量的利他主义在个人特定的爱中有其根源，并以这种爱为模范，那么我们就必须努力思考，这种爱如何能够支持正义而非颠覆它。（罗尔斯并未详尽说明这一规划，而这就是为什么我认为我的规划补充了他的规划。）

关于这里所捍卫的政治情感概念的一个重要事实是，它不是无所不包的：它为公民留有空间，让他们可以在政治以外的那部分生活中，在他们所喜好的任何整全生活观的支持下，与他们所爱之人和事业保持特殊关系，因为我所想象的社会是一种形式的政治自由主义。政治在此意义上是有限的，仅仅是要求人们去关心之事的一部分。

但是我们已经指出，可以从包尔人以及他们通过深厚的个人情

感来接近普遍理想的方式中找到线索，在这个意义上，政治也应该是特殊主义的。在成长过程中，儿童在理解国家的抽象理想之前，学着去爱的是国家的象征性替代品，而这种特殊的爱引导他们学会一般性的爱。但是，通过一个良好社会所举行的悲剧节日与喜剧节日，成年人就像在千禧公园的长桥上那样，也会从特定的喜悦或悲伤体验中被引导到更一般的、具有包容性的情感。悲剧和喜剧本身都创造了许多这样的纽带。政治之爱存在于一种不稳定的、在特殊与一般之间的摇摆中，在这一摇摆之中，特殊从未被否认，而是以一种促进包容性的方式被看待；在这一摇摆之中，一般则通过其与特殊象征物、歌曲、雕塑的联系而变得具有激发性力量。因此，像罗尔斯所设想的那种依赖于原则的情感，是通过将它们与特殊主义的想象和个人的爱紧密相连这一路径来实现的，即便我们已经获取了种种原则，这些深层的根源仍会继续充实它们。

特殊主义情感中固有偏见的危险是通过法规和一种有力的批判性文化来抑制的。它们也会被特定方式所抑制，在此方式中政治理想以特殊主义方式得以实现。一些艺术作品鼓励我们去了解人类的普遍
387 困境并向和我们不一样的其他人伸出援手，而这些也是一个明智的社会最为重视的。由于我同意罗尔斯对指向核心政治承诺的情感的评价，因而我特别关注这些“纽带”和构成这些纽带的艺术品。

四、公民文化与“政治自由主义”

我们想象中的社会是异质的。它容纳了不同的宗教，容纳了不

同民族、种族和性取向的群体，也容纳了各式各样的政治观点。我们坚持认为，要尊重这种异质性，就需要本着罗尔斯的“政治自由主义”精神来实践政治，而不是围绕着单一的、占主导地位的群体及其思想来建立制度或塑造公共文化[1]。这一承诺自始至终都在提出尖锐的难题：一个排斥所有宗教和意识形态机构（ideological establishments）的国家，其公共文化如何能够有足够的内涵和质感，能够拥有打动现实之人的诗歌、演说和艺术？

政治自由主义要求公共文化既要有限又要单薄：有限的是，它不会评论人类生活的每一个方面，而只评论那些与政治最相关的方面（不管怎样都会包括基本的社会权利和经济权利）；单薄的是，它不对引起分歧的形而上学问题做出承诺，比如永生或灵魂的本质。它必须这样，才能随着时间的推移，在许多社会所容纳的、合理的整体人生观中，成为“重叠共识”的对象。我们当然不需要证明目前就存在一种重叠共识：罗尔斯的概念和我的概念都不需要这样做。然而，我们确实需要证明，在一段时间内，一种观点可能会演化，而为了证明这一点，我们需要证明，我们所设想的公共文化并没有创造出一种宗教或其他人生观的等级制度，也没有以牺牲其他观点为代价，贬低或边缘化任何一种观点。

这的确是一个具有挑战性的约束，但这并不会使我们的规划失败。有时能引起共鸣的象征物来自某种宗教传统，但如果它们与一种富有活力的多元主义结合而被推进，那么它们就可以被纳入社会的一般话语中，而不会被排斥。因此，金从先知那里汲取了大量的
意象（尽管也从莎士比亚和流行音乐中汲取）；然而，他把那些参照 388

用作一种公民诗作（civic poetry），并且非常清楚地表明，他期待的是一个人人平等的未来。同样，甘地也借用了印度教的象征主义，但却以谨慎仪式姿态环绕着它，这一姿态强调了穆斯林和基督教徒的平等。第三部分中的其他例子——中央公园、千禧公园、越战老兵纪念碑以及更多的例子——甚至连建制的外观都没有。因此，政治自由主义提醒我们，要对多元主义的问题以及等级制度和建制的危险保持警惕，但它并没有让公共文化陷入平庸或沉寂。从某种意义上说，本书所尝试的规划显然有助于实现政治自由主义的目标，因为它一次又一次地表明，许多不同宗教和其他身份的真实之人，能够（以及如何）通过艺术和象征物的力量，围绕一套共同的价值观念聚集在一起。诗歌、音乐和艺术是伟大的联结者：它们把人们从自身中抽离出来并缔造一个共享的社区。当人们一起欢笑时，无论是因比尔·莫尔丁的漫画而笑，还是因安妮施·卡普尔的“云门”弧形表面里自己身体的镜像而笑，他们都分享了某些以前没有分享过的东西，而他们的分歧也变得更少。共同的悲痛（无论是面对葛底斯堡战场还是越战老兵纪念碑）也有一种类似的凝聚甚至治愈的力量。展现民族自豪感和抱负的歌曲也有类似的锻造或重塑民族同一性的能力。《人民的意志》明确宣布，来自不同地区和不同宗教的印度人围绕着一套共同的政治理想而走到了一起，但无数的公共艺术和修辞的例子则含蓄地执行着相同的任务。合众为一（e pluribus unum）这一理念何以可能是真实的呢？艺术提供了很大一部分答案。艺术的魅力吸引着真实之人一起加入，而在没有公共诗歌之处他们可能仍是分离的。

五、内容与自由

邀请，而非强制。本书所想象的社会及其整个论点都为批判性自由提供了一个广阔空间。那么可以预料的是，有些人会去越战老兵纪念碑，而有些人则会与它保持距离；有些人会憎恨和批评千禧 389
公园的艺术品，而有些人则会发现它们动人又有趣；有些人会认为金的演讲是一套老掉牙的陈词滥调，而有些人将仍旧觉得它鼓舞人心。这种分歧实际上是理想的一部分。正如我们所看到的，真正的公共艺术家有许多种方法将批判精神的高贵与美丽戏剧化。的确，他们经常通过一种有吸引力的诗意眼光来描绘它，以帮助一个社会在压力时期保持这种精神的强大。印度是一个非常成功的民主国家，在那里批判性自由是真实的，这一事实在很大程度上要归功于甘地选择将泰戈尔的《自在独行》作为自由运动的圣歌。芝加哥选择将《杀死一只知更鸟》作为“一本书一座城”计划阅读的第一本书，借此来提醒每个人，能够承担不同意见的风险是美国公共文化的核心价值，这一价值是解决社会问题所需要的。

但是，每当社会要求公民产生一种而非另一种强烈情感时，难道不是在损害批判性自由吗？当然不是。首先，正如我刚才说的，批判精神本身对培养情感依恋、敦促人们关心它并努力消除其障碍极其重要。由于批判性自由总是受到威胁，教育孩子们将阿提库斯·芬奇（Atticus Finch）视作英雄或者吟唱《自在独行》是个好主意。

其次，认为邀请人们共享某种强烈情感必须是强制性的，这是错误的。这完全取决于拒绝接受的人的情况，这就是为什么对言论自由、集会自由和宗教自由的强有力保护必须是这项规划的制度背景的一个关键部分。正如我们在第八章所见，这些保护措施的一个重要部分是，必须保护学校中的青少年异见者，在学校中，即使法律没有强制，学校中的同辈压力也尤其可能是强制性的。虽然在学校里教授爱国主义是在发出一种爱国邀请，但是允许我们不接受。

最重要的是，认为一个保护批判精神的社会应该对自身的核心价值观保持中立或三心二意，这是错误的。任何一个好社会都有关于好和坏的确切概念：例如，种族主义是坏的，平等的尊重是好的。只要异见者的言论自由受到保护，这种确切性就没有任何不自由之处。针对社会最珍视的目标和目的的激烈言辞不会损害异见
390 [者] 的自由，异见者仍然可以自由地质疑这些目标。同时，社会努力实现自己的目标，利用它所能激发的任何情感支持，这没有任何不自由之处。如果因为马丁·路德·金强烈反对种族主义，并且他的反种族主义论点中没有包容任何一种支持种族主义的论点，而认为他反对言论自由，那就太奇怪了。要求孩子们在一个庄严的节日里聆听金的演讲，而非在同一天以同样的热情去听种族偏执者的演讲，如果这被认为是一种不自由的思想控制，那也同样奇怪。

至于公共艺术品、纪念碑和公园，人们对它们甚至不可能在情

感上保持中立：它们必须以一种而非其他一些方式进行组织，并且，如果它们具有任何情感上的影响，那么一定是某种确切类型的影响。因此，你如果靠近它们，那么就很容易受到它们发出的邀请。但即使这样，它也不是一种令人反感的家长式作风，因为它并没有消除批评或选择。正如罗斯福纪念公园的故事所表明的那样，批评甚至常常可以重塑作品本身，只有时间才能说明一切。那么，公园或纪念碑发出的邀请最多就像理查德·塞勒（Richard Thaler）和卡斯·桑斯坦的“自由派家长制”中所描述的“轻推”（nudge）那样：它设置了一个默认选项，但并没有阻止你做、说或想其他事情[2]。走过越战老兵纪念碑的大多数人都会觉得自己的情感受到了某些特定方式的挑战。这就是艺术家构建作品的方式。但是，总会有人根本不去那里，或者到那里后拒绝作品的邀请。公共艺术品必须设置一个默认选项；唯一可替代这一选项的就是，根本没有公共艺术，或只有那种平庸得出奇乃至没有传达任何东西的艺术。

当艺术不平庸时，它实际上更不可能强加一种令人困倦的一致性和同质性。真正的艺术家都是异见者，就像泰戈尔的“鲁莽的”包尔人。本书从一开始就支持艺术中不可预知的以及异质的部分：支持“皇冠喷泉”和“云门”，以及泰戈尔受包尔人启发的诗歌。孔德想要控制艺术家并为他们规定内容的愿望是误入歧途的。

简而言之，一个国家采取一种立场并没有什么错，包括情感立 391
场，以及一种通过艺术而鲜活的立场。国家应该支持某种东西——事实上，应该支持许多东西。他们应该以多种方式来传播这一视野。唯一会危及自由的是压制不同意见。

六、内在的与工具性的

但是，我们还是必须追问：爱对于正义因何重要？我们所设想的公共情感仅仅是一个正义的社会用来实现其目标并在实现后巩固它们的手段、工具吗？还是说，在公民的现实生活中，它们是作为社会奋斗目标的一部分而被实现的？换句话说：如果我们一旦实现了政治目标，并且有充分的理由相信它们能稳定地持续到未来，我们是不是就不再需要政治之爱了？尽管我们的论点是，如果没有一种容纳了特殊主义和原则依赖因素的情感参与，稳定实际上是不可能的，但我们仍然需要提出这个问题，因为它涉及的正是我们所寻求之物的核心。我们想要的是仅仅非常有用的东西吗？比如一把瑞士军刀（让我们假设没有其他工具可以像这把刀一样能做各种重要的工作）；还是说，我们想要的是具有独特价值和美的东西？如果没有它，我们的公共生活将不完整。《费加罗的婚姻》结尾时合唱道："只有爱"才能使他们的一天终结于幸福。但爱是否就像一架梯子，一旦获得幸福就可以抛弃它？还是说，它是任何我们应该承认的（公众）幸福的一部分？

很多讨论"公民宗教"的传统在这一点上是含糊不清的。例如，马志尼以提出工具性概念的方式来设想爱国主义，甚至使用工具隐喻（它是一种"杠杆"），尽管他并不否认爱国情感也可能是曾实现过的美好社会不可或缺的部分。我们经常用丹尼尔·巴特森对同情的研究来阐释动机问题，该研究重视情感体验是在它能促进利他行为的意义上重视它，而非在它会导致偏袒和不平等的意义上重视它——不过，和马志尼一样，巴特森并不否认可能存在这样一种同情，它是好人不可或缺的部分，没有这种同情，即使一个人表现得非常利他，也可能被断定为不完整的。我们的两位主要理论向 392
导——约翰·斯图尔特·密尔和拉宾德拉纳特·泰戈尔，非常倾向于赋予情感一个更内在的角色，尽管他们也承认情感的有用性。密尔的“人文宗教”不仅仅是一种调和个人效用和总效用的便利手段；他坚定地表明，它是一种与他人相联系的恰当方式，并且密尔在其《自传》中强调了情感发展对有意义的生活的重要性。泰戈尔对死亡的蔑视和对丰富情感的显著喜爱，使人毫不怀疑他会判定，任何一个实现了分配目标却没有使人的内心活跃起来的社会不仅是不可能的，而且是非常没有吸引力的。罗尔斯在《正义论》中对政治情感的处理有力地暗示了这种内在概念，他所描述的爱和感激的情感是公民理想中的宝贵组成部分。然而，在《政治自由主义》一书中，他似乎搁置了这个主张，并且没有就这一点提出任何论点。

这本书本身说了什么呢？政治自由主义的问题使这成为一个困难的而非简单的问题。如果我们想要这样一种政治观念，它最终能够成为持有不同宗教和世俗生活观之人重叠共识的对象，那么它在某些方面就最好是单薄的，不要对生活中有终极价值的事物提出太多有争议的主张。当我们进入诸如同情和爱这样的争议性情感领域时，当我们谈及悲剧的悲伤和喜剧的庆典时，如果我们说这些形式的公共纪念活动及其培养的情感就像瑞士军刀一样，对某项工作的完成有用，但其本身并不一定有价值，那么我们便更容易让所有人参与进来。至于那个更深层次的问题，每个人必须根据自己的整体观念做出自己的判断。有很多证据表明，公共情感在这种情况下是在工具性意义上有用的，只要稳定是一个需要解决的问题，它们就不是可有可无的，也就是说，只要国家是由易犯错误的人类统治的，且最毫无疑问的是，只要是在那些正义抱负至今尚未完全实现的国家，那么公共情感就不是可有可无的。因此，我们在领先的时候很容易受诱惑而放弃，说一些单薄的、没有争议的事情，而不是一些更深奥、更有可能引起争议的事情。

393 然而，当我们想到非理想社会对正义的争论和渴望时，这是否更具争议性呢？人们往往对自己国家的现状一点儿也不满意，但其内心深处却与之紧密相连。这就是本书试图描述的那种爱，在追求正义的同时接受不完美。正如个人的爱和友谊，当它们指向的不是一个理想的人物形象，而是带有缺陷和错误的整个人（当然，不是没有批评或争议）时，它们就会达到最佳状态，对一个城市或国家的爱亦是如此：它深入人的内在，不受不完美的阻隔，从而使不同的人——他们中大多数人对现实不满，但却是以许多不同且不相容的方式不满——拥抱彼此，并进入一个共同的未来。

现在我们看到了一些以前可能不明显的东西：这个规划对爱的要求，与其说是以某种使“重叠共识”更难实现的方式调高了由政治观念所施加的要求，不如说，它实际上是通过对某些情感的想象降低了要求，这些情感并不预设在原则、制度方面达成完全的一致，甚至也不预设这些不完美所导致的主要缺陷的一致。就像两个人即使在宗教、政治观点以及生活的终极目标方面都不同，也可以成为朋友甚至恋人，所以我们所想象的社会中的公民，或者至少他们中的许多人，可以共享我们所描述的异质经验——至少可以共享那些经验中的某一些，至少在某些时候可以共享。因此，当我们问这些情感是否具有内在价值时，我们所追问的事物并没有像最初所见那样对政治自由主义构成威胁。

那么，我们在追问什么呢？让我们用下面这种方式来提出这个问题。假设我们有一个由自由主义新政式的人体入侵者（body snatchers）所组成的社会：人们会做所有那些我们所希望的利他之事，并且通过完全相同的行为来维持国家制度，这些行为可能出于真情实意——只不过这些人体入侵者没有真正的情感。他们只有人的躯壳，内心毫无感觉。这一主题的电影讲述了人体入侵者暴露出他们的非人性，因为它们无法欣赏音乐，尤其是爵士乐，爵士乐要求对即兴创作与情爱做出反应，而这种反应在惠特曼和泰戈尔那被理解为充满激情的公民的特征。在我们的实验中，事情因这一事实而变得更加复杂：我们不得不承认，实验中的这些人（他们自始至 394
终都不是人体入侵者）在他们的个人生活中可能会感受到很多东西，但恰恰感受不到一系列公民情感，这些公民情感在他们那里仅仅是形式和表演，而不是由真实情感维持的。

当然，现在我们首先想说的是，本书中所采用的方法并不总是需要真实的感觉。它只是想让足够多的人去感觉，并有足够多的时间去感觉，而那甚至不应该是一个严格的标准。但是，完全可以预料，一些人，甚至很多人，不会被越战老兵纪念碑感动，也永远不会喜欢他们的千禧公园之旅，等等。有些人会比其他人更像人体入侵者（只是走走过场），尤其是在他们的公民生活中。即便情感方面敏感的人也是多变的，也有麻木不仁和心不在焉之处。此外，爱有很多种，因此我们想象的是一个情感谱系，而不是单一的某种情感。

接下来我们可以说，事实上这种人体入侵者式的公共情感观念是行不通的。我们并不需要诉诸内在价值才有强有力的理由去寻求一种文化，在这种文化中人们互相关心不仅仅是走过场。把人们团结在一起的东西必须比那更真实，否则自我利益的力量就会占上风。因此，我们的问题更多是理论性的，而不是实践性的。

不过，它似乎很重要。理想是真实的。即使我们没有实现它们，它们也会引导我们探索。那么，我们理想中的好公民是怎样的？我们会把一个好公民想象成一个无可挑剔、行为正确的人体入侵者，还是一个真正拥有爱的人呢？艾里斯·默多克（Iris Murdoch）在很久之前提出的关于个人美德的问题对政治生活也很重要。默多克想象了一个憎恨儿媳妇 D 的婆婆 M[3]。她觉得 D 冒失、粗俗、烦人。作为一个很有教养的女人，M 隐藏了这些情感和判断，且默多克设定这种隐藏是完全成功的：就外在行为而言，M 表现得恰似她爱 D 一样。但她心里并没有爱。尽管如此，在意识到她的判断是因自己不如人意之处（阶级偏见、个人嫉妒）引起的之后，她给自己设定了一个任务：“公正而亲切地”看待 D，这样随着时间的推移，她开始拥有了那些自己成功假装时所没有的态度。

395 我赞同默多克的说法，即这种内在的道德努力产生了影响：M

一直很积极，做了一些有道德价值的事情，尽管就结果而言，在行为世界中没有表现出任何不同。这正是我在政治案例中想到的同样的对比。在一种情况下，公民可能像空心的自动机，完全没有任何感觉，或者他们可能像早期的 M 那样，尽职且自控，感觉到错误之事但所做的都是正确的事。与这两个画面形成对比的是，公民们在情感方面是活跃的，确实会以政治之爱彼此回应，至少某些时候在某些方面是这样。出于论证需要让我们规定，那些空心备选项是稳定的，并且它们能成功地激发利他行为，尽管这种情况不太可能发生。

默多克令人信服地提出，富有想象力，且在情感上努力，拥有这种丰富的内心生活的 M，比尽职尽责的 M 更可取，因为她在道德上很积极，试图清晰而不带偏见地看待 D。我们可以设想许多类似的例子：例如，与那些行为无可挑剔的种族主义者形成对比的是这样一些种族主义者，他们真诚地投入内心努力，以一种不那么偏颇的方式看待世界，即使他们没有完全成功。这一点在公民的例子中似乎也很明显，真正感受到他人之爱的公民与仅仅守法尽责的公民有很大的不同，其不同的方式将对我们的分析产生影响。有爱的公民在行动上可能更善于随机应变，但即使情况并非如此——即使尽责的公民不知怎的做了完全相同的事情——我们仍然应该钦佩与偏爱那些其想象力和情感对国家以及其他公民的处境敏感的公民。作为一项要奋斗的政治目标，泰戈尔式/惠特曼式/莫扎特式的公民直接比迟钝的尽职公民要有吸引力得多。

如果我们（我实际上想说的是，如果我）发现不是这样，那将令人惊讶。经过这么多对爱、想象力和同情的富有同感的讨论后，这本书将得出这样的结论，即那些满足于内心空洞的人，一旦他们的目标被稳定实现，人格的这些部分就只是为实现其有限目的而调配的工具，这真的有可能吗？不过，尽管这个结论可能带有先入之见（parti pris）的气息，但默多克式的观点仍然站得住脚：内心世
396 界与规范性评估相关，即使它对任何实际行为都不会有影响，它也影响了我们作为公民应当是什么样的观念。在我们生活中的其他重要角色中，我们乐意承认这一点，承认富有想象力的 M 比尽责的 M 更好，承认真正爱孩子的父母比那些只会做所有正确之事的父母更好，承认努力克服种族主义观念和反应的种族主义同事比仅仅表现得无可挑剔的同事更优秀。那么，为什么我们会认为，在我们生活中的最重要的角色之一——公民的角色中，我们所需要的只是一个空壳呢？我们根本不认为这是一个有吸引力的目标。事实上，《人体异形》（*Invasion of the Body Snatchers*）作为一部政治恐怖电影所取得的成功——不管它的目标是共产主义还是麦卡锡主义甚或两者兼而有之——验证了我们对已变成空壳的公民的警惕和不安。它也肯定了我们对真正有感受、能想象的公民身上古怪而又不可预知的人性的接纳——在这部电影中，即那个对音乐有反应的公民。

我们对情感驱动政治这种想法感到尴尬（而美国人比印度人，事实上甚至比世界上许多其他地方的人更有可能感到尴尬），就此而言，部分原因是我已经提到过的后越战时代的愤世嫉俗和异化的遗留问题，至少在某种程度上，它已在某一特定年龄段的所有公民

身上留下了印记。在美国也存在着其他形式的异化和愤世嫉俗，尤其是在少数族裔中，他们开始觉得政治给他们带来的希望微乎其微。但这种异化——在我们的历史上曾引发了激烈的政治异见（民权运动和反越战运动就都是这样）——并不是一种普遍的文化现象。只要一个特定的社会出现异化，如我们所说，公共艺术家和演说家就需要重视它，创作如越战老兵纪念碑这样的公共艺术作品，它尊重批判和内省的立场，并找到一种非凡的方式将这种立场带进到社群。

人们时常会说，本书所提出的对爱的要求是一项很难完成的任务，并且考虑到几乎每个国家目前的政治现状，这是不现实的。但是想一想这个反对意见到底说了什么。反对者可能认为国家需要技术性的计算：经济思想，军事思想，计算机科学和技术的良好应用。那么，国家需要这些东西，难道就不需要人心吗？国家需要专业知识，难道就不需要我们自身作为父母、爱人和朋友所需要的那种日常情感、同感、眼泪和笑声，也不需要我们因美的冥思而感受到的惊叹吗？如果这就是国家的样子，那么人们就可能想要住在别的地方。 397

谈到他想象中的还未完全实现的共和国时，沃尔特·惠特曼写道："美国仅仅是你和我。"我们应当追求的无外乎此。

注释：

［1］参见我在第五章对政治自由主义的讨论，也参见 Nussbaum（2011b）。

［2］参见 Thaler and Sunstein（2009）。

［3］Murdoch（1970，pp. 17 – 23）.

附录　情感理论、音乐中的情感：《思想的激荡》

399　本书对情感的分析可以得到充分理解，而无须研究我于《思想的激荡》一书中所阐发的情感理论。尽管如此，为了更深入地理解该理论的背景，有些读者可能会对那本书的主要论点的简要总结感兴趣。尤其是，通过考察先前那本书如何阐发音乐中的情感表达这一主题，读者可以更深入地理解关于莫扎特的那一章。因此，这一总结将聚焦于这一主题，只给出极其简短的一般理论说明。

在《思想的激荡》一书的前几章，我捍卫了一种情感概念，依据这一概念，所有情感都涉及针对某一对象的意向性思想或感知，以及某些种类的、来自行为者个人观点的价值评价。这种评价根据行为者的目标与目的的计划而将重要性归于该对象。因此，我们不会为世界上的每一次死亡感到悲伤，而只会为我们生命中重要之人的死亡感到悲伤；我们不会惧怕所有的糟糕事，而只会惧怕那些似乎严重威胁我们规划的事；诸如此类。这些评价不需要涉及语言，甚至也不需要涉及复杂性：大多数动物都至少会对种种对象做出某些这样的评判，并最终具有种种情感。这种评判所需要的仅仅是这 400
些生物从其自身的追求和目标出发将该对象（比如说，一点儿食物）视为好的。

在该书第一章的剩余部分，我接着考察了非认知性（noncognitive）成分（种种感觉、身体状态）在情感中的作用。我认为，尽管我们的大多数情感体验中都出现了某些这样的元素，尽管事实上所有情感都是通过某种方式体现出来的，这些非认知性元素与所论及的情感种类之间并没有恒常性和规律性的关联，而我们如果要将它们纳入某种特定类型情感的定义中时，那么就必须要求这种关联存在。恐惧时常与诸如颤抖和战栗的这些东西有所关联，但即使是一种像恐惧那样简单的情感，也存在许多反例——包括那十分常见的对死亡的恐惧。在大多数时候，我们中的大多数人都以一种具备心理事实和激发性力量的方式而持有这种恐惧，但（通常）我们并不会有意识地感受到颤抖或战栗。那么，在这样的例子中，不仅没有一种单一的感受，而且有时候是完全没有任何被意识到的感受。而其他更为复杂的情感，比如悲伤和同情，通常（又并不总是）会涉及某些种类的感受，但是，甚至连开始用一种通常方式去区分属于这些情感的种种身体性感受，这样也不容易。并且，即使当我们认为自己已识别出了这些元素（比如说，悲伤感觉就像胃中的疼痛）时，经过更仔细的检查，我们往往也会发现，随着时间的推移，虽然这些身体性表现发生了变化——有时变化很大，我们可能还是会继续感到悲伤。（一个悲伤的人有时可能会感到疼痛，有时会感到筋疲力尽，有时会格外有精力，然而这并不能说明她已经不再悲伤。）

我们仍然可以坚持认为，情感通常会给人带来发自内心的、深刻的撼动（但不是那种无意识的），但我们绝不能也不应该将特定种类的情感与任何特定的感觉状态关联在一起。而且，我们应该正确地理解这种撼动是什么。情感中令人感到难受和发自肺腑的部分，往往并不独立于它们的认知方面。所爱之人的死亡并不像肠胃感染了病毒，因为它猛烈地撕裂了我们与那个人建立的情感依恋、希望和期待。

在本书的任何地方，我都没有依赖我理论中这一相对有争议的
401 方面，尽管这一方面对我而言似乎仍是正确且重要的，并且，我认为如果我的所有限定都得到充分考虑的话，这甚至都不会引起争议。

接下来在第二章，在探讨非人类动物的情感时，我认为我们不应该在每种情况下都认为情感的认知性内容会涉及像公式化语言命题那样的东西。许多情感，不管是非人类的还是人类的，都只会涉及某种充满评价的视角，通过这种视角，一个生物会认为一个对象对其福祉而言是重要的。就人类而言，这样的简单情感在前语言阶段的婴儿们身上尤其常见，但这些情感也会延续到成年之后。

我在第三章接着认为，在人类社会中，情感的认知性内容是被社会规范和特定的社会环境塑造的。人类生活的共同特征也施加了

某种重大影响，但即便是那些共同的命运（必死性、身体疾病），在不同的社会中［其影响］也会有所不同。有时候，相异的社会规范只会影响人们对特定情感的恰当对象的看法。但有时候，它们也会另外形成情感本身的分类，产生形式上稍有不同的愤怒、悲伤和恐惧。因此，一方面，愤怒是各种文化都有的普遍情感，因为在所有社会中人们都会对错误的损害有所回应，但［另一方面，］特定形式的愤怒则受到社会规范的强烈影响，它取决于对侮辱、荣耀等的定义。因此，举个例子，《费加罗的婚姻》中的男性情感便是由古代政体的观点和习俗塑造的。

接着我（在第四章）探讨了情感的发展特征，即这一事实：我们最早的情感体验，可以追溯到一个我们还不能使用语言，甚至还无法确切辨别对象个体的时候。这些原始模式时常会延续到成年后的生活中，其背后往往是那复杂的成人的爱与悲伤的结构。这一讨论对应着本书第七章所提供的关于人类发展的解释，不过，这一讨论在许多方面都远远超过本书的解释。

接着在第五章我转向了讨论音乐，追问我们如何可以对这一（似乎对大多数听众而言都是明证的）事实进行最佳解释，即音乐体现和表达情感——换句话说，即这样的事实，我们有很好的理由认为，这一篇章是欢快的，那一篇章表达了深切的悲伤，等等。我
们把这些情感属性归于音乐，并赋予它们极大的特殊性，事实上这 402
并不比任何我们在谈及诗歌时所可能找到的特殊性小。［比如，我们可以说出瓦格纳（Wagner）《特里斯坦》（*Tristan*）中《爱之死》（*Liebestod*）篇章所体现的那一特定类型的爱，并且，将之与凯鲁

比诺在《你可知道》中所体现的另一种不同的爱进行对比——并且，仅仅涉及音乐自身时我们就可以做到这一点，而不是仅仅通过文本。］在我看来，这并不是一个关于听众现实情感体验的问题，因为听众可能会分心，在音乐方面很迟钝，诸如此类。但是，效仿韦恩·布斯（Wayne Booth）关于文学回应的那富有启发性的分析，我把音乐那富有表现力的属性与“潜在听众”的体验联系起来，所谓“潜在听众”即指一个能富有学识地、专心地、恰当地跟着作品所筹划的音乐体验走的听众。

现在我要指出，哲学家很难解释“音乐如何体现任何一种像情感那样的事物”。一方面，某些理论家［比如，爱德华·汉斯立克（Eduard Hanslick）］正确地说过，情感体现了评价性思想，但是他们无法看到，非语言化的音乐如何可能体现这样的思想，因此他们最终否认了音乐可以体现情感。另一方面，另一些理论家［比如叔本华、苏珊·朗格（Susanne Langer）］一开始就观察到了音乐确实体现了情感，但是，他们和汉斯立克意见一致，认为所有思想本质上都必定是语言化的，因此他们得出结论，情感终究不会涉及思想，必须视情感为血性的激发和运动，它没有任何意向性或认知性内容。

这些立场都犯了错，这些理论家假定所有思想都必定是语言化的。至此，我已经论证过非人类动物和小孩子都有许多非语言化的情感，包括对那些显著影响个体自身福祉的东西的感知。现在需要补充的是这样的观点，即这些非语言化的体验并不必然是古老的或原始的；语言并不是认知上成熟的唯一标志。一旦我们看到，一种非语言化的（听觉的或视觉的）表现形式可以像语言一样包含一系列丰富的可能性，我们便可以开始认真地思考音乐中的情感。

接下来，顺着马勒的信件、普鲁斯特的音乐评论以及保罗·亨德米特（Paul Hindemith）的杰出书作《一个作曲家的世界》（*A Composer's World*）的指引，我主张音乐在一个重要方面与语言不 403
同：它不是我们日常效用性交流的陈旧媒介，因此它似乎往往具有一种照亮个性深处的优越力量。由于音乐不是惯用的语言，它具有许多与梦想相同的特性。

我认为，音乐表达情感的方式受文化和特定音乐艺术形式的历史的影响——更确切地说，也受到特定作曲家自身表现力发展的影响。听众听着某种不了解其传统的音乐，便无法确切地辨别出该音乐的情感内容。那么，“潜在听众”就必须在特定的音乐传统方面接受了良好教育，包括了解作曲者自身表达音乐思想的方式。因此，如果不了解马勒在其交响乐中对双簧管、竖琴等乐器的典型使用方式，就不可能准确地解释其交响乐中的某一篇章。

最后，我讨论了一个争论不休的问题，即音乐与文本的关系。我认为即使文字文本可以为音乐提供一种其他方式所缺乏的明确指引，文本往往也会破坏音乐的情感轨迹。通过研究马勒的《亡儿悼歌》中的两首歌曲，我认为，这些歌曲是关于两个儿童之死的，这一事实是由文字提供的，然而它们所表达的那种悲伤的确切本质（即这种悲伤是被宗教所慰藉，还是终极意义上的绝望）却无法被吕凯（Rückert）的文本所说明，而只能由马勒的音乐提供答案。这一讨论与我在本书第二章对莫扎特和达·彭特的论述显然是有关系的。

参考文献

437 Adiga, Aravind. 2008. *The White Tiger*. New York: Free Press.

Adorno, Theodor. 1950. *The Authoritarian Personality*. New York: Harper and Row.

Allanbrook, Wye Jamison. 1983. *Rhythmic Gesture in Mozart*: Le Nozze di Figaro *and* Don Giovanni. Chicago: University of Chicago Press.

Allen, Danielle. 2004. *Talking to Strangers: Anxieties of Citizenship since* Brown v. Board of Education. Chicago: University of Chicago Press.

Ambedkar, B. R. 1993a. "Waiting for a Visa." In *Dr. Babasaheb Ambedkar, Writings and Speeches*, vol. 12. Bombay: Education Department, Government of Maharashtra, 664 – 691.

——. 1993b. "Which Is Worse? Slavery or Untouchability?" In Ambedkar,

Writings and Speeches, vol. 12, 741–759.

——. 2008. *Perspectives on Social Exclusion and Inclusive Policies*. Edited by Sukhadeo Thorat and Narender Kumar. Delhi: Oxford University Press.

Arendt, Hannah. 1959. "Reflections on Little Rock." *Dissent*, Winter, 47–58.

Asch, Solomon. 1955. "Opinions and Social Pressure." Panarchy. Accessed October 2, 2012. http:// panarchy. org/asch/social. pressure. 1955. html.

Bagchi, Jasodhara. 2003. "*Anandamath* and *The Home and the World*: Positivism Reconfi gured." In *Rabindranath Tagore's The Home and the World: A Critical Companion*, edited by P. K. Datta. Delhi: Permanent Black, 174–186.

Bardhan, Kalpana, ed. and trans. 1990. *Of Women, Outcastes, Peasants, and Rebels: A Selection of Bengali Short Stories*. Berkeley: University of California Press.

Barshack, Lior. 2008. "The Sovereignty of Pleasure: Sexual and Political Freedom in the Operas of Mozart and Da Ponte." *Law and Literature* 20, 47–67.

Batson, Daniel C. 1991. *The Altruism Question: Toward a Social-Psychological Answer*. Hillsdale, NJ: Lawrence Erlbaum.

——. 2009. "These Things Called Empathy." In *The Social Neuroscience of Empathy*, edited by Jean Decety and William Ickes. Cambridge, MA: MIT Press, 3–16. 438

——. 2011. *Altruism in Humans*. New York: Oxford University Press.

Beaumarchais, Pierre. (1785) 1992. *Le Mariage de Figaro*. Edited by Malcolm Cook. Reprint, Bristol: Bristol Classical Press.

Bird, Kai, and Martin Sherwin. 1995. "The Historians' Letter to the Smithsonian." www. doug-long. com.

Blass, Thomas, ed. 2000a. *Obedience to Authority: Current Perspectives on the Milgram Paradigm*. Mahwah, NJ: Lawrence Erlbaum Associates.

——. 2000b. "The Milgram Paradigm after 35 Years: Some Things We Now Know about Obedience to Authority." In *Obedience to Authority*, edited by Thomas Blass, 35 - 59.

Bloom, Paul. 2004. *Descartes' Baby: How the Science of Child Development Explains What Makes Us Human*. New York: Basic Books.

——. 2010. "The Moral Life of Babies." *New York Times Magazine*. May 5.

Brown, Judith. 2003. *Nehru: A Political Life*. New Haven, CT: Yale University Press.

Browning, Christopher. 1992. *Ordinary Men: Reserve Police Battalion 101 and the Final Solution in Poland*. New York: Harper Perennial.

Capwell, Charles. 1986. *The Music of the Bauls of West Bengal*. Kent, OH: Kent State University Press.

Carlin, John. 2008. *Playing the Enemy: Nelson Mandela and the Game That Made a Nation*. New York: Penguin.

Carter, Tim. 1987. *W. A. Mozart*: Le Nozze di Figaro. New York: Cambridge University Press.

Chernow, Ron. 2010. *Washington: A Life*. New York: Penguin.

Clark, Candace. 1997. *Misery and Company: Sympathy in Everyday Life*. Chicago: University of Chicago Press.

Cohen, Ted. 1999. *Jokes: Philosophical Thoughts on Joking Matters*. Chicago: University of Chicago Press.

Comte, Auguste. (1865) 1957. *A General View of Positivism*. Translated by J. H. Bridges. Reprint, New York: Robert Speller.

Congreve，Richard. （1857） 1874. “India.” In *Essays：Political，Social，Religious*，vol. 1. London：Longmans，Green and Co.，67 – 106.

Cushman，Stephen. 2012. “Lincoln's Gettysburg Address and Second Inaugural Address.” In *The Cambridge Companion to Abraham Lincoln*，edited by Shirley Samuels. New York：Cambridge University Press，59 – 71.

Dalrymple，William. 2002. *White Mughals*. London：Penguin.

——. 2004. “The Song of the Holy Fool.” *Guardian*. February 7.

——. 2006. *The Last Mughal：The Fall of a Dynasty，Delhi 1857*. London：Bloomsbury.

——. （2009） 2011. *Nine Lives：In Search of the Sacred in Modern India*. Reprint，New York：Vintage.

Danto，Arthur. 1987. “The Vietnam Veterans Memorial.” In *The State of the Art*. New York：Prentice Hall，112 – 117.

Darnton，Robert. 1997. *The Forbidden Best-Sellers of Pre-Revolutionary France*. New York：Harper Collins.

Dauber，Michele Landis. 1999. “Fate，Responsibility，and ‘Natural’ Disaster 439
Relief：Narrating the American Welfare State.” *Law and Society Review* 33，257 – 318.

——. 2003. *Helping Ourselves：Disaster Relief and the Origins of the American Welfare State*. Ph. D. dissertation，Northwestern University.

——. 2013. *The Sympathetic State：Disaster Relief and the Origins of the American Welfare State*. Chicago：University of Chicago Press.

Decety，Jean，ed. 2012. *Empathy：From Bench to Bedside*. Cambridge，MA：MIT Press.

Decety，Jean，and Daniel C. Batson. 2009. “Empathy and Morality：Integrating Social and Neuroscience Approaches." In *The Moral Brain: Essays on the Evolution and Neuroscientific Aspects of Morality*, edited by Jan Verplaetse, Jelle De Schrijver, Sven Vanneste, and Johan Braeckman. Berlin: Springer Verlag, 109 - 127.

Decety, Jean, and William Ickes, eds. 2009. *The Social Neuroscience of Empathy*. Cambridge, MA: MIT Press.

de Waal, F. B. M. 1996. *Good Natured: The Origins of Right and Wrong in Humans and Other Animals*. Cambridge, MA: Harvard University Press.

——. 2006. *Primates and Philosophers: How Morality Evolved*. Princeton, NJ: Princeton University Press.

Deigh, John. 2004. "Nussbaum's Account of Compassion." *Philosophy and Phenomenological Research* 68, 465 - 472.

Devlin, Patrick. (1959) 1965. *The Enforcement of Morals*. Reprint, London and New York: Oxford University Press.

Dimock, Edward C., Jr. 1959. "Rabindranath Tagore— 'The Greatest of the Bauls of Bengal.'" *Journal of Asian Studies* 19, 33 - 51.

Durr, Virginia Foster. 1986. *Outside the Magic Circle: The Autobiography of Virginia Foster Durr*. Edited by Hollinger F. Barnard. Tuscaloosa: University of Alabama Press.

Dutta, Krishna, and Andrew Robinson. 1995. *Rabindranath Tagore: The Myriad-Minded Man*. London: Bloomsbury.

Ellis, Richard J. 2005. *To the Flag: The Unlikely History of the Pledge of Allegiance*. Lawrence: University Press of Kansas.

Epstein, Richard. 1992. *Forbidden Grounds: The Case against Employment Discrimination Laws*. Cambridge, MA: Harvard University Press.

——. 2010. "Rand Paul's Wrong Answer." *Forbes*. May 24.

Erikson，Erik H. 1969. *Gandhi's Truth：On the Origins of Militant Nonviolence*. New York：Norton.

Evans，Richard. 2003. *The Coming of the Third Reich*. London：Allen Lane.

Explore Chicago. 2012. "The Statue of the Republic." Accessed November 1，2012. www. explorechicago. org/city/en/things _ see _ do/attractions/park _ district/statue _ of _ the _ republic. html.

Fichte，Johann Gottlieb.（1808）2009. *Addresses to the German Nation*. Edited by Gregory Moore. Reprint，New York and Cambridge：Cambridge University Press.

Foucault，Michel. 1984. "The Use of Pleasures." In*History of Sexuality*，translated by Robert Hurley，vol. 2. New York：Pantheon.

Frank，Katherine. 2002. *Indira：The Life of Indira Nehru Gandhi*. Boston：Houghton Mifflin.

Fussell，Paul. 1975. *The Great War and Modern Memory*. New York and Ox- 440
ford：Oxford University Press.

Gandhi，Mohandas.（1925）1993. *An Autobiography：The Story of My Experiments with Truth*. Translated by Mahadev Desai. Reprint，Boston：Beacon Press.

——. 1956. *The Gandhi Reader：A Sourcebook of His Life and Writings*，edited by Homer A. Jack. New York：AMS Press. For "Mrs. Sanger's Version，" see 306－307.

——. 1976. *Romain Rolland and Gandhi Correspondence*. New Delhi：Government of India.

Gandhi，Rajmohan. 2007. *Gandhi：The Man，His People，and the Empire*.

Berkeley：University of California Press.

Glover，Jonathan. 1999. *Humanity：A Moral History of the Twentieth Century*. London：Jonathan Cape.

Goffman，Erving. 1963. *Stigma：Notes on the Management of Spoiled Identity*. New York：Simon and Schuster.

Goodspeed，Thomas Wakefield. （1916） 1972. *A History of the University of Chicago：The First Quarter-Century*. Reprint，Chicago：University of Chicago Press.

Griswold，Charles. 1986. "The Vietnam Veterans Memorial and the Washington Mall：Philosophical Reflections on Political Iconography." *Critical Inquiry* 12，688 – 719.

Habermas，Jürgen. 1992. "Citizenship and National Identity：Some Reflections on the Future of Europe." *Praxis International* 12，1 – 19.

Hadot，Pierre. 1998. *The Inner Citadel*. Translated by Michael Chase. Cambridge，MA：Harvard University Press.

Harms，William，and Ida DePencier. 1996. *Experiencing Education：100 Years of Learning at the University of Chicago Laboratory Schools*. Chicago：University of Chicago Laboratory Schools. Available online at www. ucls. uchicago. edu/about-lab/history/index. aspx.

Hasan，Mushirul，ed. 2006. *The Nehrus：Personal Histories*. London：Mercury Books.

——. 2011. "The Polyphony of the Past." *Tehelka*. Accessed October 4，2012. www. tehelka. com/story _ main51. asp? filename=hub311211Polyphony. asp.

Hatfield，Elaine，John T. Cacioppo，and Richard L. Rapson，eds. 1994. *Emotional Contagion*. Cambridge：Cambridge University Press.

Hauser，Marc. 2000. *Wild Minds：What Animals Really Think*. New York：Henry Holt.

Hegel，G. W. F. 1975. "The Philosophy of Fine Art." Translated by P. B. Osmaston. In *Hegel on Tragedy*，edited by Anne Paolucci and Henry Paolucci，vol. 4. New York：Dover.

Henderson，Jeffrey，ed. 1987. *Aristophanes：Lysistrata.* Oxford：Clarendon Press.

Herder，Johann Gottfried.（1792）2002. "Letters for the Progress of Humanity." Reprinted in *Herder：Philosophical Writings*，edited and translated by Michael N. Forster. Cambridge：Cambridge University Press，361－369.

Higgins，Kathleen M. 1990. *The Music of Our Lives*. Philadelphia，PA：Temple University Press.

Hilberg，Raul.（1961）1985. *The Destruction of the European Jews*. New York：Holmes and Meier.

Hobsbawm，Eric. 1990. *Nations and Nationalism since 1780：Programme，Myth，Reality*. Cambridge：Cambridge University Press.

Hoffman，Donald. 1984. *Frank Lloyd Wright's Robie House：The Illustrated* 441
Story of an Architectural Masterpiece. New York：Dover Publications.

Hunt，Lynn，ed. 1993. *The Invention of Pornography：Obscenity and the Origins of Modernity，1500－1800*. Cambridge：Zone Books.

Inbar，Y.，D. A. Pizarro，and P. Bloom. 2009. "Conservatives Are More Easily Disgusted than Liberals." *Cognition and Emotion* 23，714－725.

Irons，Peter. 1988. *The Courage of Their Convictions*. New York：Free Press.

Irving，Robert Grant. 1981. *Indian Summer：Lutyens，Baker，and Imperial Delhi*. New Haven，CT：Yale University Press.

Jacobs，Jane. 1961. *The Death and Life of Great American Cities*. New York：Random House.

Kant，Immanuel. （1793） 1998. *Religion within the Boundaries of Mere Reason*. Translated by Allen Wood and George Di Giovanni. Reprint，New York and Cambridge：Cambridge University Press.

Kamin，Blair. 2011. "Right Out of 'Star Wars，' a New Way to Light a Path at U of C." *Chicago Tribune*. March 8.

Kent，Cheryl. 2012. "Logan Center for the Arts Serving Varied Uses with Ease." *Chicago Tribune*. October 17.

Kerman，Joseph. 1956. *Opera as Drama*. Berkeley and Los Angeles：University of California Press.

Kleingeld，Pauline. 1999. "Six Varieties of Cosmopolitanism in Late Eighteenth-Century Germany." *Journal of the History of Ideas* 60，505 - 524.

Langford，Dale J.，Sara E. Crager，Zarrar Shehzad，et al. 2006. "Social Modulation of Pain as Evidence for Empathy in Mice." *Science* 312，1967 - 1970.

Larmore，Charles E. 1996. *The Morals of Modernity*. New York：Cambridge University Press.

Larson，Erik. 2003. *The Devil in the White City*. New York：Crown Publishers.

Lazarus，Richard S. 2001. *Emotion and Adaptation*. New York：Oxford University Press.

Lear，Jonathan. 1990. *Love and Its Place in Nature：A Philosophical Interpretation of Freudian Psychoanalysis*. New Haven，CT：Yale University Press.

LeDoux，Joseph E. 1993. "Emotional Memory Systems in the Brain." *Behav-*

ioural Brain Research 58, 69 - 79.

——. 1994. "Emotion, Memory, and the Brain." *Scientific American* 270, 50 - 57.

——. 1996. *The Emotional Brain: The Mysterious Underpinnings of Emotional Life*. New York: Simon and Schuster.

Lelyveld, Joseph. 2011. *Great Soul: Mahatma Gandhi and his Struggle with India*. New York: Knopf.

Lessing, Gotthold Ephraim. (1766) 1962. *Laokoon: oder über die grenzen der malerei und poesie*. Reprint, Paderborn: F. Schoeningh.

Lifton, Robert Jay. 1986. *The Nazi Doctors*. New York: Basic Books.

Locke, John. (1698) 1990. *A Letter Concerning Toleration*. Reprint, Amherst, NY: Prometheus Books.

Losty, J. P., ed. 2012. *Delhi: From Red Fort to Raisina*. Delhi: Roli Books.

Marcus, Ruth Barcan. 1980. "Moral Dilemmas and Consistency." *Journal of Philosophy* 77, 121 - 136.

Martin, Douglas. 2009. "Lawrence Halprin, Landscape Architect, Dies at *442* 93." *New York Times*. October 28.

Mauldin, Bill. 1944. *Bill Mauldin's Army*. New York: Random House.

——. 1972. *The Brass Ring*. New York: Norton.

Mazzini, Giuseppe. (1846) 2001. *Thoughts upon Democracy in Europe*. Edited and translated by S. Mastellone. Reprint, Florence: Centro Editoriale Toscano.

McHeill, William H. 1991. *Hutchins's University: A Memoir of the University of Chicago, 1929—1950*. Chicago: University of Chicago Press.

Miceli, Maria, and Cristiano Castelfranchi. 2007. "The Envious Mind." *Cog-*

nition and Emotion 21, 449 - 479.

Milgram, Stanley. (1975) 2009. *Obedience to Authority*. Reprint, New York: HarperPerennial.

Mill, John Stuart. (1848) 1963. "Principles of Political Economy." Reprinted in *The Collected Works of John Stuart Mill*, edited by J. M. Robson, vol. 21. Toronto: University of Toronto Press.

——. (1859) 1956. *On Liberty*. Reprint, Indianapolis: Library of Liberal Arts.

——. (1863) 1987. "Utilitarianism." Reprinted in *Utilitarianism and Other Essays*, edited by Alan Ryan. New York and London: Penguin.

——. (1865) 1891. *Auguste Comte and Positivism*. Reprint, London: Kegan Paul.

——. (1867) 1963. "Inaugural Address Delivered to the University of St. Andrews." Reprinted in Robson, *The Collected Works*, vol. 21. Also available online at http://oll . libertyfund. org/index/php? option=com _ staticxt & staticfile=show. php %3Ftitle=255 & chapter=21681 & layout=html.

——. (1869) 1988. *The Subjection of Women*. Edited by Susan Moller Okin. Reprint, Indianapolis, IN: Hackett.

——. (1874) 1998. "The Utility of Religion." Reprinted in *Three Essays on Religion: Nature, the Utility of Religion, Theism*. Amherst, NY: Prometheus Books.

Miller, David. 1995. *On Nationality*. Oxford: Clarendon Press.

Mishra, Pankaj. 2012. *From the Ruins of Empire: The Intellectuals Who Remade Asia*. New York: Farrar, Straus, and Giroux.

Morrison, Andrew. 1989. *Shame: The Underside of Narcissism*. Hillsdale,

NJ: The Analytic Press.

Moss, Cynthia. 2000. *Elephant Memories: Thirteen Years in the Life of an Elephant Family*. 2nd ed. Chicago: University of Chicago Press.

Mosse, George L. 1985. *Nationalism and Sexuality: Middle-Class Morality and Sexual Norms in Modern Europe*. Madison: University of Wisconsin Press.

Mozart, Wolfgang Amadeus. (1786) 1979. The Marriage of Figaro (Le Nozze di Figaro) *in Full Score*. Reprint, New York: Dover.

——. (1786) 1993. "The Marriage of Figaro." Reprinted in *Three Mozart Libretti:* The Marriage of Figaro, Don Giovanni *and* Cosi Fan Tutte. Complete in Italian and English. New York: Dover Publications.

Murdoch, Iris. 1970. "The Idea of Perfection." In *The Sovereignty of Good*. London: Routledge.

Nanda, Meera. 2003. *Prophets Facing Backwards*. New Brunswick, NJ: Rutgers University Press.

NDTV. 2010. "West Bengal: Seven Elephants Killed by Speeding Train." Sep- 443
tember 23. Accessed October 2, 2012. www.ndtv.com/article/india/west-bengal-seven-elephants-killed-by-speeding-train-54181.

Nehru, Jawaharlal. (1936) 1985. *Autobiography*. Centenary edition. Reprint, Delhi: Oxford University Press.

Nussbaum, Charles O. 2007. *The Musical Representation: Meaning, Ontology, and Emotion*. Cambridge, MA: MIT Press.

Nussbaum, Martha C. 1986. *The Fragility of Goodness: Luck and Ethics in Greek Tragedy and Philosophy*. Cambridge: Cambridge University Press.

——. 1989. "Tragic Conflicts." *Radcliffe Quarterly*, March.

——. 1990. *Love's Knowledge*: *Essays on Philosophy and Literature*. New York: Oxford University Press.

——. 1997. *Cultivating Humanity*: *A Socratic Defense of Reform in Liberal Education*. Cambridge, MA: Harvard University Press.

——. 2000a. "The Costs of Tragedy: Some Moral Limits of Cost-Benefit Analysis." In *Cost-Benefit Analysis*: *Legal, Economic and Philosophical Perspectives*, edited by Matthew D. Adler and Eric A. Posner. Chicago: University of Chicago Press, 169 - 200.

——. 2000b. *Women and Human Development*: *The Capabilities Approach*. Cambridge and New York: Cambridge University Press.

——. 2001. *Upheavals of Thought*: *The Intelligence of Emotions*. New York and Cambridge: Cambridge University Press.

——. 2003. "Compassion and Terror." *Daedalus* 132, 10 - 26.

——. 2004a. *Hiding from Humanity*: *Disgust, Shame, and the Law*. Princeton, NJ: Princeton University Press.

——. 2004b. "Responses." *Philosophy and Phenomenological Research* 68, 473 - 486.

——. 2005. "The Comic Soul: Or, This Phallus That Is Not One." In *The Soul of Tragedy*: *Essays on Athenian Drama*, edited by Victoria Pedrick and Steven M. Oberhelman. Chicago: University of Chicago Press, 155 - 180.

——. 2006a. *Frontiers of Justice*: *Disability, Nationality, Species Membership*. Cambridge, MA: Harvard University Press.

——. 2006b. "Radical Evil in the Lockean State." *Journal of Moral Philosophy* 3, 159 - 178.

——. 2006c. "Replies." *The Journal of Ethics* 10, 463 - 506.

——. 2007a. *The Clash Within: Democracy, Religious Violence, and India's Future*. Cambridge, MA: Harvard University Press.

——. 2007b. "Radical Evil in Liberal Democracies: The Neglect of the Political Emotions." In *Democracy and the New Religious Pluralism*, edited by Thomas.

Banchoff. New York: Oxford University Press, 171 – 202.

——. 2008a. "Human Dignity and Political Entitlements." In *Human Dignity and Bioethics: Essays Commissioned by the President's Council on Bioethics*, edited by Adam Schulman. Washington, DC: Government Printing Office, 351 – 380.

——. 2008b. *Liberty of Conscience: In Defense of America's Tradition of Religious Equality*. New York: Basic Books.

——. 2008c. "The 'Morality of Pity': Sophocles' *Philoctetes*." In *Rethinking Tragedy*, edited by Rita Felski. Baltimore: Johns Hopkins University Press, 148 – 169.

——. 2008d. "Toward a Globally Sensitive Patriotism." *Daedalus* 137, 78 – 93. 444

——. 2009a. "Bernard Williams: Tragedies, Hope, Justice." In *Reading Bernard Williams*, edited by Daniel Callcut. New York: Routledge, 213 – 241.

——. 2009b. "Land of My Dreams: Islamic Liberalism under Fire in India." *Boston Review* 34, 10 – 14.

——. 2010a. "Compassion: Human and Animal." In *Ethics and Humanity: Themes from the Philosophy of Jonathan Glover*, edited by N. Ann Davis, Richard Keshen, and Jeff McMahan, 202 – 226. New York: Oxford University Press.

——. 2010b. "Kann es einen 'gereinigten Patriotismus' geben? Ein Pladoyer für globale Gerechtigkeit." In *Kosmopolitanismus: Zur Geschichte und Zukunft eines umstrittenen Ideals*, edited by Matthias Lutz-Bachmann, Andreas Niederberger, and Philipp Schink. Göttingen: Velbrück, 242–276.

——. 2010c. *Not for Profit: Why Democracy Needs the Humanities*. Princeton, NJ: Princeton University Press.

——. 2011a. *Creating Capabilities: The Human Development Approach*. Cambridge, MA: Harvard University Press.

——. 2011b. "Perfectionist Liberalism and Political Liberalism." *Philosophy and Public Affairs* 39, 3–45.

——. 2012a. *The New Religious Intolerance*. Cambridge, MA: Harvard University Press.

——. 2012b. "Teaching Patriotism: Love and Critical Freedom." *University of Chicago Law Review* 79, 213–250.

——. 2012c. "Rabindranath Tagore: Subversive Songs for a Transcultural 'Religion of Humanity.'" *Acta Musicologica* 84, 147–160.

——. 2012d. "When Is Forgiveness Right?" *Indian Express*. October 9. www. indianex press. com/news/when-is-forgiveness-right-/1013768/0/.

O'Connell, Kathleen M. 2002. *Rabindranath Tagore: The Poet as Educator*. Kolkata: Visva-Bharati.

Openshaw, Jeanne. 2002. *Seeking Bauls of Bengal*. Cambridge: Cambridge University Press.

Ortony, Andres, Gerald L. Clore, and Allan Collins. 1988. *The Cognitive Structure of Emotions*. Cambridge: Cambridge University Press.

Parthasarathy, D. 2012. "After Reservations: Caste, Institutional Isomorphism, and Affirmative Acton in the IIT's." In *Equalizing Access: Affi rmative Action in Higher Education in India, United States, and South Africa*, edited by Zoya Hasan and Martha C. Nussbaum. Delhi: Oxford University Press, 256 - 271.

Patnaik, Prabhat. 2012. "Affirmative Action and the 'Efficiency Argument.'" In Hasan and Nussbaum, *Equalizing Access*.

Payne, Katy. 2000. "Sources of Social Complexity in the Three Elephant Species." In *Animal Social Complexity: Intelligence, Culture, and Individualized Societies*, edited by F. B. M. de Waal and Peter L. Tyack. Cambridge, MA: Harvard University Press, 57 - 86.

Peters, Shawn Francis. 2000. *Judging Jehovah's Witnesses: Religious Persecution and the Dawn of the Rights Revolution*. Lawrence: University Press of Kansas.

Piers, Gerhardt, and Milton B. Singer. 1953. *Shame and Guilt: A Psychoanalytic and a Cultural Study*. Springfield, IL: Charles C. Thomas.

Pitcher, George. 1995. *The Dogs Who Came to Stay*. New York: Dutton. 445

Plotnik, Joshua, F. M. B. de Waal, and Diana Reiss. 2006. "Self-Recognition in an Asian Elephant." *Proceedings of the National Academy of Sciences*. September 13. Accessed October 2, 2012. www.pnas.org/content/103/45/17053.abstract.

Poole, Joyce. 1987. *Coming of Age with Elephants: A Memoir*. New York: Hyperion.

Pridmore, Jay. 2006. *The University of Chicago: The Campus Guide*. New York: Princeton Architectural Press.

Protasi, Sara. 2012. "Envy: Why It's Bad, Why It's (Potentially) Good, and Why We Care about It." Dissertation proposal, Philosophy Department,

Yale University.

Quayum, Mohammad. 2007. "Review of Rabindranath Tagore: *Ghare Baire* [*The Home and the World*]." Freethinker. Accessed October 2, 2012. http://mukto-mona.net/Articles/rabindra_probondho/Quayum_on_tagore.htm.

Rawls, John. 1971. *A Theory of Justice*. Cambridge, MA: Harvard University Press.

——. 1986. *Political Liberalism*. Expanded edition. New York: Columbia University Press.

Renan, Ernst. (1882) 1990. "What Is a Nation?" Translated by Martin Thom. In *Nation and Narration*, edited by Homi Bhabha. New York: Routledge, 8 - 21.

Rousseau, Jean-Jacques. (1762) 1979. *Emile: or, On Education*. Translated by Allan Bloom. Reprint, New York: Basic Books.

——. (1762) 1987. "On Civil Religion." Reprinted in *Basic Political Writings*, edited and translated by Donald A. Cress, vol. 4. Indianapolis, IN: Hackett, 220 - 227.

Rozin, Paul, and April E. Fallon. 1987. "A Perspective on Disgust." *Psychological Review* 94: 23 - 41.

Rozin, Paul, Jonathan Haidt, and Clark R. McCauley. 1999. "Disgust: The Body and Soul Emotion." In *Handbook of Cognition and Emotion*, edited by Tim Dalgleish and Mick J. Power. Hoboken, NJ: John Wiley and Sons, 429 - 445.

Rybczynski, Witold. 1999. *A Clearing in the Distance: Frederick Law Olmsted and America in the 19th Century*. New York: Scribner.

——. 2010. *Makeshift Metropolis: Ideas about Cities*. New York: Simon and

Schuster.

——. 2012. "I Like Ike (and His Memorial)." *New York Times*. March 23.

Sajó, András. 2011. *Constitutional Sentiments*. New Haven: Yale University Press.

Samuels, Shirley, ed. 2012. *The Cambridge Companion to Abraham Lincoln*. New York: Cambridge University Press.

Sandburg, Carl. (1916) 1994. *Chicago Poems*. Reprint, New York: Dover.

Sarkar, Tanika. 2003. "Semiotics of Terror: Muslim Children and Women in Hindu Rashtra." In *Fascism in India: Faces, Fangs, and Facts*, edited by Chaitanya Krishna. Delhi: Manak.

Schlesinger, Arthur M., Jr. 2003. *Crisis of the Old Order: 1919–1933, the Age of Roosevelt*. Boston: Mariner Books.

Schultz, Bart. 2004. *Henry Sidgwick: Eye of the Universe, An Intellectual Biography*. New York: Cambridge University Press.

Searle, John. 1980. "*Prima Facie* Obligations." In *Philosophical Subjects*, *Essays Presented to P. F. Strawson*, edited by Z. van Straaten. Oxford: Clarendon Press, 238–259.

Segal, Erich. 2001. *The Death of Comedy*. Cambridge, MA: Harvard University Press.

Sen, Amartya. (1997) 2005. "Tagore and His India." Original publication in 446
New York Review of Books, June 26, 55–63. Reprinted in Sen, *The Argumentative Indian*, 3–33.

——. 2005. *The Argumentative Indian: Writings on Indian History, Culture, and Identity*. New York: Farrar, Straus, and Giroux.

Sen, Amita. 1999. *Joy in All Work*. Kolkata: Bookfront Publications.

Sen，Mimlu. 2009. *The Honey Gatherers*：*Travels with the Bauls*：*The Wandering Minstrels of Rural India*. London：Rider. Originally published as *Baulsphere.* Uttar Pradesh，India：Random House India.

Sennett，Richard. 2004. *Respect in a World of Inequality*. New York：W. W. Norton.

Sherman，Nancy. 1997. *Making a Necessity of Virtue*. New York：Cambridge University Press.

Smith，Adam. （1759） 1976. *The Theory of Moral Sentiments*. Edited by D. D. Raphael and A. L. Macfie. Reprint，Indianapolis：Liberty Classics.

Staples，Brent. 1987. "Just Walk on By：Black Men and Public Space." *Harper's Magazine*. Previously published，in a slightly different form，in 1986 in *Ms. Magazine.*

Steinberg，Michael P. 2004. *Listening to Reason*：*Culture*，*Subjectivity*，*and Nineteenth Century Music*. Princeton，NJ：Princeton University Press.

——. 2007. *Judaism*：*Musical and Unmusical*. Chicago：University of Chicago Press.

Stern，Daniel. 1977. *The First Relationship*. Cambridge，MA：Harvard University Press.

——. 1985. *The Interpersonal World of the Infant*. New York：Basic Books.

——. 1990. *Diary of a Baby*. New York：Basic Books.

Stocker，Michael. 1990. *Plural and Conflicting Values*. New York：Oxford University Press.

Sullivan，Patricia. 2009. "Landscape Architect Lawrence Halprin，93." *Washington Post*. October 27.

Sunstein，Cass R. 2002. *Risk and Reason*：*Safety*，*Law*，*and the Environ-*

ment. Cambridge: Cambridge University Press.

——. 2004. *The Second Bill of Rights: FDR's Unfinished Revolution and Why We Need It More than Ever*. New York: Basic Books.

Tagore, Rabindranath. (1910) 2002. *Gora*. Translated by Surendranath Tagore. Reprint, Delhi: Rupa.

——. (1917) 1950. *Nationalism*. Delhi: Macmillan.

——. 1919. *The Home and the World*. Translated by Surendranath Tagore. New York and London: Penguin Books.

——. (1931) 2004. *The Religion of Man*. Reprint, Rhinebeck, NY: Monkfish Press.

——. (1932) 2012. "Man the Artist." Parabaas. Accessed October 2. Reprinted online at http://www.parabaas.com/rabindranath/articles/pRabindranath_ MantheArtist.html.

——. 2008. *Of Love, Nature, and Devotion: Selected Songs of Rabindranath Tagore*.

Trans. Kalpana Bardhan. Delhi: Oxford University Press.

Taylor, Gabriele. 1985. *Pride, Shame, and Guilt: Emotions of Self-Assessment*. Oxford: Clarendon Press.

Telegraph. 2010. "Seven Elephants Killed by Speeding Train in India." September 24.

tenBroek, Jacobus. 1966. "The Right to Live in the World: The Disabled in the Law of Torts." *California Law Review* 54, 841-919.

Tessman, Lisa. 2005. *Burdened Virtues: Virtue Ethics for Liberatory Struggles*. New York: Oxford University Press.

Thaler, Richard H., and Cass R. Sunstein. 2009. *Nudge: Improving Decisions* 447 *about Health, Wealth, and Happiness*. Rev. ed. New York: Penguin.

Thompson, Ross A. 1987. "Empathy and Emotional Understanding." In *Empathy and Its Development*, edited by Nancy Eisenberg and Janet Strayer. Cambridge: Cambridge University Press, 119 - 145.

Tocqueville, Alexis de. (1835) 1966. *Democracy in America*. Edited by J. P. Mayer and Max Lerner, translated by George Lawrence. New York: Harper and Row.

Tomkins, Silvan. 1962—1963. *Affect/Imagery/Consciousness*. Vols. 1 - 2. New York: Springer.

University of Chicago Library. 1992. *The University and the City: A Centennial View of the University of Chicago*. Chicago: University of Chicago Press.

University of Chicago Publications Office. 1991. *One in Spirit*. Chicago: University of Chicago Press.

University of Chicago Undergraduate Council. 1921. *The University of Chicago Song Book*. Chicago: University of Chicago Press.

Van Parijs, Philippe. 2003. "Difference Principles." In *The Cambridge Companion to John Rawls*, edited by Samuel Freeman. New York and Cambridge: Cambridge University Press, 200 - 240.

Walzer, Michael. 1973. "Political Action: The Problem of Dirty Hands." *Philosophy and Public Affairs* 2, 160 - 180.

West, Edwin G. 1965. "Liberty and Education: John Stuart Mill's Dilemma." *Journal of the Royal Institute of Philosophy* 40, 129 - 142.

Whitman, Walt. (1855) 1973. *Leaves of Grass*. Edited by Sculley Bradley and Harold W. Blodgett. New York and London: W. W. Norton and Company.

Williams, Bernard. 1993a. "Ethical Consistency." In *Problems of the Self*.

Cambridge: Cambridge University Press, 166 - 186.

——. 1993b. *Shame and Necessity*. Berkeley and Los Angeles: University of California Press.

——. (1996) 2006. "*The Women of Trachis*: Fictions, Pessimism, Ethics." Reprinted in *The Sense of the Past: Essays in the History of Philosophy*. Princeton, NJ: Princeton University Press, 49 - 59.

Wills, Garry. 1992. *Lincoln at Gettysburg: The Words That Remade America*. New York: Simon and Schuster.

Winnicott, Donald. 1965. "The Capacity for Concern." In *The Maturational Processes and the Facilitating Environment*. Madison, CT: International Universities Press, 73 - 82.

——. (1971) 2005a. "Transitional Objects and Transitional Phenomena." In *Playing and Reality*. Abingdon: Routledge, 1 - 34.

——. (1971) 2005b. "The Place Where We Live." In *Playing and Reality*. Abingdon: Routledge, 140 - 148.

Wood, Diane P. 2010. "Constitutions and Capabilities: A (Necessarily) Pragmatic Approach." *Chicago Journal of International Law* 10, 415 - 429.

Wright, Richard. (1940) 1991. *Native Son*. Restored text edition, edited by Arnold Rampersad. Reprint, New York: Harper Perennial.

Zimbardo, Philip. 2008. *The Lucifer Effect: Understanding How Good People Turn Evil*. New York: Random House.

致　谢

449 这个项目是由已故的特伦斯·莫尔创立的，他是剑桥大学出版社的杰出哲学编辑，我曾与他合作过几个项目，特别是《思想的激荡》(2001)。他对我说，我真的应该写一本书，将那本书中阐发的同情的道德心理学与能力路径的规范政治哲学联系起来。我对这个项目反复思量了多年，到目前为止，它已经呈现出某种更广泛的形式，因为我开始相信，任何这样的书都必须讨论各种情感，而不仅仅是同情。在此期间不幸的是，特伦斯·莫尔 2004 年死于癌症，年仅 51 岁。他在这一行做得很好。他相信哲学，知道如何说服他人相信它，如何积极地推销它，而且知道如何帮助作者完成这样的作品——它在保有完整性和见解的同时仍能触及广泛的读者。在如今这个对思想和论证的力量甚至是对书籍本身的力量越来越不信任的时代，他的逝去尤其值得哀悼。[2004 年 11 月 10 日，《卫报》(*Guardian*) 上的一篇讣告很好地描述了他的生平与人格。] 谨以本书纪念他。

在开始筹划本书时，我觉得有益的做法是写作一系列相关主题的文章。在此我很幸运地得到了另一批编辑的鼓励：《代达罗斯》(*Daedalus*) 杂志的詹姆斯·米勒 (James Miller)，他发表了我的《同情与恐怖》(“Compassion and Terror”) 和《面向全球敏感的爱 450
国主义》(“Toward a Globally Sensitive Patriotism”)；马赛厄斯·卢茨-巴赫曼 (Matthias Lutz-Bachmann) 和菲利普·辛克 (Philipp Schink) 邀请我去法兰克福谈论我对爱国主义的新看法，并发表了我的同一文章的较长版本；《道德哲学杂志》(*Journal of Moral Philosophy*) 的汤姆·布鲁克斯 (Thom Brooks) 发表了我的《洛克式国家中的根本恶》；约翰·德伊邀请我写了一篇关于《费加罗的婚姻》的文章，现在呈现为本书的第二章，萨米·皮尔斯特罗姆 (Sami Pihlstrom) 和亨利·理查森 (Henry Richardson) 发表了我的同一篇论文的初步版本；杰夫·麦克马汉 (Jeff McMahan)、安·戴维斯 (Ann Davis) 和理查德·克山 (Richard Keshan)，他们邀请我为乔纳森·格洛弗的纪念文集投稿，这篇论文后来成为 [第六章] “同情：人类的与动物的”。

我还有幸拥有了许多不同国家的视角，在德国、芬兰和印度提交了有关爱国主义的材料，在印度和韩国提交了《同情：人类的与动物的》，在希腊和印度提交了《洛克式国家中的根本恶》，在法国、芬兰和秘鲁提交了关于《费加罗的婚姻》的论文。因此，我非常感激所有这些国家的听众们告诉我，他们从其各不相同的经历的视角如何看待这些问题（这些视角甚至比这份清单所呈现的更多样，因为在芬兰和秘鲁的会议是多国的）。

我还从教学中得到了很多帮助：特别是2006年与历史学家坦尼卡·萨卡合作教授的“关于拉宾德拉纳特·泰戈尔”（on Rabindranath Tagore）这一课程，2006年教授的爱国主义和世界主义研讨班，2007年教授的教育和道德心理学研讨班，以及2010和2012年春季教授的情感、理性和法律课程。我感谢这些班的所有学生帮助我理解某些事情。

最后，我在斯坦福大学政治理论研讨会和哥伦比亚大学法学院以研讨会形式展示了这一材料，那些讨论极大地丰富了这一手稿。最重要的是，感谢我芝加哥大学法学院的同事们，他们在“作品创作中”研讨会上讨论了本书的四个单独部分，并提供了非常宝贵的帮助。阿齐兹·胡克（Aziz Huq）、艾莉森·拉克鲁瓦（Alison LaCroix）和索尔·莱夫莫尔（Saul Levmore）几乎同样阅读了每个部分，并提供了特别深入的批评。

我还要感谢丹尼尔·阿贝比（Daniel Abebe）、道格拉斯·贝尔德（Douglas Baird）、科里·布雷特施奈克（Corey Brettschneicker）、丹尼尔·布鲁尼、艾米丽·巴斯（Emily Buss）、蒂姆·卡特尔、约书亚·科恩（Joshua Cohen）、戴维·埃斯特伦德（David Estlund）、里克·弗塔克（Rick Furtak）、克里斯·哈瓦斯（Chris Havasy）、约翰·德伊、史蒂夫·达沃尔（Steve Darwall）、理查

德·爱普斯坦、伯纳德·哈考特（Bernard Harcourt）、杰弗里·伊 451
斯雷尔（Jeffrey Israel）、莎伦·克劳斯（Sharon Krause）、查尔
斯·拉莫尔、布莱恩·莱特（Brian Leiter）、克里斯托弗·马洛尼
（Christopher Maloney）、道格拉斯·麦克莱恩（Douglas Ma-
cLean）、乔纳森·马苏尔（Jonathan Masur）、理查德·麦克亚当
斯（Richard McAdams）、杰夫·麦克马汉、艾莉森·麦奎因（Ali-
son McQueen）、詹妮弗·诺（Jennifer Nou）、查尔斯·努斯鲍姆
（Charles Nussbaum）、约书亚·奥伯（Joshua Ober）、埃里克·波
斯纳（Eric Posner）、亨利·理查森、亚当·萨马哈（Adam Sama-
ha）、杰弗里·塞尔-麦科德（Geoffrey Sayre-McCord）、马可·塞
加拉、迈克尔·斯坦伯格、尼古拉斯·斯特凡诺普洛斯（Nicholas
Stephanopoulos）、马达维·桑德（Madhavi Sunder）、卡斯·桑斯
坦、米伊拉·图奥米宁（Miira Tuominen）、比尔·沃森、劳拉·
温瑞卜（Laura Weinrib）、苏珊·沃尔夫（Susan Wolf）和黛安·
伍德（Diane Wood）在这些场合及其他场合发表的评论和谈话。在
最后修订阶段，匿名读者的报告非常有益。并且，我要感谢瑞恩·
朗（Ryan Long）、克里斯·斯基恩（Chris Skene）和比尔·沃森
非常宝贵的调查援助。

索　　引

A

① 作者标注索引时没有严格区分 civil religion（公民宗教）、religion of humanity（人文宗教）以及 religion of man（人的宗教）这三个词组，所以所标页码指向的可能是三个词组中的任何一个。

C

D

E

F

G

H

I

J

K

L

M

N

O

P

R

T

POLITICAL EMOTIONS: Why Love Matters for Justice
By Martha C. Nussbaum

Published by arrangement with Harvard University Press
through Bardon-Chinese Media Agency

图书在版编目（CIP）数据

政治情感：爱对于正义为何重要？/（美）玛莎·C. 努斯鲍姆（Martha C. Nussbaum）著；陈燕，卢俊豪，李晶译. --北京：中国人民大学出版社，2022.11
ISBN 978-7-300-31155-5

Ⅰ.①政… Ⅱ.①玛… ②陈… ③卢… ④李… Ⅲ.①政治哲学—研究 Ⅳ.①D0-02

中国版本图书馆CIP数据核字（2022）第248708号

政治情感：爱对于正义为何重要？
［美］玛莎·C. 努斯鲍姆（Martha C. Nussbaum）著
陈 燕 卢俊豪 李 晶 译
Zhengzhi Qinggan：Ai Duiyu Zhengyi Weihe Zhongyao?

出版发行	中国人民大学出版社		
社 址	北京中关村大街31号	邮政编码	100080
电 话	010－62511242（总编室）		010－62511770（质管部）
	010－82501766（邮购部）		010－62514148（门市部）
	010－62515195（发行公司）		010－62515275（盗版举报）
网 址	http://www.crup.com.cn		
经 销	新华书店		
印 刷	涿州市星河印刷有限公司		
规 格	148 mm×210 mm 32开本	版 次	2022年11月第1版
印 张	20.25 插页4	印 次	2024年5月第2次印刷
字 数	424 000	定 价	118.00元